Revista de Direito Tributário

76

MALHEIROS EDITORES

Revista de Direito Tributário

Publicada sob os auspícios do

Instituto Geraldo Ataliba — IDEPE — Instituto Internacional de Direito Público e Empresarial e do
IBET — Instituto Brasileiro de Estudos Tributários

ISS 0102-7956

REVISTA DE DIREITO TRIBUTÁRIO
publicação trimestral de
MALHEIROS EDITORES LTDA.
Rua Paes de Araújo, 29, 17º andar - conj. 171
CEP: 04531-940 - São Paulo, SP
Tels. 822-9205 - 820-9718 - 820-5549
Fax. 829-2495
Diretor Responsável: Álvaro Malheiros
Diretora: Suzana Fleury Malheiros

Assinaturas e comercialização:
CATAVENTO DISTRIBUIDORA
DE LIVROS S.A.
Rua Conselheiro Ramalho, 928
CEP 01325-000 - São Paulo - SP
Tel. 289-0811 - Fax. 251-3756
Supervisão Gráfica: Vânia Lúcia Amato
Composição: L. Brito
Impressão: Paym Gráfica e Editora Ltda.

SUMÁRIO

CADERNOS DE DIREITO TRIBUTÁRIO

O PRINCÍPIO DA TERRITORIALIDADE NO REGIME DE TRIBUTAÇÃO DA RENDA MUNDIAL (UNIVERSALIDADE)
— Paulo de Barros Carvalho 5

INTERPRETACIÓN DE LAS NORMAS TRIBUTARIAS
— Eusebio González 15

CENTRO DI ATTIVITÀ STABILE E STABILE ORGANIZZAZIONE: L'IVA RICHIEDE UN'EVOLUZIONE PER IL XXI SECOLO?
— Pasquale Pistone 31

ISS — NÃO-INCIDÊNCIA SOBRE CESSÃO DE ESPAÇO EM BEM IMÓVEL
— Aires F. Barreto 45

CONSIDERACIONES SOBRE LA TRIBUTACIÓN DIRECTA EN EL COMERCIO ELECTRÓNICO Y LA FISCALIZACIÓN DE LAS OPERACIONES DESARROLLADAS A TRAVES DE INTERNET
— Alejandro C. Altamirano 56

REGOLAMENTI TRIBUTARI
— Adriano Di Pietro 80

A TRIBUTAÇÃO DOS NÃO-RESIDENTES NO BRASIL: O REGIME FISCAL DOS DIVIDENDOS, JUROS, "ROYALTIES" E "CAPITAL GAINS"
— Heleno Taveira Torres 102

ALGUNAS REFLEXIONES Y CONSIDERACIONES EN TORNO A LA NATURALEZA JURÍDICA DE LOS PAGOS A CUENTA DEL IMPOSTOS A LA RENTA
— Jorge Bravo Cucci 128

AS NORMAS GERAIS DE DIREITO FINANCEIRO E DE DIREITO TRIBUTÁRIO, SUA NATUREZA E FUNÇÃO
— José de Mesquita Lara 137

A INEXISTÊNCIA DE SIGILO BANCÁRIO FRENTE AO PODER-DEVER DE INVESTIGAÇÃO DAS AUTORIDADES FISCAIS
— Mary Elbe Gomes Queiroz Maia 147

AS ENTIDADES PRIVADAS — A EC 19/98 E A LEI 9.649/98
— Leon Frejda Szklarowsky 159

NOTAS E COMENTÁRIOS

A POSSIBILIDADE DA COBRANÇA DO IMPOSTO SOBRE OPERAÇÕES DE CRÉDITO NÃO-FINANCEIRO
— Ana Cláudia Akie Utumi 165

CONTRIBUIÇÃO DE MELHORIA
— **Priscilla Figueiredo da Cunha Rodrigues** 173

UMA RELAÇÃO JURÍDICA DE ÍNDOLE SANCIONATÓRIA — A RESPONSABILIDADE DOS DIRETORES, GERENTES E ADMINISTRADORES PREVISTA NO ENUNCIADO DO ART. 135, INC. III, DO CTN
— **Roberto Wagner Lima Nogueira** 187

DESVIO DE FINALIDADE DA RECEITA DAS CONTRIBUIÇÕES E O SUPOSTO DIREITO DO CONTRIBUINTE À RESTITUIÇÃO: NOVOS ASPECTOS
— **Fernando Osório de Almeida Júnior** 208

OS PRIVILÉGIOS FISCAIS: ISENÇÕES E INCENTIVOS FISCAIS
— **Guilherme Calmon Nogueira da Gama** 215

A RENDA ELETRÔNICA E OS TRATADOS CONTRA A BITRIBUTAÇÃO
— **Flávia de Vasconcellos Lanari** 226

O IMPOSTO SOBRE SERVIÇOS, AS SOCIEDADES UNIPROFISSIONAIS E OS LABORATÓRIOS DE ANÁLISES CLÍNICAS
— **João Luiz Coelho da Rocha** 236

CAPACIDADE CONTRIBUTIVA, IPTU E PROGRESSIVIDADE
— **Carlos Renato Silva e Souza** 243

CONCLUSÕES DAS III JORNADAS TRIBUTÁRIAS DO MERCOSUL 269

O PRINCÍPIO DA TERRITORIALIDADE NO REGIME DE TRIBUTAÇÃO DA RENDA MUNDIAL (UNIVERSALIDADE)

PAULO DE BARROS CARVALHO
Professor Titular de Direito Tributário da PUC/SP e da USP

O direito positivo pressupõe unidade, fechando-se em torno de si mesmo para reger, deonticamente, as condutas em interferência intersubjetiva. Isso não impede, porém, que os sistemas se comuniquem, mantendo intercâmbio, num convívio plurissistemático. Os *tratados e as convenções internacionais* são modos específicos de iniciar o acolhimento interno de preceitos pertinentes a outros conjuntos normativos, igualmente carregados de juridicidade.

É importante notar, entretanto, que o ingresso de comando externo numa dada ordem jurídica só se faz pelos canais expressos de recepção, o que implica a aquiescência do sistema com relação à entrada da regra nova. E as normas provenientes de tratados e de convenções internacionais não podem inovar, diretamente, a ordem jurídica que as recebe, havendo de submeter-se ao juízo de controle que os canais competentes exercem. No Brasil, por exemplo, os tratados e convenções internacionais somente se tornam direito positivo, na medida em que aprovados por decretos-legislativos, figuras concebidas, entre outros fins, para acolher os conteúdos daqueles acordos que o país firma no direito das gentes. Daí a resposta objetiva aos que pensam que esses instrumentos de atuação externa operam no domínio interno de nosso direito, apenas porque regularmente assinados pelo Chefe do Poder Executivo da União, atuando como pessoa jurídica de direito constitucional, titular de soberania. Ainda que tais atos impliquem a responsabilidade do Estado soberano, no concerto das Nações, não valem de imediato no sistema interno, sendo preciso passar pelo veículo introdutório previsto pela Constituição para integrar-se ao direito posto.

1. O direito no mundo dos objetos culturais

Tomado o direito positivo como camada de linguagem prescritiva que se projeta sobre a região material das condutas intersubjetivas para discipliná-las e orientá-las na direção de certos valores que a sociedade quer ver implantados, ele, direito posto, aparece como construção do ser humano. Não está entre os "dados", mas, sim, entre os "construídos". Nesse sentido, dista de ser algo simplesmente ideal, não lhe sendo aplicável, também, as técnicas de investigação do mundo natural. As unidades normativas selecionam fatos e regulam comportamentos, fatos e condutas recolhidos no campo do social.

O fato social, como processo de relação, é um fenômeno com sentido e, sem ele (sentido), que imprime direção aos fatos sociais, é impossível compreendê-los. Os fatos jurídicos, quer os previstos nos antecedentes das normas, quer os prescritos na fórmula relacional dos conseqüentes, apresentam-se na forma de fenômenos físicos (relações de causa e efeito) *mais o sentido*, isto é, o fim jurídico que os permeia.

Quem se propuser conhecer o direito positivo não pode aproximar-se dele na condição de sujeito puro, despojado de atitudes axiológicas, como se estivesse perante um fenômeno da natureza ou de uma equação algébrica. A neutralidade axiológica impediria, desde o início, a compreensão do sentido das normas, tolhendo a investigação.

É impossível conhecer as normas jurídicas sem estimar-lhes o valor, integrante que inere a todo bem cultural. Assevera, por isso, Lourival Vilanova (*O Problema do Objeto na Teoria Geral do Estado*, Recife, 1953), que *o sujeito do conhecimento, quando se aproxima do mundo dos conteúdos sociais e históricos, vem a travar contacto consigo mesmo e, ao invés da relação pura sujeito-objeto, mescla-se essa relação com uma inevitável parcela de atitude prático-valorativa.*

Lembremo-nos de que o direito é algo extremamente complexo, abrangendo, a um só tempo, (i) uma linguagem prescritiva, (ii) um substrato sociológico expresso pela vida comunitária que manifesta seu consentimento em relação àquela linguagem e (iii) um aspecto axiológico, que é sua dimensão de idealidade, imanente à natureza de objeto cultural. Nem sempre, todavia, se mantém o isolamento metódico entre esses três lados do problema do direito. Ora se misturam conceito e valor, como no jusnaturalismo clássico; ora se suprime o dado axiológico e se focaliza apenas a existencialidade, como no empirismo positivista (positivismo jurídico, positivismo sociológico etc.); ora, enfim, se cortam o valor e a base sociológico-histórica, o que dá em conseqüência um formalismo exacerbado, do tipo kelseniano ou um logicismo formalista, à moda de Schreier.

Repetimos. O direito é fato da cultura, sendo, como todo objeto cultural, uma síntese entre valor e mundo natural, admitindo, por esse modo, uma investigação jurídica voltada para os valores e uma investigação do direito como realidade positivada. Sobremais, tem ele uma forma de ser específica, o que justifica plenamente um estudo ontológico dessa entidade.

2. Os "princípios jurídicos" e a compreensão do direito

Nessa linha de pensamento, podemos dizer que ali onde houver um bem da cultura, o direito, por exemplo, haverá, certamente, valores que o ser humano, consciente ou inconscientemente, nele depositou ao produzi-lo. Por outro lado, tomado o fenômeno jurídico na sua ínsita complexidade, em que comparecem fatores de naturezas distintas, num intensivo processo de miscigenação, há a necessidade premente de separar os momentos da pesquisa, evitando que a mistura de aspectos tão diversos provoque confusão metodológica.

Com efeito, ao tipificar os fatos que ingressam pela porta aberta das hipóteses normativas, o legislador opera mediante conceitos: conceitos sobre acontecimentos do mundo físico-social e conceitos sobre condutas inter-humanas. Mas, conceituar importa selecionar caracteres, escolher traços, separar aspectos, aproveitando uns e desprezando os demais. As singularidades que julga irrelevantes, o legislador as deixa de lado, mesmo porque são em tal quantidade que o trabalho ganharia proporções infinitas. E surge o conceito, após a aplicação dos critérios seletivos que o legislador adotou, critérios esses que nada mais são do que juízos de valor expedidos em consonância com sua ideologia, empregada a palavra, neste ensejo, como pauta de valores, tábua de referências axiológicas. Eis porque não se pode compreender o direito sem extrair essas estimativas, fundamentais para a integridade da mensagem legislada. Convenhamos nisso: o jurista, ao aproximar-se do direito positivo em atitude cognoscente, não deve julgar as normas do ordenamento, emitindo juízos de valor sobre as regras com que se depara. Espera-se dele, unicamente, que possa construir valores a partir das prescrições normativas, para bem compreendê-las e poder, assim, descrevê-las adequadamente. Mas limitar-se aos valores sugeridos pelo texto, o que é bem diferente de elaborar os conteúdos dos comandos normativos e, depois, apreciá-los consoante suas estimativas. É esse segundo juízo de valor que devemos evitar, afastando do trabalho exegético subjetivismos perniciosos e, quando menos, desnecessários.

Advirta-se que toda norma contém, necessariamente, valores. Todavia, convencionou-se chamar de "princípio" àquelas regras portadoras de núcleos significativos de grande magnitude, influenciando visivelmente a orientação de cadeias normativas, às quais outorga caráter de unidade relativa, servindo de fator de agregação para outras regras do sistema do direito positivo. São, por isso, preceitos dotados de acentuada generalidade. Sempre que houver acordo, ou que um número expressivo de pessoas reconhecerem que a norma *N* conduz a um vetor axiológico forte, cumprindo papel de relevo para a compreensão de segmentos importantes do ordenamento de proposições prescritivas, estaremos diante de um "princípio".

Existem valores distribuídos nos vários setores e em todos os níveis do direito posto. Dado, porém, o escalonamento hierárquico em que se estrutura nossa ordem jurídica e o papel do subsistema constitucional como fundamento último das normas positivas, é para lá que o legislador encaminha os valores que julga mais importantes e cuja influência quer ver irradiada por todo o sistema. No Direito brasileiro, tradicionalmente, as normas constitucionais têm sido o grande núcleo onde se alojam os valores que orientam a compreensão das demais regras do ordenamento, fixados em disposições que desfrutam da firmeza e da consistência de uma Constituição da categoria das rígidas, não susceptível, portanto, de modificações, a não ser por processos mais trabalhosos e sofisticados de elaboração normativa. É nesse patamar que nossos constituintes, buscando a estabilidade das instituições e o equilíbrio no relacionamento entre os cidadãos, vêm depositando suas diretrizes mais caras, na expectativa de preservá-las no processo de positivação.

Em estreita síntese, cabe dizer que o vocábulo "princípio" tem sido empregado para significar tanto as normas que carregam valores relevantes, como os próprios valores, isoladamente considerados, como entidades criadas pelo espírito humano, em função de suas necessidades, e que penetram os objetos do mundo sobre os quais o homem exerce sua influência: os objetos "construídos" (em oposição aos simplesmente "dados"). Mesmo naqueles casos em que o constituinte firmou "limites objetivos", que não são em si, propriamente, valores, ainda assim tais limites apontam para a realização de fins, que não são outra coisa senão valores enquanto racionalmente reconhecidos como motivos da conduta. Nesse sentido, como pondera Miguel Reale, o fim estará sempre expresso como unidade axiológica.

3. O Estado como ordem jurídica

Inaugura-se a ordem jurídica ao se instrumentalizar e organizar o exercício dos atos expressivos de coatividade. *Como organização política, o Estado é uma ordem jurídica.* E a ordem se instaura constituindo e reconstituindo a realidade social. Nessa realidade temos os fatos sociais, necessariamente normatizados (ainda que por outras normas, religiosas, de cooperação social, morais etc.), o que induz à conclusão de que não há sociedade sem normas. O Estado vem a ser uma forma, organizada pelo direito, organização que institui órgãos, funcionando segundo o princípio da divisão do trabalho e voltado à criação e aplicação das normas que o integram. Para tanto, tem ele de apresentar certo grau de centralização: o Estado é uma ordem jurídica relativamente centralizada. *E opera pressupondo um território rigorosamente delimitado.* Não se trata de um pedaço meramente demarcado da superfície do globo, mas de um espaço tridimensional, a que pertencem o subsolo, por baixo, e o espaço aéreo por cima da região compreendida dentro de suas fronteiras terrestres.

De que modo se estabelecem os limites territoriais entre dois Estados? A unidade territorial de um Estado não é natural. Nenhum conhecimento naturalístico pode dar resposta à questão de saber por intermédio de que critérios se determinam os limites ou fronteiras do espaço estatal, elemento importantíssimo pois constitui a base de referência para chegarmos à unidade e à unicidade também do sistema de normas. Citemos Kelsen, para quem, na *Teoria Pura do Direito*, *o chamado território do Estado tão-só pode ser definido como o domínio espacial de vigência de uma ordem estadual.*

O direito positivo, como estrato de linguagem prescritiva, visto como suporte material de significações, é conceptual, o que importa ser a-temporal e a-espacial. Todavia, é no tempo e no espaço que nos deparamos com os fatos. O Estado organiza-se também no tempo e no espaço. Sem a referencialidade espaço-temporal seria absurdo pensar em prescrever condutas e a obra de descentralização do Estado em ordens jurídicas parciais requer tal expediente. Sem considerar, juridicamente, o princípio da territorialidade das regras de um sistema, por exemplo, não tenho como constituir Municípios, nem Estados-membros, tampouco a Federação: é sobre o espaço territorial juridicamente recortado que o Estado se organiza e, ao mesmo tempo, se estabelece como unidade jurídica.

Sem territorialidade que permita a desconcentração das fontes produtoras de normas não há autonomia municipal (art. 18, da CF); não há Federação (art. 1º, da CF), não resta unidade, nem soberania para a República Federativa do Brasil. O território do Estado é a esfera de validade da ordem jurídica estatal que também é chamada de Estado: o Estado é a esfera de validade do próprio Estado, nesta fórmula redundante, em que ressalta a ambigüidade do termo Estado, mas que é valiosa descritivamente.

O princípio (ou valor) da territorialidade, sendo fundamental, está pressuposto, não se manifestando de maneira expressa, a não ser topicamente, na fraseologia constitucional brasileira. Constitui, porém, o perfil do Estado Federal, como decorrência imediata das diretrizes básicas conformadoras do sistema. O poder vinculante de uma lei ensejará efeitos jurídicos dentro dos limites geográficos da pessoa que o editou. A lei federal e a nacional, por todo o território brasileiro; as estaduais, internamente a suas fronteiras regionais; e as municipais, no interior dos limites de seus espaços geográficos; assim acontecendo com o Distrito Federal.

4. Sistema e territorialidade. A introdução do princípio da universalidade e o critério de conexão pessoal

Personalidade é eficácia de fato que sofreu a incidência de norma. É a capacidade de ser sujeito-de-direito, como vira Jellinek. O ser sujeito-de-direito é a projeção eficacial decorrente da incidência das normas constitutivas da personalidade sobre os suportes físicos indicados pelo direito. Curioso assinalar a distinção entre os conceitos de pessoas físicas e pessoas jurídicas. A pessoa física pressupõe uma referência objetiva, u'a materialidade e a pessoa jurídica também. Na primeira, o corpo; na segunda, a situação, o território. Diz-se que as pessoas físicas são pessoas naturais, ao passo que as pessoas jurídicas são artificiais, só existindo em função do sistema jurídico que as congrega. Num primeiro momento, sim, mas não podemos esquecer que tanto as físicas como as jurídicas são criações do direito, são feixes de normas incidindo num ponto de confluência e, portanto, nesse sentido, ambas artificiais. Suprimidas essas normas, desaparece a figura. A personalidade jurídica é abstrata e relativa, sendo criação peculiar do direito que se assenta existencialmente numa parcela da superfície territorial do Estado: sua "sede". O jurídico da pessoa natural também é abstrato, tendo como referência, o objeto dessa juridicidade, não um domínio territorial, mas outro suporte fáctico, base da incidência, que é o próprio corpo com vida. Corpo sem vida despersonaliza-se, pela incidência de outra norma que prevê o fato da morte. O jurídico do ser-pessoa tem como pressuposto a existência física do corpo com vida.

Desse modo, nada impede que o sistema de direito positivo eleja, como critério de conexão legítimo para fazer incidir as suas normas tributárias impositivas da produção de rendimentos, um vínculo de natureza pessoal, como a residência, o domicílio ou a nacionalidade; independente do nexo de presença física da fonte efetiva no território. E, além disso, estabeleça quais serão os requisitos necessários e suficientes para caracterizar a "residência" ou o "domicílio" da pessoa, próprios para distinguir e qualificar (i) os sujeitos *residentes*, (ii) os sujeitos que, mesmo sendo não residentes, poderão ser *equiparados* aos residentes e (iii) os sujeitos *não residentes*, dispondo a cada um destes um tratamento jurídico próprio.

Reflexões desse tipo são muito esclarecedoras no que tange à análise dos regimes de tributação da pessoa física e da pessoa jurídica, no imposto sobre a renda e proventos de qualquer natureza.

No Direito Tributário brasileiro, até dezembro de 1995, as pessoas físicas submetiam-se ao *princípio da universalidade*; ao passo que em matéria de imposto sobre a renda de pessoas jurídicas vigorava o *princípio da territorialidade*. Ocorre que, com a Lei n. 9.249/95, o Brasil passou a adotar o princípio da universalidade também para as pessoas jurídicas, de modo que, atualmente, são estas tributadas pelas rendas produzidas no exterior; regime que tende a consolidar-se, em face dos últimos aperfeiçoamentos implementados pelas Leis ns. 9.430/96 e 9.532/97.

Quer dizer, ao princípio da territorialidade, que informa a legislação do imposto sobre a renda das pessoas jurídicas desde sua implantação, em 1924, acrescentou-se um critério de conexão pessoal (tomando em conta o domicílio), para alcançar os rendimentos produzidos pela pessoa jurídica ultraterritorialmente, com a adoção da chamada "tributação da renda mundial" – *worldwide income taxation*.

Não obstante seja este o atual regime de tributação das pessoas jurídicas, de modo algum tal circunstância poderá ter o condão de levar-nos a concluir, apressadamente, que a opção pelo princípio da universalidade tenha afastado aquel'outro, da territorialidade. Ao contrário, como diz com procedência Heleno Tôrres (*Pluritributação Internacional Sobre as Rendas de Empresas*, SP, Ed. RT, 1997, p. 75), *o princípio da universalidade pressupõe a territorialidade, que servirá como critério de conexão para determinar o regime jurídico próprio das rendas produzidas no interior do Estado brasileiro, seja por residentes ou não residentes.*

Sob o pálio dessa nova estrutura de imposição das rendas de pessoas jurídicas em bases mundiais (universalidade), abre-se para o jurista dogmático a necessidade de indagar acerca de que mudanças irão ocorrer por força dessa inovação provocada no processo de criação e aplicação das normas jurídicas, para efeito da exigibilidade do crédito tributário. A essa preocupação respondo que não há qualquer alteração de cunho substancial, afora a necessidade de se considerar como fato jurídico tributário eventos (relatados em linguagem jurídica competente) da produção de rendimentos ocorridos fora do território nacional, a fim de compor o fato da base de cálculo que, por sua vez, concorrerá para formar o objeto da relação jurídica tributária e, por seu turno, dará ensejo à formação de um crédito tributário a ser exigido do sujeito passivo, qualificado pela legislação como "residente". A obrigação tributária será composta, exclusivamente, no interior do sistema jurídico, respeitando o *princípio da territorialidade*, por permanecer intacto este valor.

O *princípio da universalidade* apenas predispõe um critério de conexão (pessoal: residência, domicílio, nacionalidade), legítimo e suficiente para justificar a tributação dos rendimentos de um sujeito de direito, independentemente do local de produção, ou seja, de a fonte efetiva da renda encontrar-se situada nos limites territoriais do Estado, ou não. É algo que diz respeito, desse modo, ao critério espacial da norma jurídica, porque, como adverte Alberto Xavier (*Direito Tributário Internacional do Brasil: Tributação das Operações Internacionais,* 3ª ed., RJ, Forense, 1994, p. 63), "uma coisa é a determinação do local onde um fato juridicamente ocorreu, outra coisa – bem distinta – é a determinação da ordem jurídica competente para a sua disciplina".

Assim sendo, remanesce com a mesma importância de antes, o estudo e a aplicação das regras de direito positivo reguladoras da conformação do princípio da *territorialidade* no Direito brasileiro, na medida em que as normas impositivas individuais e concretas serão produzidas para valer, viger e ter eficácia limitada ao âmbito territorial do Estado brasileiro. E isto independentemente de o Estado da fonte de produção do rendimento constituir, por ato de lançamento próprio de suas autoridades, outra norma individual e concreta, tomando como fato jurídico o mesmo evento de formação de renda, e amparado, também, pela territorialidade.

Este pensamento também é compartilhado por Heleno Tôrres (ob. cit., p. 223): "(...) verificada a *conexão* pessoal ('residente', 'não-residente'), estabelecida a *localização* da 'fonte' do rendimento ('dentro', 'fora' do território), qualificada a categoria dos rendimentos como 'imponíveis' e, com isso, identificados os *elementos de estraneidade* do fato-evento, aperfeiçoa-se, 'internamente', territorialmente, a composição da regra-matriz de incidência da norma impositiva que incidirá, formando a respectiva *obrigação tributária* para os sujeitos conexos àquele fato".

5. O princípio da territorialidade no imposto sobre a renda das pessoas jurídicas

Sub-ramo do direito público, o Direito Tributário submete-se àquele princípio ontológico, garantidor da estrita legalidade, e que afirma: "tudo que não estiver expressamente permitido por lei, estará proibido". Se a lei não dispuser, permitindo de maneira expressa a atividade impositiva, para além de nossas fronteiras, esta será vedada.

Retomemos o pensamento de que o direito incide sobre o setor das condutas intersubjetivas, não lhe interessando os comportamentos intrapessoais, pertinentes ao domínio de outras ordens normativas, como a Moral, a Religião etc. Todavia, "alienação" é conduta inter-humana que, agregada a outros aspectos relevantes para o imposto sobre a renda, produziria fato jurídico tributário, ensejando o nascimento da correspondente obrigação. E entre esses outros aspectos ditos relevantes está presente o traço da territorialidade. Se a concretude factual der-se fora do âmbito de vigência da regra-matriz de incidência do imposto sobre a renda, não haverá falar-se em percussão jurídica, em juridicização do fato e, conseqüentemente, no surgimento de relação jurídica do imposto.

Nesse sentido é o teor do art. 197, do RIR/94:

"A pessoa jurídica sujeita à tributação com base no lucro real deve manter escrituração com observância das leis comerciais e fiscais" (Decreto-lei n. 1.598/77, art. 7º).

"Parágrafo único. A escrituração deverá abranger todas as operações do contribuinte, bem como os resultados apurados em suas atividades no território nacional" (Lei n. 2.354/54, art. 2º).

Já dissera Alfredo Augusto Becker que o jurista é o semântico da linguagem do direito. Eis aqui a voz "operação" utilizada de forma ambígua. Em si, a ambigüidade não representa vício insanável, comprometedor decisivo do sentido da mensagem. Basta que o contexto lhe esclareça a acepção e o termo ambíguo segue seu curso, com participação efetiva no fato comunicacional. A ambigüidade suscita cuidados, entretanto, quando o contexto não esclarece, devidamente, o sentido em que a palavra está sendo empregada. Surge aqui a possibilidade do equívoco, este sim, erro lógico.

O preceito de que falamos encontra-se inserido no Capítulo II –"Escrituração do Contribuinte", Seção I – "Dever de Escriturar", tudo do RIR/94. Trata-se de dever instrumental ou formal, maneira de documentar-se a constituição e o registro dos fatos. Instituindo a regra jurídica que o contribuinte efetue a escrituração, ficará ele no dever de fazê-lo, sob pena de, havendo inadimplemento dessa conduta específica, ser-lhe aplicada multa decorrente da não observância do respectivo dever. Agora, um é o fato da alienação da participação societária; outro, o dever jurídico de escriturar. Ambas as operações são jurídicas: em ocorrendo a primeira, nascerá a segunda, equivale a dizer, o dever instrumental ou formal (que a lei chama de "obrigação acessória") de promover sua escrituração nos registros da empresa brasileira. Mas somente a primeira gera relação jurídica de tributo: a de alienação, mesmo que fora do território nacional (princípio da universalidade). A operação de escrituração nos registros contábeis, porque destituída de conteúdo econômico, não é, nem poderia ser, base de incidência do imposto sobre a renda, quer no Brasil ou fora dele.

Resultado é o produto de operação jurídica que, por sua vez, é fato. Se o fato jurídico aconteceu dentro dos limites geográficos do território nacional, ou fora, não importa, seu resultado sujeitar-se-à às regras impositivas do tributo brasileiro. E isto, mesmo que regras jurídicas alóctones incidam sobre os resultados obtidos nos limites dos respectivos territórios, gravando as operações segundo os estilos e os seus regimes próprios. A circunstância de nosso direito prescrever a obrigatoriedade (dever instrumental) do contribuinte – residente – escriturar tais operações decorre da específica atividade impositiva de exigir tributos, mediante a composição de normas individuais e concretas constituídas por atos de lançamentos, porque visa a construir em linguagem competente, para o Direito Positivo brasileiro, os eventos de obtenção de rendimentos verificados extraterritorialmente.

Por esse modo, a escrituração da pessoa jurídica, por força do princípio da universalidade, deverá abranger todas as operações do contribuinte, ou seja, os resultados apurados em suas atividades no território nacional ou fora dele. Em vista disso, entendo que a Lei n. 2.354/54, art. 2º, em que o art. 197, parágrafo único, do RIR/94, tinha seu fundamento de validade, foi derrogada pela Lei n. 9.532, de 10 de dezembro de 1997, art. 1º, na proporção que "os lucros auferidos no exterior, por intermédio de filiais, sucursais, controladas ou coligadas serão adicionados ao lucro líquido, para determinação do lucro real correspondente ao balanço levantado no dia 31 de dezembro do ano-calendário em que tiverem sido disponibilizados para a pessoa jurídica domiciliada no Brasil".

A importância desta escrituração tem que ver tanto com o interesse estatal de tributar as rendas produzidas alhures, quanto com o benefício de concessão do crédito de imposto (Lei n. 9.249/95, art. 26) para eliminar a dupla tributação internacional (formada com ao adotar-se o princípio da universalidade), pela contemporânea pretensão dos dois sistemas jurídicos de constituírem para si créditos tributários, cada um no seu âmbito territorial, em função do mesmo fato imponível.

Como decorrência, para cada um dos Estados envolvidos formar-se-á, a partir do mesmo fato jurídico, uma *relação jurídica obrigacional tributária,* nas quais figurarão eles como *sujeitos ativos,* independentes e autônomos, dotados dos respectivos direitos subjetivos (crédito tributário) sobre a *prestação* devida pelo mesmo *sujeito passivo*, a ser estabelecida, no *critério quantitativo*, pela composição das próprias alíquotas e bases de cálculo, caso não haja qualquer medida (unilateral ou convencional) voltada a reduzir ou eliminar a pluritributação formada.

Confirma-o Heleno Tôrres (*Pluritributação Internacional...*, cit., p. 298), ao ponderar que o crédito de imposto não é mais do que um método para eliminar a *bitributação internacional* sobre rendimentos (da dedução do tributo pelo tributo, da imputação), que consente ao contribuinte o direito subjetivo de abater, sob a forma de *crédito*, dos valores dos impostos sobre a renda devidos ao Estado de residência pelas categorias redituais produzidas no exterior, o correspondente aos impostos pagos no estrangeiro. Mas ele somente poderá gozar desse beneplácito se declarar os rendimentos produzidos dentro do prazo legal.

Para ambos os casos, o ato de escrituração é inafastável, devendo o administrado efetuar o cumprimento dos deveres instrumentais, consubstanciados em documentar as operações qualificadas pelos preceitos normativos. Tudo, certamente, para que o Estado-Administração possa exercer a vigilância e o controle sobre as situações submetidas ao manto da lei que lhe cabe instituir, aplicar e administrar.

A *operação de escriturar* não tem como ser "fato gerador", suscitando a incidência da regra-matriz do IR, por tratar-se apenas de ato imprescindível à composição do fato jurídico tributário, pela constituição em linguagem dos eventos de formação de rendimentos, tendo em vista a legitimação dos atos de exigibilidade do crédito decorrente da obrigação tributária. Por este motivo, na medida em que os resultados obtidos no exterior não seriam conhecidos sem uma necessária escrituração, do evento de produção de rendas acontecido no exterior requer-se a escrituração: "obrigação acessória", para a ulterior constituição da norma impositiva individual e concreta conformadora da "obrigação tributária principal".

Compete, assim, à Fazenda Federal exigir o cumprimento do dever de escrituração. Este, o contribuinte satisfará em momento oportuno, como determinado pela Lei n. 9.532/97: quando do balanço levantado no dia 31 de dezembro do ano-calendário em que os lucros tiverem sido disponibilizados para a pessoa jurídica domiciliada no Brasil.

6. O encontro da teoria com a prática

Muitas vezes preocupa o estudioso que a solução de problemas práticos possa ficar na dependência de desdobramentos teóricos, sem ligação mais direta com a matéria que versamos. Contra esse tipo de inquietação, Pontes de Miranda (*O Problema Fundamental do Conhecimento*) foi incisivo: *não há diferença entre a teoria e a prática. Aquilo que existe é o conhecimento do objeto: ou se conhece o objeto ou não se conhece o objeto.* E mestre Lourival Vilanova, com sua objetividade e rigor de estilo sempre presentes, focalizando a temática do direito, assertou: *o jurista é o ponto de intersecção entre a teoria e a prá-*

tica, entre a ciência e a experiência. (*Causalidade e Relação no Direito*).

Se transportarmos esses ensinamentos ao presente tema, veremos que as colocações necessariamente teóricas inerentes ao princípio da territorialidade da imposição vão-se aproximando, compassadamente, em direção ao caso concreto, para ensejar uma proposta interpretativa, no meu entender perfeitamente clara e consistente.

7. *Algumas conclusões tópicas*

Primeira: O princípio da territorialidade é regra implícita, mas que está na raiz do nosso Estado Federal. Deflui, com grande força e intensidade, constituindo as esferas jurídicas parciais. Ao mesmo tempo, é regra expressa do subsistema do imposto sobre a renda e proventos de qualquer natureza e não foi derrogado pelo princípio da universalidade. Estatui aquele primado, em suma, que operações jurídicas realizadas no exterior são também hipóteses de incidência para a tributação no Estado brasileiro, devendo ser escrituradas em observância a deveres formais previstos em lei, para efeito de ulterior percussão da regra-matriz de incidência do imposto que alcança fatos imponíveis ocorridos dentro ou fora do território nacional.

São vários os critérios de racionalidade impositiva que determinam essa orientação. E é perfeitamente legítimo ao sistema jurídico brasileiro projetar os efeitos de suas normas para além fronteiras, ampliando o critério espacial de localização das materialidades tributáveis, exigindo tributo no que concerne a operações celebradas fora do Brasil e garantindo o exercício coativo de suas regras.

Segunda: Sabe-se que o impacto tributário do imposto sobre a renda não alcança somente os resultados operacionais. Há resultados não-operacionais que rendem espaço à exigência do gravame, como determina o art. 369, do RIR/94. E seria absurdo imaginar que os não-operacionais pudessem refugir do âmbito dessa diretriz.

Evitemos, contudo, a confusão entre "operação", como fato jurídico tributário que pode render campo à incidência do IR, com "operação" de registro desses fatos jurídicos nos livros competentes. Da primeira acepção, pode nascer ou não a relação jurídica de imposto. Da segunda, surge a relação jurídica de dever instrumental, para imprimir os caracteres de certeza e determinação que toda regra tributária deve ostentar. Por sem dúvida que se fala também em "atividade operacional de escrituração", mas como conduta que realiza deveres formais estatuídos em lei. Cogitar dessa última dimensão semântica como fato jurídico tributário, no sentido de suscitar o nascimento da obrigação do imposto, é interpretação inteiramente descabida e que não pode encontrar ressonância no sistema jurídico brasileiro.

Terceira: De forma inequívoca permanece vigente e incontornável o princípio da territorialidade, para efeito de aplicação das normas impositivas internas, inclusive para a tributação das rendas de pessoas jurídicas residentes, produzidas no exterior, segundo o princípio da universalidade (*world-wide income taxation*), como autorizado pelas Leis ns. 9.249/95, 9.430/96 e 9.532/97. Por exemplo, uma operação com ganho de capital, auferido no exterior por empresa brasileira, em decorrência da alienação de ações de empresa estrangeira, para outra empresa localizada no exterior, pode vir a ser tributada no Brasil, a partir da escrituração, neste país, dos lucros obtidos na operação.

Quarta: O dever jurídico de promover a regular escrituração do fato ocorrido no exterior não é atividade de cunho econômico que possa ensejar a incidência da regra-matriz do imposto sobre a renda e proventos de qualquer natureza. Sabemos, de ciência certa, que a percussão tributária se dá sobre acontecimentos da vida real que apresentem substrato econômico, inclusive porque é a partir desse dado subjacente que o legislador realiza os cânones da igualdade tributária. A escrituração documenta a realização do fato em linguagem competente, mas dista de ser o próprio fato. Ora, escriturar livros e documentos, seja qual for o valor numérico consignado, não é ocorrência dimensível em termos pecuniários, que possa ser tomado como fato presuntivo de riqueza. Daí porque a conduta violadora de deveres formais venha a ser apenada, simplesmente, com sanções regulamentares.

São Paulo, 21 de julho de 1998

CADERNOS DE DIREITO TRIBUTÁRIO

INTERPRETACIÓN DE LAS NORMAS TRIBUTARIAS

EUSEBIO GONZÁLEZ
Catedrático de Derecho Tributario de la Universidad de Salamanca

1. Naturaleza de las normas tributarias: superación de viejos errores. 2. Aplicación de la Teoría General de la Interpretación al Derecho Tributario. 3. Autonomía calificadora del Derecho Tributario. 4. El sentido jurídico, técnico o usual de los términos tributarios.

1. Naturaleza de las normas tributarias: superación de viejos errores

La teoría de la interpretación de las normas tributarias debe tomar, como punto de referencia inicial, la afirmación básica de la Teoría de Interpretación de las Normas consistente en reconocer y extraer las consecuencias pertinentes de una afirmación fundamental: la norma tributaria es una norma jurídica ordinaria.

En tanto que norma jurídica ordinaria, la norma tributaria se interpreta con arreglo a los criterios admitidos en Derecho; no es una norma excepcional; no es una norma onerosa, ni es limitativa, ni ataca la libertad ni el patrimonio individuales. La norma tributaria es una norma jurídica, y como tal se interpreta, exactamente igual que cualquier otra norma mercantil, procesal, civil etc. Dado que la hermenéutica a aplicar es exquisitamente jurídica y sus efectos son también jurídicos.

El supuesto normativizado opera como el silogismo lógico jurídico de toda norma jurídica; premisa mayor, premisa menor y consecuencia. La norma tributaria es, entonces, una norma jurídica ordinaria. No es ni más ni menos que cualquier otra norma del ordenamiento jurídico, sino una norma jurídica ordinaria más. Así lo ha entendido de forma prácticamente unánime la jurisprudencia europea desde hace más de medio siglo.

Pero lo que es facil, o relativamente facil, mantener en teoría, no lo es tanto cuando surgen problemas concretos en la aplicación de las leyes. Por ejemplo, es frecuente que la ley que grava os rendimientos

1. V. art. 5º MCTAL. L. Martín Retortillo, "La interpretación de nas normas tributarias", *RDFHP*, 1964; J. L. Pérez de Ayala, "La interpretación de las leyes tributarias en el Derecho español", Mem. Asoc. Esp. Der. Fin., 1965; N. Amorós, "Interpretación de las normas tributarias", *RDP*, 1966; E. Vanoni, *Naturaleza e Interpretación de las Leyes Tributarias*, Madrid, 1973; M. Trimeloni, *L'Interpretazione nel Diritto Tributario*, Cedam, 1979; A. Amatucci, "L'interpretazione della legge tributaria", en *Trattato*, cit., I, 2; E. González, *La Interpretación de las Normas Tributarias*, Aranzadi, 1997; C. Checa, *Interpretación y Aplicación de las Normas Tributarias: Análisis Jurisprudencial*, Valladolid, 1998.

de las sociedades obligue a los sujetos pasivos por dicho impuesto a que, al tiempo de presentar su declaración, realicen un ingreso a cuenta de la liquidación correspondiente al ejercicio en curso por un importe equivalente a determinado porcentaje de la cuota ingresada en el ejercicio anterior. Pues bien, una Sociedad incumple el referido deber de ingreso por haber cesado en la actividad y no haber obtenido rentas en el ejercicio en curso. A pesar de ello, la Administración tributaria practica liquidación provisional en concepto de pago a cuenta del Impuesto de Sociedades, incluyendo además los intereses de demora y la sanción correspondiente.

La calificación de estos hechos ha dado lugar en la jurisprudencia española a interpretaciones muy diferentes. Algunos Tribunales han entendido que el sujeto pasivo claramente incumplió un deber jurídico vigente en el momento de producirse los hechos, y la interpretación literal de los preceptos aplicables al caso es, en principio, irreprochable. Sin embargo, es evidente que caben otras interpretaciones. Por ejemplo, podría pensarse que sí el deber jurídico de ingreso a cuenta referido afecta a los sujetos pasivos del impuesto y solo es sujeto pasivo quien realiza el hecho imponible, es difícil realizar el hecho imponible de un impuesto que grava la obtención de rentas si éstas no se obtienen.

Pero cabe también entender que la baja en la actividad productiva, incluso formalizada, cual es el caso, no es del todo relevante, pues el Impuesto de Sociedades grava la totalidad de las rentas, incluidos los incrementos patrimoniales, que muy bien pueden producirse con independencia de haber causado baja en la Licencia Fiscal. Sin embargo, lo que sí es determinante a nuestro juicio, es que no se acredite que la Sociedad haya generado renta alguna durante el ejercicio. Por ello, aunque la resolución de algunos Tribunales sea acorde con una interpretación literal de los preceptos en juego, en nuestra opinión cobra especial relieve el hecho de que se presentase un pago a cuenta con cuota cero pesetas, y ello como consecuencia de la falta de generación de renta durante el ejercicio, puesto que la Sociedad había cesado en la actividad como se acredita con la baja en la Licencia Fiscal. Por tanto, la obligación de pago a cuenta fue cumplida en cuanto a la presentación de la declaración (aunque fuera negativa), y si bien es certo que las normas prevén que se efectúe un pago o cuenta de la liquidación correspondiente al ejercicio en curso del 20 por 100 de la cuota ingresada el último ejercicio cerrado, las normas presuponen que existirán rentas. Tal precisión no es aplicable al caso, puesto que la Sociedad sabe, sin duda alguna, que en el año en curso no se iban a generar rentas, por haber cesado en la actividad.

Por todo ello, concluye la corriente jurisprudencial a la que nos adherimos, la singularidad del caso impide un encaje lógico del supuesto fáctico en la normativa que obliga a efectuar un pago a cuenta, teniendo en consideración que ese pago nunca podría ser a cuenta, puesto que al no haber ingresos, el pago sólo podría ser a cuenta de su futura devolución. Circunstancia que, de producirse, sería tan absurda como indeseable.

Frente a la acertada corriente jurisprudencial citada, recordamos otras que constituyen auténticos la ejemplos de libro de hasta donde puede llegar la sinrazón de un formalismo a ultranza y el progresivo alejamiento del acreedor tributario de la que se debe entender como conducta normal de un acreedor común. Haciendo la salvedad desde un principio que quien esto escribe es un jurista, bastante alejado de las teorías del Derecho libre y, consiguientemente apegado, como no puede ser de otro modo, al respecto de las formas jurídicas.

El caso que recordamos tiene su origen en la remisión por correo en tiempo habil a la Delegación de Hacienda de Madrid de una declaración liquidación del IRPF, a la que se une un cheque conformado y cruzado a favor del Tesoro Público por el importe de la deuda resultante. A los pocos meses, el remitente recibe el talón mencionado debidamente anulado, junto a la providencia de aprecio por una elevada suma de dinero.

Las razones alegadas por tan sorprendente acreedor para rechazar el pago fueron los siguintes:

1º. Que el envio por correo de talones bancarios, legalmente previsto hasta 1984, debe entenderse no procedente a partir de la nueva redacción dada ese año al Reglamento de Recaudación.

2º. Que el cheque presentaba el típico cruzado general con las siglas "y Cia", cuando debía estar cruzado al Banco de España.

3º. Que el cheque estaba correctamente conformado por una conocida entidad bancaria, pero que el plazo disponible para hacerlo efectivo, ocho o diez días, no era suficiente.

Frente al razonamiento transcrito merece la pena advertir:

1º. Que la normativa mencionada por la Administración fue declarada nula por el Tribunal Supremo, por entender que suponia una limitación al derecho de todo ciudadano a utilizar cualquier órgano administrativo en cualquier parte del territorio nacional para sus relaciones con la Administración, como consecuencia de la personalidad jurídica única de ésta, y además resultaba contrario a los principios se celeridad, eficiencia y desconcentración, pues congestionaba las oficinas gestoras.

2º. Que la Ley Cambiaria de 1985 establece la posibilidad de que el tenedor de un cheque cruzado general pueda transformalo en cruzado especial, en este caso al Banco de España.

3º. Que aunque el cheque estaba conformado hasta el día 1º de junio, nada impedía a la Delegación de Hacienda de Madrid intentar su cobro con posterioridad a esa fecha. Intento que lógicamente debemos suponer se hizo, aunque sorprende que este extremo no conste.

A la vista de todas estas razones, del más puro y simple sentido común, que recogerían, paso a paso, el modo normal de comportarse cualquier acreedor ordinario frente a su deudor, no podemos menos que lamentar la rigidez y el formalismo de que a veces hacen gala las dependencias del Ministerio de Hacienda.

Frente a la línea de conduta descrita, afortunadamente existen otros fallos en los que, sin prescindir de las formas jurídicas, que están hechas para facilitar el acceso seguro a la justicia, el intérprete sabe adentrarse en su sentido, cuando la pura formalidad, lejos de proporcionar seguridad, constituye un obstáculo para la realización de la justicia.

El caso que viene a nuestra memoria constituye la pequeña historia de los errores, que a punto estuvieron de hacer perder mil dólares a un colega madrileño, de no ser por la equidad en la aplicación del Derecho de que hizo gala el TSJ de la Villa.

El primer error consistió en darse de alta en la matrícula del IAE, cuando dicha alta no es necesaria para los Abogados que prestan sus servicios en régimen exclusivo para una empresa, que ya está dada de alta. El segundo estuvo en solicitar la baja en el Ayuntamiento de Madrid, cuando debío hacerlo ante la Administración tributaria del Estado, que es quien lleva la gestión censal del tributo.

Frente a la incompetencia funcional relativa mencionada, pocos habrían calificado de improcedente un fallo desestimatorio. Sin embargo, el TSJ Madrid considera que cuando en la gestión de un tributo se separan los aspectos de administración censal y liquidación tributaria, la confusión para el administrado es fácil y no puede derivarse de esa distribución competencial una situación de indefensión que genere perjuicios económicos al contribuyente, llegando en consecuencia a un fallo estimatorio de las pretensiones del recurrente.

Paralelamente a lo dicho, valga señalar que en toda labor interpretativa nunca existe un único resultado posible, al que figuradamente se podría identificar como "la" interpretación. Es más, esto sólo puede hacerlo el legislador, mediante una forma concreta llamada *interpretación auténtica.* En todos los demás casos, la interpretación que realiza habitualmente cada sujeto, o en último término quien cierra el proceso interpretativo, que es el Poder Judicial, no dejará de ser una interpretación. Una — la del Poder Judicial — formalmente más valiosa que las otras, pero sin dejar de ser una interpretación, y sin dejar de hacer notar que existen asimismo cambios jurisprudenciales.

Las normas son susceptibles de diversas interpretaciones. Lo único que hay que hacer en cada caso es operar con métodos jurídicos, realizando una labor de hermenéutica exquisitamente jurídica, sin mezclar en ella ni realismos económicos ni elementos extraños. Lo que nunca puede hacer el intérprete del Derecho es olvidarse de las formas jurídicas. El jurista no opera como un veterinario, ni como un sociólogo, ni como un economista, sino que debe utilizar los esquemas y categorías jurídicas.

Cuando hay preceptos expresos, por ejemplo el § 42, AO, o el art. 11 de la Ley argentina 11.683 (hoy art. 2º, TO, 1998), que ordenan tener en cuenta la realidad económica, es claro que no pueden soslayarse. El jurista estará obligado a operar con ese precepto que, como tal precepto de Derecho Positivo, es vinculante. Pero, paralelamente, hay que tomar en consideración los límites, las circunstancias y los efectos que ello produce, así como el origen de dicho precepto.[2] Realmente, ese precepto tuvo su origen en el ordenamiento alemán, en unas circunstancias de lucha contra el fraude a la ley tributaria, que más adelante examinaremos.

Consiguientemente, cuando se habla en esta breve introducción al tema de la naturaleza de la norma tributaria, afirmando la "superación de viejos errores", quiere decirse que lo hasta ahora relatado no es doctrina común, sino parte de la lucha contra una corriente más antigua de pensamiento.

En el marco de este contexto doctrinal es imprescindible hacer referencia a un hito en la Teoría de la Interpretación de las Normas Tributarias, cual es la obra de Ezio Vanoni titulada *Naturaleza e Interpretación de las Leyes Tributarias*, que data del año de 1932.[3] Allí se dedica un capítulo al tema de la metodología de la interpretación bajo el rótulo de "la superación de viejos errores", capítulo donde se atacan las dos grandes concepciones erróneas que históricamente han presidido la interpretación de las normas tributarias, por exceso o por defecto. Es decir, tanto el "*in dubio pro* contribuyente" como el "*in dubio pro* Fisco" son considerados erróneos. El intérprete debe estar, en la duda, simplemente por lo que el texto de la norma dice.

Interpretar es desentrañar el significado de las normas, aclarar, desvelar, razón por la cual la interpretación nunca será *a priori* estricta, ni restringida, ni extensiva, sino neutra. Desde esta perspectiva, se ve que la interpretación es una actividad químicamente pura, es un proceso que lleva a desvelar el significado de las palabras o frases. Lo que puede ser extensivo o restrictivo es el resultado de dicha interpretación,[4] razón por la cual nunca se pueden prohibir resultados.

En el citado trabajo de Vanoni, los "viejos errores" comienzan a estudiarse

2. El origen de la teoría de la interpretación conforme a la realidad económica en materia tributaria se halla en el Ordenamiento jurídico alemán (§ 4, RAO, 1919, más tarde § 9).

3. *Natura e Interpretazione delle Leggi Tributarie*. Existe traducción española de J. Martin Queralt, Madrid, IEF, 1973. En la bibliografía española puede verse además, L. Martín Retortillo, "La interpretación de las leyes tributarias", *RDF*, 1961, pp. 546 y ss. y "Potestad administrativa y relación jurídica", ibidem, 1969, pp. 65 y ss.; J. Lasarte, "Sobre la ley tributaria", ibidem, pp. 749 y ss. y H. García Belsunce, *La Interpretación de la Ley*, Buenos Aires, 1959.

4. Pudiendo en cada caso llegarse, como reza el viejo brocardo romano, a resultados iguales, inferiores o superiores a los que a primera vista parecen derivar de las palabras.

analizando el principio "*in dubio pro* contribuyente", que está más extendido en su aplicación que el aforismo contrario. El "*in dubio pro* contribuyente" tiene a sus espaldas una vieja historia que arranca de la célebre glosa de Modestino: "No puedo considerar que delinque aquél que, en caso de duda, adopta una interpretación que sea favorable al contribuyente". Este pasaje tuvo sus momentos de auge histórico.

Em primero se produce durante el Renacimiento, cuando los postglosadores vuelven en sus estudios sobre los viejos textos romanistas.[5] No debe olvidarse que en dicha época la contribución al Estado más importante era producto del botin y la rapiña, con lo cual el hecho de dejar a salvo las economías de los propios súbditos (luego ciudadanos), mediante una interpretación como la indicada, era muy conveniente.

El segundo momento se da cuando la idea es retomada por la escuela de la exégesis francesa en el Derecho Civil, al rememorar la vieja concepción del Derecho de obligaciones y contratos, según la cual las cláusulas deben ser interpretadas contra aquél cuya voluntad se plasma en la redacción del contrato. Es decir, que las cláusulas oscuras o poco claras no deben recaer en cuanto a sus efectos nocivos sobre quien no redactó el contrato, sino sobre aquél que lo redactó. Transportando esta construcción al ámbito de las leyes fiscales, el que las redacta es el Fisco, el Estado, el poder constituido; consiguientemente, si la ley es un contrato entre el ciudadano y el detentador del poder, y quien hace las leyes es el ente soberano, las cláusulas oscuras o poco claras, deberán ser interpretadas a favor del contribuyente y contra quien redactó las cláusulas, que es el Poder Legislativo, el Estado.[6]

Hay que señalar, no obstante, que más tarde se llegó a plantear un paralelismo entre este principio "*in dubio pro* contribuyente", con el principio de Derecho Penal *in dubio pro reo*, paralelismo poco afortunado, porque la génesis, evolución e historia de ambos principios distan de tener relación alguna.

Sólo coinciden en cuanto ambos representaban un intento de defensa, dado que en un caso se difiende la libertad, y en otro el patrimonio individual. Pero a poco que se profundice en el estudio de uno y otro, sus antecedentes y fundamentos divergen notablemente.

El otro "viejo error", el principio del "*in dubio pro* Fisco" parte de una vieja tesis de la escuela francesa de Saleilles, con orígenes asimismo romanistas, de la época de decadencia del Imperio Romano. Este principio tuvo un momento efímero de esplendor con los regímenes totalitarios que asolaran Europa en la década de los 30, pero actualmente no es sostenido por la doctrina, casi sin excepciones.[7] En el intento de hacer

5. Durante la época de formación de los Estados Nacionales (siglo XV), la historia de los tres Estados Nacionales europeos: España, Francia e Inglaterra, se liga a la vuelta a los viejos textos romanos. Interesaba mucho en aquel momento al fortalecimiento del Estado Nacional naciente, el asociar todo el prestigio del Derecho romano, que la época del Renacimiento habia hecho surgir, con la fuerza, el *imperium* y la *potestas*, que tenían los emperadores romanos. De esta forma le era muy cómodo al monarca renacentista de los nacientes Estados Nacionales europeos apoyarse en un Derecho prestigioso como era el Derecho romano que, además, dotaba de enorme poder el ejercicio de la acción administrativa. Como prueba de ello puede verse el Derecho romano ensalzado en las Siete Partidas, que es un producto romanista típico.

6. Paralelamente a esta concepción jurídica, en el campo de la economía reinaba la idea de que el mejor impuesto es el que no existe y que el individuo es el mejor juez de sus apetencias, ideas propugnadas por la escuela liberal de fines del siglo XVIII y del siglo XIX (A. Smith, D. Ricardo, J. S. Mill).

7. Podría señalarse como excepción la posición de alguna doctrina alemana. Doctrina imbuida del principio de la solidaridad de las obligaciones (en los derechos latinos el principio base es el de la mancomunidad de las obligaciones, en caso de silencio de la norma). Si lo que prima es la solidaridad, lo colectivo debe prevalecer sobre lo individual, y por ende los ingresos colectivos son más dignos de protección que los ingresos individuales; el Fisco no representa los ingresos individuales del Estado, sino los de la colectividad, la parte de riqueza que todos los contribuyentes ponen al servicio de la sociedad.

prevalecer el interés colectivo sobre el individual, lo que esta postura no toma en consideración es que el equilibrio de intereses ya se ha alcanzado, tras su choque inicial tenido en cuenta por el legislador al redactar la norma. En suma, la tarea normativa implica un juego de intereses colectivos e individuales, transformado en el equilibrio, que la ley ha de buscar en cada caso.

2. *Aplicación de la Teoría General de la Interpretación al Derecho Tributario*

Advertidos los "viejos errores", es preciso reiterar que en el momento de interpretar, lo que hay que hacer es desentrañar el significado de la norma y, en último término, toda interpretación se mueve entre dos grandes límites que no se pueden sobrepasar: la letra de la ley y el fin de la norma. La interpretación es algo elástico, como un resorte que se puede estirar o acortar, pero siempre tiene un límite más allá del cual no puede dilatarse o encogerse, ese límite es la letra de la ley.[8]

Entonces, si la norma no se interpreta ni *pro* Fisco ni *pro* contribuyente, sino que la norma se interpreta de un modo neutro, buscando el resultado que más acomode la letra con en fin de la norma, este razonamiento tiene una conclusión en Teoría General de la Interpretación, y es que toda la Teoría General de la Interpretación de las Normas, toda ella sin excepción, es íntegramente trasladable al Derecho Tributario. No hay ninguna especialidad en la interpretación de las normas tributarias. Las normas tributarias se interpretan como cualquier otra norma jurídica, por la sencilla razón de que son normas jurídicas.[9]

Quedan de esta forma vacías de contenido las opiniones que afirman el carácter odioso, oneroso o limitativo de los derechos tutelados por las normas tributarias, opiniones que no tienen sentido dentro de un Estado de Derecho. ¿Cómo puede conciliarse esta afirmación acerca de la odiosa, restrictiva y limitativa que es la norma tributaria, cuando las aportaciones que ella establece van encaminadas al bien común? Aunque cada vez con menor frecuencia. Alguna jurisprudencia ha sostenido esta postura, sobre todo en materia de exenciones.[10]

8. Esta manifestación de sincretismo metodológico, aunque aparentemente semejante, nada tiene que ver, sin embargo, con esa otra posición abiertamente defendida en España por Larraz (ob. cit., p. 78) y tan brillantemente desarrollada en Italia por E. Antonini, contraria a la admisión de una interpretación integrativa unívoca. Antonini sostiene que aunque algunas formas jurídicas prácticamente son bastante fungibles, el legislador en su valoración sacrifica la posibilidad de una esfera de aplicación más amplia del tributo en aras de la certeza, y elige un presupuesto típico no fungible (en idéntico sentido, Sáinz de Bujanda, *Análisis Jurídico del Hecho Imponible*, p. 603). De aquí que en impuesto como el de registro, para Antonini, la forma jurídica elegida ha de prevalecer de un modo absoluto; en tanto que en impuesto como el de sucesiones, que no contempla las formas, sino la transmisión, la forma jurídica elegida puede tener un valor accesorio (id. Amorós, "La elusión...", *RDFHP*, 1965, p. 610).

9. V. en tal sentido, STS de 16.11.70 (*Aranz.* 4.996) y 25.1.96 (*Aranz.* 1.704); TEAC de 28.10.69 (*Pub. Min. Hda.* 1.556), 25.1 y 4.10.79, y 28.2 y 23.4.80; STSJ Murcia de 14.2.96 (*JT* 147) y Madrid de 22.2.96 (*JT* 190). Además de la jurisprudencia citada, v. STS de 2.12.69 (*Aranz.* 5.611) donde junto al criterio de la interpretación sistemática se acoge el criterio de la especialidad de esta rama del Derecho; 4.7.73 (*Aranz.* 3.177) (interpretación literal); 16.11.73 (interpretación espiritualista), y TEAC de 19.5.76; 20.4.77 (*Pub. Min. Hda.* 574), y 22.11.78.

En la doctrina, v. F. De Castro, *Derecho Civil de España*, I, Madrid, 1955, p. 496; Badenes Gasset, *Metodología del Derecho*, Barcelona, 1959, p. 86; Bonnecase, *L'Écolede l'Exegese en Doroit Civil*, Paris, 1924; Hernández Gil, *Metodología del Derecho*, Madrid, 1970, p. 57; J. Larraz, *Metodología Aplicativa ...*, cit., p. 12; Savigny, *La Vocación de Nuestro Siglo para la Legislación y para la Ciencia del Derecho*, Madrid, s.f., p. 23; Enneccerus, *Derecho Civil*, I, 1953, p. 217.

10. V., por ejemplo, STS de 22.1.60 (*Aranz.* 341), 1.2.71 (*Aranz.* 392) y 5.6.73 (*Aranz.* 2.347), y TEAC de 16.12.69 (*Pub. Min. Hda.* 1.600) y 23.6.77 (*Pub. Min. Hda.* 969). Puede encontrarse un muestrario más amplio en N. Amorós, *Ley General Tributaria*, Madrid, 1967, pp. 247 y ss. Contra, TEAC 28.6.95 (*JT* 1.119, comentada). V. J. Larraz, *Metodología Aplicativa del Derecho Tributario*, Madrid, 1951, "La metodología aplicativa a la ley tributaria desde 1952", *RJC*, 1959 y "Contradicción

Consiguientemente, el carácter y naturaleza común, normal y ordinaria de la norma tributaria así entendida, lleva, como muy bien dice el art. 5º MCTAL, a la aplicación en el ámbito de la interpretación de las normas tributarias de todos los criterios y elementos propios de la Teoría General de la Interpretación. Admitir este carácter común y ordinario de las normas tributarias, tanto las de imposición como las de exención, conlleva la aplicación, salvo limitaciones expresas, de todos los métodos de interpretación de las normas admitidos en Derecho al ámbito del Derecho Tributario.[11] Y aceptar esto último implica aceptar con todas sus consecuencias, sin que luego quepa dar marcha atrás en cuanto a la aplicación o no de ciertos métodos, como por ejemplo la analogía, siempre que el mismo sea admitido dentro de la Teoría General de la Interpretación.

Por último, cabe hacer una advertencia acerca del choque ficticio que puede producirse para el jurista entre forma jurídica y contenido económico, tema del que se trata más adelante, al analizar el fraude a la ley tributaria y la denominada interpretación económica de las normas. El llamado criterio de la realidad económica, es en realidad, un criterio de confusión, pero en algunos ordenamientos, por ejemplo en los Derechos alemán y argentino, presenta la característica de ser Derecho Positivo. Y el jurista nunca puede operar de espaldas al Derecho Positivo.

En puridad, desde planteamientos exclusivamente teóricos, en el choque entre contenido y forma, debería prevalecer la forma. La realidad objeto de estudio de un jurista, no es la realidad física, química o económico. La realidad con la que operan los juristas es una realidad normativizada. Su objeto de estudio son las normas, sin importar tanto lo que quiso decir el legislador y no lo dijo. El único caso en que para un jurista interesa sobremanera la realidad, se da cuando el jurista forma parte de una Comisión Legislativa, es decir, cuando se están elaborando las normas. En ese momento sí es interesante conocer la realidad, prestando especial atención a lo que opinan los economistas, los sociólogos o los contables. Tener en cuenta esa opinión implica intentar resolver el problema en el plano normativo con mayor cantidad de elementos, y después de conocer cuál es el problema a resolver, se plasma en una forma jurídica concreta, que constituye el punto de partida inexcusable de toda labor interpretativa.[12]

3. Autonomía calificadora del Derecho Tributario

El tema de la autonomía calificadora del Derecho Tributario presenta un enorme interés y es un problema a enfrentar todos los días. Al respecto, hay que citar tres célebres polémicas habidas durante el primer tercio del siglo XX.[13]

La primera tuvo lugar en Alemania, a raiz del cambio de rumbo experimentado

metodológica de la jurisprudencia fiscal del Tribunal Supremo", *An. Dir. Gen. Cont. Est.*, Madrid, 1962; L. Martín Retortillo, ob. cit., pp. 945 y ss. y, sobre todo, la amplia relación jurisprudencial sistematizada por M. Llamas, *Jurisprudencia Tributaria*, Madrid, 1973, pp. 98 y 109; E. González, ob. cit., y C. Checa, ob. cit.

11. Por lo que se refiere, en concreto, a la doctrina de las leyes meramente penales, puede verse de forma resumida A. de Luna, *La Doctrina de las Leyes Meramente Penales y la Evasión Fiscal*, SEDF, 1961; y en su génesis y evolución histórica, J. Gorosqueta, "El sistema de ideas tributarias de los teólogos y moralistas principales de la Escuela de Salamanca", *HPE*, 1972.

12. El art. 133 BGB dice: "Al interpretar los actos declarativos debe buscarse la voluntad real en vez de vincularse al sentido literal de la expresión". En Italia, Cogliolo afirmaba que cuando la letra del Código no sea abiertamente contraria, es lícito sustituir la voluntad del legislador plasmada en la ley por la que hubiera sido, caso de legislar en el presente.

13. En la doctrina española, v. Sáinz de Bujanda, "Hacienda Pública, Derecho Financiero, Derecho Tributario", en *Hacienda y Derecho*, I, pp. 37 y ss.; L. Coronel de Palma, *Relaciones entre el Derecho Tributario y el Derecho Privado*, VI, SEDF. En el Derecho Comparado v., por todos, L. Osterloh, "Il Diritto Tributario ed il Diritto Privato", en *Trattato*, cit., I, 1.

por la jurisprudencia del *Reichsfinanzhof* en torno a la aplicación de los conceptos procedentes del Derecho Civil al Derecho Tributario, como consecuencia de la publicación de la RAO. Los protagonistas de esta polémica fueron, de una parte, K. Ball y E. Becker, entre los defensores a ultranza de la autonomía calificadora del Derecho Tributario, y de otra M. Lion y A. Hensel, en una posición más matizada, consistente en negar, de un lado, el pretendido valor unitario de los conceptos iusprivatistas, al tiempo que, de otro, afirma la normal coincidencia o aproximación conceptual de las formas jurídicas utilizadas por uno otro ordenamiento, salvo que se trate de formas jurídicas vacías de contenido.[14]

La segunda, ligeramente posterior a la alemana, es la polémica entre François Gèny y Louis Trotabas.[15] Esta polémica tiene interés, al margen de su elevado nivel intelectual, porque conecta con una corriente de pensamiento que ha tenido gran influencia en la evolución legislativa española. Es la corriente inspirada en el Código Civil francés, en virtud de la cual el Código Civil, como producto de la triunfante burguesía revolucionaria francesa, lleva al mundo del Derecho la concepción de la preeminencia de los valores revolucionarios burgueses, es decir, la libertad y el patrimonio individuales.

Esta explica también por qué los derechos de la personalidad son objeto de estudio en Derecho Civil, que no tiene mucho sentido, sí no se justifica a través de esta reminiscencia francesa de considerar el Código Civil como el mejor reducto para la defensa de la libertad y patrimonio individuales. El Código Civil asume así la tutela jurídica de los ciudadanos, siendo su Título Preliminar la parte general, no sólo del Derecho Privado, sino de la Teoría General del Derecho.

Estes orígenes hicieron que la escuela francesa siempre considerase el Derecho Público, y en particular el Derecho Fiscal, como un elemento de peligro, por la discrecionalidad con lo que puede llegar a operar, discrecionalidad que a veces está muy próxima a la arbitrariedad. Por ello, debe postularse que el Derecho Público, y en particular el Derecho Fiscal, tome como punto de referencia en sus criterios e interpretaciones el Derecho Civil.

La posición de Trotabas, frente a esta corriente de pensamiento tradicional en el Derecho francés, era aparentemente muy simple, pero de una gran lógica. Naturalmente, Trotabas no discute el sólido y bien pertrechado cuerpo de conceptos jurídicos civiles. Trotabas, en esencia, lo que se limita a decir es que el Derecho Fiscal es una rama más del ordenamiento jurídico, que no es ni más ni menos que las demás ramas y que, consiguientemente, si las restantes ramas del ordenamiento jurídico tienen autonomía calificadora para dotar a sus conceptos de contenido propio, no se ve por qué motivo el Derecho Fiscal no puede hacer lo propio. Caso contrario, pasaría a ser una rama del ordenamiento jurídico de segunda categoría. Debido a esta *capitis diminutio*.

En términos ajedrecísticos, puede decirse que esta polémica terminó en tablas, con el consiguiente mérito de Trotabas, al enfrentarse de manera brillante a la solidez de Gèny, todo un maestro en cuestiones de método e interpretación. Asimismo se marcó un importante hito en la evolución del Derecho Tributario.

Pocos años después, en la década de los 30, se planteó una polémica análoga en el solar italiano, entre dos grandes tributaristas: Antonio Berliri, de un lado, y Ezio Vanoni, de otro. La polémica tiene un fondo

14. V. la recensión de A. Hensel a la obra de K. Ball "Steuerrecht und Privatrecht", en *StH*, 1925. De forma resumida A. Hensel, *Diritto Tributario*, cit., pp. 63 y ss. y E. Vanoni, ob. cit., pp. 196 y ss.

15. Hay traducción de esta polémica por J. Ramallo en la *Rev. Fac. Der. Univ. Compl.*, Madrid, 1973, bajo el título "Derecho Fiscal frente a Derecho Civil". Una versión actualizada del problema puede verse en el comentario de A. Falcón a las STJCE de 14.2.95 (caso Schumacker), 11.8.95 (caso Wielockx) y 27.6.96 (caso Asscher), en *QF*, 1998

semejante, pero al plantearse entre dos tributaristas, adquire connotaciones diferentes.

La posición de Berliri[16] se basa en que el mundo del Derecho constituye una unidad, que el ordenamiento jurídico es un universo jurídico unitario, y ese universo jurídico no puede desmembrarse, no puede dividirse en minúsculas parcelas. Aceptada esta razonable premisa, se sigue que el Derecho Tributario, una de las ramas más jóvenes del ordenamiento, debe acomodarse a ese universo jurídico, que él se ha encontrado ya construido.

En otras palabras, el Derecho Tributario no puede, en opinión de Berliri, vaciar el contenido jurídico de instituciones multiseculares. La superior unidad del ordenamiento jurídico exige que los conceptos sean utilizados con categorías, nombres y contenidos homogéneos. No cabe la heterogeneidad en el universo jurídico, sino que debe prevalecer la unidad. Y la unidad del ordenamiento exige que el Derecho Tributario, como rama más recientemente incorporada, utilice los conceptos jurídicos en la forma que le vienen dados por sus ramas de origen.

La posición de Vanoni, en cambio, aparece claramente influida por su pertenencia a la escuela de Pavía de Benvenuto Griziotti, comprometida en mantener la particularidad del Derecho Tributario. Para defender esa particularidad en cuanto al método, Vanoni saca a relucir el componente económico que hay en las normas tributarias.

Ese contenido económico hace que la norma tributaria, en tema de calificación jurídica, tenga una cierta singularidad, porque ese contenido económico que impregna las normas tributarias, no está igualmente presente en otras normas jurídicas. Consiguientemente, ese contenido económico dota de una cierta singularidad calificadora al Derecho Tributario, y hace que el intérprete deba poseer ciertos conocimientos hacendísticos para mejor desentrañarse el contenido económico de las normas tributarias. Ello sin dejar de reconocer en todo momento que la norma tributaria es una norma jurídica, aunque con una singularidad dada por su contenido. Esta autonomía calificadora hace que el Derecho Tributario pueda separarse de ese universo jurídico, dotando a sus conceptos de un contenido propio.

En síntesis, se puede decir que las posiciones de Berliri y de Vanoni se resumen en estos dos puntos: Berliri pone el acento en la unidad del fenómeno jurídico, que no permite sectorizaciones; Vanoni pretende marcar la singularidad del Derecho Tributario, con base en el contenido económico de sus normas.

Expuestas del modo indicado ambas posturas, las dos parecen razonables y dignas de ser suscritas. Pero aparentemente no son compatibles. Corresponde a Achille Donato Giannini, inspirado en la doctrina alemana, el mérito de haber aunado ambos puntos de vista de manera brillante. Su concepción ha sido incorporada a numerosas legislaciones europeas e iberoamericanas.

La idea de Giannini (*Instituciones*, p. 143), influida por la doctrina y jurisprudencia alemanas, resulta facil de explicar. En esencia, consiste en sostener que el Derecho Tributario es una rama que goza de autonomía calificadora dentro del ordenamiento jurídico, puede por tanto dotar a los conceptos por él utilizados del contenido que estime pertinente. Coincide en esta apreciación con lo dicho por Vanoni, y asimismo con lo expresado antes por Hensel y Trotabas. Pero el hecho de que el Derecho Tributario pueda hacer esto no implica que esté obligado a hacerlo, posición en la que coincide con Berliri. Consiguientemente, cada vez que el Derecho Tributario utilice conceptos provenientes del resto del ordenamiento (compraventa, mandato, depósito etc.), puede hacer dos cosas. O bien

16. Publicada en 1941, bajo el título *Negozi Giuridici o Negozi Economici quale Base d'Applicazione per l'Imposta di Registro.*

puede darle un contenido distinto, aclarándolo de forma expresa. O bien, sí el Derecho Tributario no dice nada, se entiende que esos conceptos son los procedentes de la rama de origen correspondiente.

La concepción expuesta es la que con frecuencia encontramos en múltiples ordenamientos jurídicos, incorporada a un precepto, según el cual, en tanto el ordenamiento tributario no defina los términos utilizados en sus normas, éstos se entenderán conforme al significado de origen. Con lo cual el Derecho Tributario no cambia el concepto de que se trate, sino que se limita a decir, por ejemplo, que "a los efectos de este impuesto, se entenderá por compraventa (...)". No cambia el universo jurídico, no altera el concepto jurídico en cuestión, pero tampoco prescinde, llegado el caso, de dotar a ese concepto del contenido peculiar o propio que interese al legislador tributario.

4. El sentido jurídico, técnico o usual de los términos tributarios

Resuelto el problema de la autonomía calificadora en los términos propuestos por Giannini, van a derivarse consecuencias muy interesantes, sobre todo en aspectos concretos, más que en la línea de las grandes ideas o de los grandes principios.

Las ideas que, en términos generales, presiden la interpretación en este punto, sostienen que el legislador sólo es un técnico en materia jurídica. En todos los demás campos el legislador no tiene por qué ser un técnico, y cuando utiliza conceptos técnicos procedentes de campos extrajurídicos, esos términos deben tomarse en su sentido vulgar o usual. Éste suele ser el principio generalmente aceptado, que ha tenido ejemplos muy significativos.

En la jurisprudencia española es célebre el supuesto conocido como "el caso de los mejillones", en todo semejante al "caso de las langostas", popularizado por A. Berliri (*Principios*, I, p. 97). Existe en España un arbitrio sobre el valor de la pesca, en su momento girado a una empresa mejillonera. Esta empresa, ante el requerimiento de la Delegación de Hacienda, argumentó que los mejillones no son ni peces ni pescados, que los mejillones son un marisco que biológicamente pertenecen a otra familia, y que un arbitrio sobre peces y pescados no tiene nada que ver con ellos. Consiguientemente, la empresa se declaraba no sujeta, es decir, por fuera del hecho imponible. Todo ello fue reforzado con un extenso alegato científico, en el que se fundamentaban las diferencias biológicas existentes entre los peces y los mariscos.

Después de diversos fallos contradictorios en las diversas instancias, el Tribunal Supremo (17.12.57) resolvió en favor de la empresa mejillonera, considerando que los mejillones no son ni peces ni pescados. Pero pocos años después, vuelve otra vez la Delegación de Hacienda a la carga y gira de nuevo al arbitrio a la empresa. Se siguen los mismos trámites, llegando nuevamente el caso ante el Tribunal Supremo, quien esta vez cambió de opinión. En una sentencia (28.11.60) que es de alabar por su buen criterio, señala que cuando el legislador utiliza conceptos provenientes de la técnica extrajurídica, el legislador no es un técnico, sino que utiliza los términos en su acepción vulgar o usual. En el caso sometido a examen, los mejillones, igual que los calamares y el pulpo, son productos del mar, se venden en las pescaderías y vulgarmente se consideran todos ellos peces y pescados.

Pasados los años, la Sentencia del TSJ de Cataluña de 14.2.94 (*JT* 133) incide nuevamente sobre el tema desde una perspectiva completamente distinta, pero teniendo como cuestión de fondo pronunciarse sobre sí en la interpretación de las normas tributarias debe prevalecer el sentido técnico sobre el usual, o viceversa. Según la sabia disposición del art. 23.2 LGT, el criterio determinante debe ser "según proceda".

La Sentencia del TSJ de Cataluña que nos ocupa vuelve sobre el tema, tomando como punto de referencia el significado de un término clásico en esta polémica: el concepto de pescado.

Cuando se aborda esta cuestión en el ámbito del Derecho Tributario es impensable no referirse a las Sentencias del TS de 17.12.57 y 28.11.60, previamente citadas. Aparentemente, a la vista del fallo del TSJ de Cataluña que comentamos, podría pensarse que la jurisprudencia española ha cambiado de criterio, porque el presente fallo literalmente dice exactamente lo contrario, esto es, que los mariscos no son pescado fresco. Sin embargo, una interpretación semejante no sólo pecaría de superficial, sino que daría a entender que no se había comprendido absolutamente nada, ni de la litis, ni del fallo. Para entrar en una y otro, es preciso volver al "según proceda" del art. 23.2 LGT.

Para comenzar conviene recordar que el art. 34 RIGTE, que relaciona los artículos de primera necesidad a efectos de la exención del impuesto, es el resultado de la autorización contenida en el Texto Refundido IGTE (29.12.66), que textualmente decía: "Están exentas del impuesto: 1º. Las ventas, entregas y transmisiones de artículos de primera necesidad, cuya determinación se producirá por normas reglamentarias".

No es este el momento de resucitar nuevamente la vieja polémica sobre el valor legal o reglamentario de los Textos Refundidos, ligada a otra polémica todavia más encanada sobre la posible distinción en el Derecho Positivo de la época entre delegaciones y autorizaciones legislativas (Bayón Mariné, Calvo Ortega, Martín Oviedo etc.). El Tribunal Supremo dió por buena la tesis oficial "delegativa", y en consecuencia partimos de la correcta autorización del Texto Refundido IGTE en el Reglamento del Impuesto, para precisar a lo largo del tiempo lo que en cada caso debería entenderse por "artículos de primera necesidad".

El Reglamento IGTE de 23.12.71 (art. 34) no puede en verdad decirse que descuidara el referido mandato. En ocho cambiantes apartados, que finalmente fueron nueve (D. 2.6.77), fue determinando en cada caso la lista de artículos de primera necesidad, cuyas ventas entaban exentas del impuesto.

A nuestro propósito, sólo nos interesa en este momento el apartado e del citado precepto, y más concretamente en lo que hace referencia al término "pescado fresco", a efectos de determinar si dentro de su concepto tienen, o no, cabida los mariscos.

La interpretación del art. 34 RIGTE que nos ocupa, viene precedida de una rica interpretación administrativa del precepto, que llegó a considerar que el término "pescado fresco" exigía que el pescado estuviese muerto y, antes de la reforma de 1977, que no hubiese experimentado ningún tipo de transformación (destripado, descabezado, descamado etc.).

Con estos antecedentes, ante el TSJ Cataluña se plantea el problema de determinar si dentro de la exención del art. 34 RIGTE, relativa a los "pescado fresco", tienen, o no, cabida los mariscos.

La repuesta negativa del Tribunal nos parece sustancialmente correcta y plena de sentido común. Si de lo que se trata es de eximir del pago del impuesto las ventas de artículos de primera necesidad, por amplio que sea el concepto que se tenga del desarrollo económico español, no parece, en principio, que la aquisición de mariscos sea un componente necesario de la cesta de la compra del ciudadano medio español. Es más, nos consta que muchas personas pasan semanas, e incluso meses sin probarlos.

Hasta aqui nuestros puntos de coincidencia en lo esencial con la Sentencia comentada. Otra cosa es que hagamos nuestros la totalidad de los Fundamentos Jurídicos alegados. En particular, dentro del Fundamento Jurídico 2º, nos parece exagerado, o por lo menos discutible, afirmar que tanto dentro "de una interpretación gramatical como técnica es claro que el marisco no puede comprenderse, a los efectos tributarios pretendidos, como pescado fresco".

A nuestro juicio, traer a colación una interpretación técnica en este caso no procede. La interpretación gramatical ni quita ni pone nada en cuanto al correcto entendimiento de los vocablos utilizados. El conflicto se produce entre el significado usual del término, que haria prevalecer la equiparación entre mariscos y pescado, y una interpretación teleológica o finalista del precepto, que sin lugar a dudas, debe excluir los mariscos de una exención dirigida a los artículos de primera necesidad, dentro del concepto "pescado fresco".

Siguiendo la misma línea de hacer prevalecer "según proceda", el sentido usual sobre el técnico, la Resolución del TEAC de 23.6.94 (*JT* 1.072) hace una aplicación, a nuestro juicio correcta, del art. 65 TR. Imp. Suc. (1967) con ocasión de interpretar el término "establecimiento" de dicho precepto.

Las posibilidades de aplicación, como bien expone la resolución que comentamos, se reducen a dos: o bien se entiende el vocablo "establecimiento" en su sentido técnico jurídico preciso, diferenciandolo, por tanto de las fundaciones, en cuyo caso no procedería aplicar la exención, o se considera que el legislador ha utilizado el término "establecimiento" en su acepción usual o vulgar, que atribuye un significado más amplio al concepto, cabiendo dentro de él tanto los establecimientos en sentido estricto como las fundaciones.

En principio, parece claro que podría acogerse tanto una como otra interpretación, pues ninguna repugna a un recto entendimiento del precepto. Sin embargo, es igualmente evidente que las consecuencias derivadas de seguir una u otra interpretación son bien distintas.

El art. 23.2 LGT, contemplando expresamente este supuesto, opta por un aparentemente impreciso "según proceda", que insta al intérprete a indagar en cada caso sobre la voluntad del legislador, habida cuenta de los antecedentes inmediatos, estado de la técnica jurídica, deliberación parlamentaria etc.[17]

El Tribunal Econ. Adm. Central, en la resolución que comentamos, después de realizar un inteligente recorrido por los antecedentes y evolución del precepto mencionado, llega a una conclusión no sólo lógica y plenamente acorde con la letra y espiritu del precepto, sino que, además, siguiendo el mandato del art. 23.2 LGT, propone la interpretación "que procede".

Estimar que el texto de 1967, al referirse a los "establecimientos" de beneficencia o de educación, quiso excluir del ámbito de la exención a las fundaciones, no solo es contrario al significado usual del término "establecimiento", que se utiliza como sinónimo de institución, sino que, además, se apartaba del deseo expreso del legislador, luego es evidente que semejante interpretación no procede.

El tema se reiteró en otros casos donde el supuesto gravado eran las arcillas, pues el tributo contempla la extracción de rocas y minerales, y es sabido que geológicamente las arcillas no son ni rocas ni minerales, por lo que se planteó un problema similar. Igualmente célebre es el caso citado de la jurisprudencia italiana sobre las langostas.

Es decir, en los ejemplos tomados como muestra el Tribunal Supremo ha reiterado su parecer de que el legislador sólo es un técnico en materia jurídica, y que en los demás campos del saber el legislador utiliza los conceptos en su acepción usual o vulgar. Confirman esta opinión, *a contrario sensu*, los fallos que citamos a continuación sobre los conceptos de "solar" y "silvicultura".

Desde de la Reforma del sistema tributario de 1964, tanto en el ámbito de la Contribución Territorial Urbana, primero, como en el Imp. Bienes Inmuebles, después, el término "solar", desde el punto de vista

17. V. A. Berliri, *Principios*, cit., I, pp. 92-93. Al aludir en el texto a la voluntad del legislador, lo hacemos en un sentido amplio y no refiriéndonos a la llamada teoría de la voluntad del legislador sobre la interpretación de las leyes, defendida, entre otros, por Windscheid. V. F. de Castro, *Derecho Civil de España*, cit., pp. 497-498.

tributario, ha ido cediendo paulatinamente terreno frente al omnicompresivo "suelo urbano".

Las características del suelo urbano, como antes las de solar, han venido tradicionalmente definidas por una serie de notas tales como las de encintado de aceras, alumbrado eléctrico, alcantarillado, pavimentación, suministro de agua y de energía eléctrica. La discusión sobre estas notas ha venido centrándose durante lustros sobre la necesidad de su posesión aislada o acumulada para poder hablarse con propiedade de solar o suelo urbano. Hoy esa discusión ha perdido gran parte de su interés, por la precisa utilización del adverbio "además" en la redacción del art. 62 LAHL.

Con estos antecedentes el TSJ de Castilla-La Mancha, mediante Sentencia de 23.11.95 (*JT* 1.489), tiene que pronunciarse sobre la extensión del término "solar" utilizada por un Ayuntamiento en la enajenación de una finca urbana a un particular.

La razón de la controversia y, consiguientemente, del diverso alcance que puede tener dar un significado u otro al concepto de solar es clara. Si por solar se entiende simplemente un espacio físico, es decir, una finca o un terreno, quien compra y quien vende saben que lo trasmitido es simplemente eso, un espacio físico, y no pueden ni deben pedir u ofrecer nada más.

Sin embargo, si por solar se entiende un suelo urbano o urbanizable, apto para construcción, comprador y vendedor saben que el objeto de la transmisión no es un simple espacio físico o terreno, sino que ese terreno se llama solar, porque va acompañado de toda una serie de elementos: aceras, pavimentación, servicios de alcantarillado, agua corriente y alumbrado, que lo distinguen del suelo rústico y lo hacen apto para la construcción de un edificio habitable o urbano.

Por tanto, jurídicamente hablando no es lo mismo adquirir un terreno que adquirir un solar; quien compra o vende un solar sabe que adquiere un terreno y algo más, por ello, lógicamente y a igualdad de circunstancias, el precio de un solar será más elevado.

Así las cosas, ya se ve que la polémica está servida. Quien adquiere un solar, sobre todo si quien vende es un Ayuntamiento, puede legitimamente pensar que adquire algo más que un terreno y puede, también legitimamente, estimar que al girarle las cuotas de las contribuciones especiales por alumbrado público y obras de pavimentación, el Ayuntamiento pretende cobrarle por segunda vez elementos que, a su juicio, estaban incluidos en el precio del solar previamente adquirido.

El razonamiento anterior formalmente es impecable. Es más, aun en el caso de que pretendiera traerse a colación un presunto doble sentido, usual y técnico, del término solar, ese camino sería poco rentable para el proponente. En primer lugar, porque incluso en el lenguaje usual suele distinguirse entre un solar y un terreno; y en segundo lugar, porque a quien está utilizando el término solar (un Ayuntamiento), hay que suponerle conocimientos técnicos suficientes para distinguir entre un terreno y un solar.

Dicho esto, que creemos es todo lo que puede decirse en favor de la argumentación del recurrente, nuestra opinión es claramente favorable a la sentencia desestimatoria del Tribunal por un doble juego de razones. La primera porque toda acción interpretativa sobre el posible alcance de las palabras debe ceder cuando consta fehacientemente que las palabras fueron entendidas, incluso erróneamente, de forma unívoca por las partes intervinientes. Es decir, la labor del intérprete de indagar, aclarar o hacer más accesible el verdadero sentido de las palabras utilizadas, cede cuando la realidad se impone, incluso en sentido contrario, porque, en principio, la realidad formal no debe prevalecer sobre la realidad material, cuando ésta es conocida y demonstrable.

La realidad anteriormente descrita es la del caso que nos ocupa y la que, en último término, ha hecho prevalecer el Tribunal, porque de los hechos probados resulta que cuando el recurrente "ofertó por el terreno conocía perfectamente las características del mismo y que el precio se hizo en base a esas características". Consiguientemente, si conocía perfectamente las características del terreno y el precio se ofertó en base a esas características, no puede después alegar que se le cobra dos veces por los servicios de pavimentación y alumbrado, pues siempre fue consciente de que tales servicios no estaban incluidos en el precio.

En conclusión, aunque en el caso examinado toda la justicia material parece estar del lado del Ayuntamiento. No deja de ser sorprendente que en una sentencia puedan encontrarse afirmaciones como la siguiente: "no hay duda que el Ayuntamiento no utilizó el término solar en la enajenación en un sentido técnico, sino equivalente al de finca". Debe procurarse que cuando un Ayuntamiento utilice las expresiones "solar", "finca" o "terreno", lo haga nel sentido técnico propio de cada uno de esos términos. Respecto al término "calle", sobre el que al parecer no existe un concepto técnico (v. STSJ Madrid de 28.10.96, *JT* 1.449).

En segundo de los fallos mencionados es la ATEAC de 26.6.96 (*JT* 1.996), estimatoria del recurso extraordinario de alzada para la unificación de criterio promovido por el Director del Departamento en el sentido de considerar que el derecho al uso del gasoleo bonificado está reconocido en la normativa de los Impuestos Especiales a la silvicultura, pero siempre y cuando se entienda ésta referida a las tareas propias de las específicas actividades concernientes al cultivo de los bosques, y no se extienda a otros afines no expresamente contemplados en dicha normativa, como, por ejemplo, podrían ser los propios de una aserradora.

Naturalmente, los temores del Director General ante una interpretación amplia del término "silvicultura" y una referencia a las actividades de sierra de troncos no eran infundados, porque la RTEAR de Navarra, basándose en la definición de "silvicultura" proporcionada por el Diccionario de la Lengua Española, estima que son silvicultura todas las tareas necesarias o servicios que contribuyan al cultivo y explotación de los bosques. Es más, el TEAR de Navarra, con apoyo en el art. 109 RIVA 1985, llega a la conclusión de que tienen la consideración de servicios acesorios, incluidos en el regimen especial de la agricultura (silvicultura): la tala, entresaca, astillado y decortezado de árboles, limpieza de bosques y demás servicios de caracter análogo.

Como se ve el problema interpretativo es doble. El tipo bonificado aplicable a la utilización de gasoleo como carburante está limitado a los motores de tractores y maquinaria utilizados en silvicultura, así como los motores fijos. Consiguientemente, la tarea del intérprete consiste en determinar, primero, si la para cargadora en cuestión está comprendida dentro del concepto de "maquinaria" y, segundo, si la actividad del transporte de troncos en la que se utiliza puede considerarse incluida entre las propias de la silvicultura.

La primera cuestión, el na redacción que el precepto tenía en 1992, no parece ofrecer duda alguna, ni siquiera para el Director General. Se mire por donde se mire, es decir tanto aceptando el sentido técnico como el usual del vocablo, una pala cargadora siempre habrá de considerarse una máquina.

Ciertamente menos clara es la segunda cuestión, aunque nos inclinamos hacia la interpretación alumbrada por el TEAR de Navarra. La línea discursiva a seguir ofrece une triple camino: la interpretación gramatical, la sistemática y la finalista; las tres dirigidas a determinar si las labores de tala, entresaca, astillado y descortezado de árboles, en las que, al parecer, se utilizaba la pala cargadora, pueden considerarse, o no, incluidas dentro de las actividades propias de la silvicultura.

Desde el punto de vista gramatical, que quizá sea el que menos luz ofrece en la resolución de nuestro problema, el término "silvicultura" puede ser utilizado en una acepción estricta o amplia. Acepciones ambas recogidas en los diversos diccionarios de la lengua consultados. Es decir, si por silvicultura se entiende estrictamente el "cuidado de los bosques", introducir en esa acepción las labores de tala, entresaca, astillado y descortezado de árboles resulta más difícil. Sin embargo, si acogemos otra de las definiciones dadas de silvicultura, como cuidado y explotación de los bosques, es obvio que resulta mucho más fácil introducir dentro de ella las labores referidas.

Si de la interpretación gramatical pasamos a la sistemática, poco apoyo puede encontrarse en las normas del IAE citadas para resolver el problema que nos ocupa, pues lo que precisamente se trata de averiguar es si las labores de aserrado, cepillado, pulido y lavado de la madera, tienen o no tienen que ver con la explotación de los bosques. No sucede lo mismo con las normas procedentes del RIVA de 1985, cuyo art. 109 expresamente menciona entre los servicios accesorios que deben ser incluidos en el regimen especial de la agricultura los de tala, entresaca, astillado y descortezado de árboles, la limpieza de los bosques y demás servicios complementarios de la silvicultura de carácter análogo. El apoyo de este precepto a la línea argumental del TEAR, máxime teniendo en cuenta las especiales relaciones conceptuales entre el IVA y los Impuestos Especiales, parece fuera de discusión.

A la misma conclusión llegamos a través de una interpretación finalista del precepto objeto de examen y de la regulación del Impuesto en cuyo seno se encuentra el art. 54. Este punto ha sido bien visto por el TEAR, que citando expresamente doctrina anterior del TEAC e inspirándose en la propia Exposición de Motivos de la Ley de Impuestos Especiales de 1992, estima que los Impuestos Especiales se orientan a desincentivar el consumo de determinados productos considerados contraproducentes para la sociedad, si bien se establecen exenciones que responden a razones técnicas o finalistas, tendentes a no incidir desfavorablemente en el coste de fabricación de determinados productos. En el caso del consumo de gasoleo se esblece una exención, en principio finalista, para el caso de que su uso vaya destinado a actividades agrícolas, ganaderas o forestales.

Siendo esta la razón de ser el precepto, la fácil invocación de una interpretación restrictiva de los beneficios fiscales, pierde toda justificación, pues el criterio rector de la interpretación de las normas tributarias es que éstas se aplican con arreglo a los criterios admitidos en Derecho, es decir, que toda la Teoría General de la Interpretación de las Normas, sin excepción, se aplica integralmente a la interpretación de las normas tributarias. Debiendo interpretarse restrictivamente las posibles excepciones a este principio general. Dicho de otro modo, las normas que establecen exenciones o beneficios fiscales no son excepcionales respecto a las normas de imposición. En su caso, tan normal y ordinaria es una norma que grave donde existe capacidad económica para contribuir a los gastos públicos, como la bonificadora o de exención, que grava menos o no grava, porque existen las circunstancias fiscales o extrafiscales legalmente previstas al efecto.

Por último, vale citar otro ejemplo muy discutido actualmente y que ha suscitado algunos pronunciamientos jurisprudenciales interesantes. Es el tema de la configuración a efectos tributarios del carácter de bienes gananciales. La posición que nosotros defendemos, actualmente minoritaria, postula que no hay por qué asumir el concepto de bien ganancial del Derecho Civil, porque ello irrogaría gravísimos perjuicios al contribuyente, máxime cuando la moderna doctrina civilista está muy dividida, no como en años anteriores, cuando sólo se consideraban gananciales los bienes al momento de la disolución del matrimonio y, por tanto, de este régimen. Es decir, que la vieja idea del momento de la disolución como determinante del carácter ganancial de los bienes, es una idea que actualmente casi nadie defiende, sino que es la tradicionalmente expuesta por los viejos comentaristas (M. Scaevola, Manresa) donde la ganancialidad se adquiere en el momento de la disolución. Esta idea atenta contra el concepto base de la ganancialidad, el cual implica que la sociedad de ganaciales no es una sociedad muerta, que torna viva en el momento de la disolución, sino que la idea de la sociedad de gananciales es un concepto dinámico, que se hace dia a dia, mediante la aportación de bienes de marido y mujer hacia la sociedad. Esta nueva doctrina está tomando cuerpo en las recientes reformas de los Códigos Civiles español, francés e italiano.

Lo discutido es, en concreto, en el caso de las rentas de trabajo, cuando se adquiere esa ganancialidad. Si en el momento en que el cónyuge aporta los bienes a la sociedad, ya pagados los impuestos (teoría tradicional predominante), o si, por contra, es en el momento en que son percibidos, esto es, antes de pagar impuestos. Es una distinción que tiene enorme trascendencia, porque si el carácter ganancial de las rentas de trabajo se adquiere en el momento en que las rentas son percibidas, automáticamente se ha introducido el *splitting*[18] en el sistema tributario. Con la consecuencia obvia de que el *splitting* corta por la mitad la progresividad. Así, pues, no estamos ante una mera discusión doctrinal, sino que el tema tiene gran trascendencia en cuanto a la recaudación, que en su momento (1990) el Fisco español estimó en una pérdida superior a los mil quinientos millones de dólares.

Además, la interpretación tiene mucha importancia en cuanto a la distinción entre rentas de trabajo y rentas de capital, pues la ganancialidad en las rentas de capital juega a favor del perceptor, mientras que en las rentas de trabajo juega en su contra, dado que la Ley del IRPF, en el caso de las rentas de trabajo, grava en cabeza de quien percibe la renta, y no es posible dividir lo percibido, dado que quien trabaja es quien cobra el salario y paga directamente el impuesto. Sin embargo, en el caso de las rentas de capital cabe esa disociación, pues quien es titular de rentas de capital, puede poner los intereses en cabeza de quien quiera, sin excluir a su mujer. Por conseguiente, se produciría una acción contraria a los postulados del principio de capacidad contributiva, en cuanto las rentas de trabajo deben estar mejor tratadas que las rentas de capital.

En conclusión, respecto del uso jurídico, técnico o usual de los términos tributarios, cabe reiterar que el Derecho Tributario goza de autonomía calificadora. Puede dar a los términos por él utilizados el contenido que en cada caso estime conveniente; y de no decir nada al respecto, se entenderá que los conceptos provenientes de otras ramas del Derecho son utilizados en la acepción de su rama de origen. El legislador tributario solamente es un técnico en materia jurídica; en los demás campos del saber, cuando el legislador utiliza conceptos técnicos, el legislador no es un técnico, sino que utiliza esos conceptos en su acepción vulgar o usual.

18. El sistema de *splitting* es el adoptado por los ordenamientos norteamericano, alemán, irlandés y portugués, en virtud del cual se introduce la ganancialidad fiscal, dado que todas las rentas del matrimonio se suman y se dividen por dos. Consiguientemente, en matrimonios donde trabaja un sólo cónyuge las ventajas son máximas, o si ambos trabajan y los salarios son muy desiguales. Cfr., más extensamente, E. González, *Familia e Impuestos*, PPU, Barcelona, 1988.

CADERNOS DE DIREITO TRIBUTÁRIO

CENTRO DI ATTIVITÀ STABILE E STABILE ORGANIZZAZIONE: L'IVA RICHIEDE UN'EVOLUZIONE PER IL XXI SECOLO?

PASQUALE PISTONE

Visiting Professor na Universidade Católica do Brabante, Holanda
— Doutorando na Universidade de Gênova, Itália

Introduzione. 1. Il concetto di centro di attività stabile nella giurisprudenza della Corte di Giustizia. 2. Centro di attività stabile nella sesta direttiva IVA e stabile organizzazione nella normativa nazionale italiana di recepimento. 3. Centro di attività stabile e stabile organizzazione di fronte alla globalizzazione dei mercati ed al commercio elettronico. 4. Conclusioni.

Introduzione

Le recenti sentenze della Corte di Giustizia sui casi *ARO Lease*[1] e *Lease Plan Luxembourg* — entrambi relativi alla prestazione di servizi di *leasing* di autovetture da parte di soggetto residente in altro Stato dell'Unione — deludono le attese di quanti (compreso chi scrive) speravano alla loro vigilia di scorgere un'evoluzione della giurisprudenza comunitaria in merito all'estensione della figura giuridica del centro di attività stabile, creata dalla normativa secondaria comunitaria (art. 9, n. 1 della VI direttiva IVA)[2] circa trenta anni or sono.

Com'è noto, il legislatore italiano, invece di riferirsi al centro di attività stabile, all'atto di trasporre la sesta direttiva IVA nella normativa nazionale ha utilizzato *tout court* il termine di stabile organizzazione all'interno dell'art. 7, co. 3 del d.p.r. 26 ottobre 1972, n. 633, possibilmente basandosi su di un'apparente equivalenza tra i due termini.[3]

1. La sentenza *ARO Lease* (C-190/95) è già stata pubblicata in *Rivista di diritto tributario*, 1998, III, p. 3 e ss., con il commento di Armella, S., *Il regime IVA delle operazioni di leasing dei mezzi di trasporto in ambito comunitario, ibidem*, p. 9 e ss.

2. L'avvocato generale Fennelly aveva invitato la Corte nella causa *ARO Lease* a chiarire se ai fini dell'esistenza di un centro di attività stabile potesse bastare anche il solo requisito materiale-tecnico ovvero quello personale. La medesima esigenza sembra essere avvertita da Terra, B., Wattel, P., *European Tax Law*, II ed., Londra-Boston-L'Aja, 1997, p. 173, che auspicano un chiarimento da parte della Corte sul modo in cui possa raggiungersi un risultato razionale nel futuro; ed altresì Boutellis, O., *Commerce électronique et TVA: de l'établissement stable à l'établissement virtuel?*, in *Revue de droit fiscal*, n. 3, 1998, p. 126.

3. Nella dottrina tributaria italiana, così come in giurisprudenza e nell'amministrazione finanziaria, sembra dogmaticamente pacifica questa sostanziale

Tuttavia, da oltre un decennio la Corte di Giustizia interpreta costantemente il concetto di centro di attività stabile in un'accezione diversa da quella che nell'ambito delle imposte dirette viene riservata alla stabile organizzazione: per quest'ultima infatti gli elementi personale e materiale non devono, ma possono essere entrambi presenti al fine di determinare l'esistenza di un centro operativo stabile all'interno di un Paese diverso da quello di residenza.[4]

Il cennato quadro legislativo e giurisprudenziale di riferimento rende pertanto indispensabile verificare se tra le due figure giuridiche sia realmente rinvenibile *de iure condito* un nucleo comune al di là dei diversi ambiti tributari — quelli rispettivamente dell'IVA e delle imposte dirette — in cui ciascuna di esse opera o se, viceversa, questo manchi per effetto della peculiare posizione della giurisprudenza della Corte di Giustizia.

De iure condendo sembra poi utile riflettere intorno ad una possibile equivalenza delle predette figure da un punto di vista sostanziale, esaminando cioè se tutte le volte in cui il radicamento di un soggetto in un Paese determina nello stesso la produzione di reddito sia necessario ritenere che altrettanto debba accadere anche ai fini dell'imposta sul valore aggiunto.

Per altro verso appare infine opportuno sottolineare che entrambe le pronunce della Corte presentano contraddizioni terminologiche relativamente a punti essenziali della motivazione tra il testo in alcune lingue ufficiali comunitarie (fra cui in primo luogo l'inglese, lingua delle conclusioni dell'avvocato generale Fennelly in entrambe le cause) e quello nella lingua processuale olandese.

Le ragioni fin qui menzionate — unitamente all'evoluzione delle libertà fondamentali comunitarie realizzatasi in altri ambiti giuridico-tributari proprio grazie al ruolo propulsivo della giurisprudenza della Corte di Giustizia[5] — rendono dunque particolarmente stimolante l'analisi in chiave critica delle predette pronunce, al fine di poter fare luce sull'attuale estensione del concetto di centro di attività stabile e sulla sua funzione all'interno di un sistema IVA che, fino all'entrata in vigore del regime definitivo, continuerà ad applicare la tassazione nel Paese di destinazione.

Le problematiche emergenti dalla prassi internazionale, come ad esempio quella del commercio elettronico ed in generale quelle relative al processo di globalizzazione alle soglie del XXI secolo, sembrano poi aggiungere ulteriori aspetti di interesse, nel tentativo di prospettare possibili soluzioni ai problemi di applicazione dell'IVA in questi settori che evitino distorsioni fiscali all'interno del Mercato Unico Europeo.

1. Il concetto di centro di attività stabile nella giurisprudenza della Corte di Giustizia

Nel caso *Lease Plan Luxembourg* la Corte si è trovata ad affrontare una questio-

equivalenza tra le due figure. Per le problematiche applicative dell'istituto della stabile organizzazione nella normativa interna italiana si rimanda alla completa analisi di Ludovici, P., *Il regime impositivo della stabile organizzazione agli effetti dell'imposta sul valore aggiunto*, in *Rivista di diritto tributario*, 1998, I, p. 67 e ss.

4. Circa due anni fa (30.10.1996) la giurisprudenza tedesca del *Bundesfinanzhof* è giunta ad interpretare il § 12 AO 1977, relativo alla stabile organizzazione (*Betriebsstätte*) configurandone l'esistenza ai fini delle imposte dirette anche in relazione al semplice passaggio di un oleodotto nel sottosuolo. In merito cfr. Lampe, M., *Broadening the Definition of a Permanent Establishment: The Pipeline Decision*, in *European Taxation*, 1997, p. 67 e ss.; Mayr, S., *L'oleodotto quale ipotesi di stabile organizzazione*, in *Corriere tributario*, 1997, pp. 905 e ss. e Portner, R., *Permanent Establishment and the Internet*, in *Tax Planning International Review*, 1998, p. 19 e ss. Questa molto estesa interpretazione del concetto di stabile organizzazione è stata peraltro di recente confermata dalla Suprema Corte tedesca.

5. Per una visione di insieme dell'evoluzione della giurisprudenza comunitaria sul tema dell'applicazione delle libertà fondamentali il lettore non uso all'analisi di queste problematiche potrà fare riferimento al mio *El nuevo orden comunitario de los*

ne rimessa in via pregiudiziale dal Tribunale di prima istanza (*Rechtbank van eerste aanleg*) di Bruxelles in merito al rimborso di IVA belga a soggetto non residente. L'Amministrazione Finanziaria belga aveva per un verso negato al contribuente (la *Lease Plan Luxembourg*) la detrazione dell'IVA dallo stesso pagata relativamente a prestazioni di servizio di *garage* effettuate in quel Paese nei confronti di suoi clienti non residenti e per altro ritenuto assoggettabili all'IVA belga i contratti di *leasing* di autovetture conclusi con soggetti residenti in Belgio, i quali sceglievano direttamente la propria automobile dal concessionario, sopportando costi relativi alla manutenzione ed alla circolazione, senza alcun in-tervento in territorio belga da parte della *Lease Plan Luxembourg*.

Invero, anche prima della pronuncia sul simile (ma non identico[6]) caso *ARO Lease* questi elementi di fatto apparivano poco consistenti per fondare un radicamento dell'impresa di *leasing* di autovetture sul territorio belga: vi erano dunque pochi dubbi sul fatto che la Corte non avrebbe potuto che respingere la pretesa avanzata dal Fisco belga di collegare la materia imponibile all'imposta sul valore aggiunto in quel Paese sulla base dell'esistenza di un centro di attività stabile.

La principale differenza tra *ARO Lease* e *Lease Plan Luxembourg* va rinvenuta negli aspetti tributariamente rilevanti delle fattispecie esaminate dalle giurisdizioni nazionali di rinvio (rispettivamente olandese e belga). In entrambi i casi il problema riguarda in parte la imponibilità ai fini IVA in un paese diverso da quello della sede del prestatore del servizio per contratti stipulati con soggetti residenti in Belgio; nel secondo caso però si aggiunge anche la questione della deducibilità (e del rimborso) dell'IVA pagata in Belgio relativamente a riparazioni e manutenzioni ivi effettuate su autovetture date in leasing a clienti residenti in Lussemburgo.[7]

In entrambi i casi l'assenza di strutture e di personale sul territorio belga era del tutto evidente nella fattispecie concreta. Pertanto, una volta che la Corte aveva ritenuto rilevante ai sensi della decima direttiva IVA il luogo della sede dell'attività del prestatore ai fini dell'imponibilità IVA dei servizi di trasporto ed esclusa la applicabilità del principio della realtà economica — contemplato dall'art. 9 della VI direttiva, ma esplicitamente derogato nel caso di specie — la conclusione era in qualche modo necessitata: applicazione della sede dell'attività economica, giacché non sussistevano gli estremi per configurare l'esistenza di un centro di attività stabile in Belgio.

Il tradizionale atteggiamento di *self-restraint* della Corte ha spinto i giudici comunitari in questo caso ad affermare soltanto che, non sussistendo alcuno dei due elementi, non era possibile configurare l'esistenza di un centro di attività stabile. Il testo della sentenza nella lingua processuale

impuestos directos, in AA.VV., *Homenaje a Valdes Costa*, Montevideo, Uruguay, 1999.

6. Per questi ultimi aspetti (ossia quelli relativi alla lesione nell'ordinamento belga dell'esercizio del diritto alla deduzione dell'IVA attraverso più stringenti formalità ed una diversa base di calcolo del rimborso) la fattispecie di *Lease Plan Luxembourg* appare molto simile a quella già esaminata dalla Corte nelle cause riunite *Garage Molenheide et alia* (C-286/94, C-340/95, C-401/95 e C-47/96), su cui per brevità sia consentito rimandare a Pistone, P., *Presunzioni assolute, discrezionalità dell'Amministrazione Finanziaria e principio di proporzionalità in materia tributaria secondo la Corte di Giustizia*, in *Rivista di diritto tributario*, 1998, III, pp. 77 e ss., in particolare a p. 94 e ss.

7. Rispetto a questo punto appare opportuno precisare che l'analogia tra le fattispecie *ARO Lease* e *Lease Plan Luxembourg* ha fatto sì che la sentenza della Corte, pronunciata in data 17.7.1997, influenzasse alcune delle questioni pregiudiziali relative alla seconda già prima delle conclusioni pronunciate dall'avvocato generale Fennelly in data 18.12.1997, spingendo le parti ad accettare l'inesistenza di un centro di attività stabile in Belgio. Per questa ragione nell'analizzare la posizione della Corte su questo concetto ci riferiamo alle due sentenze in modo congiunto, tenendo presente la posizione espressa nel caso *ARO Lease* al punto 19 della sentenza e testualmente ripetuta al punto 26 del caso *Lease Plan Luxembourg*.

olandese[8] (così come la sua traduzione nella lingua ufficiale italiana) esprime con chiarezza questa volontà di intervenire in un ambito limitato. Non sembra potersi dire altrettanto per la versione nella lingua inglese,[9] che — magari soltanto a seguito di uno dei soliti numerosi errori di traduzione — sembra riproporre più da vicino le istanze mosse dall'avvocato generale Fennelly nelle sue conclusioni in favore di una pronuncia di più ampio tenore sul concetto di centro di attività stabile.

A prescindere da queste considerazioni, appare comunque opportuno soffermarsi sulla posizione espressa dalla Corte a questo riguardo, per verificare se essa sia o meno in grado di cogliere l'essenza dei problemi che l'evoluzione delle libertà fondamentali comunitarie ha prodotto.

Il punto di partenza di questa analisi è ancor oggi la posizione espressa dalla Corte nell'ormai lontano caso *Berkholz*,[10] che per molti aspetti non ha ancora perso la propria attualità, essendosi consolidato in numerose successive pronunce.[11]

La sentenza *Berkholz* appare di rilievo per almeno due punti. In primo luogo essa fornisce un assetto ben preciso al rapporto tra i criteri di sede dell'attività economica e quello di centro di attività stabile; inoltre, essa, seguendo da vicino la posizione dell'avvocato generale Mancini, fa luce sulla funzione e l'essenza di quest'ultimo.

Il cennato caso riguardava una particolare fattispecie in cui la giurisdizione tedesca di rinvio chiedeva alla Corte di esprimersi in merito all'applicabilità dell'IVA sull'attività di gestione di macchine da gioco automatiche (*slot machines*) installate su di una nave traghetto tedesca in servizio di linea con la Danimarca e periodicamente vuotate da personale dell'impresa *in loco*. Dopo aver affermato che i due criteri forniti alternativamente dall'art. 9, co. 1 della VI direttiva IVA andavano intesi in modo che quello dell'attività economica fornisse il riferimento principale ai fini dell'individuazione del luogo della prestazione dei servizi, la Corte aveva sottolineato che con riferimento alla possibilità di configurare l'esistenza di un centro di attività stabile nel caso *Berkholz* essa era impedita dalla non costante presenza del personale sulla nave.

Invero, si può comprendere e condividere l'iter logico attraverso cui la Corte era giunta a tali conclusioni in quella occasione. Nel caso *Berkholz* era palese che l'attività non potesse essere svolta attraverso le sole strutture materiali presenti stabilmente sulla nave; d'altra parte si potrebbe anche condividere l'opinione di quanti[12] ritengono

8. Infatti nel testo del punto 19 della sentenza *ARO Lease* (26 della sentenza *Lease Plan Luxembourg*) nel testo della lingua (ufficiale e) processuale olandese si legge "*wanneer een leasemaatschappij in een Lid-Staat 'niet' over eigen personeel 'en niet' over een structuur met een voldoende mate van duurzaamheid beschickt...*" non è possibile configurare l'esistenza di un centro di attività stabile.

9. Nel testo degli stessi punti delle pronunce nella traduzione nella lingua officiale inglese si legge "*when a leasing company does not possess in a Member State 'either' its own staff 'or' a structure which has a sufficient degree of permanence...*" non è possibile configurare l'esistenza di un centro di attività stabile. L'ambiguità del testo inglese può dipendere dall'improprio uso delle correlate disgiuntive *either ... or*, che invero consentono di interpretare il pensiero della Corte non soltanto nel senso che essa abbia voluto (tenendo presente la precedente negazione *not*) negare l'esistenza di un centro di attività stabile quando — come nel caso di specie — non è rinvenibile "né personale proprio ... né struttura", ma altresì in quello che non possa essere considerato come centro di attività stabile ciò che non abbia personale proprio o struttura idonea a rendere possibile le prestazioni di servizi in questione.

10. CGCE 4.7.1985, C-168/84, *Günther Berkholz ./. Finanzamt Hamburg Mitte-Altstadt*, in *Raccolta*, 1985, p. 2251 e ss. con conclusioni dell'Avv. Mancini.

11. La Corte di Giustizia si è espressa in questo senso anche in altre pronunce, come quella del 20.2.1997 sul caso C-260/95 *Commissioners of Customs and Excise ./. DFDS A/S*, in Raccolta, 1997, p. I-1033 e quella sul caso *Faaborg Gelting Linien A/S ./. Finanzamt Flensburg* C-231/94, in *Raccolta*, 1996, p. I-2395 e ss., in particolare al punto 17, p. I-2412.

12. Terra, B., Kajus, J., *A Guide to the European VAT Directives, Article 9*, Loose-leaf, Amsterdam, p. 82.22.11.

che in tale situazione — come del resto in altre successive (ad esempio il caso *Faaborg-Gelting Linien* o quello *DFDS*) — la Corte fosse stata influenzata anche dall'esigenza di evitare che una parte della materia imponibile relativa alla prestazione del servizio sfuggisse del tutto all'imposizione sul valore aggiunto.

Più difficile appare invece condividere due aspetti di fondamentale importanza nella posizione della Corte.

In primo luogo ci si chiede se la subordinazione dell'applicazione del criterio del centro di attività stabile a quello della sede principale dell'attività economica — prospettata dall'avvocato generale Mancini nel caso *Berkholz* ed ormai consolidata nella giurisprudenza della Corte — possa realmente trovare nella semplice disgiuntiva *o* di cui al primo paragrafo dell'art. 9 della VI direttiva un inconfutabile fondamento ermeneutico.

In applicazione del principio *in claris non fit interpretatio*, ritengo che il dato letterale sia di per sé sufficiente ad evidenziare la natura creativa (dunque additiva!) dell'intervento della Corte in merito. La perplessità in merito alla posizione della Corte è poi rafforzata sulla base di un'ulteriore analisi, questa volta relativa a funzione e struttura del regime attualmente vigente in materia di IVA. Almeno fino alla entrata in vigore del regime definitivo IVA ed al correlato passaggio alla tassazione nel Paese di origine, è infatti pur sempre il criterio della tassazione nel Paese di destinazione ad informare gli aspetti allocativi dell'imposizione sul valore aggiunto. Sembra opportuno richiamare in questa sede l'opinione espressa dall'avvocato generale La Pergola nel caso *DFDS*. Allineandosi a quanto richiesto dal Regno Unito,[13] egli sottolineava l'importanza del fatto che in conformità a tale principio l'IVA fosse prelevata nel luogo in cui il servizio era reso e possibilmente in cui si trovava il consumatore. Sulla base di queste premesse concludeva nel senso che l'imposta sul valore aggiunto dovesse essere applicata in armonia con la situazione economica, di talché non era logico che a fronte della possibilità di riscontrare l'esistenza di un centro di attività stabile, la sua rilevanza ai fini impositivi fosse automaticamente subordinata al criterio della sede dell'attività economica.[14]

La Corte ha invece finora per un verso sempre ribadito la posizione espressa nel 1985 dall'avvocato generale Mancini nel caso *Berkholz* e per l'altro sistematicamente evitato di pronunciarsi sul luogo in cui il servizio viene effettivamente prestato, limitandosi a sostenere dogmaticamente la secondarietà del riferimento al centro di attività stabile ed ad accertare in che misura fosse di volta in volta possibile sostenerne l'esistenza nella fattispecie.[15]

Il secondo punto su cui occorre soffermarsi riguarda invece i criteri che essa ha finora seguito al fine di determinare l'estensione del concetto di centro di attività stabile. Anche in questo caso la Corte, sulla scia di quanto ritenuto nel caso *Berkholz*, ritiene in ogni caso necessaria la presenza costante "di personale proprio" *e* "di una struttura che presenti un certo grado di

13. *Commissioners of Customs and Excise ./. DFDS A/S*, cit., p. I-1018, punto 30.

14. *Ibidem*, punto 32.

15. Nel caso *DFDS* la libertà della Corte nell'interpretazione del diritto comunitario si è spinta fino ad annullare la personalità giuridica autonoma di una società di diritto inglese, succursale di una società danese per il cui conto operava in qualità di agente in relazione alla vendita di pacchetti turistici in Inghilterra, ritenendo la prima centro di attività stabile della seconda. Sul punto van Hilten, M.E., *Vaste inrichting en BTW: (on)zelfstandig en niet onafhankelijk*, in *Weekblad fiscaal recht*, n. 6262, 1997, p. 1375 sottolinea come la posizione della Corte in questo caso potrebbe rappresentare un tentativo di introdurre ai fini fiscali un trattamento unitario di gruppo tra società residenti in vari Paesi comunitari (*het HvJ een fiscale eenheid over de grenzen heeft willen introduceren*). Le condizioni per addivenire a questo risultato rappresentano un punto alquanto oscuro dell'attuale disciplina, di talché nell'obiettivo della certezza del diritto sarebbe opportuno che il Consiglio adottasse una propria specifica posizione in merito, nel contesto di un intervento organico di risistemazione della materia.

stabilità, nell'ambito della quale possano essere redatti contratti o prese decisioni amministrative, struttura che sia quindi idonea a rendere possibili in modo autonomo le prestazioni di servizi".

In *ARO Lease* e in *Lease Plan Luxembourg* la Corte avrebbe ben avuto l'opportunità di fare luce su questo punto, tenendo conto anche dell'evoluzione che nel frattempo (ossia nei tredici anni passati dal caso *Berkholz*) ha subito in parallelo il concetto di stabile organizzazione nell'ambito delle imposte dirette.

Il fatto che la Corte non abbia invece ritenuto di dover modificare la propria posizione in merito rappresenta una circostanza alquanto preoccupante per molte ragioni,[16] in gran parte legate alla mancanza di neutralità dell'imposta sul valore aggiunto.

Fino ad un intervento istituzionale del Consiglio infatti per questa sola ragione dovrebbero prosperare attività di *leasing* di autovetture o altri beni simili nei Paesi dell'Unione con più ridotte aliquote ordinarie IVA (come ad esempio il 16% in Germania) e di converso scomparire le stesse attività in Paesi come la Danimarca, che mantengono un'aliquota standard di ben dieci punti superiore alla soglia minima del 15% stabilita nel piano Scrivener.[17]

Gli effetti non neutrali non si limitano però al solo campo del *leasing*, trovando ampio respiro nel settore del commercio elettronico, che attualmente conosce uno sviluppo decisamente frenetico.

Per maggiore chiarezza proviamo a costruire un esempio verosimile (che ben presto potrebbe presentarsi al giudizio della Corte) sul modello dei casi in commento, in cui una fattispecie transnazionale di *leasing* di autovetture configuri alcune delle fasi della negoziazione del contratto tramite un *server*, un *provider* di accesso (ISP) od un'installazione virtuale (come un sito *web*) del prestatore nel Paese del destinatario.

In entrambi i casi mi sembra non si possa dubitare sul fatto che ai fini IVA la prestazione del servizio è resa possibile anche grazie alle predette strutture situate sul territorio del destinatario. La natura possibilmente anche non materiale dell'installazione (come nel caso del sito *web*) in realtà non altera significativamente il quadro dei fatti,[18] a meno di non volere intendere il requisito della materialità per l'esistenza della stabile organizzazione in senso arcaico e non dunque al passo con l'evoluzione del mondo reale, dunque del commercio e della tecnologia. Evitiamo intenzionalmente di complicare in questa sede l'esempio relativo al commercio elettronico,[19] o meglio alla prestazione di servizi a mezzo di strumenti elettronici, e limitiamoci piuttosto ad aggiungere che le caratteristiche strutturali del fenomeno (e quindi

16. Questo tema è stato oggetto del seminario *VAT on cross border services* in seno al 52º Congresso dell'*International Fiscal Association*, svoltosi a Londra dal 4 al 9 ottobre 1998, in cui Jenkins, P., *VAT and cross border services*, p. 10 giustamente osserva che "*the Berkholz test relating to the presence of both human and technical resources is looking increasingly obsolete as a realistic test of what should constitute a fixed establishment for VAT purposes*". La necessità di chiarezza sul concetto di centro di attività stabile viene condivisa anche da Plagnet, B., *La définition d'établissement stable en matière de TVA*, in *Bulletin fiscal Francis Lefebvre*, 12/1997, p. 739 e da Boutellis, O., *Fiscalité du commerce électronique. De l'arrêt Lease Plan Luxembourg du 7 mai 1998 à la Communication 98/374 de la Commission des Communautés européennes*, in *Revue de Droit Fiscal*, n. 31-36/1998, p. 1046 e s.

17. Problemi simili si erano determinati nel settore delle telecomunicazioni fino alle modifiche apportate per far rientrare i servizi di base nell'ambito della disposizione dell'art. 9, par. 2, lett. e) della VI direttiva, così da rendere necessaria l'applicazione della disposizione di cui al successivo par. 3, lett. b).

18. Cfr. sul punto Boutellis, O., *Commerce électronique et TVA: de l'établissement stable à l'établissement virtuel?*, cit., n. 3, p. 128.

19. Nel terzo paragrafo faremo invece cenno alla difficoltà di ricostruire gli aspetti transnazionali relativi all'obbligazione tributaria IVA nel caso frequente in cui intervengano più *servers* situati ciascuno in Paesi diversi, ovvero nelle eccessive formalità che potrebbero essere imposte al prestatore di servizi che utilizza strumenti elettronici ed informatici in relazione alla loro effettuazione nei confronti di più destinatari residenti in diversi Paesi dell'Unione Europea.

anche del problema tributario) valicano di gran lunga il settore del *leasing* di autovetture, estendendosi a tutti le situazioni in cui è ormai ben possibile svolgere attività in un altro Paese senza la presenza stabile di personale in loco.

In tutti questi casi — così come a maggior ragione laddove la presenza virtuale o materiale del prestatore di servizi sul territorio del consumatore fosse più marcata, pur senza che il primo disponga di personale proprio in loco — appare certo che, a meno di un *revirement* della Corte, non si potrebbe fare a meno di concludere ai fini IVA nel senso dell'assenza di un centro di attività stabile: quand'anche si riuscisse a sostenere l'esistenza di strutture virtuali o materiali sul territorio, mancherebbe infatti pur sempre il personale. Questa necessitata conclusione è però del tutto inadeguata ed insoddisfacente.

Si comprende bene allora il disagio di Danimarca e Belgio, che nel caso *ARO Lease* avevano presentato osservazioni scritte invitando la Corte a tenere conto del concetto della realtà economica al di là dell'impossibilità di configurare l'esistenza di un centro di attività stabile.

A sua volta la natura dell'IVA, che colpisce operazioni piuttosto che manifestazioni dirette di capacità contributiva quali il reddito, non fa che esaltare l'incidenza negativa di questi problemi sugli scambi intracomunitari e sul buon funzionamento del mercato unico, di talché un intervento rapido ed efficace delle istituzioni comunitarie si impone al fine di evitare che l'applicazione dell'IVA divenga fonte di significative distorsioni.

Appare interessante osservare come in questa materia la Corte mantenga un atteggiamento di prudenza e rigore diametralmente opposto a quello che la rende il vero motore dell'evoluzione del diritto comunitario nel settore delle imposte dirette. Possibilmente tale asimmetria va messa in correlazione con l'*impasse* subita dal processo di armonizzazione in quest'ultimo ambito a fronte del dilagare della normativa in materia di IVA, che spinge la Corte a non interferire con i compiti del Consiglio e della Commissione, limitando i propri interventi allo stretto necessario a garantire il corretto funzionamento del sistema.

La deficienza strutturale relativa all'estensione del concetto di centro di attività stabile ed alla relativa funzione non va però colmata — come invece molte volte si è fatto in passato (si pensi ad esempio al caso delle vendite per corrispondenza) — con l'adozione di un regime derogatorio *ad hoc*, giacché ciò contribuirebbe a depauperare ulteriormente l'imposizione sul valore aggiunto della propria logica.

Piuttosto, il legislatore comunitario dovrebbe curarsi di fornire alla Corte un ausilio nell'estrarre dal sistema i principi che esso contiene, eventualmente anche attraverso una soluzione di tipo interpretativo autentico.

La diciannovesima direttiva IVA — proposta al Consiglio nel 1984[20] sulla base dell'opinione espressa dal Comitato Permanente IVA e poi ritirata nel 1993 dalla Commissione in applicazione del principio di sussidiarietà[21] — conteneva almeno in parte un valido esempio del tipo di intervento che in questa sede si vuole postulare. Tra le varie questioni essa proponeva l'introduzione di un quarto paragrafo all'articolo 9 della VI direttiva, alla cui lettera a) si chiariva in via autentica che il concetto di centro di attività stabile dovesse essere interpretato in modo da ricomprendere al suo interno ogni sede fissa anche nella misura in cui nessuna operazione imponibile potesse essere svolta tramite essa. Molte circostanze possono avere spinto

20. La proposta di diciannovesima direttiva, presentata al Consiglio il 5.12.1984 è contenuta nei documenti COM (84) 648 finale del 22.11.1994 e COM (84) 648 finale/2 del 6.12.1994, in *G.U.C.E.*, C 347 del 29.12.1984, p. 5 e ss., successivamente emendata con COM (87) 315 finale del 1.7.1987.

21. Non sembra pertanto pienamente condivisibile la conclusione di Fiorelli, A, Santi, A., *Stabile organizzazione ai fini IVA*, in *Rassegna tributaria*, 1998/2, p. 378.

all'abbandono di questa proposta. Sicuramente alcuni problemi si saranno determinati in relazione ai casi di prestazione di servizi nei confronti di soggetti situati in territorio extracomunitario, in cui la mancata applicazione dell'IVA avrebbe potuto determinare ulteriori fattori distorsivi.

Nondimeno, sembra opportuno considerare con attenzione la prospettiva di una rivalutazione della funzione del centro di attività stabile: il criterio della sede dell'attività economica diventerebbe in questo modo sussidiario e troverebbe applicazione in tutti i casi in cui non fosse possibile avvalersi del primo o lo stesso dovesse dare luogo a risultati non coerenti con la logica del sistema di imposizione sul valore aggiunto.

In favore di questo tipo di soluzione vi è innanzitutto la ricerca di una maggiore aderenza al principio della tassazione nel Paese di destinazione, cui si ispira il sistema di imposizione sul valore aggiunto almeno fino al passaggio al regime definitivo. Inoltre — anche a prescindere da ciò — il forte sviluppo del commercio elettronico e delle prestazioni di servizi effettuate tramite esso anche a distanza richiedono un funzionamento maggiormente neutrale del sistema di imposizione del valore aggiunto, onde evitare che il prestatore stabilisca la sede della propria attività economica in un Paese (comunitario od extracomunitario, eventualmente anche in un paradiso fiscale) a più ridotta pressione fiscale e che proprio le minori imposte gli consentano di fornire i propri servizi in modo più conveniente per i consumatori di un Paese comunitario rispetto a quelli resi da soggetti aventi in tale ultimo Paese la sede della propria attività economica.

Altro è che si possa ritenere discutibile un ampliamento del concetto di centro di attività stabile tanto forte come quello proposto nella diciannovesima direttiva, che avrebbe fińito (e finirebbe) per dotarlo di una vera e propria forza di attrazione nei confronti delle prestazioni di servizi effettuate in un Paese diverso da quello della sede dell'attività economica del prestatore.

2. *Centro di attività stabile nella sesta direttiva IVA e stabile organizzazione nella normativa nazionale italiana di recepimento*

Avendo ormai assodato il significato che la giurisprudenza consolidata della Corte di Giustizia attribuisce al concetto in esame, unitamente alle questioni che per tale via sono originate, appare ora necessario analizzare una serie di ulteriori problemi che questa figura giuridica è suscettibile di generare nel caso specifico – invero non proprio unico tra i Paesi comunitari[22] — dell'ordinamento tributario interno. Come già si diceva nell'introduzione, il concetto di centro di attività stabile, di cui all'art. 9 della VI direttiva IVA, non compare mai nel testo del d.p.r. 26 ottobre 1972, n. 633, il quale piuttosto nel caso di specie all'art. 7, co. 3 fa riferimento alla circostanza che il servizio sia reso "da stabili organizzazioni in Italia di soggetti domiciliati o residenti all'estero".

É intuitivamente possibile sostenere che il legislatore italiano all'atto del recepimento della sesta direttiva abbia erroneamente supposto i due concetti come sinonimi, con la conseguenza di inserire nella normativa interna l'espressione stabile

22. Esso si presenta infatti anche negli ordinamenti tedesco ed austriaco, nei quali il termine con cui la sesta direttiva individua in lingua tedesca il concetto di centro di attività stabile, ossia *feste Niederlassung* è stato — rispettivamente nel § 3ª, co. 1 dell'Umsatzsteuer tedesco e nel § 3ª, co. 12 dell'Umsatzsteuer austriaco — con quello di *Betriebsstätte* normalmente in uso nell'ambito delle imposte dirette per indicare la stabile organizzazione ed esplicitamente definito in Germania al § 12 della *Abgabenordnung* del 1977 ed in Austria al § 29 della *Bundesabgabenordnung*. Per un'analisi più approfondita della questione in diritto comparato si rimanda a Keller, A. H., Schuch, J., Seibold, S., Wacker, W. H., *Der Betriebstättenbegriff im Internationalen Steuerrecht Deutschlands, Österreichs und der Schweiz*, in *Steuer und Wirtschaft International*, 1998, p. 453 e ss., cui *adde* Ruppe, H.G., *Umsatzsteuergesetz 1994*, Vienna, 1995, p. 409 e Bachner, T., Jann, M., *Der umsatzsteuerrechtliche Betriebsstättenbegriff nach der Steuerreform 1993*, in *Steuer und Wirtschaft International*, 1994, p. 248 e ss.

organizzazione; tuttavia, non è possibile contare su alcuna prova a sostegno di questa ipotesi. Proviamo pertanto a prescindere dalla ragione che può aver spinto il legislatore a fare riferimento all'interno dell'art. 7 ad un concetto diverso da quello della direttiva e, tenuto conto della obbligazione di risultato imposta dall'art. 189 del Trattato CE alla trasposizione delle direttive comunitarie, chiediamoci piuttosto quali possano essere le conseguenze pratiche di questa diversità di linguaggio allo stato attuale. In altre parole, proviamo a vedere se nonostante la diversità terminologica sia possibile ritrovare una (anche parziale) unità ontologica fra le due figure.

Orbene, le considerazioni fin qui esposte sulla figura del centro di attività stabile — in uno all'analisi già svolta in altra sede[23] intorno al concetto di stabile organizzazione — sembrano facilmente indurre a concludere che questa unità non è rinvenibile allo stato attuale. Sarebbe però forse troppo semplice concludere con una italica condanna del legislatore del nostro Paese per la libertà che ha ritenuto di doversi prendere nel recepimento della direttiva. Piuttosto, ragionando al di là del dato positivo, appare almeno necessario sottolineare che una certa unitarietà od omogeneità vi potrebbe (e forse dovrebbe?) essere tra le due figure, tenuto conto che la essenza di entrambe non è altro che quella di esprimere la possibilità per il prestatore del servizio (ai fini IVA) o per colui che produce un determinato reddito (ai fini delle imposte dirette) di svolgere in un altro Stato la propria attività economica e professionale con un certo grado di durevolezza e permanenza nel tempo (diafericità) attraverso una base di appoggio stabilmente esistente in quel Paese.[24-25] Con ciò peraltro non si vuole negare che ai fini dell'imposizione sul valore aggiunto la sede fissa di affari debba essere presa in considerazione anche sotto una prospettiva diversa — quella appunto del suo coinvolgimento nella prestazione di un servizio da parte di un soggetto avente altrove la sede della propria attività economica — rispetto a quella che si verifica nelle imposte dirette, laddove la problematica attiene anche alla ripartizione della potestà impositiva sul reddito transnazionale tra Stato della fonte e della residenza.

Questi dubbi rendono necessario interrogarsi sulle possibili ragioni per cui la normativa comunitaria abbia ritenuto di fare riferimento testuale al concetto di centro di attività stabile piuttosto che direttamente a quello di stabile organizzazione. Tenuto conto sempre della necessaria prudenza nell'espletare analisi di tipo esegetico sulla normativa comunitaria, un'indagine di tipo storico-evolutivo[26] rende plausibile la ipotesi di seguito delineata. La armonizzazione comunitaria del sistema di imposizione sulla cifra di affari basata sul modello l'imposta sul valore aggiunto affonda le sue radici negli studi effettuati a partire dalla

23. Alle considerazioni sulla nozione di centro di attività stabile sia consentito di aggiungere per gli aspetti relativi alla figura della stabile organizzazione il solo rimando a quanto già scritto in Pistone, P., *Stabile organizzazione ed esistenza di società figlia residente*, in *Diritto e Pratica Tributaria*, 1998, II, p. 361 e ss. Sullo stesso argomento si veda per una trattazione sistematica anche il recente Gassner, W., Lang, M., Lechner, E., *Die Betriebsstätte im internationalen Steuerrecht*, Vienna, 1998.

24. Cfr. per gli aspetti relativi alla durevolezza della sede di affari l'analisi di Larking, B., *The Importance of Being Permanent*, in *Bulletin for International Fiscal Documentation*, 6/1998, p. 266 e ss.

25. L'unità funzionale peraltro non inciderebbe sulla rilevanza specifica che il concetto di centro di attività stabile assume ai fini IVA, relativamente agli (importanti) aspetti allocativi delle prestazioni di servizi, nonché alla determinazione del soggetto su cui incombono gli obblighi formali (fra cui anche quelli di fatturazione e di dichiarazione di inizio attività).

26. Accanto ai testi dei vari modelli di convenzione si rimanda per ulteriori considerazioni a Huijssoon, W.J., *De ontwikkeling van het begrip 'vaste inrichting' in modelverdragen sinds 1925*, Stichting Moret Fonds, Rotterdam, 1994, p. 11 e ss. e per un confronto anche con i lavori dell'ONU a Zapata, S., *The Latin American Approach to the Concept of Permanent Establishment in Tax Treaties with Developed Countries*, in *Bulletin for International Fiscal Documentation*, 6/1998, p. 252 e ss.

fine degli anni '50 subito dopo la costituzione delle tre Comunità Europee, culminati nel rapporto Neumark del 1962 ed in quelli che si sarebbero succeduti a ritmo crescente fino all'emanazione delle direttive di introduzione dell'IVA verso la fine degli anni '60. A quell'epoca il primo Modello di Convenzione OCSE era prima in fase di elaborazione e poi comunque ancora troppo giovane per rappresentare un solido punto di riferimento. Queste considerazioni non sarebbero di per sé sufficienti, giacché il concetto di stabile organizzazione non è una creazione del Modello OCSE, ma ad esso preesisteva, almeno se inteso come *permanent establishment* nel testo in lingua inglese. Sappiamo però per un verso che prima degli anni '70 la lingua inglese (non essendo lingua ufficiale comunitaria) non aveva alcuna influenza sulla normativa comune che gli allora sei Paesi andavano progressivamente emanando e per l'altro che prima del Modello OCSE del 1963 in lingua francese — l'unica altra lingua ufficiale dei Modelli di Convenzione fino a quel momento predisposti in seno alla Società delle Nazioni e nel contempo anche lingua ufficiale comunitaria — si parlava (esplicitamente in quello di Londra del 1946) di *établissement fixe* e (a partire dal 1963 fino ai giorni nostri) tuttora si parla di *établissement stable*. E' lecito allora concludere che la diversità terminologica è nient'altro che il frutto di una autonoma evoluzione in ambito comunitario IVA di un modello assunto dal settore delle imposte dirette, il che costituisce la riprova dell'esistenza di un nucleo comune alle due figure della stabile organizzazione e del centro di attività stabile e possibilmente dell'utilità — in termini di politica fiscale — di un loro ravvicinamento sostanziale.

Va però ricordato che la giurisprudenza della Corte di Giustizia è interprete unico dell'applicazione del diritto comunitario e pertanto fino a quando essa riterrà necessario al fine dell'esistenza di un centro di attività stabile tanto l'elemento materiale della struttura, quanto quello personale del personale proprio, la discrasia rispetto alla nostra legislazione interna rimarrà in tutta la sua potenziale gravità.[27]

Appare inevitabile dunque chiedersi quali possano essere le conseguenze di questa attuale dicotomia. Sicuramente il giudice nazionale italiano è tenuto a rispettare il testo della normativa interna, almeno fino a quando egli, resosi conto della attuale diversità sostanziale con il termine contenuto nella direttiva — magari per esservi indotto da una delle parti di una controversia intorno all'esistenza di un centro di attività stabile[28] —, non riterrà di

27. Invero, negli altri ordinamenti tributari nazionali dei Paesi dell'Unione Europea ci si trova di fronte a due tipi di situazione, nessuna delle quali fonte di problemi, giacché laddove — come in Irlanda e Regno Unito — si è ritenuto per l'IVA di utilizzare un termine diverso rispetto a quello di stabile organizzazione, quest'ultimo rimane confinato nel solo settore delle imposte dirette. Così tanto nel testo inglese della VI direttiva, quanto nelle normative nazionali di recepimento britannica ed irlandese si parla di *fixed establishment* (essendo invece il noto termine *permanent establishment* in uso ai soli fini delle imposte dirette). Il § 14, co. 5, lett. a) del *VAT Act 1994* britannico affianca poi a questo termine in alternativa quello di *business establishment*. Nel secondo gruppo di Paesi, a testimonianza dell'unità di *ratio* tra le due figure, un unico termine è impiegato tanto per le imposte dirette quanto per l'IVA. Così nei testi in lingua francese si parla sempre di *établissement stable*, in quelli di Belgio ed Olanda in lingua neerlandese si parla di *vaste inrichting* ed in quelli spagnolo e portoghese si parla rispettivamente di *establecimiento permanente* e di *estabelecimento estável*. A questo gruppo appartengono anche i restanti Paesi comunitari e le relative lingue.

28. Potrebbe ben verificarsi l'ipotesi in cui il contribuente dimostri l'assenza di un centro di attività stabile pur in presenza di una stabile organizzazione ai fini delle imposte dirette; per altro verso non sembra impossibile anche l'ipotesi opposta in cui l'Amministrazione Finanziaria, facendo leva sulla giurisprudenza DFDS della Corte di Giustizia, riesca a far valere la tesi dell'esistenza di un centro di attività stabile in capo a società residente collegata pur in assenza di una stabile organizzazione. A tale fine però — a differenza di quanto di recente accaduto nel caso Philip Morris, su cui v. da ultimo Romano, C., *Subsidiaries as Permanent Establishments: The Philip Morris Case*, in *European Taxation*, 1998, n. 10, p. 315 e ss. — è necessario che l'Amministrazione Finanziaria porti risultanze effettive e non meramente indiziali a sostegno della propria posizione.

dover rimettere la questione alla Corte. Ove mai ciò accadesse, non sembra allo stato attuale che i più ampi confini soggettivi della figura della stabile organizzazione rispetto a quelli del centro di attività stabile siano tali da escludere la responsabilità dello Stato italiano per la mancata trasposizione di direttiva, giacché se in linea di principio per orientamento consolidato nella giurisprudenza comunitaria lo Stato è libero di accordare nel regime interno di trasposizione una regolamentazione di tenore più ampio di quanto richieda la norma comunitaria secondaria (come magari nel caso di richiedere termini o soglie inferiori per l'esistenza di un controllo societario), è nondimeno necessario che la prima contenga al suo interno integralmente la seconda. Ciò è quanto non avviene rispetto al nostro ordinamento interno (almeno fino a quando l'attuale orientamento della Corte rimarrà tale).

Per facilitare la comprensione del rilievo di queste affermazioni, supponiamo che l'esempio comune ai casi *ARO Lease* e *Lease Plan Luxembourg* (ossia quello del *leasing di autovetture a residenti di un Paese diverso dal prestatore di servizio*)[29] si verifichi non già tra Belgio e rispettivamente Olanda o Lussemburgo, ma piuttosto un *leasing* di autovetture tra una società tedesca ed un residente in Italia, grazie all'esistenza del solo elemento materiale nel nostro Paese. Orbene, questo caso — che molto verosimilmente potrebbe verificarsi nella realtà per le ragioni che si sono esposte in precedenza — vedrebbe sicuramente la giurisprudenza italiana concludere nel senso della imponibilità della prestazione in Italia ai sensi dell'art. 7, co. 3, giacché pochi dubbi potrebbero esservi sulla esistenza di una stabile organizzazione. Diversamente, potrebbe accadere che l'Amministrazione finanziaria tedesca, nonostante il concetto di stabile organizzazione di cui al § 12 della *Abgabenordnung* (AO 1977) — le cui previsioni di Legge Generale Tributaria la rendono applicabile anche in relazione all'IVA — potrebbe ritenere, richiamando il precedente della sentenza *Berkholz* (in cui, come ricordiamo, la giurisdizione di rinvio era tedesca), che in assenza dei due requisiti, materiale e personale, per la figura del centro di attività stabile, la stessa operazione consistente nella prestazione di servizi sia imponibile in Germania, determinando un caso di vera e propria doppia imposizione in materia di IVA.

Queste considerazioni forse spingono a ritenere necessario un biasimo nei confronti del legislatore nazionale (austriaco, italiano e tedesco) per la libertà che si è preso di utilizzare un termine diverso da quello originale comunitario, giacché in presenza della stessa espressione nella normativa interna e nella direttiva (o di una sola espressione per rendere entrambi i concetti) queste situazioni sarebbero evitate alla radice. Invero, lo stesso biasimo potrebbe anche diventare tramutarsi in qualcosa di più concreto da un punto di vista giuridico, nella misura in cui la Corte fosse persuasa della necessità di far valere la responsabilità per mancata trasposizione di direttiva in applicazione la giurisprudenza *Emmott*.

3. *Centro di attività stabile e stabile organizzazione di fronte alla globalizzazione dei mercati ed al commercio elettronico*

Forse la principale ragione della critica alla definizione del centro di attività stabile fornita dalla giurisprudenza comunitaria trova il suo fondamento nella convinzione dell'inadeguatezza a fronteggiare le sfide della globalizzazione dei mercati e del commercio elettronico. Con ciò peraltro non si vuole sottolineare che dovrebbe essere la Corte ad intraprendere le iniziative adeguate alla soluzione del problema, essendo infatti ben chiaro che questo compito deve spettare al legislatore comuni-

29. Si ricorda infatti che ai fini IVA nel caso *Lease Plan Luxembourg* una parte della controversia riguardava anche la mancata deduzione dell'IVA pagata dai clienti lussemburghesi sulla manutenzione e riparazione in Belgio delle autovetture.

tario, dunque al Consiglio. Piuttosto, sembra opportuno precisare che la posizione della Corte rappresenta un ulteriore significativo ostacolo alla predisposizione di un'idonea regolamentazione degli aspetti tributari del problema.

Invero l'esigenza di una urgente rivisitazione dei concetti fondamentali della fiscalità internazionale sembra ormai emergere in modo univoco dalle organizzazioni internazionali così come dalla dottrina,[30] che ha sottolineato come in mancanza di una risposta adeguata l'erosione delle basi imponibili nel nuovo contesto porterà il Fisco dei Paesi ad alta pressione fiscale ad una lenta agonia.[31]

Com'è noto, sotto l'etichetta "commercio elettronico" si è soliti ricomprendere tanto le varie forme di cessione di beni (tradizionali ed immateriali) a mezzo Internet, quanto altresì la prestazione in tal modo di servizi a distanza, giacché da un punto di vista strutturale le principali problematiche relative all'obbligazione tributaria IVA in tali casi non differiscono in modo sostanziale.

Allo stato attuale è ormai possibile riscontrare un notevole grado di consenso su alcune direttive generali di politica fiscale, che dovrebbero guidare la riforma dell'imposizione del commercio elettronico per il prossimo secolo. Fra queste, accanto alla piena neutralità fiscale tra commercio elettronico e tradizionale,[32] si impongono la ricerca di principi internazionalmente accettati ed in grado di condurre ad una equa ripartizione di sovranità fiscale tra paese della fonte e della residenza, unitamente ad una serie di fattori di ordine pratico, come la adozione di soluzioni legislative chiare e semplici, efficaci, giuste e flessibili, ma altresì di facile gestione per l'Amministrazione finanziaria.

Ancora discusse sono invece le modalità in base alle quali i predetti principi dovrebbero trovare concreta attuazione, distinguendosi sullo scenario internazionale tra tre posizioni principali.[33] In primo luogo si è proposto di isolare le problematiche tributarie del commercio elettronico rispetto al resto della fiscalità, utilizzando a tal uopo un meccanismo impositivo simile ad un'accisa, dal quale però si distinguerebbe per il funzionamento collegato agli altri tributi; in alternativa si è sostenuta l'opportunità di un rafforzamento ed adeguamento della figura della stabile organizzazione. Infine, si discute in dottrina circa la necessità di un generalizzato ritorno alla tassazione su base territoriale.[34]

Per quanto concerne i fini di questa indagine, sembra opportuno verificare le potenzialità che la figura della stabile organizzazione — intesa questa *de iure condendo* in modo da ricomprendere al suo interno anche il nucleo comune al centro di

30. Basti ricordare in proposito le conclusioni di recente raggiunte nel corso delle simultanee conferenze dell'8 ottobre 1998 dell'OCSE ad Ottawa (*A Borderless World — Realising the potential of Electronic Commerce*) e dell'IFA (Seminario B) a Londra (*Electronic commerce and international income taxation*), nonché dalla Commissione UE nel suo documento COM (98) 374 def. del 17 giugno 1998.

31. In questo senso testualmente Terra, B. J. M., *BTW en het elektronische handelsverkeer*, in *Weekblad fiscaal recht*, 1998, n. 6301, p. 1049.

32. In merito al problema della neutralità Mc Lure, C., *Electronic Commerce, State Sales Taxation, and Intergovernmental Fiscal Relations*, in *National Tax Journal*, 1997, v. I, n. 4, p. 742 sottolinea l'importanza dell'abolizione di qualsivoglia differenza tra le diverse modalità in base alle quali una prestazione od una vendita venga effettuata, giacché esse causerebbero solo distorsioni economiche, problemi amministrativi ed iniquità: "*If a sale is to a consumer, it should be taxed*".

33. Cfr. sul punto Hinnekens, L., *Looking for an Appropriate Jurisdictional Framework for Source-State Taxation of Electronic Commerce in the Twenty-first Century*, in *Intertax*, 6-7/1998, p. 192 e ss. e Le Gall, J.-P., *Internet: Cyber-fiscalité ou cyber-paradis fiscal*, in *JCP-La Semaine Juridique Entreprise et Affaires*, 1998, n. 5, p. 164 e ss.

34. Questa tripartizione è risultata chiaramente nel corso del recente Seminario IFA di Londra, laddove la prima posizione rappresenta una figura elaborata da R. Doernberg, la seconda l'approccio preferito da L. Hinnekens e la terza l'espressione di una generale esigenza avvertita in dottrina e manifestata tra gli altri dal presidente del Seminario, K. van Raad.

attività stabile — sarebbe in grado di sviluppare relativamente alla prestazione di servizi a distanza. Da quanto in precedenza affermato sembra indubbio che l'obiettivo della neutralità è oggi lungi dall'essere raggiunto in questo ambito, giacché il criterio della sede dell'attività economica rende il carico fiscale sul valore aggiunto nei confronti del consumatore fortemente variabile, favorendo i prestatori che hanno la sede dell'attività economica in un Paese a minore pressione fiscale. Un più ampio concetto di stabile organizzazione, tale da ricomprendere al suo interno le installazioni materiali che permettono di rendere un servizio a distanza anche senza la presenza fisica del prestatore sul territorio, nonché le strutture immateriali nell'etere (quali un sito sul *web*), potrebbe sicuramente incidere in favore di una maggiore neutralità nei confronti del consumatore finale, oltre che di una maggiore aderenza alla tassazione nel paese di destinazione.

Tuttavia, anche a voler superare l'attuale ostacolo rappresentato dalla posizione della Corte di Giustizia ed a pervenire ad una separata nozione di stabile organizzazione ai fini IVA (rispetto alle imposte dirette) in ragione della diversità (e minore complessità) delle problematiche ad essa relative, molti inconvenienti si presenterebbero comunque al momento di ricostruirne gli aspetti transnazionali relativi all'obbligazione tributaria IVA. Nell'ipotesi in cui nella prestazione del servizio intervengano più *servers*, ciascuno dei quali rifletta le informazioni all'altro (cd. *mirror servers*), situato in un Paese diverso, potrebbe essere impossibile per il consumatore ricostruirne l'effettiva collocazione o risalire all'effettivo prestatore del servizio ai fini impositivi. Specularmente potrebbe essere impossibile per il *server* stesso localizzare il consumatore finale di un determinato servizio.[35] In tale situazione il controllo delle operazioni imponibili e dell'effettività del pagamento dell'imposta sarebbe altamente problematico e poco efficace. Non diversamente le cose andrebbero per il prestatore del servizio, che per effetto della maggiore estensione del concetto di stabile organizzazione, potrebbe facilmente risultare dotato (suo malgrado) di stabili organizzazioni in ciascuno dei quindici Paesi comunitari, con tutte le conseguenze che ciò comporterebbe in termini di formalità ed adempimenti fiscali.[36]

Ciononostante una presa di posizione unitaria a livello comunitario potrebbe consentire la soluzione di gran parte delle difficoltà applicative di un più ampio concetto di stabile organizzazione nel settore dell'IVA, mantenendo i vantaggi che esso è in grado di assicurare. A questo riguardo vanno salutati con favore gli orientamenti di recente manifestati dalla Commissione nella sua comunicazione (98) 374, che includono la possibilità di un rapido ed efficace controllo e di una facilitazione delle formalità fiscali grazie alla tenuta di contabilità elettronica ed alla presentazione di dichiarazioni IVA in forma elettronica.[37] Sicuramente la forte armonizzazione a livello comunitario della normativa IVA relativa al commercio elettronico consentirebbe poi di facilitare la gestione delle formalità fiscali per ciascun prestatore di servizi.

Conclusioni

Allo stato attuale il concetto di centro di attività stabile ai fini dell'imposta sul valore aggiunto e quello di stabile organizzazione ai fini delle imposte dirette non coincidono, principalmente a causa della posizione consolidata nella giurisprudenza comunitaria della Corte di Giustizia che richiede la durevole presenza dell'elemento

35. V. *amplius* Lejeune, I., Vanham, B., Verlinden, I., Verbeken, A., *Does Cyber-Commerce Necessitate a Revision of International Tax Concepts?*, in *European Taxation*, 1/1998, p. 2.

36. Cfr. sul punto Boutellis, O., *Commerce électronique et TVA: de l'établissement stable à l'établissement virtuel?*, cit., p. 129.

37. Si tratta degli orientamenti 5 e 6 di COM (98) 374.

materiale e quello personale sul territorio di un Paese diverso da quello della sede (o residenza) di un dato soggetto.

La maggiore ampiezza del concetto di stabile organizzazione è pertanto in grado di rendere imponibili in uno Stato (ai fini IVA) prestazioni di servizi che nello spirito della direttiva non lo sarebbero. La trasposizione del concetto di centro di attività stabile nel diritto nazionale italiano (oltre che tedesco ed austriaco) con il riferimento esplicito alla stabile organizzazione impedisce pertanto la piena attuazione della disposizione della VI direttiva e dovrà essere quanto prima sottoposta a revisione.

Tuttavia, in una prospettiva *de iure condendo* la diversità sostanziale tra le due figure giuridiche andrebbe rimossa, essendo dovuta in larga misura al diverso contesto impositivo in cui ciascuna di esse opera.[38]

Nonostante il criterio del centro di attività stabile riceva oggi un'attenzione del tutto marginale ai fini IVA, un suo più consistente utilizzo a fini allocativi in relazione alle prestazioni di servizi sarebbe in linea con il dettato della VI direttiva, consentirebbe una maggiore aderenza ai principi generali cui si ispira la normativa armonizzata dell'imposizione sul valore aggiunto ed al tempo stesso ridurrebbe alcune tra le distorsioni alla concorrenza che in essa trovano origine.[39] Peraltro, nella maggior parte dei casi non darebbe luogo a risultati irrazionali, come invece si è a lungo ritenuto.

Sarebbe pertanto auspicabile superare l'attuale situazione nel contesto di una risistemazione ed ampliamento della stabile organizzazione a livello comunitario, così da affrontare in modo adeguato le problematiche della globalizzazione e della prestazione di servizi a distanza grazie agli strumenti del commercio elettronico, ma altresì fornendo una risposta unitaria ai problemi applicativi che in questo innovativo contesto si determinano: non dunque una stabile organizzazione virtuale *tout court*, ma un nuovo e più esteso concetto di stabile organizzazione, ridisegnato anche al fine di tenere conto delle nuove esigenze provenienti dal settore del commercio elettronico.

38. In questo senso cfr. anche Baldwin, M., *Fixed, business and permanent establishments*, in *The Tax Journal*, April 1997, p. 16, il quale (forse troppo ottimisticamente) sottolinea che i casi sul centro di attività stabile in materia di IVA mostrano già un movimento in direzione del concetto di stabile organizzazione.

39. Più pessimista è invece De Broe, L., *Cross-border leasing of cars into Belgium: issues of VAT and the freedom to provide services — analysis of and comments on the European Court's holding in Aro Lease*, in *EC Tax Review*, 1997, p. 226, il quale ritiene che soltanto l'armonizzazione fiscale e l'uniforme interpretazione della VI direttiva possano portare ad una giusta concorrenza tra le autorità fiscali dei diversi Paesi membri.

ISS — NÃO-INCIDÊNCIA SOBRE CESSÃO DE ESPAÇO EM BEM IMÓVEL

AIRES F. BARRETO
Professor de Direito Tributário e Presidente do Instituto Internacional Geraldo Ataliba de Direito Público e Empresarial — Advogado em São Paulo

I — Premissa fundamental

É unânime nossa mais autorizada doutrina ao afirmar ser a própria Constituição que atribui e reparte competências tributárias. Nenhum estudioso da Constituição jamais extraiu conclusão diversa. É a Carta Magna que *discrimina* as competências tributárias, ao outorgá-las às pessoas políticas; no seu texto estão indicados, rigorosa e exaustivamente, os critérios para identificação das respectivas esferas da competência tributária atribuídas a cada uma das pessoas políticas.[1]

Por isso, equivocam-se ou enleiam-se em perplexidades insolúveis todos os que — no plano da aplicação — se distanciam do Texto Constitucional. Esta matéria está entre as que a Constituição regula de forma rígida e esgotante, de modo a não deixar ao legislador infraconstitucional nenhuma possibilidade de, sobre ela, dispor.

É inteiramente descabida, pois, a busca de critérios ou parâmetros definidores das competências tributárias em normas que não sejam da própria Constituição. É lapidar a lição de Roque Carrazza, a esse respeito: "Sublinhamos, a propósito, que a competência tributária, no Brasil, é um tema exclusivamente constitucional. O assunto foi esgotado pelo constituinte. Em vão, pois, buscaremos, nas normas infraconstitucionais (*v.g.*, nas contidas nas leis complementares), diretrizes a seguir, sobre a criação, *in abstracto*, de tributos. Neste campo, elas, na melhor das hipóteses, explicitam o que, porventura, se encontra implícito na Constituição (nada de novo, porém, podem agregar-lhe ou subtrair-lhe)".[2]

Leitão de Abreu, de sua cátedra no Supremo, advertiu que erra quem enfrenta questão constitucional (disciplinada no Texto Magno), apoiando-se na legislação infraconstitucional: "não vale argumentar com normas de direito comum, para estabelecer limitações a princípios fundamentais. (...) Em lugar de se argumentar da lei ordinária para a norma fundamental (...) o que cumpre é argumentar dos princípios estabelecidos na declaração de direitos para

1. Cf. Amílcar Falcão, *Sistema Tributário Brasileiro*, 1ª ed., Rio de Janeiro, Ed. Financeiras, 1964, p. 38; A. R. Sampaio Dória, *Discriminação de Rendas Tributárias*, 1ª ed., São Paulo, José Bushatsky, 1972, p. 14; Aliomar Baleeiro, *Direito Tributário Brasileiro*, 10ª ed., Rio de Janeiro, Forense, 1981, p. 67; Roque Carrazza, *Princípios Constitucionais Tributários e Competência Tributária*, São Paulo, Ed. RT, 1986, p. 149.

2. Roque Carrazza, ob. e loc. cits.

os preceitos da lei ordinária, para subordinar estes últimos aos primeiros".[3]

Dado que nenhuma lei pode alterar a Constituição, a primeira aproximação (e mesmo a exaustão) dos temas nela disciplinados independe da legislação. Esta observação é de capital importância, a fim de que não se centre o estudo do intérprete em questões menores, distanciadas das exigências constitucionais, prejudicando, com isso, a possibilidade de compreensão do tema em análise.

Em suma, se a matéria é constitucional, só pela norma constitucional se resolve. E toda norma infraconstitucional ou é conforme com a Lei Magna ou deve ser a ela conformada. Se isto não for possível, deve ser desprezada.

O plexo de normas constitucionais outorgativas de competências tributárias forma um sistema que se peculiariza pela (*a*) minúcia e exaustividade no traçado do âmbito dessa outorga, (*b*) privatividade e (*c*) rigidez das competências tributárias outorgadas a cada qual.

Assim estruturado, os mais notáveis efeitos jurídicos que esse sistema constitucional de outorga e discriminação das competências tributárias produz — conforme cediço na doutrina e na jurisprudência — são:

a) o âmbito de todas e de cada uma das competências tributárias titularizadas pelas pessoas políticas é precisa e esgotantemente balizado pela CF, de tal modo que o seu exercício está rigorosa e completamente circunscrito pelas suas normas;

b) toda competência tributária está prevista na CF, explícita e discriminadamente conferida, de modo privativo, a uma determinada pessoa política; isto é, a competência é atribuída a uma delas de modo exclusivo (e, pois, excludente das demais);

c) a *discriminação de competências* é rígida, isto é, não pode ser modificada por nenhuma norma infraconstitucional.

3. Leitão de Abreu, no RE 86.297-SP, in *RDP* 39-40/200.

II — A competência tributária dos Municípios para instituir imposto sobre serviços

A CF atribuiu aos Municípios competência para instituir imposto sobre "serviços de qualquer natureza, não compreendidos no art. 155, II" (art. 156, III, na redação dada pelo art. 1º da Emenda Constitucional 3, de 17.3.93).

Assim — nos termos do sistema constitucional de outorga e discriminação de competências tributárias — os Municípios só podem criar imposto sobre fatos abrangidos pelo conceito de serviço que a Constituição empregou para outorgar-lhes e demarcar-lhes a competência tributária (art. 156, III).

Se é inquestionável que o sistema constitucional de outorga das competências tributárias é exaustivo e rígido e as competências são atribuídas, explicitamente, de modo privativo, a cada uma das pessoas políticas — tem-se, como conseqüência, que qualquer fato que não configure serviço não pode ser tributado pelo Município.

Todos os fatos sobre os quais é possível instituir imposto estão previstos, expressamente, de forma explícita ou implícita, na CF, para discriminar as competências tributárias outorgadas às pessoas políticas. Sobre os fatos nela não explicitamente previstos, a própria CF atribuiu à União, de modo expresso, competência para instituir impostos (desde que não se confundam com os mencionados nos seus arts. 155 e 156, atribuídos à competência tributária dos Estados e dos Municípios, respectivamente). É a chamada *competência residual*, pela qual todo e qualquer fato, que não aqueles expressa e explicitamente colocados sob a competência das outras pessoas políticas (Estados e Municípios), inclui-se na competência da União.

Disso resulta que todo e qualquer fato que — exorbitando o conceito de serviço empregado pelo art. 156, III, da CF — for colocado sob a incidência de imposto municipal importar exigência inconstitucional de tributo *por invasão de competência alheia*.[4]

III — Conceito constitucional de serviço

O conceito de serviço, empregado pela CF para discriminar (identificar, demarcar) a esfera de competência dos Municípios é um conceito de Direito Privado.

Assim, é indispensável — para reconhecer-se a precisa configuração dessa competência — verificar o que, segundo o Direito Privado, se compreende no conceito de serviço.

É no interior das lindes desse conceito, no Direito Privado, que se enclausura a esfera da competência dos Municípios para a tributação dos *serviços de qualquer natureza*, dado que foi por ele que a CF, de modo expresso, a discriminou, identificou e demarcou.

Se a competência tributária é outorgada diretamente pela CF — que a discrimina de forma exaustiva, minudente e rígida, atribuindo a cada uma das pessoas políticas faixas privativas de competência —, é imperioso concluir-se que os conceitos jurídicos utilizados pelo Texto Magno para definir essas faixas de competência tributária não podem ser alterados pelo legislador infraconstitucional, complementar ou ordinário.

Deveras, se assim não fosse, a exaustividade, a rigidez e a privatividade das diversas esferas de competências — que caracterizam o nosso sistema constitucional tributário — restariam derruídas, na medida em que o legislador infraconstitucional, pela mera alteração da definição, conteúdo ou alcance dos conceitos de Direito Privado empregados pela CF (para identificar e demarcar as competências tributárias), poderia alterar a discriminação constitucional de competências tributárias.

Nem se diga que serviço é aquilo que a lei complementar disser que é, porque tal exegese derruiria todo o sistema constitucional tributário.

Como sempre, são escorreitas as lições do saudoso mestre Geraldo Ataliba: "A circunstância de outorgar a Constituição à lei complementar a tarefa de definir os serviços não quer significar, absolutamente, que a Constituição tenha dado ao legislador complementar liberdade de ampliar o conceito de serviço pressuposto constitucionalmente".[5]

Exatamente porque a rigidez e a exaustividade são características particulares e notáveis do nosso sistema constitucional tributário foi que o CTN estabeleceu, em *preceito didactico* (como o qualificaria Sainz de Bujanda) de notável alcance, ser defeso (vedado, proibido) à lei tributária, "alterar a definição, o conteúdo e o alcance de institutos, conceitos e formas de Direito Privado, utilizados, expressa e implicitamente, pela Constituição Federal (...) para definir ou limitar competências tributárias".[6]

Baleeiro, analisando esse dispositivo, diz: "Para maior clareza da regra interpretativa, o CTN declara que a inalterabilidade das definições, conteúdo e alcance dos institutos, conceitos e forma do Direito Privado é estabelecida para resguardá-los no que interessa à competência tributária. O texto acotovela o pleonasmo para dizer que as 'definições' e limites dessa competência, quando estatuídos à luz do Direito Privado, serão as deste, nem mais nem menos".[7]

A *regra interpretativa* do art. 110, do CTN, todavia, não é a fonte jurídica inicial dessa vedação: ela veicula, tão-só, de forma expressa, uma implicação necessária e inafastável do próprio sistema constitucional que, por sua autoridade, exige ser prestigiado.

4. Amílcar Falcão, *Sistema* ..., cit., p. 52.

5. Geraldo Ataliba, "Imposto sobre serviços — Diversões públicas — Convites e ingressos gratuitos", in *RDA* 104/383, abr.-jun. 71, Rio de Janeiro, Ed. FGV.

6. Cf. art. 110, do CTN.

7. Aliomar Baleeiro, *Direito Tributário* ..., cit., p. 445.

Deveras, como ensina Paulo de Barros Carvalho: "O imperativo não vem, diretamente, do preceito exarado no art. 110. É uma imposição lógica da hierarquia de nosso sistema jurídico. O empenho do constituinte cairia em solo estéril se a lei infraconstitucional pudesse ampliar, modificar ou restringir os conceitos utilizados naqueles diplomas para desenhar as faixas de competências oferecidas às pessoas políticas. A rígida discriminação de campos materiais para o exercício da atividade legislativa dos entes tributantes, tendo estatura constitucional, por si só já determina essa inalterabilidade. Em todo caso, não deixa de ser oportuna a lembrança que o art. 110 aviva".[8]

Aliás, ainda antes da edição do CTN, a escorreita diretriz interpretativa que o seu art. 110 expressa, já constituía tese da nossa Suprema Corte, consoante nos dá conta o eminente Ministro Moreira Alves: "Essa tese, que Amílcar Falcão (...) lembrava ser a do Supremo Tribunal Federal que, com base nela, declarara a inconstitucionalidade da extensão do imposto de transmissão *inter vivos* às cessões de promessa de venda de imóveis, hoje não é mais tese doutrinária ou jurisprudencial, mas imposta por texto expresso de lei, o art. 110 do CTN".[9]

Com efeito, outra não é a opinião do nosso Poder Judiciário, ilustrada pelo teor do seguinte trecho do acórdão — bem a propósito do tema deste estudo — proferido pelo E. 1º TACivSP: "Tranqüilo é o entendimento de que serviço é instituto de Direito Privado, neste sentido mencionado expressamente pela Constituição. Logo, a absorção pela lei tributária dessa entidade não pode sofrer alteração, seja para limitar, seja para definir competências tributárias".[10]

Em suma, tendo a CF atribuído aos Municípios a competência para tributar *serviços*, tem-se que:

a) os Municípios — e somente eles — podem tributar fatos abrangidos pelo conceito de *serviço* (excetuados aqueles expressa e explicitamente atribuídos à competência tributária dos Estados, *ex vi* do art. 155, II, da CF, quais sejam os serviços de transporte interestadual e intermunicipal e de comunicação); inversamente,

b) não podem os Municípios tributar fatos que não possam ser qualificados como *serviço*, segundo as elaborações do Direito Privado.

Não se encontrará, na doutrina, nenhuma dissensão quanto à noção, substancial e elementar, de que serviço traduz, sempre, uma obrigação de fazer.[11]

Serviço, ensina Pontes de Miranda, é "qualquer prestação de fazer", pois que "servir é prestar atividade a outrem"; é prestar qualquer atividade que se possa considerar "locação de serviços", envolvendo seu conceito apenas a *locatio operarum* e a *locatio operis*. "Trata-se" — sublinha esse mestre — "de dívida de fazer, que o locador assume. O serviço é sua prestação".[12]

O ISS, portanto, só alcança — e só pode alcançar — a obrigação de fazer, aquela cuja prestação é o próprio serviço do locador, sua atividade de servir. É, enfim, o esforço humano, físico ou intelectual, que o prestador desenvolve (faz), para terceiros.

Orlando Gomes, na sua excelente obra, distingue, com rara felicidade, a *obrigação*

8. Paulo de Barros Carvalho, *Curso de Direito Tributário*, 2ª ed., São Paulo, Saraiva, 1986, p. 62.

9. Min. Moreira Alves, "Usucapião e imposto de transmissão de bens imóveis", in *RDT* 17-18/40-41.

10. Apelação 303.513-SP.

11. Cf., dentre outros, Agostinho Sartin, "ICM e ISS e obrigações de dar e de fazer", *RDT* 19-20/48 e ss., jan.-jun. 82; Célio de Freitas Batalha, "Os chamados conflitos entre competências, diante do sistema constitucional tributário brasileiro, em relação ao ICM e ao ISS", *RDT* 19-20/119 e ss., jan.-jun. 82; Yoshiaki Ichihara, "Conflitos de competência — ICM e ISS — PIS e FUNRURAL", *RDT* 19-20/91 e ss., jan.-jun. 82; Antonio José da Costa, "Imposto sobre serviços de qualquer natureza — ISS. Definição dos serviços em lei complementar", *RDT* 19-20/177, jan.-jun. 82; Marçal Justen Filho, *O Imposto sobre Serviços na Constituição*, São Paulo, Ed. RT, 1980, pp. 77 e ss.

12. Pontes de Miranda, *Tratado de Direito Privado*, t. XLVII, Rio de Janeiro, Borsói, 1958, pp. 3 e 4.

de dar da *obrigação de fazer*. Eis suas lições: "Nas obrigações de dar, o que interessa ao credor é a coisa que lhe deve ser entregue, pouco lhe importando a atividade de que o devedor precisa exercer para realizar a entrega. Nas obrigações de fazer, ao contrário, o fim que se tem em mira é aproveitar o serviço contratado".[13]

O eminente doutrinador pátrio, Clóvis Bevilaqua, é preciso, ao conceituar as obrigações de dar: "Obrigação de dar é aquela cuja prestação consiste na entrega de uma coisa móvel ou imóvel, seja para constituir um direito real, seja somente para facilitar o uso, ou ainda, a simples detenção, seja finalmente, para restituí-la a seu dono".[14]

Para distinguir as obrigações de dar e as obrigações de fazer, Orozimbo Nonato ressalta que aquelas "têm por objeto a entrega de uma coisa ao credor, para que este adquira sobre a coisa um direito, enquanto as obrigações de fazer têm por objeto um ou mais atos do devedor, quaisquer atos, de fora parte a entrega de uma coisa".[15]

Em sua magnífica obra sobre ISS, o prof. paranaense Marçal Justen Filho enfatiza que as obrigações de dar não podem dar ensejo à exigência de ISS: "Restam, então, as obrigações de prestação positiva. E, dentro delas, as obrigações de fazer, pois elas é que podem produzir uma prestação de esforço pessoal, caracterizadora de serviço tributável por via do ISS. As obrigações de dar não conduzem a um serviço prestado. A prestação do esforço caracterizadora do serviço é qualificável juridicamente como execução de uma obrigação de fazer".[16]

De fato, obrigação de dar jamais pode conduzir à exigência de ISS, porquanto serviço se presta, mediante um *facere*. Em outras palavras, serviço se faz não se dá.

Já havíamos anotado que: "Embora a distinção entre dar e fazer não seja matéria das mais simples — examinada em apartada síntese — basta aos fins a que nos propusemos salientar que a primeira consiste em vínculo jurídico, que impõe ao devedor a entrega de alguma coisa já existente; nas de fazer impõe-se a execução, a elaboração, o fazimento de algo até então inexistente. Consiste num serviço a ser prestado pelo devedor".

Nas obrigações de fazer, segue-se o dar, mas este não se pode concretizar sem o fazimento.

Essa diferenciação — de extrema relevância para apartar os fatos tributáveis pelos Estados, dos graváveis pelos Municípios — entre as obrigações de dar e de fazer é magistralmente demarcada por Washington de Barros Monteiro: "O *substractum* da diferenciação está em verificar se o dar ou o entregar é ou não a conseqüência do fazer. Assim, se o devedor tem de dar ou de entregar alguma coisa, não tendo, porém, de fazê-la previamente, a obrigação é de dar; todavia, se, primeiramente, tem ele de confeccionar a coisa para depois entregá-la, se tem ele de realizar algum ato, do qual ser mero corolário o de dar, tecnicamente a obrigação é de fazer".[17]

Em resumo, nas obrigações *ad dandum* ou *ad tradendum* consiste a prestação em entregar alguma coisa (dar), enquanto que as *in faciendo* se referem a ato ou serviço a cargo do devedor (prestador).[18]

Assim, considerando (*a*) o que seja serviço, no Direito Privado (obrigação de fazer) e (*b*) os princípios consagrados pela CF, quanto à tributação, tem-se que o conceito constitucional de serviço é: *prestação*

13. Orlando Gomes, *Obrigações*, Rio de Janeiro, Forense, 1961, p. 67.

14. Clóvis Bevilaqua, *Direito das Obrigações*, 9ª ed., Rio de Janeiro, Livraria Francisco Alves, 1957, p. 54.

15. Orozimbo Nonato, *Curso de Obrigações*, v. I, Rio de Janeiro, Forense, p. 287.

16. Marçal Justen Filho, *O Imposto* ..., cit., p. 90.

17. Washington de Barros Monteiro, *Curso de Direito Civil — Direito das Obrigações*, 1ª parte, São Paulo, Saraiva, 1967, p. 95.

18. Aires Barreto, "ISS e ICM — Competência municipal e estadual — Limites", in *RDT* 15-16/203, jan.-jun. 81.

de esforço humano a terceiros, com conteúdo econômico, em caráter negocial, sob regime de Direito Privado, tendente à obtenção de um bem material ou imaterial.

Dito de outra forma: o conceito constitucional de serviço tributável somente abrange:

a) obrigações de fazer (e nenhuma outra);

b) serviços submetidos ao regime de Direito Privado, não incluindo, portanto, o serviço público (porque este, além de sujeito ao regime de Direito Público, é imune a imposto, conforme o art. 150, VI, *a*, da CF);

b.1) que revelem conteúdo econômico, realizados em caráter negocial — o que afasta, desde logo, aqueles prestados *a si mesmo*, ou em regime familiar ou desinteressadamente (afetivo, caritativo);

b.2) prestados sem relação de emprego — como definida pela legislação própria — excluído, pois, o trabalho efetuado em regime de subordinação (funcional ou empregatício), por não estar *in commercium*.

Sendo incontrastável que o conceito de serviço no Direito Privado significa a prestação de obrigação de fazer, mais especificamente daquela que corresponde ao negócio jurídico de locação de serviços, é incontestável, também, que a lei tributária infraconstitucional não pode abranger o que a CF excluiu; não pode ampliar o conceito constitucional para incluir o que nele (conceito) não se contém. A competência dos Municípios é para instituir imposto sobre serviços. Sobre quaisquer serviços; mas, ao mesmo tempo, só e exclusivamente sobre serviços. Sobre nenhum outro fato. A CF foi clara, categórica, incisiva e explícita.

A advertência de Baleeiro é, a propósito, oportuna: "A lei complementar supre a Constituição, mas não a substitui. Se esta instituiu um tributo, elegendo para fato gerador dele um contrato, ato ou negócio jurídico, o legislador não pode restringir, por via complementar, o campo de alcance de tal ato ou negócio, nem dilatá-lo a outras situações. A menção constitucional fixa rígidos limites. Atos de transmissão de propriedade imóvel, p. ex. são os do Direito Privado, todos eles. Nenhum outro senão eles. As tentações mais freqüentes, a julgar pela experiência no regime das Constituições anteriores, provirão dos legisladores estaduais e municipais para alargamento das respectivas competências".[19]

Muitos são os casos em que se pretende exigir imposto sobre serviços sobre atividades que não o são, a pretexto de que tais atividades foram *listadas* por lei complementar.[20]

A competência outorgada pela CF não pode ser modificada (ampliada ou reduzida) pela lei complementar. Só por via de emenda é possível modificar CF que, como a nossa, é rígida.

A expressão *definidos em lei complementar* não autoriza conceituar como serviço o que serviço não é. Admitir que o possa equivale a supor que, a qualquer momento a lei complementar possa dizer que é serviço a operação mercantil, a industrialização, a operação financeira, a venda civil, a cessão de direitos. Em outras palavras, que a lei complementar possa, a seu talante, modificar a CF; que a limitação posta pela CF à competência municipal para só tributar atividades configuradoras de serviço, não tem a menor relevância; que pode ser desobedecida pela lei complementar.

A lei complementar tem que se cingir a definir ou a listar atividades que, indubitavelmente, configurem serviço. Ser inconstitucional toda e qualquer legislação que pretenda ampliar o conceito de serviço constitucionalmente posto, para atingir quaisquer outros fatos (iluminados pelos contratos respectivos).

À guisa de exemplo, entre os fatos que não podem ser atingidos está a cessão de

19. Aliomar Baleeiro, *Direito Tributário* ..., cit., p. 444.

20. Nos dias atuais essa Lei é a de n. 56, de 15.12.87.

espaço em bem imóvel. Não pode a lei, complementar ou ordinária, prever a tributação, por via de ISS, de qualquer cessão de espaço em bem imóvel, uma vez que a CF outorgou aos Municípios apenas a tributação de serviços, de modo explícito e inalargável, atribuindo a competência residual à União.[21]

Não pode a lei complementar definir como serviço o que serviço não é, nem a pretexto de atender à cláusula final do art. 156, III. É que, se a CF é rígida, não pode ser modificada pela lei complementar. Esta não pode *definir* como serviço o que serviço não é. A lei complementar *completa* a Constituição; não a modifica. Por isso, a nossa Suprema Corte, desde o início da República, tem consagrado, decididamente, a firme postura de defesa da prevalência da Constituição sobre toda e qualquer norma infraconstitucional, que nela deve encontrar — pena de expulsão do sistema normativo — seu fundamento de validade. Daí ser noção elementar que também as leis complementares — normas da ordenação inaugurada pela CF — estão igualmente sujeitas a contraste de constitucionalidade; são elas suscetíveis de "controle de constitucionalidade" pelos mesmos métodos e segundo critérios idênticos aos aplicáveis a toda e qualquer lei.

Na verdade, preleciona o prof. Manoel Gonçalves Ferreira Filho, "a lei complementar não pode contradizer a Constituição. Não é outra forma de emenda constitucional. (...) Daí decorre que pode incidir em inconstitucionalidade e ser, por isso, inválida".[22]

Não se registra nenhuma dissensão doutrinária ou jurisprudencial a esse respeito. Não há nenhuma opinião contrária; pelo contrário, é unânime a afirmação no sentido de que a CF é rígida e a previsão, no seu corpo, de leis complementares não implica admissão da possibilidade de alteração constitucional por norma de lei complementar. A propósito, é eloqüente o magistério de Baleeiro: "Do mesmo modo, a lei complementar não pode ir além do que já está dito, expressa ou implicitamente, na Constituição. Esta será violada por lei complementar que regule diversamente o que ela regulou. É caso de inconstitucionalidade da lei complementar. Completa, mas não corrige nem inova".[23]

Em conseqüência, repise-se, ao *definir* os serviços tributáveis, a lei complementar não pode transformar em serviço o que serviço não é. Não pode alterar o Texto Magno, retirando competência de uma entidade político-constitucional, para dar à outra. O mestre pernambucano Souto Borges, versando esse tema, dá-nos lições lapidares: "se for definido por lei complementar, para efeito de tributação municipal, serviço compreendido na competência tributária da União — o que é improvável, mas teoricamente possível — ou dos Estados, nem por isso poderão os Municípios tributá-los. Ambas as leis seriam, em tal hipótese, inconstitucionais. Se a União abre mão da competência federal, viola a regra segundo a qual o não exercício da competência tributária não a defere a pessoa diversa do seu titular (CTN, art. 8º); se invade o campo estadual, usurpa competência tributária alheia".[24]

Mais evidente é a inconstitucionalidade se o que se *define* não é serviço, mas outro fato-tipo.

IV — Cessão de espaço em bem imóvel não é serviço

Cessão de espaço em bem imóvel é o contrato pelo qual uma pessoa, titular de bem imóvel, mediante remuneração, cede à outra o direito de uso desse espaço. Em

21. Art. 154, I.

22. Manoel Gonçalves Ferreira Filho, *Do Processo Legislativo*, São Paulo, Saraiva, 1977, p. 210.

23. Aliomar Baleeiro, *Direito Tributário ...*, cit., p. 60.

24. José Souto Maior Borges, *Lei Complementar Tributária*, 1ª ed., São Paulo, Ed. RT, 1975, p. 196.

outras palavras, loca, arrenda esse espaço físico para terceiros, mediante um aluguel.

Trata-se de contrato que tem por essência uma obrigação de dar. Resulta do acordo de vontades pelo qual o cedente (titular do imóvel) cede a terceiros (o cessionário) o direito de uso (e, eventualmente, de gozo) de certo espaço em bem imóvel, mediante remuneração (aluguel).

Sendo a cessão de espaço em bem imóvel negócio jurídico que, diante da nossa ordem jurídica, configura obrigação de dar, segue-se, necessariamente, que jamais poderia refletir "prestação de serviços" (que só pode alcançar obrigações de fazer). Não há, pois, como subsumir a cessão de espaço em bem imóvel no conceito de serviço tributável, por via do ISS. Deveras, as normas do Direito Privado, que disciplinam a compostura e a natureza dos negócios jurídicos em geral e da cessão de espaço em bem imóvel em particular, impedem conclusão no sentido de que esse específico negócio jurídico integre a categoria de "prestação de serviço". Isso, aliás, já está assentado pelos nossos Tribunais que têm decidido no sentido de que o ISS não recai sobre a cessão de direitos de obra intelectual.[25-26]

O entendimento de que simples cessão de espaço em bem imóvel — por não estar compreendida no conceito de serviço — não se submete ao ISS é respaldado pelo Poder Judiciário. Deveras, o E. 1º TACivSP já assentou: "o que não é serviço não pode ser tributado pelo Município, como se serviço o fora, sob pena de invasão de competência tributária alheia".[27]

O Supremo, sobre essa questão, estabeleceu: "Para a incidência do tributo torna-se necessário o exercício de uma atividade que represente 'serviço'".[28]

De há muito, a pretensão das Fazendas de tributar, por via do ISS, a cessão de direitos de uso e gozo de coisa (embora de tipo diverso do aqui cuidado), já foi fulminada pela Suprema Corte: "ISSQN — Não há incidência desse tributo na cessão que a distribuidora faz de filmes de sua propriedade e produção aos exibidores".[29]

Com efeito, é manifesta a impossibilidade de o Município exigir ISS sobre a mera cessão de direito ao uso e gozo da coisa imóvel, porque não envolve, não configura prestação de serviço ("nenhum serviço", nem "nenhum fazer", como o diz o insuperável Pontes de Miranda[30]).

Em conclusão: não podem os Municípios invadir a área de competência da União para tributar a cessão de direitos, da qual a cessão de espaço em bens imóveis é espécie. Só pode fazê-lo a União, caso delibere exercitar sua competência residual.[31] É que, como visto, cessão de espaço em bem imóvel serviço não é.

Bem por isso, nem mesmo a lista veiculada pela Lei Complementar 56/87 ousou o absurdo de listar como serviço a locação de bens imóveis e, nessa linha, o idêntico absurdo de listar a locação (ou cessão) de parte de imóvel (ou, o que dá no mesmo, a cessão de espaço em bem imóvel). Caso o fizesse, teria disposto de modo contrário à Carta Magna, incorrendo em flagrante e intolerável inconstitucionalidade.

O contrato de cessão de espaço em bem imóvel pode ou não envolver o fornecimento de infra-estrutura, abrangendo materiais e recursos humanos. A circunstância de haver fornecimento de materiais e/ou de por à disposição do cedente certos recursos humanos, não descaracteriza a natureza da obrigação que prossegue sendo uma obrigação de dar.

Comparativamente, não se desnatura o contrato — que prossegue sendo de loca-

25. RE 86.815-1, *RTJ* 89/976 e RE 95.251-9, *Coletânea de Jurisprudência do STF sobre Tributos Municipais*, Brasília, Ed. MF, Secretaria de Economia e Finanças, 1974, p. 17.

26. No mesmo sentido, entre outras, as apelações 228.137, 229.275, *JTACSP* 47/20, 217.765, 217.459 e 254.444, do Egrégio TACivSP.

27. Apelação 303.513-SP.

28. RE 100.187-0, 2ª T., *DJU* 31.8.84.

29. RE 95.251-SP, 1ª T., rel. Min. Soares Muñoz, em 15.3.83.

30. Pontes de Miranda, *Tratado* ..., cit., t. XLVII, pp. 3-4.

31. Art. 154, I, da CF.

ção de imóvel — pela circunstância de o imóvel ser entregue mobiliado ou com alguns serviçais. Mesmo nessas hipóteses, não se há falar em prestação de serviços, uma vez que se trata de mero acessório (tarefa-meio, atividade-meio) do fim visado: a cessão de espaço em bem imóvel.

É incogitável a incidência do ISS diante de hipótese na qual há mero requinte ou sofisticação dispensável. Deveras, a cessão de espaço em bem imóvel (fim perseguido) não se transmuda em serviço pelo simples fato de, para viabilizar ou facilitar essa cessão, vir-se a fornecer determinada infra-estrutura, com ou sem recursos humanos. A obrigação segue sendo de dar e não de fazer. O eventual fornecimento de recursos, materiais ou humanos, não altera o fim colimado: cessão de espaço em bem imóvel. E somente podem ser tomadas, para sujeição ao ISS, as atividades entendidas como fim, correspondentes à prestação de um serviço integralmente considerado.

Não se pode decompor a atividade-fim, consistente na cessão de espaço em bem imóvel — que serviço não é — para sujeitar ao ISS as várias ações-meio que a possibilitam. Não é possível, porque ilegal e inconstitucional, pretender tributar atividades-meio, separando-as do fim perseguido, para considerá-las separadamente, isoladamente, como se cada uma delas correspondesse a um serviço autônomo, independente. Isso seria uma aberração jurídica, além de constituir-se em desconsideração à hipótese de incidência desse imposto.

Essas conclusões não são puramente doutrinárias, mas estão conforme a orientação jurisprudencial, firme e unânime, sobre a matéria, como se pode verificar dos seguintes julgados: "A pretensão da Municipalidade, porém, é improcedente. Os serviços de carga, de descarga da mercadoria, seu armazenamento para remanejamento, sua arrumação e empilhamento no armazém ou no veículo de transporte, inclusive com uso de guindaste ou empilhadeiras, quando prestados pela própria empresa de transporte, integram a prestação de serviços de transportes, não podendo ser deles destacados para efeito da aplicação do imposto sobre serviços".[32]

"No sistema tributário considera-se causa geradora de um tributo a conduta definida em lei e compatível com a finalidade precípua e essencial do produtor, ou do comerciante, ou do prestador de serviços porque em todas as fases da produção, ou da comercialização há serviços nas atividades-meio e às vezes mercadorias na prestação. Basta lembrar das diversas e diferentes práticas adotadas pelos comerciantes para mais e melhor negociar; alguns entregam mercadoria a domicílio, vários não; há estabelecimentos que dispõem de requintados e sofisticados serviços de atendimento ao público, existindo os que só adotam o sistema *self service*; paga-se pelo preço do produto ou da mercadoria, apesar de existir venda de serviços integrando-o em maior ou menor intensidade, mas sempre de natureza secundária, como atividade-meio. Nessas compras e vendas conquanto o serviço seja um componente do preço da mercadoria, e por isso vendido também, o ISS não incide.

"O jurista que emite um parecer vende o serviço, mas no preço também está incluído o do papel de alta qualidade sobre o qual foi escrito e entregue ao consulente. Todavia, a venda do papel a cliente não interessa para o campo de incidência, mas sim a do serviço.

"Tais considerações prestam-se à demonstração da absorção das atividades-meio pela atividade-fim que é aquela a ser considerada como geradora do fato imponível."[33]

"(...) em razão de suas atividades serem atividades-meio e não atividade-fim (serviços de formação de administração de grupos de consórcios."[34]

32. Apelação 246.876, da Comarca de Santos. Acórdão unânime da 2ª Câmara, de 16.8.78.

33. Uniformização de Jurisprudência 27.430-0-01, da Comarca de Santos.

34. Apelação 445.189-6, da Comarca de Lins, 8ª Câmara do 1º TAC, v.u.; v., tb., *JTACSP* 119/251-255, relatado pelo eminente Juiz Silvio Marques.

A respeito da impossibilidade de exigência de ISS sobre atividades-meio, como se foram serviços autônomos, averbou nossa Suprema Corte:

"Nem se pode subsumir na alínea 14 da lista, alusiva à 'datilografia, estenografia e expediente', eis que, nos estabelecimentos bancários, tais atividades apenas correspondem a meios de prestação dos serviços e não a estes próprios, que consistem na coleta e confronto de dados financeiros e administrativos.

"O item 'expediente' desperta idêntica recusa. É apenas a expressão de serviços variados, prestados no exercício de atividades-meio do comércio bancário, que, como diz o acórdão recorrido, 'não chegam a constituir um serviço próprio, autônomo'".[35]

Em conclusão — como bem apontado no acórdão do Supremo — somente podem ser tomadas, para fins de incidência do ISS, as atividades desempenhadas como fim, que se constituam em obrigações de fazer.

O eventual fornecimento de recursos materiais e/ou humanos configura simples atividade-meio para viabilizar o único fim colimado: celebrar contrato cuja obrigação é nítida e exclusivamente de dar, consistente em ceder espaço em bem imóvel. Logo, nenhum serviço.

V — Taxatividade da lista de serviços

O legislador infraconstitucional, no caso específico da atividade de cessão de espaço em bem imóvel, em exegese incensurável da CF, não a considera como serviço tributável pelo ISS, tanto que não a arrola entre os itens da *lista de serviços*, editada a título de definir aqueles tributáveis por via do imposto municipal.

E nem se pretenda que o não registro seja fruto de descuido do legislador ou de desconhecimento quanto à existência de similar atividade econômica. Tudo caminha em sentido inverso: o legislador complementar evidencia tê-la considerado insuscetível de tributação pelo ISS, ao arrolar apenas determinados tipos de cessão de espaço em bem imóvel, como é o caso da hospedagem (embora não se limite à cessão) e do estacionamento e guarda de veículos, entre as atividades definidas como serviços, para efeito de exigência do ISS.

Relativamente à hospedagem, é oportuna a advertência de Bernardo Ribeiro de Moraes: "No contrato de hospedagem o hóspede loca determinado espaço em bem imóvel, mas para fins exclusivos de alojamento. Todavia, devemos ver que na hospedagem não há apenas a concessão de uso e gozo (locação) de coisa não fungível, no caso, do apartamento, do quarto ou do cômodo. Inexiste, na hospedagem, simples relação *ex locato*, pois o hospedeiro oferece mais bens do que o simples uso e fruição de bens imóveis".[36]

Em outras palavras, a cessão de espaço em bem imóvel não foi listada como serviço pelo legislador complementar; este não definiu como tributável pelo imposto municipal. Pôs o legislador como passíveis de incidência não as atividades de cessão de espaço em bem imóvel, em geral, mas — o que é bem diverso — apenas a atividade de hospedagem e a de estacionamento.

Não figurando na lista a atividade designada por cessão de espaço em bem imóvel não pode ser tributada pelo Município, em virtude do sedimentado entendimento de que só podem ser tributados os serviços nela arrolados.

Em que pese nosso entendimento diverso, é forçoso reconhecer que a tese da taxatividade da lista é, hoje, caudalosa, remansosa, quase pacífica. Conspícuos doutrinadores defendem essa posição.[37]

35. Trecho do voto vencedor proferido pelo Ministro-Relator, Décio Miranda, no RE 97.804-SP, v.u., *RTJ* 111/696.

36. Bernardo Ribeiro de Moraes, *Doutrina e Prática do Imposto Sobre Serviços*, São Paulo, Ed. RT, 1975, p. 338.

37. Dentre eles, basta mencionar Rubens Gomes de Sousa, Aliomar Baleeiro, Pontes de Miranda, José Afonso da Silva, Carlos Medeiros Silva, Carlos da Rocha Guimarães, Victor Nunes Leal, Manoel Lourenço dos Santos.

E essa é a postura consagrada pela jurisprudência. Nossos Tribunais têm-se manifestado pela taxatividade da lista. Dentre tantos julgados, basta, *brevitatis causae*, referir duas decisões do Pleno do STF:

a) RE 71.177-SP, ac. de 18.4.74, rel. Min. Rodrigues Alckmin, *RTJ* 70/121;[38]

b) RE 77.183-SP, ac. de 19.4.74, rel. Min. Aliomar Baleeiro, *RTJ* 73/490.[39]

Em virtude desse entendimento doutrinário e jurisprudencial, a lista de serviços aprovada pela Lei Complementar 56, de 15.12.87, é tida por taxativa, encerrando *numerus clausus*. Em decorrência, segue-se que serviços que não venham descritos nessa lista da legislação complementar não podem ser tributados pelos Municípios. Assim, supondo o absurdo (que só se admite para argumentar) de que locação de espaço em bem imóvel fosse serviço, não caberia tributação, por via de ISS, porquanto essa atividade não figura na lista de serviços.

Geraldo Ataliba, constitucionalista maior, com a candência que constitui seu timbre, é incisivo: "Ora, a locação de espaço em bem imóvel, prevista como serviço tributável, pelo Ato Complementar 34 (alteração 7ª do art. 71, do CTN), foi suprimida da lista de serviços tributáveis vigente (Decreto-lei 834).

"Em conseqüência, não pode mais sofrer tributação alguma. Foi excluído o poder tributário do Município relativamente a esta atividade. Onerá-la, indiretamente, como pretende fazê-lo agora o Fisco paulistano, importa fraudar a Lei Complementar prevista no item II, do art. 24, da Carta Constitucional (Decreto-lei 834, cuja enumeração de serviços é taxativa) e, via de conseqüência, infringir a própria Carta Magna."[40]

E arremata: "A locação de espaço é tributada mediante o imposto de renda".[41]

38. Rel. Ministro Rodrigues Alckmin, *RTJ* 70/121.

39. Rel. Ministro Aliomar Baleeiro, *RTJ* 73/490.

40. Geraldo Ataliba, "Imposto sobre serviços ...", cit., p. 392.

41. Geraldo Ataliba, "Imposto sobre serviços ...", cit., p. 383.

Idêntico é o entendimento de Bernardo Ribeiro de Moraes: "A locação de bens imóveis não é onerada pelo imposto municipal, por tratar-se de campo de incidência do imposto sobre a renda. A locação de espaço em bens imóveis a título de hospedagem (item 39) ou de guarda de bens (itens 36, 37 e 38) não é propriamente locação de bens imóveis, mas representam contratos típicos, mistos, em que a locação de imóvel é apenas um dos elementos característicos do contrato. (O contrato de hospedagem, além da locação de espaço em bem imóvel, possui outros elementos: guarda de bens, fornecimento de trabalho, e fornecimento de alimentação)".[42]

VI — Conclusão

Diante do exposto, podemos concluir por ser inequívoca a intributabilidade, por via de ISS, da atividade de cessão de espaço em bem imóvel. Esse negócio jurídico não se subsume ao conceito constitucional de serviços tributáveis por esse imposto municipal; conseqüentemente, dita atividade econômica não está abrangida pela competência tributária atribuída aos Municípios pela CF.

Acresça-se que, no caso específico da atividade de cessão de espaço em bem imóvel, o próprio legislador infraconstitucional, interpretando corretamente a CF, não a considera serviço tributável pelo ISS, tanto que não a arrola entre os itens da *lista de serviços*, editada a título de definir aqueles tributáveis por via do imposto municipal. Mesmo em se admitindo válida a lei complementar, quando lista como serviço o que serviço não é, tem-se, no caso, omissão consistente, isto é, que não é fruto de inadvertência quanto à existência de similar atividade econômica: pelo contrário, o legislador complementar evidencia tê-la considerado insuscetível de tributação pelo ISS, ao arrolar apenas a hospedagem e o estacionamento entre as atividades em que também há cessão de espaço em bem imóvel, para defini-las como serviço, para efeito de exigência do ISS.

42. Bernardo Ribeiro de Moraes, *Doutrina* ..., cit., p. 369.

CADERNOS DE DIREITO TRIBUTÁRIO

CONSIDERACIONES SOBRE LA TRIBUTACIÓN DIRECTA EN EL COMERCIO ELECTRÓNICO Y LA FISCALIZACIÓN DE LAS OPERACIONES DESARROLLADAS A TRAVES DE INTERNET

ALEJANDRO C. ALTAMIRANO

Director Académico de la Especialización en Derecho Tributario de la Facultad de Derecho de la Universidad Austral, Buenos Aires, Argentina — Socio a cargo del Área de Impuestos del Estudio Beccar Varela — Profesor Adjunto de Impuestos Nacionales I de la Universidad de Buenos Aires — Doctorando por la Universidad Austral

I — Razones para la elección del tema en análisis. II — El impacto de las nuevas tecnologías en el Derecho en general: II — 1. Derechos constitucionales involucrados. La libertad de expresión; II — 2. Otros derechos constitucionales: las garantías constitucionales del contribuyente; II — 3. La firma digital y su trascendencia para la conclusión del circuito contractual; II — 4. La privacidad del dato personal en Internet. III — El aporte que los principios del Derecho pueden ofrecer al estudio de la tributación del comercio electrónico. IV — La administración tributaria en la era del comercio electrónico. Imperativo de adecuación a los nuevos tiempos: IV — 1. Los nuevos factores operativos que inciden en la tributación del comercio electrónico y se relacionan con la Administración Fiscal: A) El dinero electrónico; B) El anonimato en el uso de Internet; C) Registros y comprobación de transacciones necesarios para la prevención de la evasión fiscal; D) La desintermediación y los mecanismos de información; E) La desmaterialización del documento; IV — 2. El caso argentino. Recomendaciones, en materia de política tributaria, del Ministerio de Economía y Obras y Servicios Públicos a la Subsecretaría de Política Tributaria. V — Comercio electrónico y tributación directa: V — 1. La importancia de adoptar criterios de imposición tendientes a la neutralidad; V — 2. Fuente y residencia; V — 3. El concepto de establecimiento permanente. ¿Resistirán los principios tradicionales de la tributación internacional ante los problemas que surgirán con el comercio electrónico?; V — 4. La jurisdicción tributaria; V — 5. Información digitalizada y la determinación de la ganancia. V — 6. Los ingresos derivados de la prestación de servicios. VI — Conclusiones.

I — Razones para la elección del tema en análisis

Asistimos a un cambio vertiginoso y radical en la manera de hacer negocios cuyo muy lejos de detenerse o estabilizarse, aumenta. Ciertas características le dan al tema un atractivo inigualable. Internet, como red de redes[1] es la plataforma de lanzamiento del

1. En *United States v. Baker* 890 F. Supp. 1.375 (E. D. Mich. 1995), la Corte describió a Internet

comercio electrónico (*e-commerce* o *cyber-commerce*) y nadie la gobierna, no existe una autoridad formal ni un legislador, como usualmente conocemos, avasalla toda frontera física derribando cualquier límite que se interponga, a través de ella pueden comercializarse la mas variada gama de productos y servicios al margen de cualquier tipo de fiscalización o control, generandose así la paulatina desaparición de la intermediación y la desmaterialización del documento, como soporte instrumental de la contratación.

Estas, que son tan sólo algunas de las características del comercio electrónico, nos advierten de un formidable cambio en el Derecho en general y del Derecho Tributario en particular, tanto en el aspecto local de cada país como, fundamentalmente, en sus implicancias internacionales. La tecnología demanda el reacomodamiento de las normas. Para este propósito no se encuentran guías preelaboradas, el camino no está trazado, todo será nuevo.

La razón puntual de la elección de este tema radica en que juzgo importante analizar las derivaciones tributarias que resultan de las operaciones comerciales desarrolladas a través del comercio electrónico pues, por la singularidad de sus modalidades operativas surgen fuertes interrogantes sobre los principios de la tributación internacional y las legislaciones tributarias locales (de cada país). Adelanto que no encontrará el lector respuestas definitivas, pues el estudio de esta cuestión tan específica recien comienza.

Para ir directamente al tema que sumariamente abordaré, expongo para este artículo el siguiente plan de análisis:

(i) en el capítulo II haré referencia al impacto de las nuevas tecnologías en el Derecho en general, pues tiene relación directa con las consideraciones que intento efectuar, desde la perspectiva del Derecho Tributario;

(ii) en el capítulo III me referiré a los principios jurídicos, como herramienta de ayuda para futuros acuerdos internacionales y en caso de que los principios de la tributación internacional usuales entren en tensión con los nuevos desafíos a que nos enfrenta el *e-commerce*;

(iii) en el capítulo IV consideraré algunos temas conflictivos de administración tributaria y la inexorable necesidad de acomodarse a los nuevos tiempos ya que surgen fuertes interrogantes acerca de cómo fiscalizar el dinero electrónico, cómo enfrentar el anonimato en la red, cómo acceder a registros y comprobaciones virtuales de las operaciones, cómo enfrentar a la desintermediación que desarticula a los mecanismos tradicionales de información y cómo enfrentar a la desmaterialización del documento;

(iv) en el capítulo V me referiré a la tributación directa, soslayando expresamente en teste trabajo la tributación indirecta por razones de brevedad. Aquí se verá la importancia o necesidad de rodear de neutralidad fiscal a esta clase de operaciones y consideraré los temas de fuente y residencia, la vigencia del concepto de establecimiento permanente frente a los negocios virtuales, la jurisdicción tributaria, los efectos de la información digitalizada, la determinación de la ganancia sujeta a gravamen y los ingresos derivados de la prestación de servicios;

(v) finalmente, en el capítulo VII, formularé las conclusiones del trabajo.

II — El impacto de las nuevas tecnologías en el Derecho en general

Nos interese o no, Internet directa o indirectamente afectará nuestras actividades diarias y motivará la necesidad de que las instituciones de Derecho acompañen los nuevos desafíos que genera aportando adecuadas respuestas, pues su progreso es arrollador e inevitable. En particular, deberá hacerlo la legislación fiscal y las relaciones fiscales internacionales,[2] en razón de

como: "Computer networks are systems of interconnected computers that allow the exchange of information between the connected computers. The Internet is the world's largest computer network, often described as a 'network of networks'".

2. Walter Hellerstein, "Taxation of electronic commerce in the United States: national and subna-

que las fronteras nacionales se desdibujan, las jurisdicciones con potestad tributaria no resultan claramente determinadas y, en suma, se erosiona la capacidad de los Estados de aplicar impuestos.

La referencia a las nuevas tecnologías obedece a la necesidad de encontrar un concepto suficientemente amplio para comprender la vasta gama de herramientas electrónicas que, por la digitalización, permite la transmisión de datos. Además todo ello da nacimiento a nuevas modalidades de contratación informática.[3]

Indudablemente el comercio electrónico es vigorizado por el permanente envejecimiento prematuro de la computación. El avance del *software* estimula aún más su utilización y la superabundante información existente llega a niveles de polución informativa que — por su volumen — se torna difícil de procesar. Así puede afirmarse que asistimos a la sociedad de la información que drásticamente esta dejando atrás a la sociedad industrializada.

Sin pretender acuñar una definición de comercio electrónico, entiendo por tal a la capacidad para realizar operaciones comerciales, tanto transacciones de mercaderías como de servicios, entre dos o más sujetos utilizando para ello computadoras conectadas por Internet o en Intranets y encontrándose los actores en jurisdicciones identificables o no, dentro de un mismo país o en diferentes.[4] En un valioso documento elaborado por el gobierno argentino se identifica al comercio electrónico como el "sistema global que, utilizando redes informáticas y en particular Internet, permite la creación de un mercado electrónico (es decir, operado por computadora y a distancia) de todo tipo de productos, servicios, tecnologías y bienes y que incluye todas las operaciones necesarias para concretar operaciones de compra y venta, incluyendo *matching*, negociación, información de referencia comercial, intercambio de documentos, acceso a la información de servicios de apoyo (aranceles, seguros, transportes etc.) el *banking* de apoyo y todo en condiciones de seguridad y confidencialidad necesarios".[5]

Desde la perspectiva estricta del mundo del Derecho, Internet tiene efectos directos, claros y trascendentes en relación con el desenvolvimiento de las instituciones públicas, cooperando con el sistema judicial y en miles de *Web Sites* puede accederse de inmediato a la jurisprudencia local y de otros países, a doctrina y bibliografía internacional, a bibliotecas universitarias etc., acelerando los tiempos que ello demandaba cuando Internet no existía. Internet también favorece al comercio, local y mundial, en razón de que innumerables productos son puestos al alcance de la mano de los consumidores de cualquier lugar y producidos en cualquier lugar. El mercado financiero encontrará facilitado el desarrollo de nuevas formas de dinero, gerenciamiento, políti-

tional issues", documento presentado en el seminario *The International Taxation of Electronic Commerce*, Amsterdam, Holanda, 3.10.97. La llegada de la era de la información tiene profundas implicancias para la tributación, por virtud del crecimiento exponencial del comercio a través de Internet, con cambios tecnológicos y cambios en la regulación de las telecomunicaciones, hecho que provoca un desalentador desafío a las regulaciones tributarias tradicionales en materia de telecomunicaciones. También ver Richard Susskind, *The Future of Law. Facing the Challenges of Information Technology*, Oxford, Clarendon Press, 1996, p. 27, quien denomina "presurización del mercado legal" con motivo de las nuevas tecnologías.

3. V. Carrascosa López, Ma. A. Pozo Arranz y E. P. Rodríguez de Castro, *La Contratación Informática: El Nuevo Horizonte Contractual. Los Contratos Electrónicos e Informáticos*, 2ª ed., Granada, Comares, 1999. Los autores realizan un detallado análisis del Derecho Contractual ajustado a las nuevas demandas de la sociedad de la información y las diversas modalidades de contratación informática.

4. *Departamento del Tesoro de los Estados Unidos de Norteamérica, Selected Tax Policy Implications of Global Electronic Commerce*, Department of the Treasury, Office of Tax Policy, USA, nov. 96, www.ustreas.gov (visitado en jul. 97). También publicado en *Intertax*, v. 25, Issue 4, Kluwer Law International, 1997.

5. Ministerio de Economía y Obras y Servicios Públicos de la República Argentina. Primer informe de progreso del grupo de trabajo sobre Comercio Electrónico y Comercio Exterior, Buenos Aires, sep. 98, p. 6: "Los negocios electrónicos van a traer aparejadas muchas ventajas respecto de la forma tradicio-

cas monetarias, sistemas de pagos, sistemas de información, publicidad etc. También en la medicina a través de las interconsultas con especialistas de cualquier lugar del planeta. Este escenario, ampliamente conocido ahora, tuvo su nacimiento en los últimos años y aguarda por experiencias más concretas en cuanto a la preferencias del consumidor, del inversionistas y del productor frente a una gran variedad de tecnologías accesibles para organizar el intercambio, tales como un medio de pago seguro, privacidad, intercambio comercial, como también espera políticas públicas más claras que favorezcan mercados abiertos a la obtención de información de carácter público.[6]

Fácilmente puede observarse una acentuada opacidad de lo jurídico[7] respecto de las legislaciones nacionales, en la que los actores del negocio no reconocerán, al menos fácilmente, las reglas de derecho involucrado, pues en este ámbito se ignoran las fronteras estatales.[8] Claro está que el Derecho no se configura con la exactitud propia de las ciencias matemáticas y, por consiguiente, no puede encontrarse en él una solución segura y exacta,[9] pero en el contexto virtual, este fenómeno se acentúa.

Parece que solo una regulación a nivel internacional podría dar solución íntegra a los problemas que se plantean y plantearán. Así, distintos gobiernos y organizaciones internacionales están activamente abocados al estudio del tema con el propósito de hallar un punto de encuentro entre la Organización Mundial de la Propiedad Intelectual, la Unión Internacional de Telecomunicaciones, Internet Assigned Number Authority, la Organización para la Cooperación y el Desarrollo Económico (OECD) y la Organización Mundial de Comercio, la Organización Mundial del Comercio, la Unión Europea, entre otros.

Este desafío demandará mucho tiempo para su estudio y propuestas de solución para cuya tarea será importante el aporte de los más variados foros intelectuales en los que estos problemas se encuentran ya en proceso de debate. En concreto actualmente existen en el ámbito jurídico una serie de problemas que merecen estudio, análisis y definición de inmediato, como los relativos a los derechos constitucionales amparados por la libertad de expresión, la propiedad intelectual, firma digital, los delitos cometidos por medio de computadoras, el derecho a la privacidad y el derecho de los consumidores etc., alguno de los cuales esbozamos.

II — 1. Derechos constitucionales involucrados. La libertad de expresión

El servicio de Internet se asemeja a la protección de la prensa escrita, el cual se

nal de comerciar. En primer lugar, producirán una drástica reducción de los costos operativos en las transacciones comerciales. Tradicionalmente, una operación comercial requiere la intermediación de personas, el uso de papel y otros costos. La automatización que traen las computadoras conectadas a la red permite ahorrar tiempo y dinero. Además, ello permite operar a nivel mundial las 24 horas de los 365 días del año. Asimismo, se generarán nuevas oportunidades de negocios, tanto para los consumidores y usuarios como para las empresas. Para ambos, el mercado se potencia con una cantidad y variedad impresionante de nuevos productos, que se pueden adquirir en cualquier parte del planeta. Las empresas a su vez llegan a consumidores y lugares nunca antes imaginados. Y también surgen nuevas oportunidades de negocios, nuevos desarrollos para programadores. Por último, en el comercio electrónico no se requiere una infraestructura física sofisticada para poder operar", cfr. p. 15.

6. Samuel E. Mantilla Gámez, "Tributación internacional y comercio electrónico: evolución, estructura y tratamiento fiscal', *Revista de la Facultad de Ciencias Jurídicas y Políticas* 112/207, Caracas, Universidad Central de Venezuela, 1999.

7. Expresión que acuña Carlos M. Cárcova, *La Opacidad del Derecho*, Valladolid, Trotta, 1998. Es muy sugestiva la reflexión del autor quien enfatiza que el Derecho, reputado como conocido desde la modernidad, ahora por su cripticidad, complejidad creciente e intransparencia conceptual, por la multiplicidad de normas en juego, carencia de lógica interna, coloca a muchos sujetos en el desconocimiento más acabado del Derecho.

8. Penelope Lemov, "The tax free zone in Cyberspace", <http://web.lexis-nexis.com>.

9. José María Rodriguez Paniagua, *Historia del Pensamiento Jurídico*, t. II, Siglos XIX y XX, 8ª ed., Madrid, Universidad Complutense, 1997, p. 577.

irradia también a todos los medios modernos tales como radio y televisión, en razón de que este servicio es otro medio moderno que resulta plenamente apto para la difusión masiva de las ideas tanto para darlas a conocer como para recibirlas en beneficio del conocimiento del hombre.

La cuestión llegó a los tribunales americanos, sentenciando la Corte Suprema de Justicia de los Estados Unidos que no se debería sancionar ninguna ley que restrinja la libertad de expresión pues la red Internet puede ser vista como una conversación mundial sin barreras. Es por ello que el gobierno no puede a través de ningún medio interrumpir esa conversación como es la forma más participativa de discursos en masa que se hayan desarrollado, la red Internet se merece la mayor protección ante cualquier intromisión gubernamental.[10]

En el caso argentino hago solo tres referencias. En primer lugar la libertad de expresión es una garantía constitucional en la República argentina en razón de que el art. 14 de la de la Constitución argentina establece que: "Todos los habitantes de la Nación gozan de los siguientes derechos (...) de publicar sus ideas por la prensa sin censura previa (...)"; que el art. 32 de la misma ley fundamental dispone que: "El Congreso federal no dictará leyes que restrinjan la libertad de imprenta o establezcan sobre ella la jurisdicción federal" y el art. 42 establece que: "(...) Las autoridades proveerán a la protección de (...) los derechos de los usuarios y consumidores (...)", con la finalidad de garantizar el bienestar general.[11] En segundo lugar, este principio garantista alcanza también, y en lo que aquí nos interesa, al servicio de Internet, y para vigorizar este criterio Poder Ejecutivo Nacional a través del Decreto 1.279/97 declaró en su art. 1º que "el servicio de Internet, se considera comprendido dentro de la garantía constitucional que ampara la libertad de expresión, correspondiéndole en tal sentido las mismas consideraciones que a los demás medios de comunicación social".

En tercer término, recientemente un tribunal argentino sentenció que, el avance de la tecnología parece estar dejando en estado de obsolescencia el bien jurídico tutelado por el Código Penal sobre protección de los papeles privados y la correspondencia, estimando que el *e-mail* es un medio idóneo, certero y veloz para enviar y recibir todo tipo de mensajes y misivas, por lo que el correo electrónico posee características de protección de la privacidad más acentuada que la inveterada vía postal tradicional, por tanto nada se opone a considerar a la comunicación electrónica como un verdadero correo en versión actualizada y así encontrarse tutelado por el Código Penal en lo concerniente a la inviolabilidad de la privacidad y de la correspondencia.[12]

II — 2. Otros derechos constitucionales: las garantías constitucionales del contribuyente

Las constituciones, en general, preven una serie de garantías que amparan al contribuyente en la relación jurídica tributaria con el Estado correspondiente[13] que luego

10. *Reno Attorney General of United States et al. v. American Civil Liberties*, 96-511, del 26.6.97.

11. La construcción jurisprudencial de la libertad de expresión también se complementa con Ley 23.054 por medio de la cual la República Argentina adhirió a la Convención Americana de Derechos Humanos, Pacto de San José de Costa Rica que desde la reforma constitucional del año 1994 se ha incorporado al texto de nuestra Constitución nacional. En su art. 13, inc. 1º, la Convención Americana contempla el derecho de toda persona a la libertad de pensamiento y expresión.

12. *Jorge Lanata s/desestimación*, causa 10.389 de la Cámara Correccional, de fecha 4.3.99. Se trataba de la publicación, por la prensa escrita, de un *e-mail* apoderado indebidamente por el periodista que lo publicó y cuyo destino no era su difusión, por ello se agravió y querelló el autor del *e-mail*.

13. Carlos M. Giuliani Fonrouge, *Derecho Financiero*, v. 1, 3ª ed., Buenos Aires, 1984, pp. 300 y ss., quien señala que son los principios jurídicos de la tributación incorporados al texto de la Constitución nacional los encargados, en forma primaria, de limitar al poder tributario, desenvolviendose el de legalidad con singular trascendencia. Enrico de

se complementa con el estatuto del contribuyente otorgado por las normas que en su consecuencia se dictan. En todo programa constitucional sobresalen fundamentalmente las garantías de legalidad y reserva de ley (que han sido ampliamente tratadas por la doctrina[14] y la jurisprudencia[15]): igualdad, equidad y proporcionalidad en las cargas públicas, el derecho de propiedad, el derecho a no declarar contra sí mismo, entre otras. También resulta de la interpretación armónica de una serie de normas constitucionales el postulado de capacidad contributiva y razonabilidad.

Me interesa destacar la plena e inclaudicable vigencia de estas garantías que deberán extrapolarse a cualquier tratamiento normativo de la tributación en el comercio electrónico, tanto en el plano meramente nacional como en el encastre de la tributación local con la internacional. La garantía constitucional de legalidad y reserva de ley positivizada, la tipicidad, generalidad, proporcionalidad e igualdad, también los principios de seguridad jurídica y certeza tributaria, como garantía derivada, conforman un tejido impermeable y coherente.[16] Escribió Madison en *El Federalista* que "(...) el departamento legislativo es el único que tiene acceso a los bolsillos del pueblo".[17] Esta gráfica visión se plasma el programa constitucional argentino como derivación inexorable de la fuente inspiradora de nuestra Constitución nacional, es decir, la Constitución de los Estados Unidos de Norteamerica. En efecto, el art. 19 de la Constitución argentina la contempla expresamente al disponer que "ningún habitante de la Nación será obligado a hacer lo que no manda la ley, ni privado de lo que ella no prohíbe". Se trata de un principio básico en todos los ordenamientos jurídicos que adoptan el sistema republicano de gobierno, y es unánimemente considerado como una conquista del Estado de Derecho que exige la conformidad de la Administración en todas sus actuaciones a la ley.[18]

En suma, cualquier regulación local y con proyección internacional de los aspectos tributarios del comercio electrónico no podrá dejar de considerar la plena vigencia de estos principios y destaco el de legalidad porque las futuras normas sobre *e-commer-*

Mita, *La Legalitá Tributaria*, Milán, Giuffrè, 1993, p. 14, enseña que así se impide al gobierno invadir los espacios de libertad de los contribuyentes y sirve de contención a la discrecionalidad de la administración financiera.

14. Entre las numerosas obras cita tan sólo algunas, en Argentina: Gustavo J. Naveira de Casanova, *El Principio de no Confiscatoriedad. Estudio en España y Argentina*, Madrid, McGraw Hill, 1996. En Italia: Enrico de Mita, *La Legalitá ...*, cit., y del mismo autor, *Interesse Fiscale e Tutela del Contribuente, le Garanzie Costituzionali*, Milán, Giuffrè, 1995. En Brasil: Roque Antonio Carrazza, *Curso de Direito Constitucional Tributário*, 4ª ed., San Pablo, Malheiros Editores, 1993; Ricardo Lobo Torres, *Os Direitos Humanos e a Tributação. Imunidades e Isonomia*, San Pablo, Renovar, 1995; Yoshiaki Ichihara, *Princípio da Legalidade Tributária na Constituição de 1988*, San Pablo, Atlas, 1995; Sacha Calmon Navarro Coelho, *Comentários à Constituição. Sistema Tributário*, 6ª ed., Rio de Janeiro, Forense, 1995. En Uruguay, AAVV, *El Principio de Legalidad en el Derecho Tributario*, Montevideo, Facultad de Derecho y Ciencias Sociales, Universidad de la República, 1986.

15. La jurisprudencia de la Corte Suprema de Justicia de la Nación, en sus diferentes integraciones, ha privilegiado la garantía de legalidad y reserva de ley como verdadera defensa del contribuyente, acuñando la expresión conforme a la cual, el cobro de un impuesto sin ley que lo autorice es un despojo que viola el derecho de propiedad (Fallos 184:542; 185:36; 186:521; 206:21; 214:269; 251:7). A simple modo de ejemplo pueden citarse algunas causas: *Panamérica de Plásticos SAIC c/ Fisco Nacional (DGI)*, del 25.8.88 (*Impuestos* XLVI-B/2.123); *Fleischman Argentina Inc.*, del 13.6.89 (*Derecho Fiscal* XLVII/171); *Multicambio S/A*, del 1.6.93 (*Impuestos* LI-B/1.766); *Eves S/A*, del 14.10.93 (*E* 35-XXIV).

16. José O. Casas, "Seguridad jurídica, legalidad y legitimidad en la imposición tributaria", ponencia presentada en su disertación en el *1º Congresso Internacional de Direito Tributário, Justiça Tributária*, Vitória, Espírito Santo, Brasil, ago. 98, organizado por el Instituto Brasileiro de Estudos Tributários, Max Limonad, p. 332.

17. James Madison, *El Federalista*, Cuestión XLVIII, Fondo de Cultura Económica, México, p. 211.

18. José Luis Pérez de Ayala y Eusebio González García, *Curso de Derecho Tributario*, t. I, 6ª ed., Madrid, Edersa, 1991, p. 29.

ce podrían tener una textura lo suficientemente abierta para comprometer aquel principio constitucional, en otros términos ello deberá evaluarse.

II — 3. La firma digital y su trascendencia para la conclusión del circuito contractual

Este problema se relaciona con la seguridad y confidencialidad de las operaciones y radica, básicamente, en la identificación del oferente, la aceptación del destinatario, la autenticación del mensaje y la encriptación de la modadidad de pago. La firma, como signo personal y distintivo, tiene un aspecto formal y otro funcional.[19] El primero de ellos alude a la característica personal del firmante, es su signo personal que se une con el acto volitivo de hacerlo, concepto que no necesariamente se identifica con la voluntad de contratar. En lo atinente al aspecto funcional, la firma tiene por fin la identificación del autor y la autentificación por lo que se identifica con la voluntad del autor de consentir el acto. Evidentemente estos caracteres son complejos de acreditar en el medio virtual.

El certificado de la firma digital puede confirmar la identidad de la persona que envió el mensaje y obliga al firmante. Si la operación es de carácter nacional, el certificante se encontrará dentro del país, si se trata de una operación internacional será necesario la mediación de una empresa con competencia en todos los países que integren el sistema de certificación.

En el Derecho argentino, el Código Civil dispone en su art. 1.012 que la firma es condición para la existencia de todo acto de naturaleza privada.[20] En Estados Unidos fue el estado de Utah el pionero en la cuestión sancionando en el año 1995 la ley de firmas digitales con el propósito de: a) facilitar las transacciones electrónicas comerciales a través de medios digitales más seguros y eficientes; b) reducir la incidencia de firmas digitales falsificadas y fraudes en el comercio electrónico; c) implementar en forma legal un estándar relevante de telecomunicaciones y d) establecer, en coordinación con múltiples estados, reglas uniformes relativas a la autenticación y validación de mensajes electrónicos. Otros Estados de la Unión siguieron al de Utah y también existen normas en Alemania, donde la cuestión llegó a los estrados judiciales, e Italia. En España también existe un fallo judicial sobre este particular. La Organización para la Cooperación y Desarrollo Económico (OCDE), la UNCITRAL, la Cámara de Comercio Internacional y la Unión Europea también

19. V. Carrascosa López, Ma. A. Pozo Arranz y E. P. Rodríguez de Castro, ob. cit., p. 57.

20. Dalmacio Vélez Sarsfield, autor del Código Civil argentino, sancionado en 1869, señaló en la nota al art. 3.639 del mismo cuerpo normativo que la firma "es el nombre escrito de una manera particular, según el modo habitual seguido por la persona en diversos actos sometidos a esta formalidad". Desde la perspectiva del Derecho Público el ordenamiento jurídico argentino, la Ley 24.624 a través de su art. 30 sustituye el art. 49 de la Ley 11.672, "complementaria permanente de presupuesto" (t.o. 1995) estableciendo que la documentación financiera, la de personal y la de control de la Administración Pública nacional, como también la administrativa y comercial que se incorpore a sus archivos, podrán ser archivados y conservados en soporte electrónico u óptico indeleble, cualquiera sea el soporte primario en que estén redactados y construidos, utilizando medios de memorización de datos, cuya tecnología conlleve la modificación irreversible de su estado físico y garantice su inmutabilidad e inalterabilidad, asegurando la fidelidad, uniformidad e integridad de la información que constituye la base de la registración. Por otra parte, los documentos redactados en primera generación en soporte electrónico u óptico indeleble y los reproducidos en soporte electrónico u óptico indeleble a partir de originales de primera generación en cualquier otro soporte, serán considerados originales y poseerán, como consecuencia de ello, pleno valor probatorio, en los términos del art. 995 y concordantes del Código Civil. Los originales redactados o producidos en primera generación en cualquier soporte una vez reproducidos, siguiendo el procedimiento previsto en este artículo, perderán su valor jurídico y podrán ser destruidos o dárseles el destino que la autoridad competente determine, procediéndose previamente a su anulación. La reglamentación del art. 30 fue realizada por la Decisión Administrativa 43/96.

emitieron disposiciones en torno a la firma digital, ésta última básicamente estableciendo los principios de integridad, autenticidad y no repudio.[21]

En materia tributaria, esta cuestión adquiere formidable trascendencia práctica en relación con ciertos impuestos instrumentales (en Argentina rige el impuesto de sellos, vigente en todas las provincias y este gravamen se aplica sobre el instrumentos siendo la propia norma la que define a aquel y al no encontrarse contemplada la firma digital como medio idóneo para cerrar el circuito contractual no se configuraría el instrumento y, en consecuencia, no se aplicaría el tributo).

II — 4. La privacidad del dato personal en Internet

Internet facilita la obtención de datos relativos a los hábitos de consumo, datos personales, datos de consumidores etc. De esta manera pueden formarse bancos de datos poderosos cuya información, en manos de las empresas, no solo le facilita enfocar sus objetivos comerciales sino también beneficiarse con importantes ahorros en gastos operativos. EEUU y Japón emitieron, en mayo de 1998, un documento conjunto sobre comercio electrónico expresando que, para promover el *e-commerce*, es tan necesario asegurar la efectiva protección de la privacidad frente al procesamiento de información personal en redes informáticas como permitir la libre circulación de esos datos (*Joint Statement on Electronic Commerce by Japan-US Business Council and US-Japan Business Council*, punto 2, "Privacy and protection of personal data"). Siendo la protección efectiva del dato personal crítica para aumentar la confianza del consumidor en los sistemas digitales, encontramos aquí otro ámbito que el derecho deberá abordar.

III — El aporte que los principios del Derecho pueden ofrecer al estudio de la tributación del comercio electrónico

Luego de lo expuesto puede observarse la existencia de fuertes relaciones jurídicas internacionales sin normas específicas que la regulen. Aún cuando estas avancen o, en otros términos, se sancionen en el marco de tratados, nuevos o modificando los existentes, los principios del Derecho cobraran singular efectividad como instrumento para lograr ese propósito.

El Derecho Tributario, por las particularidades del mismo, por los valores en disputa y la tensión que genera la relación Fisco/contribuyente, adhiere totalmente al modelo dogmático con fuerte dependencia a la tradición positivista, modelo que, como expresara Vigo, a pesar de los certeros ataques que ha padecido y que lo han llevado a la agonía en el plano teórico, aún sobrevive en la praxis jurídica.[22]

Hago referencia a los principos, como instrumento de ayuda para futuras regulaciones internacionales instrumentadas en acuerdos internacionales, en razón de que el *e-commerce* nos enfrenta a nuevos temas a regular en un marco de ausencia de normas supra nacionales. Esto nos recuerda lo acontecido con la finalización de la Segunda Guerra Mundial cuando se planteó la necesidad de individualizar el estatuto legal para el juzgamiento de los crímenes de guerra. En esa ocasión, tampoco existían

21. La propuesta de Directiva de la Unión Europea expresa que los estados-miembros deberán asegurar que, con respecto a los datos autentificados por medio de una firma electrónica suministrada por un proveedor de servicios de certificación, que cumple los requisitos establecidos en la Directiva, existe la presunción legal de que: a) los datos no han sido alterados desde el momento en que la firma electrónica fue añadida a ellos; b) la firma electrónica pertenece efectivamente a la persona que realizó la firma digital y, c) la firma electrónica fue añadida por dicha persona con la intención de firmar los datos.

22. Rodolfo L. Vigo, *Interpretación Jurídica*, Santa Fe, Argentina, Rubinzal Culzoni, 1999, p. 14. El Dr. Rodolfo L. Vigo es iusfilosofo y miembro del Superior Tribunal de Justicia de la Provincia de Santa Fe, República Argentina.

normas supra nacionales. Así, la filosofía del Derecho se enfrentó a la necesidad de encontrar un principio general del Derecho que pudiera superar las limitaciones que ofrecía el positivismo jurídico.[23] Se repotencian, de esta manera, los principios como instrumento hermenéutico de notable eficacia frente a los nuevos desafíos a los que el Derecho debía enfrentarse, apareciendo como uno de sus grandes exponentes Ronald Dworkin.

La percepción de los principios difiere en países que adscriben al sistema continental respecto de los que adhieren al *common law*. Esto tiene su explicación. En los países anglosajones, la jurisprudencia es la fuente principal del Derecho. Pound señalaba al derecho arcaico como *aggregate of rules*, en tanto en la etapa de *naturity of law* el jurista más que operar con normas lo hace con principios (*legal principles*, *legal conceptions* y *legal standards*).[24] Bien señala Esser que "para el pensamiento jurídico continental la diferencia entre principio y norma posee un alcance mucho mayor que, para la concepción del *common law*, la distancia entre *principle* y *rule*".[25] En el mundo continental, es la ley la principal fuente de Derecho.

Los principios no reniegan de la seguridad jurídica, pero su fidelidad tanto a reconocer en los principios del Derecho el núcleo radical e intrínsecamente válido jurídicamente como su preocupación por los problemas, lo lleva a privilegiar las exigencias de la justicia concreta. No se trata de renunciar a la seguridad jurídica, pero tampoco de creer que la mera seguridad y la más grave injusticia nos conserva en el Derecho. La razón de ser del Derecho, y lo que legitima su existencia, es que se le brinde a cada uno lo que le corresponde, y ello no es incompatible con una razonable y posible previsibilidad.[26]

Dworkin[27] observa que el Derecho es cuestión de derechos y deberes y la labor del jurista consiste en dilucidar e indicar los derechos y deberes de los ciudadanos para lo cual se utilizan estándares que no funcionan como normas sino como principios, directrices políticas u otros tipos de pautas. El profesor de Oxford remarca la insuficiencia de considerar al Derecho concentrado en las normas, pues considera que no responde a la complejidad de nuestras propias prácticas. Evidenciando así las limitaciones del positivismo, distingue entre normas y principios los que son comprensivos del conjunto de estándares (que en terminología dworkiniana alude a ciertas circunstancias que sin ser normas sirven para dilucidar derechos y deberes).

Los criterios de distinción entre normas y principios, varían en función de diversos parámetros. Por ejemplo, respecto del origen, las normas provienen de un órgano legislativo en tanto los principios se refieren a un sentido de conveniencia u oportunidad; respecto de la derogación, las normas pueden ser derogadas o rechazadas, en tanto los principios permanecen mientras se los siga estimando como convenientes o justos en la determinación de derechos y deberes; respecto de la identificación, las normas pueden ser englobadas en una enumeración o establecer una fórmula definitoria de ellas, por el contrario ello no es

23. Vigo señala que Perelman, en su *La Lógica Jurídica y la Nueva Retórica* (Madrid, Civitas, 1979) comprobó que para fundamentar los juicios originados al finalizar la Segunda Guerra Mundial, era necesario recurrir a un principio general del Derecho, reconocido por las naciones civilizadas y vinculados con el respecto de la dignidad de las personas y de la vida humana, sin que por ello se altere el principio *nullum crimen sine lege* (Javier Delgado Barrio y Rodolfo L. Vigo, *Sobre los Principios Jurídicos*, Abeledo Perrot, 1998, p. 90).

24. Roscoe Pound, *An Introduction to the Philosophy of Law*, New Haven, 1954, p. 56.

25. Josef Esser, *Principio y Norma en la Elaboración Jurisprudencial del Derecho Privado*, Barcelona, Bosch, 1961, p. 66.

26. Javier Delgado Barrio y Rodolfo L. Vigo, *Sobre los Principios Jurídicos*, cit., p. 151.

27. Ronald Dworkin, *Los Derechos en Serio*, España, Planeta Agostini, 1993, pp. 80 y ss. V. tb., Rodolfo Vigo, "El antipositivismo jurídico de Ronald Dworkin", dentro de su obra *Perspectivas Iusfilosóficas Contemporáneas*.

posible en relación con los principios, que no aceptan fórmulas definitorias o numeración de los mismos; respecto del contenido, las normas tienen contenidos diversos, los principios observan un contenido intrínsecamente moral; en función de la aplicación, las normas proceden en tanto concurran los extremos definidos por ellas, los principios sólo enuncian una razón que discurre en una sola dirección, pero no exigen una decisión particular.

Los principios de la tributación internacional actuales serán remozados. Nuevos vientos asoman sobre los principio de fuente, de residencia, de ciudadanía, de reciprocidad, del establecimiento permanente, entre otros. Asimismo deberán observarse y encastrarse con los de los ordenamientos locales: legalidad y reserva de ley, el de interpretación conforme a la Constitución de todo el ordenamiento jurídico, el de participación ciudadana y el procedimiento en la elaboración de las disposiciones generales, el de interdicción de la arbitrariedad de los poderes públicos, el de seguridad jurídica, el de publicidad de las normas y entrada en vigor, el de irretroactividad de las normas penales, el de eficacia de la actuación administrativa, el de proporcionalidad y su base constitucional, el de efectividad de la tutela judicial efectiva y los de igualdad, generalidad, equidad. Entonces los principios, plasmados en convenios internacionales se exhibirán como un medio adecuado para regular los efectos fiscales que resultan del *e-commerce*.

IV — La administración tributaria en la era del comercio electrónico. Imperativo de adecuación a los nuevos tiempos

La generalización del uso de Internet ha motivado que los gobiernos adviertan el enorme potencial económico que esto significa como también la preocupante ausencia de normas tributarias. El rápido crecimiento es paralelo al gran número de interrogantes: ¿Cuál de los Estados debe tener jurisdicción tributaria; cuál tiene la jurisdicción para imponer la obligación fiscal; cómo se reparte la recaudación del tributo si la operación se celebra entre diversas jurisdicciones? Estas cuestiones tienen su anclaje en la naturaleza internacional de Internet. Pero en lo inmediato, las administraciones fiscales estarán más preocupadas en adecuarse a la nueva realidad para fiscalizarla, pues es su función. Imaginemos la hipótesis de llevar a cabo el comercio electrónico desde países de baja tributación o paraísos fiscales que gozan de un cerrado secreto fiscal. Podrían desaparecer las bases de imposición y el anonimato de los usuarios colocaría a los Fiscos en el peor escenario posible a los fines de control fiscal, lo que ha motivado que se abogue por consensos internacionales para disuadir estas prácticas.[28] Bien señala un autor, estas operaciones, además de complejas, pueden pasar absolutamente inadvertidas para las administraciones fiscales.[29]

La tarea de las administraciones fiscales en el siglo XXI transitará por la siguiente cuestión: ¿cómo maximizar el potencial de eficiencia de la Internet y, al mismo tiempo, proteger las bases de recaudación sin que se erosionen por las indudables complejidades en su control? Las características científicas y técnicas de la infraestructura de Internet demanda nuevos y más sofisticados mecanismos tributarios para entender y enfrentar a las operaciones que se desarrollen a través de la red, una de cuya características singulares radica en su ingobernabilidad y crecimiento continuo.

Lo novedoso del tema es que no existe una presencia o nexo territorial claro en los diversos Estados.[30] Los proveedores de

28. Jeffrey Owens, *The Tax Man Cometh to Cyberspace, Tax Notes International*, jun. 97, p. 1.851.

29. Olivier Iteanu, *Internet et le Droit. Aspects Juridiques du Commerce Électronique*, París, Eyrolles, 1996, p. 131.

30. Bruce J. Reid, "Nexus and electronic commerce", p. 8, trabajo presentado en el *Simposio sobre Tributación Multi Jurisdiccional de Comercio Electrónico*, Universidad de Harvard, 1997. V. tb., Samuel E. Mantilla Gámez, ob. cit., p. 203. Otro

Internet se comparan con los vendedores de productos vía catálogos, de manera que no cuentan en el lugar de perfeccionamiento de la operación comercial con una efectiva presencia física. Ahora bien, a medida que crece el nivel de ventas por vía de Internet crece también la evaporación natural de materia gravada en las diversas jurisdicciones.

Como datos positivos, por el contrario, pueden remarcarse que la Administración será favorecida con presentaciones de declaraciones juradas en forma más expeditiva, información permanente al contribuyente, formularios y otros aspectos administrativos para el ingreso del gravamen y, seguramente, la posibilidad de una mayor celeridad en los procesos de devolución de gravamenes. A todo ello se sumará la disminución del uso del papel.[31]

IV — 1. Los nuevos factores operativos que inciden en la tributación del comercio electrónico y se relacionan con la Administración Fiscal

Las innovaciones tecnológicas, que obligarán a la administración fiscal a ajustar sus prácticas a nuevas categorías de temas como son, entre otras, el dinero electrónico, la constatación de identidad, el registro y constatación transacciones electrónicas, la desintermediación y la desmaterialización del documento físico, influyendo todos ellos decididamente en la relación jurídico-tributaria.

A) El dinero electrónico

Los sistemas electrónicos de pago han dado nacimiento al dinero electrónico. Este dato no puede pasar inadvertido a la administración fiscal, pues los mecanismos de control y fiscalización tributaria vinculados con la circulación del papel moneda no serán aptos respecto de este nuevo concepto. Desde luego que muchos consumidores recurrirán a mecanismos actuales y habituales de pago como son las tarjetas de crédito pero la influencia del dinero electrónico sobre la cuestión en análisis, no se puede soslayar.

La intangibilidad del concepto origina otro interrogante acerca de si las técnicas actuales de control fiscal podrán adaptarse para combatir evasión impositiva que pudiere producirse por el uso del dinero electrónico; si serán necesarias nuevas técnicas y sobre los mecanismos de información que deberían imponerse sobre los emisores de dinero electrónico.[32]

Quienes generen dinero electrónico podrán estar ubicados en jurisdicciones a las que sólo pueden fiscalizar las administraciones de ese país determinado, que a su vez, tendrá inconvenientes en el cumplimiento de sus tareas dado que será complejo acceder al registro central de transacciones. Si se puede acceder a ellos, es decir, si se encuentra disponible para el examen de la administración fiscal, esta podrá equiparar ingresos y egresos. Pero por el contrario, surgirán problemas si no se dispone de sistemas contables que no cuenten con un registro central de transacciones. Este sistema primariamente será utilizado por ciertos tipos de transacciones pequeñas. La potencialidad de evasión impositiva que ellos crean podría ser considerable.[33] Por ejemplo, un contribuyente puede vender mercaderías que se pague en dinero electrónico sin registros centrales que documenten la operaciones. Sin perjuicio de que este problema actualmente existe en relación con el papel moneda, sin embargo, ha sido siempre posible examinar la corriente del nego-

importante aporte doctrinario es el de Jeffrey Owens, *The Tax Man* ..., cit., jun. 2, 1997, p. 1.833 y, del mismo autor, "What chance for the virtual taxman?", *The OECD Observer* 208/16, oct./nov. 97.

31. Frances M. Horner y Jeffrey Owens, "Tax and the web: new technology, old problems", *Bulletin of International Fiscal Documentation*, International Bureau of Fiscal Documentation, nov./dec. 96, p. 522.

32. *Departamento del Tesoro de los Estados Unidos de Norteamérica. Selected tax policy* ..., cit.

33. *Departamento del Tesoro de los Estados Unidos de Norteamérica. Selected tax policy* ..., cit.

cio por la existencia de inventarios e indicios físicos de diversa naturaleza. Esto no puede ser posible para un contribuyente que comercializa su producción o presta servicios por medios electrónicos. Así, un agente económico puede abrir una cuenta bancaria en un banco radicado en un paraíso fiscal, o cuentas de depósito numeradas, ofreciendo además de la reserva bancaria, la transferencia internacional inmediata, la gestión de cartera, dependiendo de la efectividad del intercambio de información entre organismos fiscales de diversos países. Todo ello influye sobre la relación tributaria en punto a la fiscalización.

B) El anonimato en el uso de Internet

Es posible utilizar Internet sin revelar la identidad o utilizando una falsa. Esta cuestión tiene trascendencia en materia tributaria, por ejemplo en materia de retención de gravamenes. Algo parecido sucede con las obligaciones de información. ¿Se podrán desarrollar técnicas de fiscalización de las compras?, ¿puede regularse o constituir un marco jurídico a la firma digital, en beneficio de la individualización de los sujetos? La constatación de identidad es también un problema para los consumidores, quienes quieren asegurarse que las personas con quien ellos celebran negocios son quien ellos afirman ser, es por ello que se desarrollarán certificaciones de firmas digitales a efectos de individualizar a los usuarios de Internet,[34] en otras palabras, se requiere mayor certeza y seguridad en la operación. Estas técnicas favoreceran el control y fiscalización de las autoridades en materia tributaria.

34. Cfr. http://www.verisign.com y http://www.usps.org. Los certificados digitales son emitidos por un intermediario, quien averigua la identidad de una persona y verifica los antecedentes. Realizada esta tarea, se emite un ID digital, que sería el equivalente a una licencia de conductor o el pasaporte. Ese certificado se crea usando la llave pública encriptada, técnica que permite ser verificada por otros. Citado por *Departamento del Tesoro de los Estados Unidos de Norteamérica. Selected tax policy* ..., cit.

Con fundamento en propósitos impositivos, se podría acreditar la identidad de un agente en el comercio electrónico por medio de un sistema de identificación digital de manera de lograr una transparencia más marcada en la negociación y confiriendo, asimismo, certeza para ambas partes del negocio. Desde ya que el anonimato en la operación comercial conspira contra todo propósito de fiscalización y verificación.

C) Registros y comprobación de transacciones necesarios para la prevención de la evasión fiscal

Los sistemas tributarios obligan a los contribuyentes a conservar los comprobantes de las operaciones por un determinado lapso, de manera de permitir al Fisco el cumplimiento de sus tareas de fiscalización y verificación. Esas exigencias, dispuesta para un mundo de papeles comerciales, resulta inaplicable en el medio virtual. Para contribuyentes relacionados con la venta de mercaderías o la prestación de servicios a través de medios electrónicos, será prácticamente imposible cumplir con los registros en papel ya que las ordenes de los clientes se cursarán electrónicamente, por lo que el único registro de la operación será electrónico.

La administración fiscal deberá prevenir posibles fraudes como también en evasión impositiva dado que los registros computarizados podrían fácilmente alterarse. Sabemos que, por medio de la venta de física, a diferencia de la electrónica, las mercaderías se enviarán junto a facturas, remitos o existirán órdenes de compra. En el caso en análisis, lo único que existirán serán ordenes electrónicas. Por esto, los documentos electrónicos deberán ser susceptibles de verificación y fiscalización pues es evidente la potencialidad de evasión impositiva que rodea a estos.

En la actualidad, las exigencias normativas para los contribuyentes en materia de registración y fiscalización no prevé estas derivaciones del comercio electrónico, constituyendose en un punto de precupación para las empresas que utilizan los medios descriptos efrentandose a la necesidad de ajustar su comportamiento a situaciones que la ley no alcanza.

D) La desintermediación
y los mecanismos de información

La falta de intermediarios en la operación de comercio electrónico alterará los conceptos usuales. Por ejemplo, se puede transferir un derecho de *download* por medio del cual se reproduce una imagen digitalizada, pudiendo esto considerarse como una regalía, dependiendo de los derechos con que cuente el cesionario. Así se transfieren intangibles en cuyo caso deberá analizarse si se cumplen los parámetros de la legislación tributaria local. Esto decididamente afectará a la figura del agente de retención o percepción, que son colaboradores muy importantes para el Fisco en su tarea de recaudación tributaria.

E) La desmaterialización del documento

El documento, como lo define el Código Civil, ya no es tal en el ámbito virtual. Ahora existe un instrumento inmaterial, intangible, no palpable. ¿Cómo aplicarán las administraciones fiscales provinciales sus impuestos locales, por ejemplo, el Impuesto de Sellos, a los "instrumentos virtuales"? Desaparecía el papel como soporte principal y con ello se deberán implementar nuevos mecanismos de fiscalización.

IV — 2. El caso argentino. Recomendaciones, en materia de política tributaria, del Ministerio de Economía y Obras y Servicios Públicos a la Subsecretaría de Política Tributaria

La República Argentina no es ajena a la preocupación y análisis de esta cuestión, habiéndose producido un primer estudio del comercio electrónico y su vinculación con el comercio exterior.[35] La resolución de la Comisión Nacional de Telecomunicaciones 1.083/93 ha definido a los servicios de Internet como servicios de valor agregado considerando que son aquellos que ofrecen facilidades que los distinguen del servicio base, aportando información, permitiendo la interacción de los agentes, todo ello desarrollado en un ámbito de redes, enlaces y sistemas de telecomunicaciones. En verdad Internet es mucho más que esto.

Sumándose a la incipiente y creciente necesidad de estudio de la problemática, el Ministerio de Economía y Obras y Servicios Públicos por medio de la Resolución 412/99 encomendó a la Subsecretaría de Política Tributaria ajustar su política futura a los siguientes lineamientos operativos de estudio inmediatos, con el propósito de: a) examinar el impacto que puede producirse con los impuestos al consumo, a la renta y acuerdos internacionales de doble imposición, particularmente el tema de los precios de transferencia, el concepto de identificación del contribuyente, establecimiento permanente y fuente; b) analizar los efectos que puede causar en la recaudación y administración de los impuestos la eliminación de la intermediación que resulta del comercio electrónico; c) desarrollar un consenso entre el gobierno y el sector privado para atenuar los efectos negativos que Internet puede producir en los sistemas impositivos-aduaneros y las prácticas de auditoría generalmente aceptadas; d) establecer nuevos métodos que permitan obtener información y evidencias de los contribuyentes y terceros involucrados en las transacciones; e) distinguir, con relación a los efectos impositivos, entre "mercaderías" y "servicios"; f) establecer criterios para que la administración fiscal busque los caminos apropiados para el tratamiento de las transacciones realizadas por Internet; g) el sistema tributario debería ser equitativo y neutral, tratando que contribuyentes en si-

35. Ministerio de Economía y Obras y Servicios Públicos de la República Argentina. Primer informe ..., cit.

milares situaciones tuviesen una carga fiscal de similar intensidad.

Teniendo en vista los fines indicados, el Ministerio de Economía y Obras y Servicios Públicos considera que: (i) el sistema debería ser simple y el costo de la recaudación fiscal minimizada; (ii) las reglas deberían proveer seguridad jurídica para los contribuyentes, conociendo con certeza que operaciones estarán sujetas a imposición; (iii) cualquier sistema adoptado debería ser efectivo, determinando el impuesto correcto y su hecho imponible. La potencial evasión y elusión debería ser minimizada; (iv) las distorsiones económicas deberían ser amortiguadas para evitar que decisiones comerciales tengan efectos impositivos no previstos en el ámbito local e internacional; (v) cualquier carga tributaria debería armonizar con los principios y tratados internacionales vigentes en materia fiscal, asegurando neutralidad en la imposición entre distintos países.

Las recomendaciones aludidas instalan el debate sobre diversas cuestiones fiscales y nos parece que, por virtud de lo extremadamente novedoso del tema en análisis y la carencia de suficiente información y estudios en la materia, se exhibe como ambicioso aunque quizá, prematuro, implementar estas recomendaciones. Ello en razón de que podrían generar incertezas tributarias no deseadas y que conspirarían con el propósito de la recomendación del Ministerio citado que privilegia armonizar los principios internacionales, neutralizar cualquier ataque al comercio, minimizar la evasión, propender a la seguridad jurídica y privilegiar el principio de simplicidad tributaria.

V — Comercio electrónico y tributación directa

En este punto, el interrogante sobre el cual gira este artículo radica en esbozar cómo afectará a la obligación tributaria y cómo se aplicarán las reglas tradicionales del Derecho Tributario proponiendome tan sólo remarcar algunos de los variados problemas. Como sabemos, el comercio electrónico comprende la negociación tanto bienes materiales como intangibles y los actores pueden ser sujetos residentes en el mismo o diversos países. En este último caso, los países competirán por acceder, tributariamente, a la renta que se produzca como consecuencia del *e-commerce*. Así, el derecho interno e internacional de los países afrontarán este problema.

A modo de simple enunciación, consideremos entre otros tantos temas de debate los siguientes: a) las consecuencias provenientes de la eliminación de las fronteras nacionales; b) la necesidad de brindar la neturalidad tributaria sobre los nuevos medios electrónicos; c) la problemática de la jurisdicción y competencia respecto de la aplicación de impuestos, este será el gran tema; d) las formas de clasificar las utilidades que derivarán del comercio electrónico; e) las implicancias del dinero electrónico; f) la registración contable de las operaciones instrumentadas a través de los medios que provee la *World Wide Web* (*WWW*) y g) la conveniencia o no de establecer un impuesto específico sobre el comercio electrónico.

A medida que transcurra el tiempo, con mayor frecuencia los bienes y servicios serán seleccionados, ordenados, distribuídos y facturados electrónicamente.[36] Así desaparecerá el contacto personal en las transacciones comerciales, deshumanizando a niveles absolutos esta relación. Estas circunstancias provocan cambios sustanciales en la tributación, forzando a las administraciones fiscales a confrontar el tema que podría consistir en fuertes

36. Bill Gates, *Camino al Futuro*, McGraw Hill, 1995. "La autopista de la información ampliará el mercado electrónico y hará que sea el último mediador, el intermediario universal. A menudo, las únicas personas implicadas en una transacción serán el comprador y el vendedor reales. Podremos tener a nuestra disposición para examinar, comparar y, con frecuencia, adaptar a nuestras necesidades todos los bienes que se vendan en el mundo (...) Será el paraíso de los compradores" (p. 156).

reducciones de la base imponible para distribuírsela entre los Estados intervinientes en la operación, lo cual será problemático. En suma, las leyes tributarias imperativamente deberán adecuarse a esta realidad.[37]

V — 1. La importancia de adoptar criterios de imposición tendientes a la neutralidad

Un principio operativo fundamental que debería ser considerado es el de neutralidad (aunque no sería justo que por ello se produzca un desmedro de la recaudación en los países importadores de *e-commerce*). Neutralidad implica que el sistema impositivo no se incremente por el solo hecho de utilizar los medios electrónicos en comparación con los canales de comercio usuales. Las normas fiscales no deben distorsionar las elecciones comerciales de los agentes económicos, dependiendo el éxito o el fracaso de los negocios por los flujos del mercado y no por el impacto tributario que pueda otorgarse al comercio electrónico.

Una primera recomendación en el logro de este objetivo de neutralidad tributaria se encuentra en adoptar y adaptar los principios existentes en el lugar de crear nuevos impuestos.[38] Ello sin menoscabo de que el desarrollo tecnológico genera cambios tan radicales en todos los órdenes y en períodos tan breves de tiempo que, seguramente, en el futuro el encuadre tributario demandará nuevas fórmulas.

Frente a este nuevo mundo, el permanente incremento de usuarios de Internet y el verdadero temor oculto de las Administraciones fiscales ante la ingobernable Internet, ha llevado a los Estados a la necesidad de recomendar que, hasta tanto no se tenga una clara idea de las consecuencias que el comercio electrónico producirá sobre las rentas públicas, es necesario mantener la neutralidad, racionabilidad y simplicidad del tratamiento fiscal vinculado a este, a fin de favorecer su desarrollo y no impedirlo,[39] tesis que ha motivado el específico interés del gobierno de los Estados Unidos de Norteamerica[40] y de otros máximos niveles de gobierno de diversos países.[41]

V — 2. Fuente y residencia

Aparece una vez más la tensión entre ambos principios: privilegiar el criterio de la fuente o adoptar más puntualmente al de residencia. Los países de alto grado de desarrollo económico se inclinan por el criterio de residencia; los que son básicamente receptores de capital, tratan de fortalecer el concepto de fuente para capturar

37. "State tax, the Internet and Electronic Commerce: a backgrounder", 14.6.96, www.itta.org (visitado en oct. 97).

38. *Departamento del Tesoro de los Estados Unidos de Norteamérica. Selected tax policy* ..., cit.

39. *Departamento del Tesoro de los Estados Unidos de Norteamérica. Selected tax polic* ..., cit. Este es un documento fundamental, cuya profundidad de individualización de los temas conflictivos sirven de base para cualquier análisis que se pretenda de la cuestión en análisis.

40. El Presidente y Vicepresidente de EEUU, W. J. Clinton y A. Gore Jr. respectivamente, ha sostenido que los Estados Unidos abogarán, ante la Organización Mundial del Comercio (*World Trade Organization — WTO*) como también ante otros organismo internacionales en favor de que se declare, internacionalmente, a la Internet como un ambiente libre de tarifas impositivas, y tal principio debería establecerse rápidamente antes de que todas las naciones impongan tributos sobre el comercio electrónico. Puntualmente Estados Unidos considera que no deben imponerse nuevos tributos sobre el comercio electrónico desarrollado a través de Internet. Puede consultarse: "Framework for global electronic commerce", por W. J. Clinton y A. Gore Jr. en http://www.iitf.nist.gov/eleccomm/ecomm.htm, p. 5, visitado el 11.9.97. En igual sentido, consultar el mensaje del Presidente de EEUU, de fecha 1.7.97, en el *web site* de The White House, Office of the Press Secretary en http://www.whitehouse.gov/WH/New/Commerce/message.html, visitado el 11.9.97. Del mismo organismo, también ver la directiva Presidencial en http://www.whitehouse.gov/WH/New/Commerce/directive.html, visitado el 11.9.97.

41. Oficina Australiana de Impuestos, "Tax and the Internet, Discussion Report of the Australian Taxation Office — ATO, Electronic Commerce Project", registrado en www.ato.gov.au/ecp/index.html, ago. 97.

base imponible en sus territorios. La cuestión es compleja.

Los conceptos de fuente y residencia tienen relevancia central en materia de tributación internacional. El país de fuente tiene derecho a ejercer su potestad tributaria sobre las utilidades generadas en dicho país pero por sujetos cuya residencia está en otro país. Los tratados para evitar la doble imposición en el impuesto a la renta y patrimonio, en el marco del modelo de la OECD, refieren a ambos criterios de gravabilidad: fuente y residencia.

En las operaciones comerciales a través de Internet las ganancias están cambiando de una jurisdicción a otra y quien genera la utilidad no tienen necesariamente una presencia física en el país del comprador. Entonces surge el interrogante: ¿cuál nivel de actividad permitirá al país de residencia del comprador aplicar gravámenes sobre esa transacción? Para Horner y Owens la pregunta no es nueva por lo que se responde con la respuesta tradicional: podrán aplicarse impuestos el país de residencia del comprador, si el vendedor tiene suficiente punto de conexión con el mismo y ese punto de conexión se encuentra regulado por el concepto de establecimiento permanente que define el Modelo de Tratado de la OECD.[42]

Quienes privilegian el criterio de residencia considerarán seguramente que el aumento de las nuevas tecnologías en comunicaciones y el comercio electrónico exigirá que los principios fundados en la tributación sobre la base de la residencia, adquiera una relevancia aun mayor. De esta manera atenuarán al criterio de la fuente — como base de tributación — con fundamento en que: (i) en el mundo del *cyberspace*, es difícil, si no imposible, aplicar los conceptos tradicionales de fuente para vincular un ingreso con una ubicación geográfica específica; (ii) que todo contribuyente es residente en algún lugar. Esta tendencia se acrecentará en el escenario del comercio electrónico pues el principio de residencia — como fundamento de la tributación — desempeñaría un rol trascendente y (iii) el criterio de fuente a veces es difícil de aplicar en forma efectiva, en razón de lo complejo que puede resultar determinar el lugar en el cual la utilidad se configuró, dificultades que no surgen con el criterio de residencia. Así, la jurisdicción de residencia del contribuyente tendría la potestad tributaria primaria sobre las utilidades.[43]

EEUU exige, para gravar utilidades de sus compañías radicadas en el exterior, que aquellas tengan un mínimo de conexión con la jurisdicción que gravan, que el nexo con el exterior implique la existencia de una sustancial presencia física en el mismo.[44]

Desde ya que no puedo coincidir con privilegiar exclusivamente la residencia en desmedro del lugar en donde la riqueza efectivamente se generó. Este es un punto indiscutible de tensión que, reiteramos, vuelve una vez más a la luz con motivo del complejo análisis de la gravabilidad de las operaciones basadas en *e-commerce*[45] y el criterio de la fuente cuenta con importante doctrina internacional en su favor.[46]

42. Frances M. Horner y Jeffrey Owens, "Tax and the Web ...", cit., p. 516.

43. La Reforma de 1986 del *Income Tax* de EEUU vigorizó el criterio de residencia, gravando también sobre la base del criterio de la fuente a la rentas provenientes de la venta de inmuebles. De esta forma el Congreso de los EEUU consideró que las reglas de fuente son apropiadas para las ventas de propiedades y reflejaban fielmente la ubicación de la actividad económica que genera el ingreso, es decir, toma en cuenta la jurisdicción en que esas actividades se desempeña. Para ciertas ventas de propiedad, la residencia del vendedor era el criterio que mejor representa la ubicación donde la actividad económica subyacente ocurre.

44. Tales criterios fueron recogidos por los precedentes de la US Supreme Court en *Quill Corp. v. North Dakota*, de 1992 y *Geoffrey v. South Carolina Tax Commission*, de 1993.

45. Richard L. Doernberg y Luc Hinnekens, *Electronic Commerce and International Taxation*, La Haya, Holanda, International Fiscal Association — IFA, Kluwer Law International, 1999, pp. 302 y ss.

46. Klaus Vogel, "Worldwide vs. Source taxation of income. A review and re–evaluation of arguments", 8 y 9 *Intertax*, 218, año 1988; 10 *Intertax*, 310, año 1988; 11 *Intertax*, 128, año 1988.

V — 3. *El concepto de establecimiento permanente. ¿Resistirán los principios tradicionales de la tributación internacional ante los problemas que surgirán con el comercio electrónico?*

Vinculado con el punto anterior, el comercio electrónico motivará reacomodamientos en los principios básicos del sistema tributario internacional e implicará quizá nuevas consideraciones sobre el concepto de establecimiento permanente y el principio de la fuente, a la luz de una era tecnológica diferente.

a) El art. 5 del OECD Model Tax Convention define al establecimiento permanente como el lugar fijo de negocios a través del cual se desarrollan actividades de una empresa en forma total o parcial. De conformidad con el concepto de establecimiento permanente se busca alcanzar, con el gravamen del país en el cual el sujeto tiene una presencia efectiva de negocios, sin constituir necesariamente una sociedad en dicho país. Ello sin perjuicio de que ciertos supuestos de presencia limitada en un país no son suficientes para configurar el concepto de establecimiento permanente y, en consecuencia, que el país en donde aquel se encuentra tenga la potestad tributaria sobre dicho establecimiento permanente. Tal el caso del uso de ciertas facilidades para el depósito de mercaderías, exhibición o distribución de bienes, de propiedad de una empresa.[47]

Es aquí donde el concepto de establecimiento permanente o presencia física es cuestionado, el lugar donde un comercio puede explotar un mercado en un país sin establecer una presencia física significativa. ¿Deberíamos considerar a los servidores sólo como una instalación para el almacenamiento de información, exhibición y envío de bienes o mercancía propiedad de la empresa? o ¿Podría una página *Web* en la red ser considerada una forma de presencia de la compañía en ese país, con base en la teoría que actúa como una suerte de agente autorizado dependiente, con capacidad para concluir contratos en nombre de la empresa?[48]

En los tres modelos de Convenio (EEUU, ONU y OCDE), para la existencia del establecimiento permanente se requiere un mínimo nexo gravable, es decir un lugar fijo de negocios por medio del cual una empresa lleva a cabo sus negocios, a los efectos de aplicar gravamenes sobre la renta de una empresa por parte del estado de la fuente.

El Comentario al Modelo de Convenio de la OCDE establece que los principios contenidos en el art. 7 pueden ser utilizados como una guía para interpretar el art. 14.[49] Los términos *establecimiento permanente* y *base fija*, se utilizan de la misma forma, principalmente para determinar cuando el Estado de residencia y cuando el Estado de la fuente tienen primacía de derechos de imposición.[50] Una actividad que se ejerce en el exterior no justifica la tributación por parte del Estado extranjero, salvo que exista una conexión económica suficientemente intensa. La presencia de un establecimiento permanente o una base fija es el criterio para presumir que existe tal conexión económica intensa. El criterio es similar, independientemente de que se trate de empresas comerciales o de servicios personales.[51]

No obstante lo expuesto debe remarcarse que el marco de una base fija de negocios implica la presencia de un sujeto que desarrolla servicios de alguna naturaleza. Por el contrario, en el caso del establecimiento permanente es necesario el desarrollo de una actividad comercial en el lugar fijo de negocios. La base fija implica

47. OECD Model Tax Convention, art. 5, § 4.

48. Samuel E. Mantilla Gámez, ob. cit., p. 225.

49. Comentario de la OCDE, art. 14, § 4, *supra* nota 5.

50. Michaux, "Fixed base and its relation to permanent establishment", *Intertax* 68, 1987.

51. Comentario de la OCDE, art. 14, § 3. Samuel E. Mantilla Gámez, p. 227.

tan solo la disponibilidad de la persona que presta los servicios sin importar que sea utilizada en forma permanente.

Siendo entonces la continuidad de la operación fundamental a los fines de determinar la existencia de un establecimiento permanente, no podrían extrapolarse estas consideraciones a la base fija de negocios. Claro que, si se determinara que las actividades son desarrolladas a través de un establecimiento permanente resultará imprescindible especificar el ingreso atribuible al mismo.

b) Ajustemos estas consideraciones propiamente al *e-commerce*. El concepto del establecimiento permanente produce nuevos y variados temas de difícil comprensión en el marco del comercio electrónico. Por ejemplo, las condiciones generales de un establecimiento permanente enumeradas en el art. 5, § 1 del Modelo de Convenio OECD, encuadran en el caso en que un servidor, que es propiedad o es utilizado por una empresa extranjera, particularmente con ausencia de empleados en el país de la fuente. Por tanto, determinar si tal lugar en la red constituye un lugar fijo de negocios para la realización de actividades comerciales periódicas, automatizadas, debe tomar en cuenta la ubicación del servidor operando en un país donde la empresa no tiene ninguna presencia o, por el contrario, se trata de una computadora portátil.[52]

Si el objetivo fuere gravar el ingreso proveniente del comercio electrónico en una manera que preserve el razonamiento fundamental de la regla del establecimiento permanente se requiere de un tipo diferente de nivel mínimo que no esté vinculado a la presencia física.[53] Doernberg considera, a fin de mantener el principio del establecimiento permanente, lo cual podría no ser aceptado por los países importadores de comercio electrónico toda vez que es complejo compartir la base impositiva generada por el ingreso del comercio electrónico y así perderían tributación. Por tanto, aquellos países que son importadores de *e-commerce* podrían aceptar el principio de establecimiento permanente como se lo conoce hoy, comprometiendose los Estados exportadores de *e-commerce* a hacer concesiones en otras áreas que permitan compartir la base imponible del comercio electrónico con los países que lo importan.[54]

52. Samuel E. Mantilla Gámez, ob. cit., p. 229.

53. Señala Mantilla Gámez que ese nivel mínimo podría estar constituído por un mínimo de ventas hacia la jurisdicción. Siguiendo el autor a Reuven Avi Yonah, expresa que un establecimiento permanente podría convertirse en un "establecimiento impermanente" pues "a diferencia de la regla del establecimiento permanente, cuya intención era proteger ciertos tipos de comercio de la tributación con base en la fuente (incluyendo, en particular, a las órdenes por correo), un nivel mínimo numérico sería mejor para prevenir la imposición de tributos en aquellos casos en los cuales la carga de cumplimiento exceda la cantidad de tributo que puede ser recaudado. Al mismo tiempo, un nivel mínimo numérico evitaría que la mayor parte de los comercios electrónicos escapasen de gravamen en su conjunto, tal y como lo harían bajo las reglas del establecimiento permanente y el comercio o negocio (us. Trade or Business) de los Estados Unidos. (IRC § 864, *b*). Ver los Modelos de los Estados Unidos y de la OCDE, *supra* nota 5, en el art. 5. V. tb., *Piedras Negras Broadcasting Co. v. Los Estados Unidos*, 43 BTA 297 (1941) aff'd 127 F 2d 260 (5ª Cir. 1942). La regla propuesta se origina en parte de actuales prácticas, porque se centra en el derecho del país en el cual ocurre el consumo para gravar parte del ingreso proveniente del vendedor. Sin embargo, el derecho también puede surgir de conformidad con las reglas actuales (...)" (ob. cit., p. 231).

54. Cfr. Mantilla Gámez, ob. cit., p. 231: "El enfoque con la retención del diez por ciento (10%) de Doemberg implica mantener intacto el umbral mínimo (establecimiento permanente), diseñado para ser aplicable a cualquier pago hecho por el país demandante (importador) quien realiza el pago al Estado proveedor (exportador), siendo el propietario beneficiario quien erosiona la base imponible del Estado que importa. Por lo tanto, los pagos categorizados como regalías, intereses, compensación, o costo de bienes vendidos, estarían sujetos a una retención por parte del estado que lo importa, con la excepción de los dividendos, que no son deducibles y erosionan la base impositiva del Estado de la persona que efectúa el pago. Dicho gravamen en el Estado demandante debe ser acreditable en el Estado proveedor o exportador, siempre que este enfoque sea para asignar la base imponible entre los Estados y no para aumentar el nivel general de tributación. Una característica importante implica mantener la retención a una tasa muy baja para minimizar la incidencia de

Imaginemos el caso en que un productor de *software* ubicado en EEUU es proveedor de un adquirente en Alemania. El pago se efectúa mediante tarjeta de crédito y el programa se transmite al comprador via Internet. Si se asume que la operación (vía Internet) tuvo lugar en EEUU, las utilidades estarán sujetas a impuesto en ese país. Pero esta solución afectará a las relaciones entre EEUU y los restantes países-miembros de OECD, unido a través de una nutrida red de tratados. Asumamos, en el ejemplo dado, que la compañía de EEUU tiene un establecimiento permanente en dicho país europeo, por tanto, se sujetarán a impuesto en Alemania. Bajo el tratado entre EEUU y Alemania, tales utilidades podrían atribuirse al establecimiento permanente y, así, tributar en Alemania. La situación de los accionistas de EEUU se agravará por el hecho de que no existe "integration system" en EEUU por los impuestos pagados en Alemania. En suma, parte de las utilidades de la compañía americana quedarán en Alemania (por vía de la tributación local de este país). Si las tasas del Impuesto a la Renta en Alemania son más elevadas que en EEUU, los productores de *software* se verán incentivados a venderlos vía Internet, *download*, y evitar los establecimientos permanentes en países de fuerte tributación, amparandose en el criterio americano de la residencia, a efectos tributarios.

Estos efectos se incrementan si se considera que muchos productos se venden en formatos digitales (TV, radio, cine, música, revistas y hasta libros) y se pueden pagar mediante transferencias o tarjetas de crédito, es decir, sin la necesidad de una presencia física, si la necesidad de una presencia física, por tanto, sin retenciones. Además, para ciertos bienes como los descriptos, no será necesaria la constitución de un establecimiento permanente.

El resultado de todo ello radicará en que se desnaturalizarán los compromisos históricos asumidos por las naciones que en el marco de la OECD comparten los criterios de tributación al amparo de la reciprocidad de trato. También la doctrina advierte que el criterio de la fuente se desvirtuará en relación con operaciones vinculadas a telecomunicaciones, *software*, servicios y licencias de intangibles, sólo se transferirá la potestad tributaria de hecho a ciertos países, que son los productores de tales bienes. De allí la importancia que se asigna a la neutralidad fiscal en el documento producido por el Tesoro de los EEUU y en el mensaje del Presidente Clinton, todo lo cual redundará en la vigencia del principio de la fuente.[55]

La empresa colocará sus productos a través de órdenes telefónicas o por correspondencia o, en el caso de análisis, por Internet. Desde ya que la empresa no necesitará instalarse en dicho país. Durante años, señalan Horner y Owens,[56] las administraciones fiscales consideraron que la realización de actividades comerciales a través de órdenes telefónicas, catálogos, cartas y todo otro medio que no requiera de la presencia física del vendedor, forma parte de las reglas del juego genéricamente aceptadas: se balancea el sacrificio que efectúa el país que no aplica tributos con los efectos contraproducentes que derivan de la imposibilidad de los comerciantes de contar con un contacto directo y personal con que cuentan las compañías establecidas.

c) El *cybercommerce* agudiza la presión de esta dicotomía entre negocios y presencia física. Concretamente establecerá la necesidad de una nueva definición: ¿qué significa presencia física cuando se utilizan computadoras interconectadas a través de

la base neta de tributación y así respetar conforme el consenso internacional". Ver Richard L. Doenberg, *Electronic Commerce and International Tax Sharing, Tax Notes International*, mar. 98, p. 1.015. Criterio también expuesto por Doenberg en el Seminario *Taxation of the E-Commerce*, en el 52º IFA Congress, Londres, oct. 98.

55. Reimar Pinkernell, "Steuerrecht im Internet", New York, 19.4.97, http:/meritbbs, unimaas.nl/cybertax/emails/taxnet1.htm.

56. Frances M. Horner, y Owens, Jeffrey, "Tax and the Web ...", cit., p. 517.

Internet?, considerando la real disminución de presencia efectiva cuando se utiliza este medio. Una primera alternativa de solución la brinda el Modelo de Convenio de la OECD en el comentario al § 10 del art. 5 al establecer que establecimiento permanente puede existir si los negocios de la empresa son instrumentados a través de equipamiento automático. En este caso, la ubicación del equipamiento automático es la principal determinación de presencia.[57]

Extrapolando esta orientación del Modelo de Convenio de la OECD, consideremos el caso de una empresa que una página en la *World Wide Web*, a través de la cual se promocionan productos y acepta órdenes de compra — escenario sumamente habitual —, ¿puede afirmarse que esa página o sitio en la *Web* consituye presencia?. En principio, los actos preparatorios o auxiliares como también los informativos, no constituyen establecimiento permanente. La promoción de los productos en la página de *Web* puede configurar verdaderos actos preparatorios o auxiliares.[58] Asimismo, ¿puede considerarse a la página de *Web* como una forma de presencia en el país, sobre la base de que se podría tratar de un verdadero agente dependiente de la compañía, que concluye negocios en su nombre? La respuesta es, en nuestra opinión, negativa pues la página de *Web* no acepta, selecciona ni concluye ninguna operación por sí sola.

Ahora bien, si se considerase que los resultados provenientes de la venta de información y bienes transmitidos electrónicamente constituyen ganancias de fuente del país donde se encuentra el establecimiento permanente, tipificando a este en el país donde se encuentra el server central, no resulta claro que porcentaje de la ganancia a gravar debe ser atribuida al establecimiento permanente.

d) Otro problema complejo se genera cuando lo que se transfiere son servicios. Usualmente estos se gravan en el lugar donde son prestados o realizados.[59] Sin embargo, esta regla hace referencia a presencia física del proveedor del servicio. Puede observarse, fácilmente, que hay mucho camino por recorrer.

V — 4. La jurisdicción tributaria

La jurisdicción tributaria es también tema de debate. Los Estados competirán por la porción de materia gravable. El comercio internacional se ha desarrollado dentro de parámetros convencionales o que, generalmente, realizado a través de ubicaciones físicas plenamente identificables. El comercio electrónico se encuentra al margen de tales parámetros pues trasciende las fronteras y puede fácilmente disolver el nexo entre la fuente productora de ingresos y su ubicación específica.

Ahora nos enfrentamos al hecho de que el comercio internacional ocurre en cualquier ubicación física, en algún lugar del nebuloso mundo del *cyberspace*. Los sujetos involucrados en el comercio electrónico podrían ubicarse en cualquier lugar del mundo y sus clientes ignorarán su ubicación o puede resultarles indiferente. Esto es una ventaja para el desarrollo del comercio

57. Frances M. Horner, y Owens, Jeffrey, "Tax and the Web ...", cit., p. 518.

58. OECD Model Tax Convention, art. 5, § 23. Horner y Owens consideran que la simple provisión de información contenida en la página de *Web* debe ser considerada como meramente auxiliar, en los términos del art. 5, *e*, del OECD Model Tax Convention (art. cit., p. 518).

59. Frances M. Horner, y Owens, Jeffrey, "Tax and the Web ...", p. 518. Expresan en ejemplos que, en los casos de videoconferencias, conexiones con *e-mail* y redes mundiales de compañías específicas e individualizadas el problema es simple de resolver. No ocurre lo mismo con el denominado "empleo virtual", en los que el proveedor del servicio lo presta a empresas radicadas en diversos países. Dicho proveedor puede establecerse en un país de baja tributación (*tax heaven*, p. ej.), y prestar los servicios desde allí con personal especializado a países de altas tasas de imposición, como los europeos. Es por ello que se afirma, una vez más, que la revolución de las comunicaciones coloca a las administraciones fiscales en un grado de presión inusitada, respecto del concepto tradicional de residencia como base de la tributación internacional.

mundial, pues en el comercio electrónico los negocios pequeños aquieren enorme potencialidad para alcanzar clientes en cualquier lugar del mundo.

La presencia física es relevante en materia de tributación internacional. Los países desarrollados contemplan este criterio de tributación, alcanzando con el impuesto tanto a individuos como a sociedades, respecto de quienes se considera que cuentan con una base regular para ser considerados residentes. El principio es tan trascendente que con carácter residual se prevé en el art. 21 del Modelo de Convenio de la OECD que las ganancias que no tengan una regulación específica en el marco del tratado, serán gravadas por el país en donde el sujeto es residente. Las excepciones al principio de la residencia se encuentran en el tratamiento tributario de los dividendos e intereses.[60] Pero es posible que una persona no residente en un país, realice transacciones comerciales con residentes de otro país sin entrar siquiera una vez en este último. Es por esta razón — y para no perder capacidad de ejercicio de la potestad tributaria — que las Administraciones fiscales tendrán que ajustar el concepto de establecimiento permanente.

Los Estados y organizaciones preocupadas en los efectos que derivarán del exitante nuevo medio de comercio como lo es el electrónico que cambia las tradicionales reglas de contacto entre comprador y vendedor, deberán analizar nuevas estrategias para atenuar o prevenir sustanciales reducciones de ingresos tributarios motivadas por el uso del *cyber*espacio. Y cualquier intervención en la cuestión necesariamente deberá ser razonable y delicada, pues no puede condicionarse ni regularse este comportamiento humano a través del impuesto como herramienta modeladora de conductas. En otros términos, cualquier intervención motivaría que el los compradores adquieran sus productos en el exterior del país que quier intervenir, a través de servidores ubicados en el exterior, pagando con dinero electrónico en el exterior y girando contra bancos ubicados también en el exterior.

Todo análisis sobre esta cuestión no puede soslayar los aspectos jurídicos que derivan de la creación de espacios económicos integrados, por ejemplo, la Comunidad Económica Europea, NAFTA y el Mercosur. Estos espacios han provocado la abolición de fronteras fiscales y la supresión de toda formalidad aduanera en relación con los intercambios intra-comunitarios. Ello ha sido el producto del resultado exitoso del programa definido por la Comisión de Comunidades Europeas, dentro de su Acta Única que entrara en vigor en 1987 y que modificara el Tratado de Roma de 1957. El objeto del Acta Única fue el de constituir un vasto espacio sin fronteras internas dentro del cual estuviera asegurada una libertad total para las transacciones en nombre de la libertad de circulación de las personas, mercaderías y capitales. La consecuencia de esta supresión de controles y formalidades aduaneras — en materia de imposición indirecta — radica en la eliminación del Impuesto al Valor Agregado. El mismo efecto se produce en materia de tributos aduaneros.[61]

V — 5. Información digitalizada y la determinación de la ganancia

Toda clase de información se puede digitalizar (programas de computación, libros, música, imágenes etc.) pues se pueden transmitir electrónicamente. El comprador de una imagen digitalizada podría obtener el derecho de usar una copia única de la imagen, el derecho de reproducir diez copias de la imagen para el uso en un informe corporativo, el derecho de reproducir la imagen para el uso en un trabajo académico que está de esperar tiene una corrida limitada de prensa, o el derecho de reproducir la imagen sin límites.

60. OECD Model Tax Convention, arts. 10 y 11.

61. Olivier Iteanu, ob. cit., p. 131.

Este tipo de transacciones podrían considerarse como la compra de una copia o copia física de la fotografía, que probablemente no sometería el vendedor a la tributación de su país, mientras otra de estas transacciones resultaría en ingreso de regalía porque ellos involucran pagos para el uso de o el privilegio de propiedades. La información que puede digitalizarse es protegida generalmente por las normas sobre propiedad intelectual, por tanto, los pagos hechos con motivo del uso de tales derechos intelectuales se consideran regalías. El Modelo de Convenio de la OCDE define como derechos de autor a los pagos de cualquier clase recibidos como contraprestación por el uso de o el derecho de usar, cualquier propiedad de trabajo científico, artístico o literario incluyendo películas cinematográficas.[62]

Ahora bien, no resulta claro cómo se tratarán a los pagos efectuados por la transferencia de información digitalizada si bien algunas de estas transacciones, tal como la compra electrónica de los programas de computadora, son meramente sustitutivas de transacciones convencionales que involucran objetos físicos.

En otros términos, la información digitalizada presenta aspectos únicos porque puede perfectamente reproducirse — ilimitadamente — por el comprador y esta transacción puede considerarse como regalía, debido a que el derecho para hacer reproducciones es un derecho reservado al propietario. Pero también esta transacción puede también considerarse como meramente sustitutiva de la compra del bien físico. Es necesario para aplicar la definición de derechos de autor en una manera que toma en cuenta las características únicas de información digitalizada.

El problema evidente consiste en que, en lo concerniente a los flujos internacionales de comercio electrónico, debe destacarse la inexistencia de una nomenclatura arancelaria que permita identificar los bienes intangibles transados, dado que el Sistema Armonizado comprende sólo mercaderías. Esta circunstancia, sumada al creciente comercio electrónico directo, nos enfrenta con la dificultad de contar con estadísticas confiables sobre dichos flujos.

Las regulaciones propuestas tratan transacciones que involucran los programas de computadora, por ejemplo: (1) traslados de derechos de propiedad; (2) traslados de copias del programas registrados; (3) la provisión de servicios para el desarrollo o modificación de un programa de computadora; y (4) la provisión de asistencia con respecto al programa de computación.[63] Estas regulaciones no buscan hacer determinaciones con base en si la propiedad es tangible o intangible ya que esos conceptos no capturan adecuadamente los aspectos únicos de información digitalizada.

Por ejemplo, cuando se transfiere un disco de computadora que contiene un programa, sería una transacción en un objeto tangible. Cuando el mismo programa es transferido por medio de impulsos electrónicos transmitidos sobre una línea de teléfono, parecería ser un intangible. Ignorar la sustancia de las transacciones y el análisis de las regulaciones propuestas es inconveniente. Debido a que los programas de computación son protegidos por las leyes de propiedad intelectual y los derechos que los cesionarios de los programas de computadora obtienen son primariamente derechos creados por la Ley de Propiedad Intelectual, las regulaciones propuestas toman los derechos de Ley de Propiedad como el comienzo del punto para el análisis.

Una comprensión de estos derechos hará posible analizar transacciones de programas de computación desde la perspectiva impositiva. Las regulaciones propuestas usan los principios de Ley de Propiedad para determinar si los derechos transfirieron tiene razón en la propiedad subyacente o tiene razón en un trabajo registrado. Sin em-

62. OECD Model Tax Convention, art. 12, § 2.

63. *Departamento del Tesoro de los Estados Unidos de Norteamérica. Selected tax policy* ..., cit.

bargo, las regulaciones propuestas parten desde la Ley de Propiedad cuando apropiada para tomar en cuenta las características especiales de programas de computadora.

Los principios tributarios se aplican para determinar si ha habido o no un traslado completo o parcial de estos derechos, que determinará la clasificación impositiva del ingreso resultante. Si una transacción se considera para involucrar los derechos de propiedad, es o una venta o el cambio de la propiedad, o una licencia, dependiendo sobre si todo derechos considerables en la propiedad se ha transferido.

V — 6. Los ingresos derivados de la prestación de servicios

a) Cómo definir el lugar de generación del ingreso en materia de provisión de servicios, pues es obvio que se trata de un supuesto diferente al de determinar los ingresos en relación con las ventas de mercaderías o pago de regalías.

La diferenciación entre el orígen los ingresos por servicios respecto de los otros tipos de ingreso es un punto conflictivo. Aunque muchas transacciones comerciales involucran elementos de ambas modalidades, la venta de bienes tangibles respecto de la provisión de servicios, se clasifican generalmente de acuerdo con su característica predominante de cada una de ellas.

Un ejemplo básico que demuestra que las nuevas tecnologías entorpecerán las distinciones usuales sobre transacciones comerciales radica en la información digitalizada que se transmite vía Internet. Analicemos el ejemplo de la venta de enciclopedias. Usualmente se vendía un ejemplar único consistente en un conjunto de volumenes. Tributariamente esto es un ingreso proveniente de la venta de mercaderías. Ahora bien, si en vez de venderse la enciclopedia en un conjunto de volúmenes, esta se vende en *CD ROMS* y, al mismo tiempo, estos proveen una línea de servicios mediante la cual la enciclopedia amplía los datos que contiene la enciclopedia, consistente en que a través de la conexión de *modem* se obtienen esos servicios, jurídicamente puede originarse modificaciones del encuadre jurídico de la venta. La venta de *CD ROMS* es una venta de mercaderías y el la naturaleza tributaria de tales ingresos es simple de definir. Pero no es tan simple de definir si el ingreso proviene de la provisión del servicios de ampliación de datos originados en la conexión a un servidor general via *modem*.

b) El ingreso generado por el desempeño de actividades personales, en general, constituye un ingreso de fuente del país en donde se encuentra el sujeto y donde desarrolla tales servicios.[64] Es obvio que las distancias se han acortado a los que se añade que las comunicaciones son más eficientes y menos costosas. Ello tiene influencia sobre la relación que entablan el proveedor de servicios y el consumidor. Por ejemplo, ahora es posible para un médico diagnosticar ciertas dolencias mediante los nexos de telecomunicaciones y las videoconferencias han eliminado la necesidad de la inmediatez que genera una reunión.

Estos desarrollos tecnológicos son, generalmente, extensiones de dispositivos comunicacionales ya existentes. Por ejemplo, una videoconferencia será el sustituto de llamadas telefónicas de conferencia. Aunque estos desarrollos de las comunicaciones pueden erosionar los ingresos tributarios de un país, sobre la base de que los proveedores de tales servicios fácilmente podrán reubicar sus actividades en jurisdicciones de bajo nivel de tributación, el problema no debería ser tan significativo que implique, necesariamente, la revisión de los principios generales actuales de residencia en relación con la tributación aplicable a servicios.[65]

64. El criterio expuesto es internacionalmente aceptado, siendo receptado en el art. 15, § 1, del OECD Model Tax Convention, cfr. nota 55 al Comentario del Modelo.

65. *Departamento del Tesoro de los Estados Unidos de Norteamérica. Selected tax policy* ..., cit.

Una cuestión conexa trascendente deriva de la interconexión global de ciertos negocios como es, por ejemplo, la de los intermediarios financieros. La negociación global refiere a la capacidad de intermediarios financieros, principalmente bancos y demás agentes financieros, para ejecutar ordenes de clientes y para tomar posiciones sobre productos financieros en mercados diseminados por el mundo. Esta clase de negociaciones globales no podría tener lugar sin las comunicaciones y computadoras con la que actualmente se cuenta que permiten presencia en la apertura y cierre de los mercados del mundo.

La colaboración global no es un concepto nuevo. Cuando las mercaderías se fabrican en un de país y comercializadas y distribuidas en otra, la transacción total podría caracterizarse tan colaboración global en la venta de mercaderías. La colaboración global requerirá la formación de principios relativos al concepto de fuente y de precios de transferencia con el objeto de alocar correctamente el ingreso a los países involucrados.

VI — Conclusiones

Este artículo, como se ha observado, se limita a remarcar algunos de los tantos aspectos tributarios vinculados con el *e-commerce*. A modo de ponencia enfatizaría:

1) Que la revolución de las comunicaciones impone nuevos criterios, modalidades y costumbres en la economía mundial. Por tanto, los sistemas y principios tributarios, fundamentalmente los de administración impositiva, tendrán que adaptarse a las nuevas reglas de juego. La Administración fiscal no resulta ajena a estos nuevos desafíos, pues un efecto directo de las nuevas modalidades operativas puede ser la erosión de las bases tributarias y, por el anonimato de las transacciones, las dificultades para efectuar la fiscalización que es la función a su cargo.

2) Las relaciones fiscales internacionales serán primordiales. Los principios generales del Derecho Internacional son herramientas que coadyuvarán en la cooperación entre los Estados para ajustar sus prácticas fiscales a la realidad económica de los negocios desarrollados a través de Internet.

3) Sería prudente que los Estados no avancen individualmente en la aplicación de gravamenes específicos al comercio electrónico.

4) Son claras alguna de las conclusiones del importante documento *Selected Tax Policy Implications of Global Electronic Commerce*, producido por el Gobierno de los EEUU:

a) En el campo de las transacciones internacionales, el criterio de la fuente — como factor determinante de la tributación, atado al concepto de presencia física como es el establecimiento permanente o base fija —, es menos importante que el critero de residencia. Disiento con tal sentencia, toda vez que el criterio de la fuente se exhibe, en mi opinion, como más justo y realista pues atiende al lugar donde efectivamente la utilidad se produce.

b) A fin de evitar interferencias sobre el crecimiento de este nuevo sector de la economía, es recomendable no imponer nuevos tributos sobre el comercio electrónico, privilegiando el concepto de neutralidad. Coincido con esta aseveración pues con el incipiente desarrollo de los estudios sobre estos temas, interferir los negocios con impuestos específicos podría implicar la existencia de mecanismos tributarios distorsivos al avance del comercio entre sujetos radicados en las mas diversas naciones.

Mucho camino queda por recorrer.

Buenos Aires, julio de 1999

CADERNOS DE DIREITO TRIBUTÁRIO

REGOLAMENTI TRIBUTARI*

ADRIANO DI PIETRO
Professor Ordinario (Titular) di Diritto Finanziario e Direttore del Corso di Perfezionamento in Diritto Tributario "A. Berliri" dell'Università di Bologna — Italia

1. La riserva di legge in materia tributaria e l'area d'intervento regolamentare

1.1 Le prestazioni imposte ed il primato della norma primaria

Con l'applicazione della riserva di legge di cui all'art. 23 della costituzione a tutte quelle che vengono definite prestazioni imposte, e non solo quindi a quelle tributarie, si limita di conseguenza anche l'area di un'autonoma iniziativa regolamentare in tale ampio settore. Nel contempo si definisce anche l'ambito del possibile e legittimo intervento dei regolamenti, sempre secondo il ruolo che la norma primaria ritiene loro di affidare. In tal modo si manifesta subito uno dei caratteri originali dell'intervento regolamentare nel settore tributario: la rivendicazione del primato legislativo, necessario per assicurare il più ampio consenso parlamentare al sacrificio tributario, ha ormai stabilmente investito tutte le prestazioni caratterizzate dall'assenza della volontà del soggetto tenuto alla *prestazione* (Fedele, voce "Prestazioni imposte", in *Enc. Treccani*). Così la previsione e la definizione delle prestazioni imposte, nelle quali si confondono le diverse tipologie di entrate tributarie e le nuove e varie articolazioni delle prestazioni tariffarie, vengono stabilmente sottratte all'iniziativa ed all'autonomia delle fonti regolamentari. In un quadro rigidamente gerarchizzato delle fonti, quale quello che caratterizza la nostra costituzione, si affida alle scelte del legislatore nazionale l'autonomia regolamentare nell'ambito tributario sostanziale, secondo un'indiscussa ripartizione dei poteri (Bartholini, *Il principio di legalità dei tributi in materia di imposte*, Padova, 1957; Berliri A., "Fondamento e contenuto dell'art. 23 della costituzione", in *Studi in onore di Achille Donato Giannini*, Milano, 1961, 169; Fedele, "La riserva di legge", in *Trattato di diritto tributario*, Padova, 1994, v. I, t. I, 182 ss.).

Nel momento in cui, con la riserva di legge, si riconosce sul piano costituzionale. Il primato della norma primaria, il ruolo e l'efficacia del regolamento in materia di prestazioni imposte vengono di conseguenza a dipendere da un apprezzamento del legislatore. Una vera e propria discrezionalità politica che come tale sfugge al controllo di costituzionalità (Fedele, "Rapporti civili, art. 23 della costituzione", in *Commentario Scialoja Branca Bologna-Roma*,

* Artigo publicado na *Enciclopedia Giuridica Treccani.*

1978, 119; Fantozzi, *Diritto tributario*, Torino, 1991, 91; Lupi, *Diritto tributario parte generale*, Milano, 1994, 49), riconosce in maniera esplicita che le scelte compiute dal legislatore nazionale devono essere ispirate a semplicità, gestibilità applicativa, logicità economica).

Il legislatore nazionale è vincolato dal carattere relativo della riserva alla scelta necessaria solo degli elementi strutturali, delle prestazioni imposte in generale e del prelievo tributario in particolare (C. cost. sent. n. 4, n. 30, 18 marzo, n. 47 e n. 127 del 1957; 27 giugno 1959, n. 36; 26 giugno 1962, n. 65; Bartholini, *La riserva*, cit., 110; Berliri, *Principi di diritto tributario*, Milano, I), nonché di quegli aspetti applicativi che possono incidere sulla ripartizione dei carichi tributari. Per il resto conserva la più ampia autonomia nel decidere quali siano i diversi livelli ai quali può attestarsi l'intervento regolamentare. Può, sul piano nazionale, escludere totalmente tale possibilità, adottando una disciplina legislativa che investa tutti gli aspetti sostanziali, applicativi e procedimentali (Berliri, *Principi*, cit., II, 322; Uckmar, V., "Potere regolamentare in materia tributaria", in *Studi in onore di AD Giannini*, Milano, 1994, 52; Fedele, "Rapporti civili", cit., p. 12 contra Micheli, *Corso di diritto tributario*, Torino, 1989, 47); oppure, seguendo la ripartizione dei regolamenti adottata dalla legge 23 agosto 1988, n. 400 all'art. 17 — con portata generale per l'intero ordinamento giuridico e quindi anche per il settore tributario —, o limitare l'intervento regolamentare a profili di mera esecuzione, oppure affidare ad esso il compito di integrare o attuare la norma tributaria con un'efficacia variabile che deriva pur sempre dal condizionamento che deriva al regolamento dall'operare in materia tributaria. L'efficacia infatti è destinata ad essere necessariamente limitata quando il regolamento interviene sulla materia sostanziale in cui è massima l'operatività della riserva; più ampia invece nel settore procedimentale nel quale tradizionalmente la riserva non trova applicazione. Anche in questo caso quindi la diversa valenza del regolamento viene affidata alla discrezionalità legislativa anche se rimane pur sempre rispettosa del ruolo secondario della fonte regolamentare.

Ben diverso è il ruolo delegato che può essere attribuito al regolamento tributario ai sensi del secondo comma dell'art. 17/400, una volta riconosciuto il carattere relativo e non assoluto della riserva in materia tributaria. Infatti la scelta di ricorrere al regolamento come strumento normativo in sostituzione di quello legislativo significa affermare anche nel campo tributario una fiducia normativa nel regolamento maggiore di quella tradizionalmente affidata alla legge. Anche nella scelta delle varie forme di normazione troverebbe applicazione quel criterio della preferenza che adottato in linea generale del sistema delle fonti (voce "regolamento" in *Enc. Treccani*) trova nell'ambito tributario il necessario rispetto dell'ambito disciplinare che l'art. 23 riserva alla legge. La relativa osservanza non costituisce quindi un ostacolo per il legislatore che voglia manifestare la propria preferenza quando si tratta di disciplinare la misura della prestazione tributaria e la sua attuazione (Fantozzi, op. cit., 91). La riserva di legge quindi impedisce più semplicemente al legislatore di manifestare per la fattispecie, la base imponibile e la struttura del tributo quella preferenza per le fonti regolamentari che invece può esprimere in maniera ampia nei settori non riservati come quello tributario.

Grazie ai regolamenti delegati si apre così anche per il settore tributario uno spazio ampio per la delegificazione il cui accesso esalta ulteriormente il ruolo politico del legislatore tributario. Questi al di fuori dell'ambito riservato potrà quindi manifestare la propria preferenza per lo strumento regolamentare in piena autonomia, senza tema di dover dimostrare le ragioni che stanno alla base di una tale abdicazione al ruolo legislativo.

Anche nell'ambito tributario le norme generali che definiscono i principi cui dovrà attenersi la normativa regolamentare delegata servono a riaffermare il ruolo subordinato che ancora si vuole attribuire a tali regolamenti nonostante la loro efficacia nei confronti delle norme primarie non introducono invece una limitazione per quell'autonomia politica che ispira questo processo di delegificazione. Per i regolamenti delegati in materia tributaria la presenza necessaria delle norme generali impedisce anzi che possano incidere sul necessario rispetto della riserva le difficoltà che si incontrano nel distinguere la disciplina sostanziale che attiene alla determinazione della prestazione tributaria ed alla sua attuazione — non compresa nella riserva — da quella che riguarda la struttura del tributo — che vi è tradizionalmente compresa; le difficoltà di verificare gli eventuali effetti delle norme formali su quelle sostanziali. In definitiva le norme generali cui deve essere ispirata la regolamentazione delegata impediscono che l'applicazione della riserva possa essere vanificata a causa delle difficoltà di identificare i settori d'intervento riservato alla legge.

Il legislatore, nel definire così l'equilibrio tra la fonte primaria e quella secondaria decide poi anche del livello al quale si deve attestare l'intervento regolamentare. In ultima analisi quindi, decide dello sviluppo e dell'affermazione di un processo di delegificazione nel settore delle prestazioni imposte, comprese naturalmente quelle tributarie.

Sul piano locale, in alternativa anche qui ad una disciplina legislativa statale che, esaurendo completamente la normazione tributaria, escluda ogni possibilità regolamentare dell'ente locale o la riduca ad un ruolo meramente tecnico, il legislatore nazionale ben potrebbe, con il riconoscimento dello strumento regolamentare, affidare all'ente locale la scelta, sul piano sostanziale, di istituire il tributo od applicare la tariffa, di introdurre riduzioni od agevolazioni e, sul piano procedimentale, di stabilire le modalità di applicazione che riguardino liquidazione, versamento, riscossione dei tributi e relative procedure di controllo e di accertamento.

2. *Il carattere relativo della riserva e la diffusione dei regolamenti tributari*

Le soluzioni che l'ordinamento tributario attualmente offre sul ruolo, e quindi sull'importanza e l'incidenza dell'intervento regolamentare, sono le più varie; segno evidente che quella discrezionalità politica con la quale il legislatore può definire il ruolo regolamentare trova sempre più diffusa applicazione. L'ordinamento tributario attuale, anche per gli ampi settori in cui costituisce attuazione dei principi della riforma tributaria contenuti nella legge delega 9 ottobre 1971, n. 825, è caratterizzato da una crescente diffusione di regolamenti adottati secondo le forme più diverse. Dal decreto del Presidente della Repubblica, a quello del Ministro delle finanze e del Presidente del Consiglio dei ministri, fino alle delibere dei Consigli regionali e degli enti locali.

Si è assistito e si assiste, dopo un'esperienza quasi trentennale e con le cospicue modifiche apportate anche di recente, a scelte regolamentari che, quando superano il limitato respiro delle contingenze finanziarie, sono variamente ispirate — sia per l'amministrazione centrale, sia per quella locale — alle diverse tipologie di tributi ed ai differenti caratteri che contraddistinguono i vari settori d'imposizione e di attuazione.

In sostanza, la diffusa pratica regolamentare nell'ambito tributario non ha ancora dato origine ad una visione di sistema che definisca, pur sempre con il primato della norma primaria o della legge statale, il ruolo della norma regolamentare in ambito tributario (facendo così prevalere la semplicità e la speditezza che tradizionalmente caratterizzano la decretazione ministeriale, Gaffuri, *Lezioni di diritto tributario*, Padova, 1994, 56). Di fronte alle continue modifiche della disciplina sostanziale e procedimentale che nei diversi settori tributari sono affidate a semplici decreti del Ministro delle finanze (negli ultimi anni ne sono stati emanati diverse decine o addirittura centinaia per anno: vedi Carlucci,

Lotito, Pecile, "Notizie sulla formazione e sul contenuto dell'archivio Nsec", in *Norme secondarie e direzione dell'amministrazione*, Bologna, 1992, 52) non è sempre agevole definire in maniera unitaria il ruolo e l'efficacia dei diversi interventi normativi in materia tributaria, seguendo il modello definito dall'art. 17 della legge n. 400 per i regolamenti sia governativi, sia ministeriali. Infatti l'entrata in vigore di tale legge, che tra l'altro ha espressamente riconosciuto la legittimità dei decreti ministeriali così diffusi nell'ambito tributario, non sembra abbia influito in maniera determinante sulle procedure di adozione dei regolamenti tributari, tanto che la loro diffusione non si è sempre svolta secondo il modello procedimentale previsto dall'art. 17, terzo comma (nel solo 1989, anno successivo all'entrata in vigore della legge n. 400 si fa notare come siano stati emanati nei diversi settori, compreso quello tributario, almeno 160 decreti con efficacia normativa senza rispettare i requisiti formali e procedimentali richiesti dall'art. 17/400; Grippa Salvetti, "Regolamenti delegati e riserva di legge", in *Rass. trib.*, 1994, II, 1905). Anche nell'ambito tributario non si ritiene infatti decisivo (Falsitta, *Diritto tributario*, parte generale, Padova, 1997, 64, esclude invece dall'ambito regolamentare tutti i decreti che non adottino le forme previste dalla legge n. 400/1988) il ricorso ai criteri formali e procedimentali previsti dalla legge n. 400/1988 per qualificare un atto amministrativo come regolamentare differenziandolo così dagli atti di portata generale ma sprovvisti di efficacia normativa (Grippa Salvetti, op. cit., 1906; Russo, *Manuale di diritto tributario*, Milano, 1996, 73, indirettamente, nel momento in cui qualifica come regolamenti anche decreti del Ministro delle finanze sprovvisti dei requisiti formali di cui all'art. 17/400). Si riconosce pertanto che relazioni tra norma primaria e secondaria, una volta assicurato il contenuto minimo della prestazione o la previsione di quei profili di attuazione che possono incidere sulla ripartizione dei carichi tributari, necessari per l'osservanza della riserva di legge, possono essere affidati, anche nell'ambito tributario, ai criteri oggettivi dell'innovazione normativa (Fantozzi, op. cit., 92 valorizza la loro funzione di rendere operativa la disciplina prevista da una legge o di integrarne la disciplina) piuttosto che a quelli formali dell'adozione delle procedure (Lupi, op. cit., 49; Russo, *Manuale*, cit., 73 e 74).

2.1 Carattere tecnico dei regolamenti ed investitura formale della norma primaria

L'intervento regolamentare di carattere puramente tecnico, sempre largamente affidato a al Ministro delle finanze, viene limitato ad alcuni settori di diritto sostanziale come quello delle imposte sui redditi (come accade, ad esempio, per l'aggiornamento e la revisione delle rendite catastali, per l'adeguamento degli scaglioni di reddito o delle aliquote, per la definizione delle quote di ammortamento) o dell'imposta sul valore aggiunto (come quando, ad esempio, si tratta di stabilire le percentuali di compensazione per il regime agricolo o di definire i regimi speciali per i relativi settori). In questo caso la qualifica regolamentare è largamente condivisa nella convinzione che si tratti di un intervento sicuramente normativo ma con la limitata efficacia di dare esecuzione alla previsione della norma primaria (Russo, op. cit., 73; Micheli, *Diritto tributario*, Torino, 1989, 56; Fantozzi, op. cit., 96; Lupi, op. cit., 48; Tesauro, *Istituzioni di diritto tributario*, Milano). D'altra parte le imposte sui trasferimenti (come quella di registro, sulle successioni, di incremento di valore degli immobili) offrono esempi di interventi regolamentari di carattere tecnico anche nell'ambito procedimentale, come quei decreti con i quali il Ministro delle finanze indica i coefficienti necessari per procedere alla capitalizzazione dei beni immobili e definire così i valori solo al di sotto dei quali è legittima l'azione accertatrice.

Di fronte quindi ad una definizione delle fattispecie e delle relative basi imponibili sufficientemente precisa, come accade nei menzionati casi, la responsabilità di natura prettamente tecnica quale quella assunta dal Ministero delle finanze con i relativi decreti, può essere efficace proprio in quanto limita quella discrezionalità che pur viene ampiamente riconosciuta al Governo. Un rilievo implicito cui confida massimamente la stessa C. costituzionale, quando ha ammesso che i regolamenti collegati ad elementi di natura tecnica non richiedano alcun ulteriore criterio o limite (C. cost. 8 luglio 1957, n. 122; C. cost. 11 luglio 1961, n. 48; 31 marzo 1965, n. 16). L'efficacia quindi di tale autonomia normativa è rimessa ai limiti che possono essere considerati impliciti in quanto, in coerenza con le fattispecie e la base imponibile, attengono alla mera rilevazione, alla conoscenza ed all'acquisizione di elementi che vanno assunti, proprio per il loro rilievo economico (inflazione, andamento del mercato immobiliare, applicazione di parametri predeterminati in ragione di variabili economiche).

Quando però il carattere tecnico dell'intervento regolamentare che ne giustifica l'autonomia va oltre tali limiti e, pur autorevolmente, o valorizza un'ampia discrezionalità tecnica, o viene esteso anche ai casi in cui possa essere giustificato dalla composizione dell'organo chiamato a esprimere il giudizio (C. cost. 8 luglio 1957, n. 103) non trova un coerente consenso dottrinale (Amato, "La riserva di legge", in *Riv. dir. fin.*, 1965, II, 318 ss.; Fedele, "Rapporti civili", cit., 114).

Il semplice dato numerico non basta però sempre e comunque ad indicare il carattere meramente tecnico dell'intervento regolamentare. Infatti la proliferazione di decreti del Ministro delle finanze nel settore dell'accertamento delle imposte sui redditi e dell'iva segna un rinnovato interesse per l'adozione di procedure che assumono carattere originale e speciale rispetto al normale atteggiarsi di quelle di accertamento nei due settori impositivi citati. Su questo piano viene però meno quella diffusa concordanza sull'efficacia regolamentare dei decreti che si era manifestata sul piano sostanziale e procedimentale nei confronti di interventi normativi di carattere sicuramente tecnico. Per questo settore del diritto tributario formale infatti, accanto all'interesse normativo, si affermano anche gli obiettivi di indirizzo e coordinamento che possono ispirare l'intervento del governo centrale. L'efficacia meramente amministrativa e non regolamentare che in tal modo si può attribuire ai decreti del Ministro delle finanze operanti nel settore dell'accertamento (Russo, op. cit., 74; Falsitta, op. cit., 64) si rivela quindi funzionale ad esigenze di imparzialità dell'azione amministrativa e non ispirata a quel principio di eguaglianza che viene invece normativamente perseguito in sede regolamentare. L'aspetto originale di tali decreti ministeriali non è però solo quello di introdurre parametri che a loro volta indirizzino in maniera imparziale l'azione accertativa ma anche di prevederne l'efficacia e di regolarne l'applicazione. Grazie dunque a tali decreti, i coefficienti di ricavi, le medie di reddito d'impresa o di lavoro autonomo, le presunzioni di reddito complessivo fondate su determinati impieghi di spesa — che in questi ultimi anni hanno caratterizzato procedure di accertamento affermatesi nell'imposizione sui redditi e nell'iva in parallelo con i tradizionali settori di accertamento sintetico ed induttivo — offrono il supporto necessario per integrare la norma formale. In tal modo assicurano, anche nei confronti dei contribuenti, efficacia giuridica all'azione amministrativa. Nel contempo ne stabiliscono i limiti; definiscono le modalità di attuazione della procedura accertativa; operano l'inversione dell'onere della prova, con la conseguenza anche di rendere più o meno complesso l'intervento difensivo del contribuente. In definitiva, non svolgono più un ruolo che sia solo meramente tecnico o di semplice indirizzo dell'azione di accertamento. Sembra ne assumano altro di integrazione della norma tributaria formale con eventuali effetti indiretti sulla definizione della base o addirittura della fattispecie imponibile

(Lupi, "Metodi induttivi e presunzioni nell'accertamento tributario", in *Rass. trib.*, 1990, 127; Fantozzi, op. cit., 90, nota 82; Perrone, "L'accertamento sintetico nel reddito complessivo Irpef", in *Dir. prat. trib.*, 1990, I, 417; Di Pietro, "Rilevanza sostanziale delle nuove procedure di accertamento?", in *Il nuovo accertamento tributario tra teoria e processo*, Roma, Milano, 1996, 29; con un'efficace sintesi recente Meloncelli, "La delegificazione ex art. 17 comma 2 legge n. 400", in *Il nuovo accertamento tributario tra teoria e processo*, Roma, 1996, 309).

2.2 *I rapporti tra legge e regolamento: tra legalità formale e sostanziale*

L'esigenza di definire i rapporti tra norme primarie e secondarie sulla base di criteri di legalità non semplicemente formale, già manifestata in linea generale per definire i rapporti con i regolamenti operanti negli altri settori, trova nel settore tributario una sicura affermazione proprio in ragione dell'operatività della riserva di legge dell'art. 23. La responsabilità costituzionale. di definire quindi il contenuto normativo delle prestazioni imposte non contribuisce certo a garantire nell'ambito tributario un modello per i rapporti tra le norme primarie e quelle secondarie nell'ambito sostanziale.

Quelle regolamentari potrebbero quindi essere affidate senza difficoltà alla sola investitura di quelle legislative quando siano appunto rese necessarie per quel carattere tecnico della disciplina che a sua volta ne giustifica ed autorizza l'intervento.

Negli altri casi definire i rapporti tra legge e regolamenti sulla base del contenuto minimo della riserva, se può apparire appagante dal punto di vista formale, non pare valorizzare a sufficienza il rilievo costituzionale. Che nel settore tributario si è voluto attribuire al primato legislativo. Tale scelta ed i valori di garanzia e di partecipazione democratica che essa sottende (Fedele, "Rapporti civili", cit., 126 ss.), dovrebbero appunto valorizzare in maniera determinante le ragioni della norma primaria nell'investitura regolamentare. Più quindi gli interventi regolamentari perdono il loro carattere meramente tecnico per affermare invece la loro efficacia di integrazione e di attuazione della norma primaria — rimanendo naturalmente impregiudicata la necessità di principi nel caso di delegazione regolamentare —, più è necessario che il loro ruolo normativo sia sufficientemente definito. Il processo di delegificazione, nell'ambito di un settore riservato come quello tributario, non potrebbe infatti essere attuato quando le modifiche alla disciplina sostanziale sono il frutto di una piena operatività regolamentare affidata alla semplice investitura formale. Quando per le prestazioni imposte il legislatore decida di operare in via regolamentare in quegli ambiti in cui si sia al di fuori dei limiti minimi costituzionalmente previsti non si dovrebbe poter trascurare completamente il primato della legge e del consenso popolare che esso valorizza. Troppo importanti per l'integrazione e per l'attuazione normativa — con relativi effetti di dettaglio e di innovazione dei regolamenti tributari — le scelte di carattere sostanziale — che possano appunto incidere sul sacrificio economico o sulla ridistribuzione della ricchezza — per poter essere affidati alla sola investitura formale.

Definire pertanto i criteri ed i limiti cui deve attenersi l'attività amministrativa quando assume un'efficacia normativa destinata ad incidere sulla sfera sostanziale del prelievo (Fedele, *La riserva di legge*, cit., 113) costituisce una diretta conseguenza dell'affermazione della riserva di legge in materia tributaria. I criteri ed i limiti con cui la norma primaria afferma tale precisa e necessaria supremazia giuridica sui regolamenti tributari che non siano di mera esecuzione della norma primaria (Russo, op. cit., 72) servono proprio a delimitare la discrezionalità dell'amministrazione finanziaria nella residua porzione normativa ad essa legislativamente affermata (Fedele, op. cit., 113) così come riconosciuto con la disciplina di principio per altri settori dell'ordinamento (Crisafulli, *Lezioni di diritto costituzionale*, II, Padova, 1988).

Il problema potrà in pratica rivelarsi complesso sul piano effettuale a causa della difficoltà nella ricerca di criteri e limiti per l'intervento regolamentare quando, come avviene in molti settori dell'attuale ordinamento tributario, si assiste ad un'offensiva della legislazione casistica (De Mita, *La legalità tributaria*, 1993, 21, id, *Interesse fiscale e tutela del contribuente*, Milano, 1987, 123; Fedele, *La riserva di legge*, cit., 195, per l'incidenza sull'efficacia della riserva di legge della legislazione casistica). Questa da un lato valorizza sempre di più una disciplina di dettaglio, che sarebbe invece prerogativa del regolamento, e dall'altra accentua differenze settoriali per l'attuazione e non solo per la definizione della norma in modo tale che si possano difficilmente ricondurre a sistema le scelte legislative che vengono via compiute (Cipollina, *La legge civile e la legge fiscale*, Milano, 233 ss.). I settori tributari che non rientrano nella riserva — come appunto quelli relativi al diritto tributario formale — vengono invece esposti all'intero processo di delegificazione che investe attualmente le procedure amministrative. Più precisamente anche i procedimenti tributari rientrano nell'applicazione della legge n. 59 del 1997 una volta che anche il settore tributario per il profilo formale fosse annoverato tra quelli che la legge generale assegna alla disciplina regolamentare (Aprile-Ximenes-Guidi-Licata, "Disciplina dei regolamenti previsti dall'art. 20 della 159/1997", in *Il Fisco*, 1998, 2.956).

3. *La diffusione della decretazione ministeriale e l'incertezza sul suo ruolo normativo*

L'attuale ordinamento tributario continua ad essere caratterizzato da una progressiva affermazione dei decreti del Ministro delle finanze. Decretazione che a sua volta, solo in limitati casi ottiene espressamente dalla stessa norma legislativa il formale riconoscimento regolamentare che viene poi a sua volta collegato con il rispetto delle procedure previste dall'art. 17, terzo comma della legge n. 400/1988.

Il ricorso sempre più frequente che la norma primaria fa all'intervento ministeriale e la relativa loro larghissima diffusione in tutti i settori dell'ordinamento tributario manifestano quindi una ricorrente fiducia del legislatore nel Ministro delle finanze o nel Presidente del consiglio dei Ministri piuttosto che nel Parlamento per soddisfare dal punto di vista normativo le esigenze di attuazione, di integrazione, di dettaglio, di esecuzione, di organizzazione che intende perseguire. Tali decreti sono così ormai divenuti indispensabili supporti per l'attuazione e l'integrazione di diversi settori tributari. In quelli di maggiore importanza per profilo finanziario e per numero dei rapporti con i contribuenti — come quelli utilizzati nelle imposte sui redditi e nell'imposta sul valore aggiunto — si assiste ad una progressiva affermazione della decretazione anche in materia accertativa. Si tratta dei decreti sul redditometro, sui coefficienti presuntivi di ricavi, sulla *minimum tax* per il periodo di relativa vigenza, sugli studi di settore se pur previsti ma non ancora attuati, sui parametri per l'accertamento per adesione — così come previsti nell'originaria disciplina dell'istituto — quelli sull'interpello. Si tratta di decretazione che si affianca — ed in definitiva finisce con il prevalere per importanza — a quella tradizionalmente adottata in materia sostanziale a sua volta rappresentata a titolo esemplificativo dai decreti per l'aggiornamento delle rendite catastali, per le quote di ammortamento dei beni strumentali rilevanti per la determinazione del reddito d'impresa, per regolare ai fini dell'imposta sul valore aggiunto i regimi speciali in agricoltura e quelli in settori specificamente indicati.

Proprio però questo ruolo che la decretazione ministeriale ha stabilmente assunto nel nostro ordinamento non può essere esaltato sul piano normativo o confinato in quello amministrativo con criteri esclusivamente formali: solo perché sia o meno intervenuto il riconoscimento regolamentare dalla stessa norma primaria o perché il decreto sia stato o meno adottato nel rispetto della procedura di cui all'art. 17 della legge n. 400. Con tale procedura si arricchiscono indubbiamente quei requisiti minimi — dell'investitura legislativa e della pubblicazione — cui già la C. costituzionale (Sent. 3 giugno 1970, n. 79) aveva consegnato la responsabilità di qualificare in senso normativo un atto amministrativo, e che sono comunque stabilmente presenti in tutti i decreti del Ministro delle finanze cui si fa in questa sede riferimento. Con tal procedura non si è però introdotto un vero e è proprio modello regolamentare. L'inosservanza della procedura prevista dal menzionato articolo, non porta infatti i decreti del Ministro delle finanze fuori dall'ambito regolamentare con conseguente proliferazione di atti generali (in tal senso Falsitta, op. cit., 64, che pur riconosce che prevalga al di fuori dell'ambito tributario l'opinione diversa, in via generale ci si limita a qualificare); incide invece eventualmente solo sulla sua legittimità (Salvetti Grippa, *Regolamenti delegati*, cit., 1910).

D'altra parte la diffusa investitura normativa operata dal legislatore potrebbe apparire in questo caso largamente pleonastica. Si tratterebbe infatti di scelte di indirizzo e coordinamento che rientrerebbero nell'ampio potere amministrativo del Ministero delle finanze — al pari di quanto accade in altri Ministeri — e che ben avrebbero potuto essere esercitate anche senza un'apposita investitura legislativa (Bertolissi, "Legge tributaria", in *Digesto*, IV ed., dir. comm., VIII, Torino, 1992, 526).

La fiducia così intensamente manifestata nei confronti della decretazione va intesa quindi come un riconoscimento della pienezza del ruolo regolamentare anche nel settore tributario senza, come si è visto, distinguere tra profili formali e sostanziali, tra quelli di attuazione e quelli di organizzazione. Troppo ampio il ruolo disciplinare che viene attualmente attributo ai menzionati decreti nel settore sostanziale ed in quello procedimentale. Troppo diverse e vincolanti le soluzioni che possono essere adottate. Troppo incidente, anche per l'inversione dell'onere della prova che caratterizza i decreti nel settore procedimentale e le difficoltà a contrastarne l'efficacia, la loro efficacia, se pur in via indiretta, sulla determinazione degli imponibili nell'imposizione sui redditi e nell'iva perché la decretazione ministeriale sia confinata nell'attuazione di obiettivi di mero indirizzo e coordinamento (Fedele, "Riserva di legge", in *Trattato di diritto tributario*, Padova, 1995, id, *La riserva di legge*, cit., 195; Gaffuri, "Metodi di accertamento fiscale e regole costituzionali", in *Studi in onore di Victor Uckmar*, Padova, 1997, 546, con un implicito riconoscimento degli aspetti sostanziali delle procedure speciali nel momento afferma che queste non violano il principio di capacità contributiva).

Prive di un supporto normativo come quello regolamentare, le norme sostanziali dei menzionati settori non potrebbero essere applicate. Le procedure speciali, d'altra parte, orfane di un vincolo che riguarderebbe la natura stessa delle presunzione e la loro efficacia — così come quantificata in sede di decretazione — e private di un proprio ordinamento, non potrebbero raggiungere quegli obiettivi di tempestività ed efficacia che ne avevano proprio giustificato l'utilizzo in parallelo con le procedure ordinarie.

In definitiva, tale efficacia giuridica della decretazione tributaria, proprio perché accompagnata da un ampio coinvolgimento dei contribuenti e perché destinata, come si è visto, ad attuare o ad integrare la disciplina primaria, va ricondotta ad un preciso ambito normativo ed ai criteri, limiti che esso esprime.

Nemmeno gli effetti che, attribuibili alla decretazione in sede di attuazione di singole imposte, parrebbero più specificamente ispirati ad una preminente funzione organizzativa dell'amministrazione, come accade per i decreti di approvazione del modello di dichiarazione —tanto che fu giustificata in origine proprio per consentire all'amministrazione di controllare in maniera più rapida ed efficacia un così elevato numero di dichiarazioni quale quello che si era prodotto con la nuova disciplina della riforma tributaria —, potrebbero essere confinati in un ambito puramente amministrativo. Infatti, il contenuto di tali dichiarazioni si è progressivamente arricchito a mano a mano che si è affermata la responsabilità del contribuente nel liquidare e versare le imposte sui redditi e sul valore aggiunto. Non si può quindi ignorare che dalle scelte del decreto con cui il Ministro delle finanze approva il modello dipende non solo il rispetto degli obblighi formali e sostanziali del contribuente ma anche la completezza della dichiarazione e la liquidazione ed il versamento della relativa imposta. Infatti, al momento attuale della disciplina il contribuente non può osservare i propri obblighi o far valere i propri diritti nell'applicazione delle imposte sui redditi e dell'iva, come appunto le detrazioni, le deduzioni, i crediti, senza rispettare le modalità ed i criteri stabiliti dal menzionato decreto ministeriale (Russo, op. cit., 53).

Gli stessi interessi alla maggiore produttività dell'azione accertatrice che, per i decreti ministeriali sui criteri selettivi per il controllo delle dichiarazioni ai fini delle imposte sui redditi e dell'iva — emessi ai sensi rispettivamente dell'art. 37 del dpr 29 settembre 1973, n. 600 e dell'art. 51 del dpr 26 ottobre 1972, n. 633 —, sembrerebbero funzionali a rendere trasparenti le scelte dei soggetti da sottoporre a controllo o ad indirizzare l'azione amministrativa (Favara, "La programmazione dei controlli fiscali in Italia: aspetti giuridici", in *Riv. dir. fin.*, 1982, 222; Maffezzoni, "Limiti del sindacato giurisdizionale sugli atti generali d'imposizione", in *Boll. trib.*, 1987, 1.357; Gallo, "Discrezionalità nell'accertamento e sindacabilità delle scelte d'ufficio", in *Riv. dir. fin.*, 1992, I, 669; Russo, *Manuale*, cit., 246) sono stati invece apprezzati in un più ampio quadro di regolamentazione dell'attività accertativa. Di questa dovrebbero completare la disciplina e consentirne l'esecuzione con conseguente vincolo per l'amministrazione al relativo rispetto (Comm. trib. prov. Venezia, 1 ottobre 1996, n. 263; Comm. Trib. Prov. Treviso, 10 maggio 1997, n. 138.4.97, tutte in *Riv. dir. trib.*, 1997, II, 537; Trivellin, "I decreti ministeriali sui criteri selettivi per il controllo delle dichiarazioni nei recenti orientamenti ministeriali", in *Riv. dir. trib.*, 1997, II, 559 ss.).

Del pari determinante per l'operatività da parte dell'amministrazione il ruolo della decretazione per l'interpello così come introdotto dalla legge 30 dicembre 1991, n. 413. Disciplinare in questo caso l'intervento dell'amministrazione quando la sua efficacia incide direttamente sulla funzione accertatrice — legittimandola od impedendola — ma indirettamente anche sul contribuente — cui rimane pur sempre affidata l'iniziativa di richiedere la pronuncia dell'amministrazione, cui spetta di adeguare o meno le proprie scelte sul piano sostanziale — significa assicurare all'interpello un'ampia operatività. Questa, pur senza assumere carattere generale per tutti i settori dell'ordinamento, va ben oltre gli spazi organizzativi formalmente attribuiti per assumere un carattere sicuramente normativo con efficacia formale ed indirettamente sostanziale.

Risulta così evidente che la stessa decretazione ministeriale, per il solo fatto di operare nel settore organizzativo non rimane sempre e necessariamente reclusa nell'ambito amministrativo. Questa quindi si affida ad un regolamento di organizzazione l'effetto di regolare profili applicativi — compresi gli organi competenti dell'amministrazione finanziaria — di un istituto come quello dell'autotutela che, pur di carattere generale nell'ambito amministrativo, riceve così nell'ambito tributario un proprio ampio riconoscimento (art. 68 dpr 27 marzo 1992, n. 287; art. 2 quater del dl 30 settembre 1994, n. 564, convertito nella legge 30 novembre 1994, n. 656). Il ruolo della decretazione, affidata sempre alla responsabilità del Ministero delle finanze, in questo caso è determinante per l'efficacia dell'istituto. Basterebbe considerare che spetta al decreto individuare i casi in cui possa essere utilizzata l'autotutela e determinare le modalità di esercizio e che gli effetti giuridici riguardano l'intera attività procedimentale dell'amministrazione finanziaria per rendersi conto che la decretazione assicura una disciplina della funzione amministrativa, non si limita solo a legittimarne l'esercizio.

Con tale diffuso ruolo regolamentare i decreti del Ministro delle finanze dovrebbero essere accompagnati da una più precisa definizione di principi e di caratteri ad opera della norma primaria, cioè della stessa fonte che li legittima a svolgere una così delicata funzione normativa. Per assicurare in tal modo la traduzione dei principi di eguaglianza ben al di là dunque del semplice rispetto dell'imparzialità che accompagna, secondo la garanzia costituzionale, la stessa funzione amministrativa.

4. Il difficile distinguo dei tipi di regolamenti

Anche in questo caso la riserva di legge sembra essere destinata a segnare il destino dei regolamenti in materia tributaria. Serve a caratterizzarli in maniera originale, una volta riconosciuto che anche ad essi si applica la ripartizione adottata dall'art. 17 della legge n. 400/1988, per i regolamenti governativi e sempre con effetti generali per l'intero ordinamento giuridico.

4.1 Regolamenti delegati

La riserva di legge, pur nella sua accezione relativa, esclude il ricorso a regolamenti autonomi ed indipendenti (Russo, op. cit., 72).

Inoltre condiziona anche l'applicazione al settore tributario di quei regolamenti delegati che l'art. 17, secondo comma/400 riconosce implicitamente come legittimi anche per il settore tributario una volta affermato il carattere relativo e non assoluto della riserva. Grazie a tale acquisita legittimità il regolamento delegato assume ruolo ed efficacia nel sistema delle fonti che governano il diritto tributario riscattandosi così da quell'ampia accezione di integrazione delle norme primarie in cui veniva confuso nell'interpretazione adottata prima dell'entrata in vigore della legge 400 (Berliri A., *Fondamento e contenuto*, cit., 179 ss.). Il regolamento delegato è destinato a diventare così per il settore tributario lo strumento per elezione grazie al quale attuare quel processo di delegificazione che viene già largamente attuato in altri settori dell'ordinamento. La necessaria presenza delle norme generali che secondo l'art. 17/400 lo caratterizzano in maniera originale può garantire quindi, proprio per l'ambito tributario il necessario rispetto della riserva di legge. La scelta ordinamentale così compiuta serve però anche ad indirizzare ed ispirare il processo di delegificazione per quel diritto tributario formale nei confronti del quale si ritiene tradizionalmente non operi la riserva di legge. Le norme generali che ispirano sempre e comunque i regolamenti delegati in materia tributaria servono così anche a garantire che le difficoltà a distinguere gli effetti diretti ed indiretti che accompagna l'evoluzione delle procedure di accertamento possa poi comportare una violazione della riserva quando nonostante il carattere formale della disposizione questa possa incidere anche sulla determinazione della base imponibile e quindi sulla misura del debito tributario. L'adozione anche per l'intero settore tributario del modello stabilito dal secondo comma dell'art. 17/400 basato su di un equilibrato rapporto tra principi legislativi generali ed autonomia regolamentare consente al regolamento delegato di superare le incertezze e le perplessità che ne avevano accompagnato la scelta tanto da limitare fortemente la possibilità di accedere a forme di delegazione (Fantozzi, op. cit., 91; Russo, op. cit., 72). Coerente quindi appare l'ampia efficacia normativa che di recente è stata riconosciuta ai regolamenti delegati quando è stata loro affidata la responsabilità di integrare o modificare l'attuale disciplina delle procedure di applicazione dell'accertamento per adesione così come regolate dal D.Lvo dicembre 1997, n. 218. I regolamenti in questo caso sono destinati ad operare, con efficacia pari a quella del decreto legislativo di riferimento, nei confronti di un istituto come quello dell'accertamento con adesione in cui i profili procedimentali sono destinati ad incidere sull'applicazione del tributo, sulla base imponibile e sulla misura del debito tributario. Non può invece essere accettato che una tale così ampia legittimazione come quella dell'art. 16 del D.Lvo 218/1997 possa essere poi affidata al semplice rinvio del modello di regolamento delegato senza essere accompagnata da quella previsione ordinamentale che solo le norme generali sono in grado di assicurare. Il rischio infatti in questo caso è che venga messa in discussione non solo la legittimità del regolamento delegato ma anche il rispetto della legalità sostanziale che la riserva di legge comporta in un settore come quello dell'accertamento per adesione in cui è evidente l'intreccio tra il diritto formale e quello sostanziale.

4.2 *Regolamenti esecutivi*

Superate le perplessità manifestate sull'utilità della distinzione (Fedele, *La riserva di legge*, cit., 188, nota 14), anche per il settore tributario prevale per tali tipi di regolamento la funzione di offrire alla norma primaria un'efficace strumentazione piuttosto che integrarne la disciplina come accade per altre categorie di regolamenti. In ragione di questo alla tradizionale responsabilità tecnica che li accompagna — e che li ha portati ad operare in diversi settori del diritto tributario sostanziale (come per l'aggiornamento delle rendite catastali) —, si è voluta aggiungere anche quella di assicurare un'omogenea applicazione delle imposte sui redditi e dell'iva — probabilmente anche in ragione delle responsabilità che comportano per il contribuente e per il controllo informatico da parte dell'amministrazione finanziaria — come si desume implicitamente dalla qualifica esecutiva attribuita al regolamento di approvazione delle dichiarazioni (Russo, op. cit., 73).

4.3 *Regolamenti integrativi e di attuazione*

Anche se non mancano tentativi di procedere ad una sostanziale equiparazione con i regolamenti di esecuzione (Fantozzi, op. cit., 90), la funzione dei regolamenti di integrazione e di attuazione, proprio per la capacità di innovare di arricchire la norma primaria, si differenzia da quella esecutiva. Assumono un rilievo operativo, e non meramente descrittivo come quello di esecuzione, che può anche manifestarsi con l'adozione di una disciplina di dettaglio. Probabilmente a tale non sempre precisa definizione nell'ambito tributario ha contribuito anche la varietà dei modelli con cui viene effettuata l'applicazione delle imposte ed il diverso ruolo affidato alla responsabilità del contribuente. Di qui quindi ancora incertezza quando si tratta di qualificare i decreti ministeriali che consentono di applicare le diverse forme di applicazione dei tributi che possono variare per settori e per efficacia. Tanto che, come si è ricordato, la mera esecuzione viene utilizzata per i decreti sui modelli di dichiarazione per i quali si potrebbe invece — anche in ragione della ricchezza degli elementi conoscitivi e per gli effetti preclusivi ad esso collegati — ben utilizzare quella di attuazione.

5. **Il ruolo e l'efficacia dei regolamenti non statali**

5.1 *La debolezza del potere normativo regionale*

Nonostante la nostra costituzione in maniera esplicita differenzi anche sul piano normativo le Regioni — riconoscendo loro all'art. 119 autonomia finanziaria che si può esercitare anche con tributi propri, trascurando per ora l'ulteriore distinzione di quelle ad autonomia differenziata —, dagli enti locali — le cui scelte finanziarie e tributarie sono rimesse dall'art. 128 ad una legge dello Stato — è difficile oggi riuscire a distinguere sul piano tributario il ruolo dei regolamenti regionali e degli enti locali. In questo caso però non è stata determinante la presenza della riserva di legge per escludere autonome iniziative legislative regionali nel settore tributario e consentire di conseguenza ai regolamenti di svolgere la loro piena funzione normativa ad integrazione o ad esecuzione di una legislazione regionale in materia tributaria che manifestasse in questo campo la coerente espressione di autonomia politica (Bertolissi, *Legge tributaria* (voce) *Digesto*, IV ed., Torino, 1992).

a) Regolamenti che integrano e danno esecuzione ad una disciplina nazionale

Solo in un quadro sistematico che, nel riparto delle competenze definito dall'art. 117 della Costituzione, definisca nell'ambito tributario i ruoli normativi di Stato e regioni, la riserva di legge assume quel carattere nazionale che il solo dato testuale, qualunque sia la funzione che da esso si voglia trarre, non avrebbe ad esse probabilmente attribuito. Complice quindi la debolezza che la potestà normativa in materia tributaria subisce nel quadro delle competenze regionali. Non espressamente annoverata tra queste, non viene nemmeno riconosciuta come carattere immanente l'intero comparto delle competenze: come garanzia per assicurare compiuta efficacia alle potestà legislative regionali, come invece auspicano quegli autori che sostengono una potestà legislativa delle regioni in materia tributaria concorrente con quella statale (Bertolissi, *L'autonomia finanziaria regionale*, Padova, 1983; De Siervo, Orsi, Battaglini, Sorace, Zaccaria, "Note in tema di finanza regionale", in *Riv. trim. dir. pubbl.*, 1971, 714; Corletto, "Autonomia finanziaria e potestà normativa regionale", in *Le Regioni*, 1987, 410; Tesauro, "In tema di potestà tributaria delle regioni", in *Le Regioni*, 1987, 1610; De Mita, "Autonomia finanziaria e potestà tributaria delle regioni a statuto ordinario", in *Problemi economici e finanziari delle regioni a statuto ordinario*, Milano 1976, 109; Micheli, "Autonomia e finanza degli enti locali", in *Riv. dir. fin.*, 1967, I, 523 ss.; Russo, "Finanza regionale e questione fiscale", in *Riv. dir. trib.*, 1994, 890; Moretti, *La potestà finanziaria delle regioni*, Padova, 59 ss. e 147 ss.; Tesauro, "In tema di potestà tributaria delle regioni", in *Fin. loc.*, 1987, 1.145).

La legislazione tributaria regionale privata, da una consolidata interpretazione costituzionale, di ogni espressione di autonomia, viene confinata in un ruolo ancillare della legislazione nazionale. La conseguenza è che la materia tributaria viene esclusa dall'ambito di quelle per le quali l'art. 117 prevede una competenza regionale concorrente con quella statale. Pertanto viene ricondotta al solo ambito di attuazione delle leggi nazionali di cui all'ultimo comma dell'art. 117 (C. cost. 1981 dec. n. 271 e 272; 1987 dec. n. 204; con toni critici nei confronti dell'interpretazione adottata: Bertolissi, "L'autonomia finanziaria regionale e la C. costituzionale", in *Quad. reg.*, 1987, 447 ss.; Del Federico, "Il finanziamento delle autonomie locali: linee di tendenza e principi generali tra dettato costituzionale e legislazione ordinaria", in *L'autonomia finanziaria degli enti locali*, Roma, 1994, 111, anche se inserisce l'autonomia normativa regionale nel quadro del coordinamento di cui all'art. 119 della costituzione e quindi la considera pur sempre sottoordinata ai principi stabiliti dal Governo centrale. La posizione della C. è stata confermata anche di recente: sent. 1 luglio 1993, n. 295; e per le Regioni ad autonomia differenziata 30 luglio 1993, n. 362). Alla legislazione regionale viene affidato così nel campo tributario un ruolo che, definito dalla stessa C. costituzionale, di carattere integrativo attuativo, sancisce definitivamente la sudditanza delle scelte legislative regionali a quelle nazionali; nel contempo definisce anche le sorti della normazione secondaria in materia tributaria ("La competenza legislativa regionale di mera attuazione viene riconosciuta da Meale", *Principi di diritto regionale*, Bari, 1994, 149; Paladin, *Diritto regionale*, Padova, 19.., 247, contra Gallo, *L'autonomia tributaria locale*, Bologna, 1979, 54, Fantozzi, "Tributi regionali", in *Novissimo Digesto*).

Con tali limiti e tale ridotta efficacia la legislazione regionale è costretta a svolgere un ruolo che sarebbe stato più coerentemente attribuito ad una fonte secondaria, con la conseguenza quindi di far venir meno le ragioni stesse di un intervento regolamentare. Se quindi la potestà legislativa deve operare in un ambito prestabilito e predeterminato dalla legge dello Stato che rimette alla legge regionale l'integrazione della disciplina statale, si escluderebbe di conseguenza ogni possibilità di intervento per atto normativo diverso dalla legge regionale (Fedele, "Rapporti civili", art. 23, cit., 118, nota 6).

b) Regolamenti ad integrazione od esecuzione di prestazioni imposte in attuazione di leggi regionali

I settori d'intervento tributario regionale sono stati fino ad ora così ridotti che, sia per tipologie d'imposizione, sia per i relativi rapporti tributari, sia per esigenze finanziarie, la loro disciplina è già stata largamente soddisfatta dalla legislazione regionale. I segnali al proposito non sono però né univoci, né coerenti. La legge 16 marzo 1970, n. 281 ha attribuito alla legislazione regionale di attuare alcuni prelievi la cui competenza era stata attribuita alle Regioni per l'istituzione, l'aliquota e la riscossione (Fantozzi, *Tributi regionali*, cit., 834). L'iniziativa normativa fu limitata (Le Regioni sul piano applicativo potevano stabilire le norme necessarie per l'applicazione dei tributi propri, Gallo, *L'autonomia tributaria*, cit., 54) e rimase tale anche in seguito quando (L. 14 luglio 1990, n. 158, D. Legislativo 21 dicembre 1990, n. 398) fu ampliata la potestà impositiva regionale. La legislazione regionale veniva valorizzata prevedendo che le regioni potessero istituire l'addizionale sull'imposta di fabbricazione della benzina e di stabilirne l'aliquota. Successivamente si circoscrisse alla sola misura dell'aliquota l'intervento normativo regionale quando fu trasformata in regionale la tassa automobilistica (art. 5 legge 28 febbraio 1983, n. 53) e fu introdotto il tributo sulle discariche (legge 549/1995).

Solo con il d. legislativo 15 dicembre 1997, n. 446 (art. 24), viene attribuita alla legislazione regionale un'ampia autonomia: quella di disciplinare l'intera applicazione dell'imposta l'imposta regionale sulle attività produttive.

Il ruolo futuro dei regolamenti dipende quindi dall'armonioso equilibrio delle fonti legislative nazionali e regionali: o meglio, dagli spazi di autonomia normativa primaria che il legislatore nazionale confermerà o vorrà ulteriormente riconoscere alla legislazione regionale in materia tributaria. Quando, com'è previsto, la legislazione regionale avrà l'intera responsabilità della disciplina dell'applicazione dell'imposta sulle attività produttiva in tutti i settori coinvolti — da quello della liquidazione a quello delle indagini, da quello dell'accertamento, a quello della contestazione delle violazioni e dell'irrogazione delle sanzioni —, si apriranno per il regolamento tributario regionale spazi d'intervento che fino ad ora sono stati preclusi. Sarà così offerta alla legislazione regionale la possibilità di liberarsi dal ruolo integrativo attuativo in cui era stata fino ad oggi confinata dalla legislazione nazionale per svolgere di nuovo la propria pienezza primaria.

Il regolamento potrà assumere quindi un proprio ruolo in materia tributaria in coerenza con l'affermazione di una compiuta ed efficace autonomia legislativa regionale. Potrà operare già in quei settori dell'applicazione dell'imposta regionale sulle attività produttive la cui disciplina è affidata al legislatore regionale. A quest ultimo spetterà quindi di decidere a quale livello definire l'equilibrio delle fonti normative: se procedere ad una completa normazione di tutti i settori di accertamento, liquidazione, riscossione, applicazione delle sanzioni relativi all'imposta oppure utilizzare lo strumento regolamentare per integrare, attuare, dare esecuzione alla disciplina della legge regionale.

Un ostacolo comunque alla più ampia adozione del regolamento regionale anche in materia tributaria sarà pur sempre costituito dalla necessaria competenza consiliare (Fedele, "Rapporti civili", art. 23, cit., 118, nota 6). In tal modo il regolamento regionale fino a che non si rivelerà efficace proprio in quanto si potrà manifestare come strumento normativo agile e tempestivo non potrà costituire una valida alternativa all'uso dello strumento legislativo.

5.2 *L'affermazione del potere regolamentare degli enti locali*

a) La delegificazione

Ben diverso da quello regionale appare invece il destino della potestà regolamentare degli enti locali in materia tributaria. La recentissima riforma della finanza locale ha infatti proceduto ad un'amplissima delegificazione della materia tributaria di competenza di comuni e provincie. Con l'art. 52 del decreto legislativo 15 dicembre 1997, n. 446 viene definito un quadro sistematico in cui la generale potestà regolamentare degli enti locali è appunto destinata ad affermarsi in coerenza con la crescente importanza assunta dai tributi propri nel finanziamento di Comuni e Provincie. Affidandole la sola disciplina degli elementi strutturali dei tributi locali, tale articolo dimostra così di voler confinare la legislazione nazionale nel solo ambito necessario per soddisfare la riserva di legge relativa in materia tributaria dal momento che questa, proprio per la sua efficacia generale, trova applicazione anche per i tributi locali.

Si apre così per l'intervento normativo locale uno spazio particolarmente ampio che, ferma restando la naturale integrazione, attuazione, esecuzione nella disciplina sostanziale, potrà addirittura assumere, nell'intero settore applicativo, i caratteri di una vera e propria regolamentazione delegata. Sarà quindi difficile prevedere che tale imponente delegificazione consenta, pur nel silenzio della norma generale di cui all'art. 52, spazi d'intervento meramente amministrativo pur con carattere generale. Infatti la potestà regolamentare, nel momento in cui assume, per esplicito riconoscimento, carattere generale, esclude anche che si possano affermare interventi concorrenti di carattere amministrativo che riguardino la disciplina sostanziale e di attuazione dei tributi locali. Il primato del regolamento che la legge di riforma afferma appare così il carattere qualificante della futura disciplina dei tributi locali. La normatizzazione che caratterizza la riforma del sistema ben può apparire coerente con gli sforzi fino ad ora compiuti, in un quadro non sistematico come quello che si era cercato di definire prima della previsione dell'art. 52, per affermare il primato del regolamento nella disciplina tributaria locale. Coerente con un processo di delegificazione del quale si vedevano già alcuni tratti in quei tributi comunali la cui disciplina era stata modificata dal D.Lvo 15 novembre 1993, n. 507, piuttosto che nell'imposta comunale sugli immobili che, istituita con D.Lvo 30 dicembre 1992, n. 504, nonostante assumesse, per varietà di rapporti e per incidenza finanziaria, un'importanza sicuramente superiore. Solo di recente il D.Lvo dicembre 1997 ha rotto definitivamente tale monopolio normativo statale e la delegificazione ha investito anche la disciplina dell'imposta comunale sugli immobili. L'art. 59 infatti, ricorrendo espressamente alla potestà regolamentare generale attribuita agli enti locali consente al Comune di assumere la responsabilità normativa sostanzialmente i tutti i profili dell'imposta: non solo le procedure di accertamento ma anche l'attuazione la riscossione fino ad affrontare con riferimento a diverse tipologie di immobili alla loro utilizzazione ed alle esenzioni la configurazione della stessa fattispecie imponibile

Diverse erano le aree d'intervento regolamentare e variabile la loro estensione.

In via prioritaria ed esclusiva per alcuni tributi veniva coinvolta la disciplina sostanziale. L'intervento normativo poteva essere ampio per la tassa per lo smaltimento dei rifiuti solidi urbani interni con un'incidenza diretta sulla fattispecie (infatti il regolamento comunale aveva la responsabilità di procedere alla classificazione dei locali, di stabilire le modalità di applicazione dei parametri di costo, di graduare le tariffe ridotte ed individuare le fattispecie agevolative, art. 68/507).

Ampio, ma con indiretta incidenza sulla fattispecie, oltre che per la tariffa l'intervento per l'imposta comunale sulla pubblicità (con la regolamentazione delle modalità di effettuazione della pubblicità e della tipologia e quantità degli impianti pubblicitari — art. 3/507).

Per la tassa per l'occupazione di spazi ed aree pubbliche invece la responsabilità regolamentare del Comune in materia sostanziale era limitata alla tariffa e diveniva invece sicuramente più ampia per la disciplina applicativa (art. 38/507).

Con l'applicazione dell'ampia potestà regolamentare loro innovativamente attribuita in materia tributaria e tariffaria dall'art. 52/446, i Comuni potranno modulare ulteriormente (senza doversi limitare ad interventi sulla sola aliquota) la disciplina sostanziale dell'ici in ragione della composizione ed articolazione sul proprio territorio del patrimonio immobiliare e delle diverse destinazioni abitative od economiche. Inoltre potranno adattare il procedimento di controllo e di accertamento alla propria organizzazione amministrativa (art. 59/446).

Per quelle invece che il D.lgs 446/1997 ha innovativamente previsto come canoni, rispettivamente per l'installazione di mezzi pubblicitari (art. 62/446) e per l'occupazione degli spazi ed aree pubbliche (art. 63/446), l'autonomia regolamentare investe in maniera ampia sia la disciplina sostanziale — alla quale rimettere la diffusa articolazione di tariffe e di servizi che è prevista —, sia quella applicativa. L'intervento normativo in questo caso conferma il processo di delegificazione già iniziato con il D.Lvo 504/1992 per le forme d'imposizione applicabili negli stessi settori della pubblicità e dell'occupazione degli spazi e delle aree pubbliche. Nel contempo la previsione regolamentare offre alle tariffe dei Comuni il sostegno normativo necessario per la loro legittima applicazione, in coerenza con la riserva di legge e la sua ampia applicazione a tutte le prestazioni imposte e non solo a quelle tributarie

Le scelte regolamentari compiute con il D.Lvo 446/97 confermano quindi la convinzione che, pur con l'opinione contraria, che poteva isolatamente attribuirsi alla C. costituzionale (sent. 9 aprile 1997, n. 111 esclude che l'art. 23 possa giustificare una riserva di regolamento e non solo di legge), la riserva di regolamento fosse l'unica soluzione in grado di esprimere quell'autonomia politica che sul piano tributario viene riconosciuta anche agli enti locali (Russo, *Finanza regionale e questione fiscale*, cit., 910, id, *Manuale*, cit., 77; Falsitta, *Diritto tributario*, cit., 66; Amatucci, "Autonomia finanziaria e tributaria", in *Enc. giur. Treccani*, 1988; Gallo, "La ripartizione dell'imposizione tributaria fra lo Stato e gli enti locali", in *Riv. dir. fin.*, 1981, I, 80; Del Federico, op. cit., 23).

In definitiva va riconosciuto che l'eguaglianza e non la semplice imparzialità sono i principi ispiratori del Comune e della Provincia quando o disciplinano elementi sostanziali dei tributi — dalle aliquote alle esenzioni e alle riduzioni —, o regolano l'attuazione dei tributi — con modelli di applicazione destinati ad avere incidenza su liquidazione, riscossione e sanzioni —, una volta che la legge nazionale abbia, con la disciplina degli elementi strutturali dei tributi, deciso come ripartire il sacrificio tributario.

b) Il rapporto tra imposizione e consenso: il ruolo dei Consigli

Il primato del regolamento nella disciplina tributaria locale deve essere accompagnato, nel quadro sistematico che l'art. 52/446 disegna, dal riconoscimento del ruolo determinante del Consiglio. Tale organo dei Comuni e delle Provincie deve assumere la responsabilità delle scelte regolamentari che con tale ampiezza la riforma prevede. Tale soluzione, accompagnando sostanzialmente la delegificazione, esalta il ruolo fondamentale di tradurre in termini normativi il consenso dei rappresentanti quando si tratti di introdurre e ripartire territorialmente un sacrificio tributario. Conferma in sostanza l'obiettivo che la riforma del sistema delle autonomie locali si era prefissato con l'art. 33 della legge 8 giugno 1990, n. 142, quando aveva posto tra le prerogative del Consiglio quella dell'istituzione e dell'ordinamento dei tributi.

Di fronte ad una potestà regolamentare così ampia e generalizzata quale quella che l'art. 52/446 attribuisce agli enti locali, non basta pertanto il generico riferimento a Comuni ed a provincie a perpetuare l'ambiguità delle competenze tra Consiglio e giunta. Troppo ampio, diffuso e generalizzato il processo di delegificazione in materia tributaria e tariffaria per essere affidato alla responsabilità delle sole Giunte. Troppo precisa la qualificazione regolamentare dell'intervento di Comuni e provincie per poter attribuire tale responsabilità normativa all'organo esecutivo. Del tutto ingiustificata la previsione che con regolamento si possa per l'ici (art. 59/446, primo comma, n. 2) attribuire alla giunta comunale il compito di decidere le azioni di controllo. Infatti, se il potere regolamentare fosse stato rimesso alla giunta, questa ben avrebbe potuto operare anche nell'ambito di controllo senza richiedere una specifica investitura.

In coerenza quindi l'art. 52 va interpretato in modo riprodurre in sostanza a livello locale quel rapporto tra imposizione e consenso che, al di là delle diverse interpretazioni che si sono volute dare alla riserva di legge, marca in maniera tradizionale l'affermazione impositiva nella previsione costituzionale. Solo con tale interpretazione l'art. 52 può trasformare il ruolo consiliare in un vero e proprio modello nazionale.

c) Ampia latitudine delle tipologie regolamentari: dai regolamenti di esecuzione a quelli delegati

Quando, come accade per il riordino della disciplina degli enti locali introdotta con il D.Lvo 15 dicembre 1997, n. 446, l'art. 52 riduce il primato della legislazione nazionale all'area corrispondente a quella che deve essere garantita dalla riserva di legge, si offre all'autonomia normativa degli enti locali la più ampia affermazione compatibile con l'attuale assetto costituzionale. Nel definire la fattispecie, i soggetti, l'aliquota come la necessaria area d'intervento legislativo nazionale, l'art. 52 sostanzialmente disciplina quella struttura del tributo che rappresenta, dal punto di vista normativo, il rispetto necessario che la costituzione impone anche agli enti locali per l'ordinamento dei loro tributi. Pertanto, una così essenziale formulazione testuale, quale quella adottata dall'art. 52, deve essere interpretata in coerenza con la riserva di cui deve assicurare il rispetto. Così, rimettere alla legislazione nazionale la fattispecie imponibile significa sottrarre all'autonomia normativa locale non solo i fatti cui viene collegata l'applicazione del tributo ma anche le eventuali agevolazioni ed esenzioni che di quel tributo si vogliano disporre. In mancanza inoltre di una specifica menzione nell'art. 52, anche la definizione della base imponibile dovrà essere sottratta alle scelte locali. Lo giustifica la funzione che ad essa viene tradizionalmente attribuita di misura della fattispecie; lo richiede il necessario rispetto della riserva che non potrebbe essere vulnerato da una così vistosa mancanza di un elemento necessario per determinare la prestazione tributaria.

La scelta compiuta con l'art. 59/446 di procedere a delegificazione dell'intera struttura dell'imposta comunale sugli immobili serva così ad esaltare quell'autonomia dell'ente locale affermata dall'art. 5 (questo costituirebbe un principio guida della legislazione ordinaria e dell'interpretazione costituzionale. D'Amati, "Finanza locale", in *Noviss. Dig.*, 748; Amatucci,

Autonomia finanziaria, cit., 3, Gallo, *L'autonomia tributaria*, cit., 11 ss., contra Tosi, *Finanza locale*, 11 ss., che non riconosce il ruolo prevalente dell'art. 5). In tale prospettiva l'investitura legislativa con la definizione del relativo ambito d'intervento del regolamento rappresenta in questo caso un legame costituzionalmente accettato anche se però pur sempre rispettoso della riserva di legge e della sua operatività (tanto fa nascere dubbi sull'ampiezza dell'intervento normativo cui si riferisce l'art. 59/446, La Rosa, *L'accertamento ed i poteri di controllo nella disciplina dell'Ici*, 11 dell'estratto). Formalmente giustificato, serve al tempo stesso per assicurare la naturale dipendenza del regolamento dalla legge nazionale e per garantire compiutamente e dal punto di vista sostanziale il necessario rispetto della riserva che in questo caso viene intesa in senso meno rigoroso (Forte, in *Riv. dir. fin.*, 1956, I, 275; Amato, *Rapporti tra norme primarie*, cit., 53; Fedele, "Rapporti civili", 128, nota 9 e 132, note 29, 30 e 31).

Coerente con tale soluzione anche l'ampia delegificazione introdotta in materia di canoni, rispettivamente dall'art. 62 per gli impianti di pubblicità e dall'art. 63 per l'occupazione di spazi ed aree pubbliche per una volta riconosciuto che non solo alle prestazioni tributarie ma anche a quelle imposte si applica la riserva di legge di cui all'art. 23 della costituzione.

Nel quadro generale definito dall'art. 52/446 nella ripartizione dei settori d'intervento tra legislazione nazionale e regolamento, non può nemmeno suscitare perplessità la scelta che la legge nazionale si limiti a stabilire il limite massimo cui il regolamento locale possa porre le aliquote. Nel momento in cui in tal modo il legislatore manifesta la propria intenzione di dilatare l'autonomia normativa locale fino ai limiti concessi dall'attuale assetto costituzionale, finisce poi con l'attribuire all'ente locale capacità di scelta che appaiono compatibili con il carattere relativo della riserva di legge proprio in quanto manifestano quella responsabilità finanziaria che l'art. 5 della costituzione intende come corollario dell'autonomia (in tal senso già C. cost. 23 giugno 1964, n. 58). Nello stabilire infatti solo il limite massimo e non anche quello minimo si è cercato un equilibrato compromesso tra le prerogative statali — che la riserva di legge comunque riconosce — e la necessaria autonomia connessa alla responsabilità finanziaria — che l'aliquota comporta per l'ente locale impositore. Si è voluto così evitare di introdurre un'eccessiva compressione della discrezionalità politica nelle scelte dell'ente locale nel timore che un ricorso eccessivamente differenziato delle aliquote tra contribuenti che pur si trovavano nella stessa situazione fiscale ma operavano o risiedevano, a seconda delle fattispecie, in territori diversi portasse a trattamenti discriminatori. Nel momento in cui il legislatore ordinario si è preoccupato, come nel caso dell'art. 52/446, di evitare che l'elevata incidenza del carico fiscale provocasse inaccettabili sperequazioni tra contribuenti operanti in diversi territori, ha poi sostanzialmente attribuito all'ente locale la possibilità di definire quel pieno apprezzamento politico che sul piano finanziario comporta la definizione anche del livello del prelievo. Così l'ente locale assumerà la piena responsabilità delle scelte tributarie in coerenza con quelle finanziarie, che il prelievo tributario deve pur sempre soddisfare. Comunque le scelte rimesse a valutazioni politiche e finanziarie degli enti locali non potranno mai legittimare una differenziazione che possa costituire una violazione al generale principio di eguaglianza, naturalmente applicabile nel campo tributario.

Così la possibilità offerta dall'art. 52/446 all'ente locale di differenziare sul piano regolamentare anche le aliquote in relazione a fattispecie ed a soggetti diversi era già stata come corollario dell'autonomia dell'ente locale ritenuta compatibile con l'applicabile della riserva di legge ai tributi locali (Berliri, *Principi*, cit., I, 1967, 50, II, 1972, 315). L'offerta di integrazione regolamentare è destinata a trovare specifica ed immediata rispondenza proprio in quelle forme di prestazioni imposte che sono state innovativamente introdotte dallo stesso D.Lvo 446/97 e costituite dai canoni per l'installazione di mezzi pubblicitari e per l'occupazione di spazi ed aree pubbliche. Infatti i parametri cui i Comuni dovranno attenersi per stabilire le tariffe (art. 62 e 63) appaiono particolarmente ampi e comunque più giustificati da obiettivi da raggiungere (ragionevolezza e gradualità o sacrificio imposto alla collettività) che da caratteri oggettivamente originali.

Inoltre le riduzioni d'imposta che l'ampia investitura regolamentare dell'art. 52/446 permette potranno essere causa di una parcellizzazione del sacrificio tributario. Il pericolo è sempre quello che, senza parametri che in sede centrale abbiano definito quale sia il grado di differenza accettabile nell'intero territorio nazionale, si possano verificare non giustificate discriminazioni tra contribuenti che risiedono ed operano in Comuni diversi. Il pericolo appare reale ed immediato proprio per quei canoni in materia pubblicitaria e di occupazione di spazi ed aree pubbliche per i quali il regolamento può disporre, per espressa previsione legislativa, anche aumenti e non solo riduzioni (in riferimento a quelle che vengono genericamente indicate come specifiche attività senza ulteriori precisazioni).

L'ampia libertà normativa che gli enti locali acquisiscono nella disciplina di questo importante elemento della struttura del tributo rischia di svalutare l'efficacia del limite dell'aliquota massima stabilito dalla legge statale. Il regolamento quindi adottato in questo caso dall'ente locale sembra più operare in attuazione di una delega sostanziale della norma statale che intervenire ad integrare una disciplina che il solo limite massimo non appare certo sufficiente a delineare.

In relazione invece agli elementi della struttura del tributo diversi dall'aliquota gli interventi regolamentari degli enti locali ben possono esprimersi nella mera esecuzione, nella definizione di norme di dettaglio, nell'integrazione della disciplina nazionale. Il ruolo esecutivo, così come quello di integrazione e di attuazione, dipenderà naturalmente dalla scelta compiuta dalla legge nazionale. Infatti il ruolo e l'efficacia dei regolamenti dipenderà pur sempre dalla disciplina più o meno ampia o più o meno completa adottata dalla legge nazionale. Se questa sarà sufficientemente compiuta al massimo richiederà un intervento regolamentare di mera esecuzione; se invece la legislazione nazionale sarà generale o di principi richiederà poi una disciplina di integrazione e di dettaglio che potrà essere appunto affidata al regolamento locale. Questa sembra essere la soluzione destinata ad affermarsi secondo quanto si può desumere dalle prime indicazioni normative offerte dal D.Lvo 446/97. Particolarmente ampia si rivela così nell'ambito sostanziale la responsabilità regolamentare comunale: investe infatti gli stessi elementi della fattispecie ed incide anche sulla loro qualificazione ai fini applicativi, secondo soluzioni che in linea generale accomunano imposte (come accade per l'Ici — art. 59) e nuove prestazioni imposte (canoni per la pubblicità — art. 62 — e per l'occupazione spazi ed aree pubbliche — art. 63).

Invece, per la disciplina dell'ampio settore dell'attuazione dei tributi locali, l'art. 52 abbandona espressamente quel primato della norma primaria che caratterizza la disciplina sostanziale. Affida infatti agli enti locali un'ampia autonomia normativa che così potrà investire la liquidazione, la riscossione, il controllo, l'accertamento, la constatazione delle violazioni e l'irrogazione delle sanzioni.

Senza il vincolo imposto costituzionalmente per le scelte sostanziali, secondo la consolidata interpretazione che limita l'efficacia della riserva di legge in materia tributaria agli elementi strutturali del tributo, la soluzione scelta dall'art. 52 (con la formula adottata nel primo comma, secondo la quale le provincie ed i comuni possono disciplinare con regolamento le proprie entrate) valorizza completamente l'autonomia normativa locale.

I soli principi che lo stesso articolo stabilisce per i regolamenti locali in questi settori riguardano alcune delle modalità con le quali si possono effettuare le scelte regolamentari, quali appunto la possibilità di affidare il servizio di riscossione o addirittura la stessa funzione accertativa a soggetti terzi. Si tratta infatti per i principi che presuppongono anzi, con tale loro limitata efficacia d'intervento, di un'autonomia regolamentare amplissima. Questa potrà infatti riguardare il ruolo stesso e le relazioni tra le fasi di applicazione del tributo, l'adozione dei modelli di liquidazione e riscossione, la varietà delle procedure di accertamento ed i poteri di indagine e di controllo che sono ad essi connessi, le modalità e le forme di contestazione delle violazioni nonché quelle di irrogazione delle sanzioni. Sarà dunque l'applicazione di tale amplissima disciplina regolamentare che l'ente locale potrà affidare a soggetti estranei alla propria amministrazione per il profilo limitato del servizio di riscossione o per quello più ampio della stessa funzione di accertamento. Solo su questa scelta, una volta intervenuta, operano invece i principi statali. La loro efficacia è e rimane quindi del tutto eventuale. Opera come diretta conseguenza della scelta per l'applicazione diretta o per affidamento dei tributi locali. Proprio perché può essere inoperante — nel caso in cui l'ente locale scelga di riscuotere ed accertare direttamente —, o parzialmente operante — se venga affidata la riscossione a concessionari rimanendo l'accertamento prerogativa dell'ente locale —, l'efficacia dei principi è affidata alle valutazioni di opportunità e di convenienza che l'ente locale potrà adottare.

Questa debolezza dei principi legislativi però, proprio nel momento in cui contribuisce ad esaltare l'autonomia regolamentare dell'ente locale, suscita anche alcune perplessità per una scelta che appare così innovativa. Senza principi che ne ispirino o ne indirizzino le scelte, la potestà regolamentare nell'ampio settore dell'applicazione dei tributi locali assume una latitudine normativa che, pur se conciliabile con la efficacia della riserva limitata al settore sostanziale non lo sembra invece con lo steso ruolo delegato che la legislazione nazionale ha voluto ad essa affidare. Come tale si espone quindi a dubbi di legittimità che la sola legittimazione dell'investitura della legge nazionale non riesce a fugare.

In alternativa, potrebbe essere invece proprio la latitudine normativa dei regolamenti locali e la loro libertà rispetto ai principi legislativi nazionali a valorizzarli come regolamenti autonomi. Questi, proprio per l'efficacia nell'attuazione dei tributi e nel diritto tributario formale, non incontrerebbero il limite costituzionale, che la riserva di legge stabilisce per il diritto tributario sostanziale. Una soluzione questa che potrebbe essere compatibile con quella parificazione alle fonti che lo stesso art. 52/446 riconosce in via generale ai regolamenti locali in materia tributaria quando prevede che l'efficacia delle disposizioni di legge vigenti operi, per i soli settori per i quali non sia intervenuta la delegificazione, e che l'art. 59/446 applica nell'ambito specifico dell'imposta comunale sugli immobili quando stabilisce la non applicazione delle disposizioni statali in materia di accertamento quando siano operative le norme regolamentari adottate dal Comune nello stesso ambito.

6. La giustiziabilità dei regolamenti

6.1 La giustiziabilità ed il riparto della giurisdizione in materia tributaria

La risposta giudiziaria ai regolamenti tributari non può trascurare la presenza nell'attuale ordinamento di una giurisdizione riservata, diversa da quella ordinaria e da quella amministrativa, per le controversie relative ad un ampio novero dei tributi. Di fronte ad una diffusione dei regolamenti, che investe i diversi settori degli ordinamenti tributari nazionale e locale e che coinvolge tutte le tipologie dei tributi — senza alcuna distinzione per quelli soggetti alla giurisdizione delle commissioni tributarie —, il giudice amministrativo assicura comunque l'unità della tutela nei confronti dei regolamenti illegittimi. Infatti, indipendentemente dal fatto che le controversie relative ai tributi che essi disciplinano siano soggette o meno alla giurisdizione tributaria, la cognizione del giudice amministrativo si estende a tutti i settori e con essa naturalmente l'annullamento con effetto erga omnes, che caratterizza attualmente la giurisdizione amministrativa per i regolamenti.

La giurisdizione amministrativa, così offerta a tutela di tutti i contribuenti, potrà essere utilizzata, in considerazione della ricorribilità prevista dall'art. 52/446, anche dal Ministro delle finanze per ottenere l'annullamento dei regolamenti ritenuti illegittimi adottati dagli enti locali nell'esercizio dell'ampia potestà regolamentare offerta dallo stesso articolo. La scelta compiuta finisce così con il coinvolgere tutte i regolamenti come manifestazioni dell'ampio potere regolamentare locale senza precisare le tipologie di regolamenti esposti all'impugnazione ministeriale (per perplessità sull'ampia valenza della legge di delega: D'Amati, "La ricostituzione dell'autonomia tributaria degli enti locali, aspetti normativi", in *Riv. dir. trib.*, 1997, 704).

Se quindi l'annullabilità accomuna tutti i regolamenti tributari nella giurisdizione amministrativa, la presenza di una giurisdizione tributaria articolata in Commissioni Provinciali e regionali ed attualmente regolata dal D.Lvo 31 dicembre 1992, n. 546, influenza la ricorribilità al giudice amministrativo. Infatti nei casi dei regolamenti che per la loro lesività sono considerati immediatamente impugnabili (Cons. Stato 19 ottobre 1960, in *Foro amm.*, 1961, I, 493) la ricorribilità (come ha dimostrato anche l'esperienza tributaria in occasione dell'annullamento del decreto del Ministro delle finanze 20 gennaio 1990 che aveva proceduto alla revisione degli estimi catastali — Tar Lazio 29 aprile 1992, in *Riv. dir. trib.*, 1992, II, 554) del regolamento non è condizionata dall'emissione del provvedimento di attuazione. La stessa soluzione viene normativamente prevista anche per i regolamenti degli enti locali dal momento che lo stesso art. 52/446 prevede il ricorso da parte del Ministro delle finanze al giudice amministrativo.

Negli altri casi la presenza di una giurisdizione tributaria incide sulla ricorribilità. Infatti il provvedimento tributario, tramite il quale il regolamento determina la lesione nei confronti del contribuente, al tempo stesso legittima il ricorso al giudice amministrativo e si pone come oggetto stesso del ricorso alle commissioni tributarie, in coerenza con quella giurisdizione la cui efficacia di annullamento è comunque assicurata anche nell'ampia accezione di giurisdizione di accertamento — annullamento che ormai in maniera consolidata l'interpretazione giurisdizionale ha riconosciuto al processo avanti le commissioni. In tal modo si differenzia la ricorribilità al giudice amministrativo nei confronti dei regolamenti che riguardano tributi sottoposti alla cognizione delle commissioni da quella operante per gli altri regolamenti tributari. In quest ultimo caso infatti il destino del provvedimento necessario per la giustiziabilità del regolamento è irrilevante per la cognizione del giudice ordinario, tradizionalmente orientata alla tutela dei diritti soggettivi che essa sottende.

Per i regolamenti invece relativi a tributi le cui controversie sono rimesse alla cognizione delle commissioni tributarie il riparto delle giurisdizioni dà origine ad una singolare situazione: il provvedimento tributario necessario per la ricorribilità del regolamento non può però essere annullato dal giudice amministrativo ma solo da quello tributario. Quest ultimo però non ha potere di annullamento per il regolamento che continua ad essere affidato al giudice amministrativo: l'unico quindi legittimato a giudicare della legittimità del regolamento con giurisdizione di annullamento con efficacia *erga omnes*.

6.2 La disapplicazione dei regolamenti

Rappresenta la risposta naturale ed univoca che entrambe le giurisdizioni, quella ordinaria e quella tributaria, sono autorizzate a dare al contribuente una volta riconosciuta in via esclusiva la giurisdizione di annullamento del giudice amministrativo. Di fronte ad un esplicito riconoscimento di tale potere contenuto nella legge 20 marzo 1865, n. 2.248, all. E, per il giudice ordinario ed nell'art. 7, ultimo comma del decreto legislativo 31 dicembre 1992, n. 546, per il giudice tributario, mutano però profondamente ruoli e efficacia della disapplicazione. Complice e causa quella giurisdizione tributaria che, con l'ambigua natura di impugnazione — accertamento non ha saputo dare una risposta coerente ed univoca al ruolo ed agli effetti della disapplicazione la cui applicazione sul piano normativo è e rimane indiscussa.

L'uso limitato ma uniforme dell'istituto che la giurisprudenza ha dimostrato di fare (per il decreto con cui venivano fissati i criteri di revisione degli estimi catastali Comm. trib. 1 grado Venezia, 11 marzo 1992, n. 132; Comm. trib. 1 grado Perugia, 11 maggio 1992, n. 127; Comm. trib. 1 grado Livorno 9 giugno 1992, n. 465; Comm. trib. 1 grado Milano, 11 giugno, 1992, n. 379, tutte in *Il Fisco*, 1993, 1.652 ss.; Comm. trib. 1 grado Treviso 9 dicembre 1993, n. 71, in *Il Fisco*, 1993, 7.297; per i decreti con cui viene determinato e regolato il cd redditometro Comm. trib. 1 grado Lucca, 25 marzo 1989, n. 112, in *Boll. trib.*, 1990, 298; Comm. trib. 1 grado Milano, 24 aprile 1991, n. 902.003, in *Boll. trib.*, 1991, 959; Comm. trib. 1 grado Reggio Emilia, 15 giugno 1994, n. 281, in *Boll. trib.*, 1994, 115; per il decreto relativo ai coefficienti presuntivi di reddito Comm. trib. 1 grado Ravenna, 27 maggio 1994, n. 773, in *Il Fisco*, 1994, 9.483) convince della progressiva affermazione dell'istituto e della sua praticabilità al di là delle più radicali valutazioni sulla sua inutilità (perché nell'ambito di un processo tributario considerato di annullamento la disapplicazione costituirebbe pur sempre una particolare forma di annullamento — Muscarà, "Giurisdizione di annullamento e giurisdizione di accertamento nella nuova disciplina del processo tributario", in *Dir. prat. trib.*, 1983, I, 1.157) o sulla sua inutilizzabilità (perché in relazione ad un processo tributario considerato di accertamento il potere di disapplicazione delle Commissioni si sovrapporrebbe a quello del giudice ordinario. Si verificherebbe così una doppia tutela giurisdizionale che non avrebbe giustificazione logica e fondamento costituzionale. Bafile, *Il nuovo processo tributario*, Padova, 1994, 109-115).

Il potere di disapplicazione potrà essere esercitato in sede di cognizione della controversia tributaria. Pertanto l'uso per il contribuente rimane limitato, come prevede l'art. 7/546, ai casi in cui l'illegittimità del regolamento è necessariamente connessa con l'oggetto della controversia instaurata davanti la commissione tributaria (con un'ampia disamina del quadro di riferimento in cui si colloca l'applicazione della norma Fransoni, "La disapplicazione dei regolamenti e degli atti generali nel processo tributario", in *Giurisprudenza commentata sul processo tributario*, a cura di F. Tesauro, Torino, 1997). Il giudizio di disapplicazione dei regolamenti tributari relativi a tributi affidati alla cognizione delle commissioni una volta riconosciutane l'illegittimità può ben essere considerato come incidentale nel giudizio tributario relativo al provvedimento che ne costituisce applicazione (Glendi, *L'oggetto del processo*, Padova, 1984, 620 ss.; Polano, *Gli atti impugnabili, in Commentario delle leggi sul contenzioso tributario*, Padova-Milano, 1990, 286 ss., Di Pietro, *I regolamenti, le circolari*, cit., 643; Fransoni, Comm. trib. 1 grado Venezia, 27 dicembre 1994, n. 316, in *Riv. dir. trib.*, 1995, 1.027). Si tratta di una soluzione che con i naturali limiti soggettivi salvaguarda pur sempre la distinta efficacia del giudizio di disapplicazione con le conseguenze limitate alle parti ed alla controversia dedotta in causa da quello di annullamento con efficacia *erga omnes*.

Mantiene inalterato il rapporto tra provvedimento e regolamento nei distinti giudizi affidando a quello amministrativo la garanzia necessaria per la ricorribilità del regolamento ed a quello tributario per il giudizio sul provvedimento la cui illegittimità appare derivata dal regolamento che coerentemente il giudice tributario è chiamato a giudicare.

Incerta rimane ancora la relazione tra i due giudizi. La mancanza infatti di una pregiudizialità amministrativa non esclude che anche sul giudice tributario operi l'efficacia erga omnes dell'annullamento del giudice amministrativo solo una volta che sia intervenuto però il giudicato. La disapplicazione sancita e decisa dal giudice tributario non può certo incidere sul giudizio amministrativo che in tutta autonomia può decidere la legittimità del regolamento impugnato.

CADERNOS DE DIREITO TRIBUTÁRIO

A TRIBUTAÇÃO DOS NÃO-RESIDENTES NO BRASIL: O REGIME FISCAL DOS DIVIDENDOS, JUROS, "ROYALTIES" E "CAPITAL GAINS"*

HELENO TAVEIRA TORRES

Professor em Cursos de Graduação e de Pós-Graduação, Advogado e Consultor Tributário em São Paulo — Doutorando em Direito Tributário (PUC/SP) — Mestre em Direito Tributário (UFPE-1995) — Especializado em Direito Tributário Internacional pela I Universidade de Roma "La Sapienza"

1. *Imposto sobre a renda de pessoa jurídica — Aspectos constitucionais*

A Constituição do Brasil de 1988, em face do federalismo e de outras circunstâncias históricas e institucionais, dispôs uma demarcação do *sistema tributário nacional* assaz exaustiva quanto à repartição do poder de tributar, na forma de competências impositivas, entre a União, os Estados, o Distrito Federal e os Municípios (pessoas políticas de direito público interno), além de estabelecer o estatuto dos contribuintes e as limitações constitucionais ao poder de tributar.

Essa mesma CF, no seu art. 153, na indicação dos tributos de competência da União, traz estipulados os pressupostos para a instituição do imposto sobre a *renda e proventos de qualquer natureza.*

Cumprindo a sua função, prevista no art. 146, III, da CF, o Código Tributário Nacional (CTN) definiu o *fato gerador* do imposto como "a aquisição da disponibilidade econômica ou jurídica de renda, assim entendido o produto do capital, do trabalho ou da combinação de ambos" e a *base de cálculo* como sendo o "montante real, arbitrado ou presumido da renda ou proventos tributáveis".

2. *Regimes aplicáveis na tributação dos não-residentes*

Quanto ao tratamento tributário brasileiro aplicável às rendas de sujeitos não-residentes, sejam estes pessoas físicas ou jurídicas, mister distinguir o regime jurídico atribuído aos não-residentes que se sujeitam a uma tributação definitiva na fonte (tratamento isolado dos rendimentos), do regime aplicável aos domiciliados no exterior *equiparados* às pessoas jurídicas domiciliadas no Brasil, pela força de atração de um estabelecimento permanente. Neste último caso, a regra geral é a de que os não-residentes, por equiparação, submetam-se

* Este trabalho foi elaborado para ser um dos capítulos da obra de Victor Uckmar (coord.), *Corso di Diritto Tributario Internazionale*, Milano, Giuffrè, 1999 (Sezione II). Com a colaboração da Dra. Ana Cláudia Akie Utumi, Advogada e Mestranda da PUC/SP.

às mesmas regras adotadas para os residentes, mas há também operações, submetidas ao tratamento isolado, que equipara os não-residentes aos residentes (os regimes especiais).

Como assinala Alberto Xavier,[1] "a linha divisória entre estes dois regimes reside em que, no segundo, além do aspecto comum de se encontrar localizada a fonte de renda no território do Brasil, há o *exercício* nesse mesmo território de uma *atividade* à qual são imputáveis os rendimentos através de uma *organização* de pessoas ou bens, e que permite afirmar que o residente no exterior está 'realizando negócios' (*doing business*) no Brasil".

No primeiro critério — *tratamento isolado* — o sistema jurídico considera os rendimentos auferidos pelos não-residentes *isoladamente* (modelo analítico), submetendo cada um, de *per si*, ao tratamento que lhe for individualmente aplicável (juros, *royalties*, aluguéis, dividendos etc.). No segundo, em face do princípio da *força de atração (plena ou restrita) do estabelecimento permanente*, o sistema tributário considera os rendimentos auferidos pelos não-residentes, através de um estabelecimento permanente (equiparado às pessoas jurídicas residentes).

Desse modo, em duas circunstâncias aplica-se o *tratamento isolado*: (i) quando a pessoa jurídica não-residente não dispõe de um estabelecimento permanente situado em um determinado Estado e no respectivo território deste produza rendas; e (ii) quando a pessoa não-residente, mesmo dotada de um estabelecimento permanente, produza rendas de um modo autônomo em relação a este e o Estado de instalação aplique o princípio da *força de atração restrita*.

Não existindo um estabelecimento permanente, o tratamento isolado[2] justifica-se pelo próprio tipo de conexão que se forma entre o contribuinte e o território do Estado: ocasional e fortuito; sendo autônomos os rendimentos, por força das próprias circunstâncias do modo como são produzidos, sem um referencial que possa consolidá-los. Neste, o que importa, concretamente, não é a mera existência de categorias diferenciadas de rendas, mas sim a *autonomia* dos elementos redituais, que, tratados isoladamente, são normativamente considerados sob *autônomas* bases de cálculo, com a incidência de uma alíquota *proporcional* sobre o *valor bruto* dos mesmos.

Para tanto, as regras internas de localização e de qualificação identificam o rendimento para que a norma impositiva possa incidir, autonomamente ou ante o regime de força atrativa — caso exista estabelecimento permanente —, ficando cada categoria de renda submetida a um distinto regime tributário.[3] Assim, para efeito do tratamento isolado sobre quaisquer das categorias de rendimentos tributáveis, apresentam-se, sempre e incondicionalmente: (i) as disposições relativas à *qualificação* das categorias de renda e do sujeito não-residente; (ii) as prescrições que *localizam* (*source rules*) tais categorias como tendo sido produzidas territorialmente; e (iii) as normas de imposição (*tax rules*) que determinam a *tributação* da respectiva categoria reditual.

1. Alberto Xavier, *Direito Tributário Internacional do Brasil*, 5ª ed., RJ, Forense, 1999, p. 388.

2. O Brasil, porque adota o princípio da força de atração restrita, dispõe de várias normas para o *tratamento isolado* de rendimentos de pessoas jurídicas residentes ou domiciliadas no exterior, que estabelecem uma distinção de tratamento para alguns rendimentos, como: participações (societárias — lucros e dividendos — aplicação em sociedade de investimento, fundo em condomínio e carteira de valores mobiliários); ganhos de capital (em suas várias manifestações); financiamentos; serviços; outros rendimentos de capital (rendimentos de imóveis, películas cinematográficas); cada um destes podendo ser tratados isoladamente ou concorrer para a formação do rendimento total da pessoa jurídica, dependendo do modo de atuação e conforme a situação jurídica do contribuinte.

3. Para maiores considerações, Heleno Torres, *Pluritributação Internacional Sobre as Rendas de Empresas*, SP, Ed. RT, 1997, p. 171; Carlo Garbarino, *La Tassazione del Reddito Transnazionale*, Padova, CEDAM, 1990, p. 243.

3. Residentes no exterior — A "fonte" como elemento de determinação e conceituação das rendas de empresas

A determinação do alcance do conceito de "fonte" é muito importante e deve ser previamente estabelecida para a definição dos rendimentos tributáveis de não-residentes, particularmente no que concerne à aplicação do tratamento isolado, mediante retenção definitiva.

Diz o art. 682, RIR/99, que estão sujeitos ao imposto na fonte a renda e os proventos de qualquer natureza provenientes de *fontes situadas no País*. E o art. 685, RIR/99, que os rendimentos, ganhos de capital e demais proventos *pagos, creditados, entregues, empregados ou remetidos*, por fonte situada no País, a pessoa física ou jurídica residente no exterior, estão sujeitos à incidência na fonte.

À vista destes dois dispositivos, a doutrina passou, então, a questionar qual seria a regra geral aplicável para a determinação do critério da "fonte": (i) a da presença da fonte de produção; (ii) a presença da fonte pagadora no território nacional ou (iii) a presença cumulativa de ambas, fonte de produção e fonte de pagamento.

Não é correto confundir a materialidade (rendimento) da hipótese de incidência com o critério temporal (momento do *pagamento, crédito, entrega, emprego ou remessa*) e com o critério espacial (localização no País), os quais, mesmo se imprescindíveis à composição do fato imponível, devem ser claramente tipificados.

A localização da *fonte de produção* do rendimento é o critério mais relevante para estabelecer a efetiva conexão entre a renda e o território da pessoa tributante, por isso, no nosso entender, deve ser o critério determinante para a tributação da maioria dos rendimentos sujeitos ao tratamento isolado. Esse critério só deve ser afastado, para prevalecer o critério da fonte de pagamento,[4] quando a lei expressamente o fizer.

Para Alberto Xavier (1999, p. 399), não basta que no Brasil se encontre a fonte de produção de rendimentos, devendo, cumulativamente, encontrar-se também a fonte pagadora. Negamos essa necessária cumulação. Em nossa análise, sendo a fonte produtora localizada no Brasil, não importa se o pagamento foi feito a partir do Brasil, ou a partir de qualquer outra localidade no mundo. Contudo, se a fonte de produção não se localiza no território, cabe a incidência sobre o "pagamento, crédito, emprego, entrega (...)" que aqui seja praticado em favor de não-residente, mesmo que o fator de produção do rendimento esteja no exterior, quando a legislação assim o exija expressamente, derrogando aquele preceito geral.

P. ex., o pagamento pela prestação de serviços operados no exterior. Também, um contrato de empréstimo, com credor no exterior e devedor no Brasil. Se, ao invés de pagar os juros a partir do Brasil, o devedor decide pagá-los a partir de uma conta nos EUA, não haveria imposto de renda na fonte no Brasil? Para nós, não há como negar que houve a "entrega" dos rendimentos para o estrangeiro, ainda que não tenha havido a "remessa" diretamente do Brasil.

É por essa razão que a aplicação de regras gerais não são admitidas, como procura fazer Luciana Galhardo, ao dizer: "Desde 1975, o Decreto 1.418 adotou o princípio da fonte pagadora como elemento de conexão para a tributação dos rendimentos auferidos por não-residentes. A partir daquele instante passou a ser irrelevante para as autoridades fiscais o local da produção dos rendimentos, apenas o local da fonte de pagamento de tais rendimen-

4. Fonte pagadora é a entidade à qual são imputáveis juridicamente, como devedor, os pagamentos em causa e que, portanto, suporta o respectivo ônus, sendo irrelevante o local e a moeda em que este se realiza. Mas não sempre a retenção dependerá da presença do local de pagamento, daí o art. 717, RIR: "Compete à fonte reter o imposto de que trata este Título, salvo disposição em contrário" (Decreto-lei 5.844, de 1943, arts. 99 e 100, e Lei 7.713, de 1988, art. 7º, § 1º).

tos. Se a fonte pagadora fosse brasileira, haveria a incidência do IRF".[5]

Este tratamento se verifica, p. ex., no caso das aplicações financeiras de renda fixa, as operações em mercados de renda variável, as aplicações financeiras indiretas por meio de fundos e clubes de investimento e ainda com os ganhos de capital na alienação de bens e direitos.

Contrariamente a este entendimento, pensamos que a regra deva ser aquela da presença da fonte de produção do rendimento, salvo a hipótese de pagamentos serem praticados no Brasil por fatos cujas hipóteses estejam previamente entabuladas pela legislação aplicável à espécie.

O CTN oferta aos seus intérpretes uma cláusula geral (mal denominada por alguns de conceito) sobre *rendimento tributário*, aplicável simultaneamente às pessoas físicas[6] e jurídicas, a qual se limita a estabelecer as notas distintivas mais relevantes.

"Art. 43. (...) I — de renda, assim entendido o produto do capital, do trabalho ou da combinação de ambos."

Nesta cláusula geral, o termo "produto" aparece denotando "resultado", mas todo produto, todo resultado, possui uma *fonte*, uma origem a ser considerada, pois o produto, *per si*, não é suficiente para estabelecer o tratamento tributário a ser aplicado àquele resultado. Deste fato resulta que o estudo da noção de renda tributável deve estabelecer-se, também, em função da *origem* de tal *produto*, e não exclusivamente sobre este, que serve apenas para delimitar o que deve compor a base de cálculo da tributação sobre rendas.

A fonte, no caso particular do conceito adotado pelo Código, corresponde às atividades que estejam diretamente relacionadas com o uso do capital, que sejam desenvolvidas mediante utilização do trabalho humano ou que sejam fruto da combinação entre o trabalho humano (homem e máquina) e a aplicação do capital na produção.

O conceito tributário de *renda*, para que possa ser avaliado concretamente, além de dever ser considerado à luz do princípio de capacidade contributiva — identificada na posse do "produto" — deve referir-se à *fonte* qualificada como apta à produção do rendimento, permitindo, assim, um preciso juízo de valor, tanto sobre a substância econômica da atividade, como sobre a origem de tal substância, que é decisivamente considerada pelo complexo normativo da tributação.[7]

Na situação em que, ao invés de centrar a preocupação doutrinária exclusivamente na renda como produto (pagamento), for privilegiada a necessária qualificação e individuação da fonte, então a atividade interpretativa será mais construtiva e mais segura no que concerne à teorização dos sistemas de tributação de rendimentos, por encontrar-se mais próxima dos elementos concretos que determinam a situação pessoal do contribuinte.

5. Luciana Rosanova Galhardo, "Serviços técnicos prestados por empresa francesa e imposto de renda na fonte", *Revista Dialética de Direito Tributário* 31/37, SP, Dialética, 1998.

6. Quanto às pessoas físicas, estabeleceu como cláusula geral o art. 37, RIR/99: "Constituem rendimento bruto todo o produto do capital, do trabalho ou da combinação de ambos, os alimentos e pensões percebidos em dinheiro, os proventos de qualquer natureza, assim também entendidos os acréscimos patrimoniais não correspondentes aos rendimentos declarados, bem como a renda presumida, no caso de sinais exteriores de riqueza".

7. Neste modo, também alguns doutrinadores italianos em suas obras de teoria geral sobre a tributação de rendas de pessoas jurídicas, a exemplo: Antonio Cicognani, *L'Imposizione del Reddito di Impresa*, Padova, CEDAM, 1980; G. Tinelli, *Il Reddito d'Impresa nel Diritto Tributario — Principi Generali*, Milano, Giuffrè, 1991; Mario Polano, *Attività Commerciali e Impresa nel Diritto Tributario*, Padova, CEDAM, 1984; Mario Maccarone, *Teoria e Tecnica delle Imposte sui Redditi*, 2ª ed., Milano, Giuffrè, 1990; Augusto Fantozzi, *Impreenditore e Impresa nelle Imposte sui Redditi e nell'IVA*, Milano, Giuffrè, 1982; Carlo Garbarino, *La Tassazione delle Operazioni sul Capitale e sulle Poste del Patrimonio Netto*, Milano, Giuffrè, 1993; Victor Uckmar (coord.), *La Strutura dell'Impresa e l'Imposizione Fiscale*, Padova, CEDAM, 1981.

4. *O tratamento brasileiro aos rendimentos produzidos por não-residentes*

4.1 Aspectos gerais

Em linhas gerais, os rendimentos auferidos por não-residentes no Brasil, provenientes de fontes pagadoras brasileiras, estão sujeitos ao imposto sobre a renda na fonte, a depender do tipo de rendimento tributável, repartidos nos seguintes tipos:

Não-residentes que operam mediante filiais, sucursais ou representantes no Brasil: regime de equiparação a pessoa jurídica domiciliada no Brasil (força de atração restrita).

1. Não-residentes que atuam desprovidos de filiais, sucursais ou representantes no Brasil:

a) *regime geral* — tributação analítica por retenção na fonte sobre o rendimento bruto (tratamento isolado sem equiparação);

b) *regimes especiais de equiparação a residentes no Brasil* (tratamento isolado com equiparação aos residentes):

• ganhos de capital na alienação de bens e direitos;

• aplicações financeiras de renda fixa;

• aplicações financeiras em fundos e clubes de investimento;

• ganhos líquidos em operações de renda variável;

• *royalties*;

• dividendos;

• juros sobre capital próprio.

4.2 IR na fonte sobre rendimentos dos não-residentes

No Brasil, o IRF sobre rendimentos dos não-residentes, isolada ou analiticamente considerados, equivale a uma tributação definitiva, de modo que os não-residentes encontram-se desobrigados de apresentar no País qualquer declaração de rendimento ou a elaborar demonstrações financeiras. Somente aos procuradores e responsáveis tributários estão atribuídos tais ônus.

4.2.1 Aspecto temporal — O aspecto temporal é aquele que demarca o momento de incidência do regime tributário aplicável aos não-residentes, pela indicação do momento da obtenção da disponibilidade econômica ou jurídica da renda.

Ao dizer que a incidência dá-se quando os rendimentos são "pagos, creditados, entregues, empregados ou remetidos", ou, no caso de ganhos de capital, no momento da "alienação do bem ou direito", a lei estabelece os momentos temporais da incidência, mediante atos suscetíveis de desencadear o nascimento da obrigação, por exprimirem, cada um deles, o momento da aquisição de disponibilidade jurídica e econômica da renda, a partir da fonte.

4.2.2 Sujeição passiva — O sujeito passivo, segundo o CTN (art. 43) será o titular da disponibilidade econômica, ou seja, aquele que demonstra a capacidade contributiva.

Contribuintes do imposto sobre a renda na fonte (IRF) são os titulares da disponibilidade econômica da forma de renda, i.e, o próprio sujeito não-residente,[8] fican-

8. Os critérios para a definição de não-residente encontram-se indicados no art. 2º, IN 73/98, que dispôs sobre o conceito de "residente" e "não-residente" no País, ao estabelecer que considera-se: "I — residente no País, qualquer pessoa física: a) que resida no Brasil em caráter permanente; b) que houver saído do Brasil em caráter temporário, durante os doze primeiros meses de ausência, contados da data de sua saída; c) que houver saído do Brasil em caráter temporário, até o dia anterior à data da obtenção de visto permanente em outro País, se esta ocorrer durante os primeiros doze meses de ausência; d) que se ausentar para prestar serviços como assalariada a órgão da Administração Pública brasileira situados no exterior; e) que ingresse no Brasil com visto permanente, a partir da data de sua chegada; f) que ingresse no Brasil com visto temporário e que tenha obtido visto permanente antes de decorridos doze meses de sua chegada, a partir da data da concessão do visto permanente; g) que ingresse no Brasil com visto temporário e que aqui permaneça por mais de doze meses, a partir do primeiro dia subseqüente àquele em que se completarem os doze meses contados da data de sua chegada; II — não-

do a fonte pagadora como responsável tributário.

4.2.3 Base de cálculo dos rendimentos produzidos por não-residentes — Quanto aos sujeitos "não-residentes", a definição da base de cálculo vai variar conforme o tratamento correspondente ao tipo redititual, seja ele efetuado: globalmente, pela força de atração, *quando a base de cálculo será o "lucro real"*; ou analiticamente, *por* tratamento isolado *apropriado*, onde a base de cálculo será alcançada considerando o "bruto" de cada tipo reditual percebido.

Ou seja, existe uma regra geral sobre a formação da base de cálculo dos rendimentos *tratados isoladamente*, que é a consideração do "bruto"[9] do componente que se apresenta como benefício do contribuinte, salvo um único caso particular no qual são possíveis algumas deduções de custos, despesas e outros ônus: quanto aos rendimentos oriundos de mais-valias relativas a imóveis (art. 705, parágrafo único, RIR/99), para as quais são previstas algumas deduções.

Desse modo, a base de cálculo será aquela prevista no texto do art. 186, RIR/99, segundo a qual "considera-se receita bruta o produto da venda de bens e serviços nas operações de conta própria, o preço dos serviços prestados e o resultado nas operações em conta alheia, não incluídas as vendas canceladas e os descontos incondicionais concedidos". Esta é a base de cálculo atribuída às empresas estrangeiras não-residentes, para efeito de imponibilidade pelo IRF.

4.2.4 Alíquotas — Os rendimentos, ganhos de capital e demais proventos pagos, creditados, entregues, empregados ou remetidos, por fonte situada no País, a pessoa física ou jurídica residente no exterior, estão sujeitos à incidência na fonte à alíquota de 15%, inclusive:

a) os ganhos de capital relativos a investimentos em moeda estrangeira;

residente no País, qualquer pessoa física: a) que não resida em caráter permanente no Brasil; b) que ingresse no Brasil com visto temporário, até o dia anterior à data da obtenção do visto permanente, se esta ocorrer durante os primeiros doze meses de permanência; c) que ingresse no Brasil com visto temporário, durante os primeiros doze meses de permanência; d) que ingresse no Brasil para prestar serviços como funcionária de órgãos de governo estrangeiro, situados no País; e) que houver saído do Brasil em caráter temporário, a partir da data da obtenção do visto permanente em outro País, se esta ocorrer durante os primeiros doze meses de ausência; f) que houver saído do Brasil em caráter temporário, a partir do primeiro dia subseqüente àquele em que se completarem os doze primeiros meses de ausência, contados da data de sua saída. § 1º. Para efeito da caracterização da condição de residente no País, a contagem do prazo de doze meses não se interrompe em virtude de saída da pessoa física do Brasil, desde que, no total do período de carência, tenha permanecido no território nacional por, no mínimo, 183 dias, a contar do dia da chegada, e esteja no País na data em que se completarem os doze meses. § 2º. Caso, durante o período de doze meses, a pessoa física tenha permanecido no território nacional por período inferior a 183 dias ou não esteja no País na data em que se completarem os doze meses, se restabelece a contagem de novo período de doze meses, a partir da data da última entrada no Brasil. § 3º. Para efeito da caracterização da condição de não-residente no País, a contagem do prazo de doze meses não se interrompe em virtude de retorno da pessoa física ao Brasil, desde que, no total do período de carência, tenha permanecido fora do território nacional por, no mínimo, 183 dias, a contar do dia da saída, e não esteja no País na data em que se completarem os doze meses. § 4º. Caso a pessoa física tenha permanecido fora do território nacional por período inferior a 183 dias ou esteja no País na data em que se completarem os doze meses, se restabelece a contagem de novo período de doze meses, a partir da data da última saída do Brasil. § 5º. A partir do momento em que a pessoa física adquire a condição de residente ou de não-residente no País, o retorno à condição anterior somente se dará quando ocorrer qualquer das hipóteses que fundamente a nova condição, em conformidade com o disposto neste artigo. Art. 3º. A pessoa física não-residente que receba rendimentos do Brasil deverá comunicar tal condição, por escrito, à fonte pagadora, para que esta proceda à retenção do imposto de renda, observada a alíquota prevista no art. 31".

9. Como diz Paulo de Barros Carvalho, são três as principais funções da base de cálculo: (i) medir as proporções do fato (função mensurativa); (ii) compor a específica determinação da dívida; (iii) confirmar, infirmar ou afirmar o verdadeiro critério material da hipótese tributária (função comparativa) (*Curso de Direito Tributário*, 10ª ed., SP, Saraiva, 1998, pp. 234-8).

b) os ganhos de capital auferidos na alienação de bens ou direitos;

c) as pensões e proventos de aposentadoria, inclusive os pecúlios pagos por entidades sem fim lucrativo;

d) rendimentos produzidos por bens imóveis situados no País;

e) os prêmios conquistados em concursos ou competições;

f) os ganhos pagos a título de juros, comissões, descontos, despesas financeiras e assemelhadas;

g) juros remetidos para o exterior, devidos em razão da compra de bens a prazo, ainda quando o beneficiário do rendimento for o próprio vendedor;

h) os rendimentos de serviços técnicos e de assistência técnica, administrativa e semelhantes derivados do Brasil e recebidos por pessoa física ou jurídica residente ou domiciliada no exterior, independentemente da forma de pagamento e do local e data em que a operação tenha sido contratada, os serviços executados ou a assistência prestada;

i) as importâncias remetidas ao exterior a título de *royalties*, a qualquer título;

j) os rendimentos recebidos por companhias de navegação aérea e marítima, domiciliadas no exterior, de pessoas físicas ou jurídicas, residentes ou domiciliadas no Brasil.

Encontram-se sujeitos à alíquota de 25% os seguintes:

a) os rendimentos do trabalho, com ou sem vínculo empregatício;

b) os da prestação de serviços;[10]

c) os rendimentos decorrentes de qualquer operação, em que o beneficiário seja residente ou domiciliado em País que não tribute a renda ou que a tribute à alíquota máxima inferior a 20%.

No tocante aos *regimes especiais*, aplicam-se as seguintes alíquotas:

I — 10%, no caso de aplicações nos fundos e clubes de investimento de renda variável, nos ganhos auferidos em bolsas de valores e nas operações realizadas em mercados de liquidação futura, fora de bolsa, com qualquer ativo;

II — 20%, nos casos de aplicações financeiras de renda fixa, aplicação em fundos de investimento de renda fixa, operações de *swap* (inclusive *hedge*), e operações conjugadas que permitam ao beneficiário auferir rendimentos predeterminados.

A retenção do imposto é obrigatória na data do pagamento, crédito, entrega, emprego ou remessa dos rendimentos, sendo, inclusive, obrigação das instituições financeiras autorizadas a operarem com câmbio a verificação do pagamento do tributo antes de efetuar a remessa ao exterior.

A alíquota do imposto na fonte incidente sobre os rendimentos auferidos no País, por residentes ou domiciliados no exterior, foi reduzida para zero (0%), nas seguintes hipóteses:

I — receitas de fretes, afretamentos, aluguéis ou arrendamentos de embarcações marítimas ou fluviais ou de aeronaves estrangeiras, feitos por empresas, desde que tenham sido aprovados pelas autoridades competentes, bem assim os pagamentos de aluguel de *containers*, sobrestadia e outros relativos ao uso de serviços de instalações portuárias;

II — comissões pagas por exportadores a seus agentes no exterior;

III — remessas para o exterior, exclusivamente para pagamento das despesas com promoção, propaganda e pesquisas de mercado de produtos brasileiros, inclusive aluguéis e arrendamentos de *stands* e locais para exposições, feiras e conclaves semelhantes, bem como as de instalação e manutenção de escritórios comerciais e de re-

10. Recentemente, a Lei 9.779, de 19.1.99, art. 7º, alterou o seu percentual, de 15% para 25%: "Os rendimentos do trabalho, com ou sem vínculo empregatício, e os da prestação de serviços, pagos, creditados, entregues, empregados ou remetidos a residentes ou domiciliados no exterior, sujeitam-se à incidência do imposto de renda na fonte à alíquota de vinte e cinco por cento".

presentação, de armazéns, depósitos ou entrepostos;

IV — valores correspondentes aos pagamentos de contraprestação de arrendamento mercantil de bens de capital, celebrados com entidades domiciliadas no exterior;

V — comissões e despesas incorridas nas operações de colocação, no exterior, de ações de companhias abertas, domiciliadas no Brasil, desde que aprovadas pelo Banco Central do Brasil e pela Comissão de Valores Mobiliários;

VI — solicitação, obtenção e manutenção de direitos de propriedade industrial, no exterior;

VII — juros decorrentes de empréstimos contraídos no exterior, em Países que mantenham acordos tributários com o Brasil, por empresas nacionais, particulares ou oficiais, por prazo igual ou superior a quinze anos, à taxa de juros do mercado credor, com instituições financeiras tributadas em nível inferior ao admitido pelo crédito fiscal nos respectivos acordos tributários;

VIII — juros, comissões, despesas e descontos decorrentes de colocações no exterior, previamente autorizadas pelo Banco Central do Brasil, de títulos de crédito internacionais, inclusive *commercial papers*, desde que o prazo médio de amortização corresponda, no mínimo, a 96 meses;

IX — juros de desconto, no exterior, de cambiais de exportação e as comissões de banqueiros inerentes a essas cambiais;

X — juros e comissões relativos a créditos obtidos no exterior e destinados ao financiamento de exportações;

XI — rendimentos auferidos, a partir de 1.9.98 até 30.6.99, em aplicações financeiras, nos Fundos de Renda Fixa — capital estrangeiro constituídos, segundo as normas estabelecidas pelo Conselho Monetário Nacional, com a finalidade de captação de recursos externos para investimento em títulos de emissão do Tesouro Nacional ou do Banco Central do Brasil e em ativos financeiros de renda fixa emitidos por empresas e instituições sediadas no País.

Em síntese, a *pessoa jurídica não-residente*, que produza renda no Brasil desprovida de estabelecimento permanente, tributada por *tratamento isolado*, por cada categoria específica de resultado, segundo o tipo e condições peculiares, previstos pelas regras de qualificação, sujeita-se a alíquotas variadas, de acordo com a tipologia do rendimento.

4.3 Serviços e "royalties"

Os rendimentos de serviços técnicos e de assistência técnica, administrativa e semelhantes derivados do Brasil e recebidos por pessoa física ou jurídica não-residente, independentemente da forma de pagamento e do local e data em que a operação tenha sido contratada, estão sujeitos à incidência do imposto na fonte, à alíquota de 15%, o que ocorre na data do pagamento, crédito, entrega, emprego ou remessa dos rendimentos, mas desde que tais serviços caracterizem *transferência de tecnologia*, relativamente a contratos registráveis no INPI, hipótese na qual tais pagamentos equiparam-se a *royalties*.[11]

Quanto à alíquota aplicável aos demais serviços, recentemente, a Lei 9.779, de 19.1.99, art. 7º, determinou que: "Os rendimentos do trabalho, com ou sem vínculo empregatício, e os da *prestação de serviços*, pagos, creditados, entregues, empregados ou remetidos a residentes ou domiciliados no exterior, sujeitam-se à incidência do imposto de renda na fonte à alíquota de vinte e cinco por cento" (grifamos).

No Brasil é irrelevante o local da prestação do serviço em causa. O que importa

11. Para Alberto Xavier (1999, p. 462), essa alíquota não aplica-se a todos os serviços prestados, mas apenas aos serviços técnicos e de assistência técnica, administrativa e semelhantes, na medida em que seriam serviços de caráter complementar em relação a contratos de transferência de capital tecnológico — *know-how*. Isso os levaria a serem tributados com o mesmo regime da remuneração principal, *royalty*, com o que concordamos.

é que o rendimento que os remunera seja derivado do Brasil, i.e, pago por pessoa residente ou domiciliada no Brasil — critério da fonte do pagamento. Caso a remessa seja feita do Brasil para o exterior, não servirá como elemento de conexão o lugar da produção do rendimento, de prestação do serviço, mas o lugar da origem dos fundos que irão remunerar os serviços. Assim, considera-se, atualmente, tributáveis na fonte os pagamentos devidos por prestação de serviços, ainda que totalmente executados no exterior.

A base de cálculo para a tributação dos rendimentos provenientes de serviços prestados por não-residentes corresponde à *receita bruta* das vendas e *serviços*, que compreende o produto da venda de bens nas operações de conta própria e o *preço dos serviços prestados* (art. 186, RIR/99).

4.3.1 "Royalties" pagos a pessoa jurídica — Para o Direito brasileiro, os *royalties* são tributáveis (15%) como rendimentos decorrentes de uso, fruição ou exploração de direitos, tais como:

• colheita ou extração de recursos vegetais, inclusive florestais;

• pesquisa e extração de recursos minerais;

• uso ou exploração de invenções, processos e fórmulas de fabricação e de marcas de indústria e comércio;

• autorais, salvo quando percebidos pelo autor ou criador do bem ou da obra.

Serão considerados ainda como aluguéis ou *royalties* todas as espécies de rendimentos percebidos pela ocupação, uso, fruição ou exploração dos bens e direitos, assim como:

• as importâncias recebidas periodicamente ou não, fixas ou variáveis, e as percentagens participações ou interesses;

• os juros, comissões, corretagens, impostos, taxas e remunerações do trabalho assalariado e autônomo ou profissional, pagos a terceiros por conta do locador do bem ou do cedente dos direitos;

• as luvas, prêmios, gratificações ou quaisquer outras importâncias pagas ao locador ou cedente do direito, pelo contrato celebrado;

• as benfeitorias e quaisquer melhoramentos realizados no bem locado e as despesas para preservação dos direitos cedidos, se, de acordo com o contrato, fizerem parte da compensação pelo uso do bem ou direito;

• a indenização pela rescisão ou término antecipado do contrato.

Mesmo se, inadequadamente, são considerados como *royalties* os juros de mora e quaisquer outras compensações pelo atraso no pagamento, inclusive correção monetária.

4.4 Dividendos

O art. 10, da Lei 9.249/95, eliminou a dupla tributação econômica sobre os lucros das pessoas jurídicas ao estabelecer que os lucros ou dividendos calculados com base nos resultados apurados a partir do mês de janeiro de 1996, pagos ou creditados pelas pessoas jurídicas tributadas com base no lucro real, presumido ou arbitrado, não ficarão sujeitos à incidência do imposto de renda na fonte (*witholding tax*), nem integrarão a base de cálculo do imposto de renda do beneficiário, pessoa física ou jurídica, domiciliado no País ou no exterior.

Desse modo, nos atos de distribuição dos dividendos ou lucros, não há incidência tributária, tampouco nos atos de percepção, persistindo uma perfeita neutralidade fiscal ao pagamento dos mesmos.

4.5 Juros

Quanto à imponibilidade dos juros, cumpre-nos separar a incidência que se verifica nas aplicações financeiras de renda fixa, quando os não-residentes ficam sujeitos ao regime aplicável aos residentes, sob uma alíquota de 20%; das demais situações não tipificadas por lei naquele conceito, quando o regime jurídico é típico.

Nos termos do art. 702, RIR/99, as importâncias pagas, creditadas, entregues, empregadas ou remetidas a beneficiários residentes ou domiciliados no exterior, por fonte situada no País, a título de juros, comissões, descontos, despesas financeiras e assemelhadas, estão sujeitas à incidência do imposto na fonte, à alíquota de 15%. Este percentual incide também sobre o valor dos juros remetidos para o exterior, devidos em razão da compra de bens a prazo, ainda quando o beneficiário do rendimento for o próprio vendedor. O fato gerador do imposto, neste caso, consiste na remessa para o exterior e contribuinte será o remetente.

Este regime aplica-se a todas as operações de remessa com a finalidade de pagamento de juros, excetuando-se:

• as remessas de juros devidos às agências de governos estrangeiros, em razão da compra de bens a prazo, quando houver reciprocidade de tratamento;

• os juros dos títulos da dívida externa do Tesouro Nacional;

• os juros dos títulos da dívida pública externa, relacionados com empréstimos ou operações de crédito efetuados pelo Poder Executivo;

• os juros produzidos pelos Bônus do Tesouro Nacional (BTN) e Notas do Tesouro Nacional (NTN), emitidos para troca voluntária por Bônus da Dívida Externa brasileira, objeto de permuta por dívida externa do setor público, registrada no Banco Central do Brasil, bem assim os referentes aos Bônus emitidos pelo Banco Central do Brasil.

Quanto aos mútuos entre empresas independentes e entre empresas ligadas, nos termos da Lei 8.981, de 20.1.95, art. 77, o regime tributário acima referido não se aplicaria aos rendimentos ou ganhos líquidos provenientes de operações de mútuo realizadas entre pessoas jurídicas controladoras, controladas, coligadas ou interligadas, exceto se a mutuária for instituição autorizada a funcionar pelo Banco Central do Brasil.

Este regime foi confirmado pela Lei 9.249/95, art. 11º, § 3º, ao estabelecer que os rendimentos produzidos por aplicação financeira de renda fixa, auferidos por qualquer beneficiário, inclusive pessoa jurídica isenta, sujeitam-se à incidência do imposto de renda à alíquota de 15%, salvo as operações de mútuo entre pessoas jurídicas, exceto nos casos em que a instituição for autorizada a funcionar pelo Banco Central. No entanto, as autoridades fiscais não concordam com este posicionamento, exigindo dos contribuintes a tributação na fonte sobre os mútuos *intercompanies.*

As operações financeiras de renda fixa efetuadas por não-residentes estão submetidas a regime especial, exceto no caso de ser instituição financeira autorizada a funcionar pelo BACEN, quando, subsidiariamente, incide o regime geral de retenção na fonte.

No caso de o mutuante ser pessoa jurídica domiciliada no exterior, este modelo tem o alcance de determinar o afastamento do regime especial, com a aplicação do regime geral de retenção na fonte dos residentes no exterior. A única diferença prática entre os juros de mútuos entre empresas interdependentes e entre empresas independentes concedidos por não-residentes é que os primeiros estão sujeitos a uma alíquota de 15%, enquanto os segundos são tributados à razão de 20%.

4.5.1 Juros pagos por pessoa jurídica — No Direito brasileiro, os juros pagos pelas pessoas jurídicas constituem *despesas financeiras operacionais das empresas*, sendo dedutíveis das respectivas receitas para apuração do resultado tributável.[12]

Segundo a legislação de Direito privado, a chamada *taxa legal* do regime comum (aplicável aos *juros compensatórios* — cal-

12. Mas esta possibilidade exige que as despesas sejam necessárias e usuais, i.e, inerentes às atividades da empresa. Se uma pessoa jurídica toma dinheiro no mercado e, ao invés de utilizá-lo nas suas atividades, repassa para um terceiro (como aplicação financeira, empréstimo, doação etc.), tais despesas financeiras não serão dedutíveis.

culados pelo tempo que durou o empréstimo — e aos *juros moratórios* — cobrados em razão do inadimplemento), prevista no art. 1.063, do Código Civil, é de seis por cento ao ano (6% a.a.). Esta taxa se aplica no silêncio das partes ou em virtude de lei. Se resolverem as partes estipular os juros, o limite será o *dobro da taxa legal*, isto é, doze por cento ao ano (12% a.a.), por força do art. 1º, *caput*, do Dec. 22.626, de 7.4.33. Para as instituições financeiras, às quais se aplica o regime especial, permite-se que estas estabeleçam livremente as taxas, segundo as regras de mercado.[13]

Quando os juros representam pagamento a pessoas físicas residentes, existe uma tributação exclusiva na fonte, submetida às alíquotas progressivas da tabela do imposto sobre a renda (15% ou 25%; nos anos de 1998 e 1999, 27,5%[14]). E no caso de pagamentos de juros de pessoas jurídicas para pessoas jurídicas residentes, submetidas ao regime do lucro real, tais juros não são ordinariamente tributados na fonte, mas são levados a integrar a receita das beneficiárias para apuração do eventual lucro tributável. Mas este regime não se estende aos não-residentes.

Assim, sobre a percepção dos juros, por parte de beneficiário não-residente, aplica-se a alíquota do IRF. Esta tributação será definitiva ou considerada como antecipação a depender do tipo de beneficiário. Sendo pessoa física ou pessoa jurídica isenta de imposto de renda ou não tributada pelo regime de lucro real, a imposição é *definitiva*; em se tratando de pessoa jurídica tributada pelo regime de lucro real (não-residente equiparado), teremos *antecipação do imposto devido*, pela declaração de ajuste dos rendimentos.[15]

4.5.1.1 *O tratamento dos juros sobre capital próprio* (*thin-capitalization*) — Dentre os últimos ajustes fiscais perpetrados pelo legislador brasileiro, encontra-se a equalização da carga fiscal incidente sobre o capital próprio, integralizado pelos acionistas, e o capital tomado de empréstimo de terceiros, para efeito de favorecer os aumentos de capital nas empresas, mediante a introdução da possibilidade de *dedução* dos juros sobre o capital próprio como *despesa operacional*, através do art. 9º da Lei 9.249, de 26.12.95,[16] desde que haja o efetivo pagamento dos juros.[17]

13. Segundo o quanto prevê a Lei 4.595, de 31.12.64: "As disposições do Dec. 22.626/33 não se aplicam às taxas de juros e aos outros encargos cobrados nas operações realizadas por instituições públicas ou privadas, que integram o sistema financeiro nacional". Contudo, às contratações entre pessoas jurídicas aplica-se o Decreto 22.626/33 (Lei de Usura). Sobre este aspecto, ouçamos Alberto Xavier, em brilhante parecer: "Apesar de sua vetustez e manifesta inadequação à realidade inflacionária da conjuntura presente, o certo é que o citado diploma permanece em vigor e tem sido reiteradamente aplicado pela jurisprudência dos tribunais. (...) Significa isto que nos empréstimos entre pessoas jurídicas apenas podem ser exigidos, além da correção monetária, os juros legais de 12% ao ano que, como é sabido, são neste momento inferiores aos correntes no mercado. Pergunta-se se seria válido estipular, além da correção e dos juros legais, uma 'comissão' de 5% e uma 'taxa de administração' (0,5%). A nossa opinião é negativa" (*Direito Tributário e Empresarial — Pareceres*, RJ, Forense, 1982, p. 119); ademais, mesmo se até agora não tenha havido regulamentação a respeito, prevê a CF, no seu art. 192, § 3º, um limite de 12% ao ano para as taxas de "juros reais".

14. Lei 9.532, de 10.12.97, art. 21.

15. Neste caso, temos ainda a possibilidade de compensar o valor do imposto com o que for retido por ocasião do pagamento ou crédito dos juros, a título de remuneração do capital próprio, a seu titular, sócios ou acionistas.

16. V. tb. a Lei 9.430/96, arts. 78 e 88, XXVI; IN 11/96, SRF; Deliberação 207, de 13.12.96, da CVM. "Este sistema visa encorajar os acionistas a reforçarem o capital de giro com recursos próprios para substituir – ou reduzir – a contratação de empréstimos com terceiros" (Henry Tilbery, *Imposto de Renda — Pessoas Jurídicas: integração entre sociedade e sócios*, SP, Atlas, 1985, p. 86); nesta mesma linha, a CVM, através do Ofício-Circular 002/96, se pronunciou a respeito, afirmando: "A contabilização desse custo de capital próprio aproxima bastante o chamado lucro contábil da figura do lucro econômico, dentro da idéia correta de que o lucro verdadeiro é aquele que a empresa produziu após a remuneração de todos os seus custos de capitais, inclusive o capital próprio".

17. Para uma excelente crítica a esta exigência, Eivany Antonio da Silva, "Imposto sobre a ren-

A partir deste diploma legal,[18] o Brasil passou a reconhecer a dedutibilidade dos denominados *juros sobre o capital próprio* (os juros pagos ou creditados individualizadamente a titular, sócios ou acionistas, a título de remuneração do capital próprio, calculados sobre as *contas do patrimônio líquido*,[19] que não passam de lucros distribuídos ou dividendos.[20]

Sobre a percepção dos juros, por parte do beneficiário, aplica-se a alíquota do IRF. Esta tributação será definitiva ou considerada como antecipação a depender do tipo de beneficiário. Sendo pessoa física ou pessoa jurídica isenta de imposto de renda ou não tributada pelo regime de lucro real, ou não-residente, a imposição é *definitiva*; em se tratando de pessoa jurídica tributada pelo regime de lucro real, teremos *antecipação do imposto devido*, pela declaração de ajuste dos rendimentos.

O valor dos juros pagos ou creditados pela pessoa jurídica, a título de remuneração do capital próprio, poderá ser imputado ao valor dos dividendos, sem prejuízo do pagamento do imposto de renda na fonte.

Esse sistema visa à desencorajar o recurso à contratação de empréstimos com terceiros, substituindo (ou pelo menos reduzindo) este meio por um incentivo aos acionistas para reforçarem o capital de giro com recursos próprios, ou através de autofinanciamentos. Trata-se de uma medida típica de Países em desenvolvimento, por ser útil apenas quando um Estado pretende aumentar a liquidez das empresas e promover a formação do capital próprio, em lugar de fomentar o uso de capital-empréstimo.[21]

Uma questão que tem suscitado controvérsias é quanto à natureza jurídica deste pagamento que, segundo Alberto Xavier, *tem sido dificultada pela manifesta impropriedade da expressão "juros sobre o capital próprio"*.[22] Afinal, trata-se de juro propriamente dito ou deve ser qualificado como uma forma atípica de pagamento de dividendo?

Aperfeiçoando a pergunta, seria o caso de indagarmos: qual a diferença técnica

da: teoria e prática — despesas de juros sobre o capital próprio", *Justiça Tributária*, SP, IBET/Max Limonad, 1998, pp. 105-24.

18. Até então, a Lei 4.506/64, art. 49 c/c art. 287, do RIR, vedava esta dedução.

19. A exemplo:

a) Saldo de lucros acumulados de períodos-base anteriores = R$ 1.800,00

b) Lucro líquido do exercício (antes do IR e dos juros) = R$ 400,00

c) Despesas financeiras (juros sobre remuneração do capital próprio) = R$ 300,00 (o valor correspondente é dedutível porque não excede a 50% do maior dos valores das letras a) e b), ou seja, R$ 900,00).

20. "Duas são as funções principais dessa nova modalidade de dividendos. A primeira é a de beneficiar as companhias com uma parcela de dividendos dedutível do Imposto de Renda, no limite anual da Taxa de Juros de Longo Prazo. O pressuposto é a existência de lucros no exercício. Se a companhia não tiver lucro no exercício nem reservas de lucro, o pagamento de juros a título de dividendos não terá benefício fiscal (dedutibilidade). E no exercício que não apurar lucros, mas houver reservas de lucros, a sociedade pode pagar juros sobre o capital próprio de até 50% desse valor. A segunda função, já referida, desse dividendo a título de juros é a de compensar a extinção da correção monetária do patrimônio líquido (art. 4º, da Lei 9.249/95) (...) o que a longo prazo traria uma perversa desproporção entre os lucros acumulados e o patrimônio líquido da companhia" (Modesto Carvalhosa, *Comentários à Lei de Sociedades Anônimas: Lei 6.404, de 15.12.76*, SP, Saraiva, 1997, pp. 137-8); nesse sentido, mesmo sem enfrentar o caso da lei em comento, diz Bulhões Pedreira: "Os juros computados sobre o capital social e creditados aos sócios são lucros distribuídos, pois os sócios não são credores da sociedade, mas titulares de direito de participar no seu lucro" (*Imposto Sobre a Renda — Pessoas Jurídicas*, RJ, Justec/Adcoas, 1979, v. 1, p. 256).

21. Mas veja-se que esta alteração, para a permissão da dedução do rendimento pago (sob a forma de juro), por vincular-se à conta do *patrimônio líquido*, desqualifica o valor entregue pelos sócios ou acionistas como hipótese de *empréstimo* para qualificá-lo como uma espécie de *aumento de capital*, sob regime societário especial e tratamento fiscal próprio. A eficácia desta medida é muito duvidosa, pela dependência das empresas às instituições financeiras.

22. Alberto Xavier, "Natureza jurídico-tributária dos 'juros sobre o capital próprio' face à lei interna e aos tratados internacionais", *Revista Dialética de Direito Tributário* 21/7, SP, Dialética, jun. 97.

entre o empréstimo de capital próprio (a ser remunerado por juros) e o aumento de capital (que daria ensejo aos dividendos)?

Os *juros*[23] são frutos civis, constituídos por coisas fungíveis, que representam o rendimento de uma obrigação de capital. A obrigação de juros pressupõe a dívida de capital, visto os juros constituírem o rendimento do capital ou a remuneração de sua cedência e, nesse aspecto, pode considerar-se uma obrigação *acessória.*[24] Neste caso, temos, para os efeitos fiscais, receita financeira para o beneficiário e correspectiva despesa financeira para a fonte pagadora.[25]

O *dividendo* é a remuneração do capital social, a parcela de lucro que corresponde a cada ação, o rendimento da ação e, por isso, caracteriza-se pela entrega de parcela do lucro líquido aos acionistas, na proporção das respectivas ações que estes possuam.

Certamente, a remuneração a ser paga, sob a forma de juros, para o capital próprio entregue pelo sócio ou acionista como empréstimo à pessoa jurídica é defensável porquanto atenda aos traços característicos típicos: a) vinculação necessária a uma dívida de capital; b) nascimento coetâneo ao nascimento da obrigação de mútuo; c) equivalência a uma fração do capital devido.[26] Mas precisamos atentar para algumas sutilezas trazidas pela Lei. Vamos a elas.

Em primeiro lugar, como estatui o art. 201 da Lei 6.404/76, a empresa somente pode pagar dividendos à conta de lucro líquido do exercício, de lucros acumulados e de reserva de lucros; e à conta de reserva de capital. Jamais em prejuízo do capital social. E esta mesma limitação se faz presente para a dedutibilidade de juros vencidos sobre o capital próprio, segundo o quanto prevê o § 1º do art. 9º da Lei 9.249/95: "O efetivo pagamento ou crédito dos juros fica condicionado à existência de lucros, computados antes da dedução dos juros, ou de lucros acumulados, em montante igual ou superior ao valor de duas vezes os juros a serem pagos ou creditados".

Depois, a remuneração deve ser calculada sobre o *patrimônio líquido*. Para a Lei de Sociedades Anônimas (S/A), um custo financeiro pagável sob a forma de juro seria calculado sobre conta do passivo exigível (passivo circulante exigível a longo prazo), nunca sobre aquela, que é conta do passivo não exigível (art. 178, § 2º, *b*).[27]

Como se sabe, os acréscimos patrimoniais têm origem em duas fontes: (i) ingressos de recursos dos acionistas conferidos para integralizar aumento de capital e (ii) os lucros do período, equivalentes ao resultado da aplicação do capital, do trabalho ou da combinação de ambos.

23. A maioria dos Países não dispõem de uma definição geral de "juro", para efeito do imposto sobre a renda, mesmo se reconhecidos em situações concretas, em qualidade e quantidade.

24. João de Matos Antunes Varela, *Das Obrigações em Geral*, v. 1, 7ª ed., Coimbra, Almedina, 1993, p. 873.

25. "In materia tributaria gli interessi possono essere trattati com certa organicità soprattuto com riferimento alle imposte dirette, dove vengono in considerazione come componenti positivi o negativi del reddito, ai fini dell'imposta sul reddito delle persone fisiche, dell'imposta sul reddito delle persone giuridiche e dell'imposta locale sui redditi" (Raffaello Lupi, "Interessi nel diritto tributario", *Digesto*, v. VII — *Commerciale*, 4ª ed., Padova, UTET, 1992, p. 3).

26. V. Orlando Gomes, *Obrigações*, 8ª ed., RJ, Forense, 1990, p. 64.

27. O *patrimônio líquido*, ou capital próprio, é a quantidade de capital financeiro existente no ativo que excede do capital de terceiros (patrimônio líquido = ativo - passivo exigível).Os conceitos de patrimônio líquido e de capital próprio representam, assim, o mesmo objeto: a quota-parte ideal de capital existente no ativo que é de propriedade do titular do patrimônio. A palavra "líquido" significa "que não está sujeito a reduções ou encargos". Já o *passivo exigível* é o conjunto dos valores (negativos) das prestações de obrigações cujo sujeito passivo é a sociedade empresária (José Luiz Bulhões Pedreira, *Finanças e Demonstrações Financeiras da Companhia — Conceitos Fundamentais*, RJ, Forense, 1989, pp. 158, 203, 208-211, 221, 373 e *passim*).

No passivo exigível, temos as obrigações. A diferença entre o ativo e o passivo exigível corresponde ao patrimônio líquido, onde se registram os recursos com que os sócios contribuíram para a formação do capital social, assim como os resultados gerados pela aplicação desse capital nas atividades que constituem o objeto social.

A origem dos recursos de terceiros é demonstrada no passivo exigível (saldos dos empréstimos pendentes de pagamento, e de outras obrigações). A origem dos recursos próprios, pelas contas do *patrimônio líquido* (capital — recursos conferidos à empresa pelos sócios ou acionistas — e lucros e reservas — recursos oriundos dos resultados das operações sociais), nos termos do art. 182, da Lei das S/A.

Como diz Nilton Latorraca, "a conta de capital é a expressão monetária da contribuição que os acionistas se obrigam a trazer para a formação do acervo necessário à realização do objeto social. Essa contribuição compreenderá dinheiro ou qualquer espécie de bens suscetíveis de avaliação em dinheiro; será representada por ações e corrigida monetariamente".[28]

A dedução dos juros pressupõe, assim, a existência de lucros, antes da dedução dos juros, ou de lucros acumulados, em montante igual ou superior ao valor de duas vezes os juros a serem pagos ou creditados, *descabendo a dedutibilidade nos casos em que sejam incorporados ao capital social ou mantidos em conta de reserva destinada a aumento de capital.*[29]

Usando dessa argumentação, é que Alberto Xavier, com lapidar precisão, escreveu: "O 'juro sobre capital próprio' outra coisa não é que um resultado distribuível da companhia sujeito a regime fiscal especial, resultado este suscetível de duas destinações alternativas: distribuição efetiva aos sócios ou capitalização (imediata, por via de aumento de capital, ou futura, por via de manutenção em reserva destinada a futuro aumento de capital). No primeiro caso, ocorre a figura do dividendo, regulada no art. 201 e ss. da Lei das S/A; no segundo, ocorre a figura do aumento de capital por capitalização de lucros ou reservas prevista no art. 169 da mesma lei".[30]

Em terceiro, o § 7º do citado art. 9º, da Lei 9.249/95, prevê que o valor dos juros pagos (montante bruto) ou creditados pela pessoa jurídica, a título de remuneração do capital próprio, poderá ser imputado ao valor dos dividendos de que trata o art. 202 da Lei 6.404/76, ou seja, imputado ao dividendo mínimo obrigatório.[31]

A lei autoriza a dedução como despesa, desde que se aplicando a variação da Taxa de Juros de Longo Prazo (TJLP) às contas do patrimônio líquido. Dividendos não dependem de "taxas", coeficientes, mas como se trata de um mútuo com capital, a respectiva remuneração deveria ter um referencial para o seu cálculo (já que a correção monetária do balanço não mais existe), cujo parâmetro é a conta do patrimônio líquido, para efeito de definir o teto máximo do montante dedutível. Acima deste montante, a remuneração submeter-se-á ao regime fiscal ordinário. E este é apenas mais um dos limites aplicáveis, para permitir a dedutibilidade.

Neste caso, o capital credor concedido por um sócio, acionista ou pessoa vinculada (Grupo), na substância, não representa outra coisa senão *capital próprio*, in-

28. Modesto Carvalhosa; Nilton Latorraca, *Comentários à Lei de Sociedades Anônimas: Lei 6.404, de 15.12.76*, v. 3, 2ª ed., Saraiva, 1998, p. 598.

29. A Lei 9.532, de 10.12.97, trouxe ainda esta limitação, no § 3º do art. 1º: "Os lucros auferidos no exterior, por intermédio de filiais, sucursais, controladas ou coligadas serão adicionados ao lucro líquido, para determinação do lucro real correspondente ao balanço levantado no dia 31 de dezembro do ano-calendário em que tiverem sido disponibilizados para a pessoa jurídica domiciliada no Brasil. § 3º. Não serão dedutíveis na determinação do lucro real, os juros, pagos ou creditados a empresas controladas ou coligadas, domiciliadas no exterior, relativos a empréstimos contraídos, quando, no balanço da coligada ou controlada, constar a existência de lucros não disponibilizados para a controladora ou coligada no Brasil".

30. Alberto Xavier, "Natureza jurídico-tributária ...", cit., p. 8.

31. Contrariamente, "(...) os juros sobre o capital próprio podem ser, a critério da empresa, um modo de pagamento, ainda que parcial, do dividendo mínimo obrigatório, sem, todavia, deste alterar a maneira de cálculo e o montante devido assim encontrado" (Severino Silva, Juros sobre o capital próprio (art. 9º da Lei 9.249/95) — Aspectos tributários e questões societárias", *Revista Dialética de Direito Tributário* 21/79-82, SP, Dialética, jun. 97.

vestido na empresa através de um regime especial autorizado pela legislação, apenas formalmente tomado como empréstimo. Isto pode ser muito bem compreendido porque, em geral:

• não existe acordo com respeito ao reembolso fixo;

• o pagamento dos juros depende dos lucros;

• existe a possibilidade da conversão do empréstimo em ações;

• as taxas aplicadas ao empréstimo de capital próprio são claramente inferiores à média praticada entre pessoas não vinculadas.

Sendo assim, conclui-se que se formou uma figura jurídica *ad hoc* no cenário das formas de remuneração do capital próprio, para equiparar o tratamento dado aos empréstimos de terceiros com os tomados com os próprios sócios ou acionistas da pessoa jurídica, permitindo a dedutibilidade dos pagamentos efetuados.

Quer dizer, o sistema jurídico brasileiro coloca, a partir desta disposição, aos sócios ou acionistas, a opção de realizarem o financiamento da pessoa jurídica, com capital próprio, por duas formas: (i) como *aumento de capital*, cujas restituições não podem ser dedutíveis, sujeitando-se ao regime ordinário de tributação dos lucros produzidos; ou (ii) como *empréstimos de capital próprio*, cuja remuneração não passa de um dividendo dedutível, até certo limite (a título de despesa financeira), e que deixa de ser tributável na pessoa jurídica, como lucro, para ser tributado na pessoa do beneficiário, como percepção de receita financeira (juros).

Como se desume, o Brasil não controla os atos de subcapitalização de empresas, salvo o tratamento dispensado aos chamados "juros sobre o capital próprio" que, ao invés de ter natureza repressiva, trata-se de um estímulo à empresa, qualificável como uma espécie de dividendo restituível.

4.6 Outros regimes especiais

Para a tributação dos rendimentos obtidos por não-residentes, além do regime geral de retenção na fonte, existe o chamado *regime especial*, aplicável a certos tipos de operações, cuja peculiaridade encontra-se na equiparação, quanto ao regime tributário, dos não-residentes aos residentes no Brasil, no que respeita às hipóteses de incidência, base de cálculo, alíquotas e isenções, que prevalecem sobre os previstos na regra geral típica. Estes regimes são usados para os seguintes casos:

• aplicações financeiras de renda fixa;

• operações com o mercado de renda variável;

• aplicações financeiras indiretas por meio de fundos e clubes de investimento;

• ganhos de capital na alienação de bens e direitos.

• operações de *swap*.

A tributação destas formas imponíveis é definitiva, não incidindo qualquer outro imposto, com o qual possa ser compensável. Trata-se de um regime que toma cada operação isoladamente considerada, não se admitindo a compensação de perdas eventualmente incorridas numa delas com os ganhos obtidos noutras ou noutra, ainda que da mesma natureza.

Basicamente, as hipóteses de incidência tributáveis pelo regime especial são as seguintes:

4.6.1 Ganhos de capital — Os ganhos de capital tributáveis de não-residentes podem classificar-se em quatro categorias:

1. Ganhos de capital auferidos na alienação de bens ou direitos em geral — submetem-se à tributação definitiva.

2. Ganhos de capital relativos a investimentos em moeda estrangeira — sujeitam-se à regra geral do art. 685, RIR/99.

3. Ganhos de capital em investimentos realizados por entidades de investimento coletivo, disciplinados pelo Banco Central do Brasil (conhecidos como "Anexos I a V") — a Lei 8.981/95 apresenta uma disciplina própria, com regime isencional exclusivamente para os ganhos auferidos em bolsas de valores.

4. Ganhos líquidos nos mercados de renda variável, nas bolsas de valores, de mercadorias, de futuros e assemelhados — submetidos ao regime especial de tributação dos ganhos líquidos mensais, art. 72, da Lei 8.981/95.

Quanto à delimitação das rendas tributáveis, as disposições que tratam da tributação dos não-residentes não dispõem de uma definição do que se deva entender por rendimentos ou ganhos de capital, limitando-se a introduzir regras especiais para certas categorias de proventos, referentes à alíquota aplicável ou à forma de retenção e recolhimento.

De qualquer modo, da leitura do nosso ordenamento, podemos definir o ganho de capital como a diferença entre o valor de realização — venda, transferência, alienação etc. — e o custo de aquisição em reais, sem qualquer correção monetária ou cambial.

Como regra geral, o ganho de capital auferido por não-residente será apurado e tributado de acordo com as regras aplicáveis aos residentes no País, sem prejuízo dos acordos, tratados e convenções internacionais firmados pelo Brasil, para evitar a dupla tributação, ou da existência de reciprocidade de tratamento. Os conceitos de apuração e tributação reportam-se, respectivamente, à base de cálculo e à alíquota e isenções que são idênticas as que vigoram quanto aos residentes no País. Assim, o ganho de capital será determinado pela diferença entre o valor de alienação e o custo de aquisição, com uma alíquota de 15%, conforme o art. 21, da Lei 8.981/95.

A retenção deve ocorrer no momento da alienação do bem ou direito. E o recolhimento deverá ser feito pelo procurador do alienante, se este for residente no exterior, mas isso não impede que o não-residente pratique negócios jurídicos diretamente, sem a participação do Procurador.

A concessão de isenções no tratamento de ganhos de capital atribuídos aos residentes aplica-se aos não-residentes, também. Isso é corolário do art. 2º, da Lei 4.131/62, que disciplina o regime jurídico do capital estrangeiro:

"Art. 1º. Consideram-se *capitais estrangeiros*, para os efeitos desta Lei, os bens, máquinas e equipamentos entrados no Brasil sem dispêndio inicial de divisas, destinados à produção de bens ou serviços, bem como os recursos financeiros ou monetários, introduzidos no País, para aplicação em atividades econômicas, desde que, em ambas as hipóteses, pertençam a pessoas físicas ou jurídicas residentes, domiciliadas ou com sede no exterior.

"Art. 2º. Ao *capital estrangeiro* que se investir no País será dispensado tratamento jurídico idêntico ao concedido ao capital nacional em igualdade de condições, sendo vedadas quaisquer discriminações não previstas na presente Lei."

Quanto aos ganhos de capital, relativos a investimentos em moeda estrangeira, prevalecerá a alíquota incidente sobre rendimentos e ganhos de capital auferidos pelos residentes ou domiciliados no País.

4.6.2 Aplicações de renda fixa — Os rendimentos produzidos por aplicações financeiras de renda fixa, auferidos por qualquer beneficiário, inclusive não-residente, estão sujeitos a imposto de renda, na fonte, à alíquota de 20% (Lei 9.532/97).

A base de cálculo do imposto é constituída pela diferença positiva entre o valor da alienação e o quanto for pago a título do imposto sobre operações de crédito, câmbio e seguro, e sobre operações relativas a títulos ou valores mobiliários (IOF).

Este regime aplica-se também:

a) às operações conjugadas que permitam a obtenção de rendimentos predeterminados, realizadas nas bolsas de valores, de mercadorias, de futuros e assemelhadas, bem como no mercado de balcão, cuja *base de cálculo* será o resultado positivo auferido no encerramento ou liquidação das operações conjugadas;

b) aos rendimentos auferidos pela entrega de recursos a pessoa jurídica, sob qualquer forma e a qualquer título, independentemente de ser ou não a fonte pagadora instituição autorizada a funcionar pelo Banco Central do Brasil.

A *base de cálculo* do imposto é constituída:

a) pela diferença positiva entre o valor da alienação, líquido do imposto sobre operações de crédito, câmbio e seguro, e sobre operações relativas a títulos ou valores mobiliários (IOF), de que trata a Lei 8.894, de 21.6.94, e o valor da aplicação financeira;

b) pelo resultado positivo auferido no encerramento ou liquidação das operações conjugadas.

Para os casos de operações com residentes em Países com regime fiscal mais vantajoso, a legislação prevê que os rendimentos decorrentes de qualquer operação, em que o beneficiário seja residente ou domiciliado em País que não tribute a renda ou que a tribute à alíquota máxima inferior a 20%, sujeitam-se à incidência do imposto de renda na fonte à alíquota de 25% (Lei 9.779/99, art. 8º).

4.6.3 Ganhos líquidos de renda variável — Também no que concerne aos ganhos líquidos auferidos em operações realizadas em Bolsas de Valores, de Mercadorias, de futuros e assemelhados a lei determina que os não-residentes sujeitam-se às mesmas normas de tributação prevista para os residentes no País (Lei 8.981/95, art. 78, II).

A base de cálculo aplicável corresponde ao ganho líquido, ou seja, ao resultado positivo auferido nas operações ou contratos liquidados em cada período, realizadas em cada mês, admitida a dedução dos custos e despesas incorridos, necessários à realização das operações (*e a compensação das perdas efetivas ocorridas no mesmo período, em uma ou mais modalidades operacionais*).

As perdas apuradas nas operações de que trata este artigo poderão ser compensadas com os ganhos líquidos auferidos nos meses subseqüentes, em operações da mesma natureza.

As perdas incorridas em operações iniciadas e encerradas no mesmo dia (*day-trade*), somente poderão ser compensadas com os ganhos auferidos em operações da mesma espécie (*day-trade*).

A alíquota do imposto será de 10%, aplicável sobre os ganhos líquidos apurados mensalmente.

4.6.4 Aplicações indiretas por meio de fundos e clubes de investimento — O rendimento auferido por não-residente no resgate de quotas de fundos de renda fixa e de renda variável e de clubes de investimento é a mesma aplicável aos residentes no País (Lei 8.981/95, art. 78, III). Trata-se nesse caso, de investimentos em fundos de renda fixa e variável "nacionais" e de que participam residentes no País e no exterior (fundos mistos). Aqui não estão incluídos as aplicações de recursos externos em fundos de renda fixa ou variável criados especialmente para o capital estrangeiro e de que participam exclusivamente residentes no exterior.[32]

No que concerne a estes, o imposto incide com alíquota de 10%, quando se trata de fundos de investimento de renda variável e 20% para os demais fundos.

Desde 1.1.98, a incidência do imposto de renda sobre os rendimentos auferidos por qualquer beneficiário, inclusive pessoa jurídica imune ou isenta, nas aplicações em *fundos de investimento, constituídos sob qualquer forma*, ocorre:

I — no aniversário do fundo, ou no último dia útil de cada trimestre, no caso de fundos de investimento sem data de aniversário ou com vencimento em prazo superior a 90 dias;

II — por ocasião do resgate das quotas, nos casos de fundos de renda variável.[33]

32. Roberto Quiroga Mosquera, *Tributação no Mercado Financeiro e de Capitais*, 2ª ed., SP, Dialética, 1999, p. 289.

33. V. a IN 63/98.

As normas relativas aos fundos de investimento são aplicáveis igualmente aos clubes de investimento, às carteiras administradas e qualquer outra forma de investimento associativo ou coletivo (Lei 9.532, art. 33).

REGIMES ESPECIAIS			
Ganhos de capital	***Aplicações financeiras de renda fixa***	***Ganhos líquidos de renda variável***	***Fundos e clubes de investimento***
Venda de participações societárias fora de bolsa	Aplicação financeira em renda fixa (geral)	Ganhos líquidos auferidos em bolsa	
	Operações conjugadas	Ganhos em mercados de liquidação futura, fora da bolsa	
	Transferências de dívidas com instituições financeiras	Ganhos na alienação de participações societárias em bolsa (exceto de participações permanentes)	
	Entrega de recursos por pessoa jurídica, a qualquer título		
	Operações de *swap*		

5. Aplicabilidade das convenções contra a dupla tributação e os rendimentos de não-residentes

Quanto às convenções de Direito Internacional Tributário, temos na legislação infraconstitucional um dispositivo específico predisposto para definir a relação entre aquelas e o ordenamento interno. Trata-se do art. 98, CTN, que dispõe: "os tratados e as convenções internacionais revogam ou modificam a legislação tributária interna, e serão observados pela que lhes sobrevenha".[34]

Este enunciado, enquanto parte integrante do CTN — norma geral em matéria de legislação tributária —, tendo sido recepcionado pela CF como lei complementar, regula a relação entre o direito interno e as normas convencionais de Direito Internacional Tributário.

A natureza da mencionada regra é de "declaração" da *recepção* e da *incorporação*, ao sistema tributário brasileiro, das disposições contidas nos textos dos tratados em matéria tributária firmados pelo Brasil. Após o procedimento de incorporação, estes passam, de imediato, a ter aplicabilidade intra-sistêmica; não com a força normativa do "decreto legislativo" que autoriza as respectivas ratificações, mas, pela conexão com a norma geral que o recepciona, o art. 98, CTN, com a *validade* inerente aos mesmos, de "tratados internacionais", haja vista a natureza específica das normas internacionais e seus critérios de existência.

Assim, são demarcadas as duas funções do art. 98, CTN: *recepção* sistêmica das normas convencionais e, quanto à *execução* destas, um comando comportamental — modalizado deonticamente como "proibido" — destinado ao legislador ordinário, de veto a qualquer pretensão de alteração *in fieri*, por via unilateral, do que fora pactuado, nos termos do princípio *pacta sunt servanda intra pars* — o que confirma o princípio da *prevalência de aplicabilidade* das normas internacionais sobre o direito interno.

34. "E dispõe assim, exatamente para dar credibilidade e garantia aos terceiros Países acordantes. Seria inútil o Estado brasileiro celebrar acordos sem um *minimum* de estabilidade jurídica", no dizer de Sacha Calmon Navarro Coelho ("Validade e extensão dos tratados internacionais em matéria tributária, perante a CF/88", in "Imposto de renda: estudos", SP, *Resenha Tributária* 31/41, nov. 92).

Desse modo, toda a disciplina acima indicada para o tratamento dos rendimentos produzidos por não-residentes se perfaz sem prejuízo do quanto disponham os acordos, tratados e convenções internacionais firmados pelo Brasil, para evitar a dupla tributação, naquilo que estes contiverem de mais vantajoso, em face do princípio de prevalência de aplicabilidade dos acordos internacionais.

O Brasil adota o Modelo de Convenção da OCDE nas suas negociações para a assinatura de acordos contra a dupla tributação, cujo tratamento aplicável aos dividendos, juros e *royalties* pode ser resumido nos seguintes moldes:

PAÍS	*DIVIDENDOS*	*JUROS*	*"ROYALTIES"*	
Alemanha Decreto Legislativo 92/75; Decreto 76.988/76; Portarias MF 43/76, 469/76 e 313/78; PN CST 52/77	Participação mínima de 25%: isenção com progressividade Participação mínima de 10% (votante): crédito presumido de 25% Outros casos: crédito presumido de 20% Menos de 90% de atividade operacional: imputação ordinária	15% Financiamentos bancários para a aquisição de equipamentos a longo prazo — 10%	Direitos autorais	15%
			Filmes	15%
			Marcas	25%
			Outros	15%
			Pagos a controladores	15%
Argentina Decreto Legislativo 74/81; Decreto 87.976/82; Portaria MF 22/83; ADN CST 6/90	isentos	isentos	Direitos autorais	s/limite
			Filmes	s/limite
			Marcas	s/limite
			Outros	s/limite
			Pagos a controls.	s/limite
Áustria Decreto Legislativo 95/75; Decreto 78.107/76; Portaria MF 470/76	Participação mínima de 25%: isenção Outros casos: crédito presumido de 25%	15%	Direitos autorais	10%
			Filmes	25%
			Marcas	25%
			Outros	15%
			Pagos a controls.	15%
Bélgica Decreto Legislativo 76/72; Decreto 72.542/73; Portarias MF 271/74, 71/76	Requisitos de isenção, segundo a legislação Belga: isento Outros casos: dedução de 20%	15% Financiamentos bancários para a aquisição de equipamentos a longo prazo — 10%	Direitos autorais	10%
			Filmes	25%
			Marcas	25%
			Outros	15%
			Pagos a controls.	15%

PAÍS	*DIVIDENDOS*	*JUROS*	*"ROYALTIES"*	
Canadá Decreto Legislativo 28/85; Decreto 92.318/86; Portarias MF 199/86, 55/88	Participação mínima de 10%, lucros de atividade empresarial: isenção; nos demais casos, crédito presumido de 25% Outros: imputação ordinária	15% Financiamentos bancários para a aquisição de equipamentos a longo prazo — 10%	Direitos autorais	15%
			Filmes	15%
			Marcas	25%
			Outros	15%
			Pagos a controls.	25%
China Decreto Legislativo 85/92; Decreto 762/93	Imputação ordinária	15%	Direitos autorais	15%
			Filmes	15%
			Marcas	25%
			Outros	15%
			Pagos a controls.	15%
Coréia Decreto Legislativo 205/91; Decreto 354/91	Crédito presumido de 25%	15% Financiamentos bancários para a aquisição de equipamentos a longo prazo — 10%	Direitos autorais	15%
			Filmes	15%
			Marcas	25%
			Outros	15%
			Pagos a controls.	15%
Dinamarca Decreto Legislativo 90/74; Decreto 75.106/74; Portarias MF 68/75, 70/76	Imputação ordinária	15%	Direitos autorais	15%
			Filmes	15%
			Marcas	25%
			Outros	15%
			Pagos a controls.	25%
Equador Decreto Legislativo 4/86; Decreto 95.717/88	Participação mínima de 10% — isenção Outros casos: crédito presumido de 25%	15%	Direitos autorais	15%
			Filmes	15%
			Marcas	25%
			Outros	15%
			Pagos a controls.	15%

PAÍS	*DIVIDENDOS*	*JUROS*	*"ROYALTIES"*	
Espanha Decreto Legislativo 62/75; Decreto 76.975/76; Portaria MF 45/76	Isenção com progressividade	15% Financiamentos bancários para a aquisição de equipamentos a longo prazo — 10%	Direitos autorais	10%
			Filmes	10%
			Marcas	15%
			Outros	15%
			Pagos a controls.	15%
Filipinas Decreto Legislativo 198/91; Decreto 241/91	Crédito presumido de 25%	15%	Direitos autorais	15%
			Filmes	25%
			Marcas	25%
			Outros	15%
			Pagos a controls.	15%
Finlândia Decreto Legislativo 86/72; Decreto 73.496/74; Portaria MF 223/74. Obs: este Tratado sofreu alterações, tendo sido aprovado o texto protocolar através do Decreto Legislativo 25/90	Participação mínima de 10% (votante): isenção Outros casos: crédito presumido de 15%	15%	Direitos autorais	10%
			Filmes	10%
			Marcas	25%
			Outros	15%
			Pagos a controls.	15%
França Decreto Legislativo 87/71; Decreto 70.506/72; Portarias MF 287/72, 20/76; PN CST 55/76	Participação mínima de 10%: isenção (com limites) Outros casos: crédito presumido de 20%	15% Financiamentos bancários para a aquisição de equipamentos a longo prazo — 10%	Direitos autorais	10%
			Filmes	10%
			Marcas	25%
			Outros	15%
			Pagos a controls.	15%
Hungria Decreto Legislativo 13/90; Decreto 53/91	Crédito presumido de 25%	15% Financiamentos bancários para a aquisição de equipamentos a longo prazo — 10%	Direitos autorais	15%
			Filmes	15%
			Marcas	25%
			Outros	15%
			Pagos a controls.	15%

PAÍS	*DIVIDENDOS*	*JUROS*	*"ROYALTIES"*	
Índia Decreto Legislativo 214/91; Decreto 510/92	Participação mínima de 10% — isenção Outros — imputação ordinária	15%	Direitos autorais	15%
			Filmes	15%
			Marcas	25%
			Outros	15%
			Pagos a controls.	15%
Itália Decreto Legislativo 77/79; Decreto 85.985/81; Portarias MF 203/81, 226/84	Participação mínima de 10% — isenção Outros — crédito presumido de 25%	15%	Direitos autorais	15%
			Filmes	15%
			Marcas	25%
			Outros	15%
			Pagos a controls.	15%
Japão Decretos Legislativos 43/67 e 69/76; Decretos 61.899/67 e 81.194/78; Portaria MF 92/78; PN CST 38/70, 662/71; ADN CST 2/80	Participação mínima de 10% — crédito presumido de 25% Outros — imputação ordinária	12,5%	Direitos autorais	15%
			Filmes	15%
			Marcas	25%
			Outros	12,5%
			Pagos a controls.	12,5%
Luxemburgo Decreto Legislativo 78/79; Decreto 85.051/80; Portarias MF 413/80 e 510/85	Participação mínima de 25% — isenção Outros — crédito presumido de 25%	15% Financiamentos bancários para a aquisição de equipamentos a longo prazo — 10%	Direitos autorais	15%
			Filmes	25%
			Marcas	25%
			Outros	15%
			Pagos a controls.	15%
Noruega Decreto Legislativo 50/81; Decreto-lei 501/69; Decretos 66.110/70 e 86.710/81; Portarias MF 25/82 e 227/84	Crédito presumido de 25% (transitório)	25%	Direitos autorais	15%
			Filmes	25%
			Marcas	25%
			Outros	15%
			Pagos a controls.	15%

PAÍS	*DIVIDENDOS*	*JUROS*	*"ROYALTIES"*	
Portugal Decreto Legislativo 59/71; Decreto 69.393/71; Portaria MF 181/73; PN CST 132/73 e 105/74[35]	Imputação ordinária	15%	Direitos autorais	10%
			Filmes	10%
			Marcas	15%
			Outros	15%
			Pagos a controls.	15%
Países Baixos Holanda Decreto Legislativo 60/90; Decreto 355/91	Participação mínima de 10% — crédito presumido de 25% Outros — crédito presumido	15% Financiamentos bancários para a aquisição de equipamentos a longo prazo — 10%	Direitos autorais	15%
			Filmes	15%
			Marcas	25%
			Outros	15%
			Pagos a controls.	15%
Suécia Decreto Legislativo 93/75; Decreto 77.053/76; Portarias MF 44/76 e 5/79; PN CST 37/74; ADN CST 28/78; troca de Notas MRE — *DO* 3.1.86	Atendidos requisitos de isenção, segundo a legislação sueca — isento Outros casos: crédito presumido	25% — se o beneficiário for sociedade de pessoas ou pessoa física	Direitos autorais	15%
			Filmes	15%
			Marcas	25%
			Outros	15%
			Pagos a controls.	15%
República Tcheca Decreto Legislativo 11/90; Decreto 43/91	Isentos	15% Financiamentos bancários para a aquisição de equipamentos a longo prazo — 10%	Direitos autorais	15%
			Filmes	15%
			Marcas	25%
			Outros	15%
			Pagos a controls.	15%
República Eslovaca Decreto Legislativo 11/90; Decreto 43/91	Isentos	15% Financiamentos bancários para a aquisição de equipamentos a longo prazo — 10%	Direitos autorais	15%
			Filmes	15%
			Marcas	25%
			Outros	15%
			Pagos a controls.	15%

35. Recentemente, o Secretário da Receita Federal, através do Ato Declaratório 53, de 17.6.99 (*DOU* de 30.6.99), noticiou que esta Convenção fora denunciada, por nota datada de 14.6.99, dirigida pelo Ministério

5.1 O tratamento do estabelecimento permanente no Brasil: a equiparação dos sujeitos não-residentes aos domiciliados no território brasileiro

Na ausência de tratados contra a dupla tributação internacional entre o Brasil e o País de residência da matriz, far-se-á necessário recorrer às disposições legislativas internas[36] relativas à *equiparação de pessoa jurídica não-residente às pessoas jurídicas residentes*, para que seja possível individualizar o tratamento correspondente à instalação, haja vista o ordenamento interno não dispor de regras de qualificação para identificação do estabelecimento permanente, motivo pelo qual, para os fins de atribuição de personalidade jurídica a uma instalação originária de uma pessoa jurídica não-residente, urge haver uma "integração", pelo regime de *equiparação.*[37]

Caso o não-residente resolva exercer uma atividade no Brasil através de uma organização fixa de negócios, a esta serão imputáveis os rendimentos produzidos pela mesma, abandonando-se o regime de tratamento isolado, por retenção na fonte, haja vista a força da "equiparação" a pessoa jurídica residente praticada pela legislação.

No Brasil, essa equiparação pode ocorrer por duas formas distintas: pelo funcionamento no Brasil de sociedades estrangeiras através de filiais ou mediante mandatários ou representantes. Assim, são considerados residentes:

1. as pessoas jurídicas de direito privado domiciliadas no País, sejam quais forem seus fins, nacionalidade ou participantes no capital;[38]

2. as filiais, sucursais, agências ou representações no País das pessoas jurídicas com sede no exterior;[39]

3. os comitentes domiciliados no exterior, quanto aos resultados das operações realizadas por seus mandatários ou comissários no País.[40]

O Direito brasileiro reconhece, automaticamente, a personalidade jurídica das sociedades estrangeiras,[41] mas não consagra o princípio da liberdade de estabelecimento, sujeitando à autorização administrativa o exercício das suas atividades no País.[42] Conforme o art. 64, do Decreto-lei 2.627/40, o Brasil contempla três modalidades de *atividades permanentes* promovidas por uma sociedade estrangeira:

• uma atividade *direta*, exercida através da instalação material de filial, sucursal ou estabelecimento similar, não dotado de personalidade jurídica própria;

das Relações Exteriores à Embaixada de Portugal em Brasília, pelo que a referida convenção cessaria de ter vigência a partir de 1.1.2000 e o tratamento tributário nela previsto deixaria de aplicar-se: 1) aos rendimentos sujeitos à tributação na fonte pagos ou creditados no ou após o dia 1.1.2000; 2) com relação ao imposto de renda sobre os demais rendimentos, às importâncias recebidas ou creditadas no ou após o dia 1.1.2000.

36. Sobre este tema, v.: Guglielmo Maisto, "Le spese dedudicibili nella determinazione del reddito della stabile organizzazione all'estero", *Dir. prat. Trib.*, v. L, I, Padova, CEDAM, 1979, pp. 1.204-14.

37. Xavier (1994, p. 382). Este autor considera a sociedade estrangeira como sendo "aquela que não obedece aos requisitos da sociedade nacional, ou seja, a que não é organizada na conformidade da lei brasileira ou não tem a sua sede de Administração no Brasil" (nota 101).

38. Decreto-lei 5.844, de 1943, art. 27 e Leis 4.131, de 3.9.62, art. 42 e 6.264, de 1975, art. 1º.

39. Leis 3.470, de 1958, art. 76, 4.131, de 1962, art. 42 e 6.264, de 1975, art. 1º.

40. Lei 3.470, de 1958, art. 76.

41. LICC, art. 11: "As organizações destinadas a fins de interesse coletivo, como as sociedades e as fundações, obedecem à lei do Estado em que se constituírem. § 1º. Não poderão, entretanto, ter no Brasil, filiais, agências ou estabelecimentos antes de serem os atos constitutivos aprovados pelo Governo brasileiro, ficando sujeitas à lei brasileira (...)".

42. Ver, além do § 1º do dispositivo normativo anterior, o Decreto-lei 2.627/40, art. 64: "as sociedades anônimas ou companhias estrangeiras, qualquer que seja o seu objeto, não podem, sem autorização do Governo Federal, funcionar no País, por si mesmas ou por filiais, sucursais, agências ou estabelecimentos que as representem, podendo, todavia, ressalvados os casos expressos em lei, ser acionistas de sociedade anônima brasileira".

• uma atividade *direta*, sem instalação material, exercida normalmente através de um "intermediário";

• uma atividade *indireta*, exercida através de participação no capital de uma pessoa jurídica distinta, constituída com sede no Brasil.

No primeiro caso, dentro da perspectiva do *tratamento tributário do estabelecimento permanente*, têm-se a possibilidade de formação de "estabelecimentos permanentes", dotados de *força de atração restrita*, sobre os rendimentos produzidos pela empresa no território do Estado de instalação.

No segundo, também. Todavia, caso a *atuação direta* seja praticada sem a constituição de um "estabelecimento permanente pessoal", não haverá possibilidade para haver *força de atração* sobre os elementos redituais produzidos no território do País; aplicando-se o regime de *tratamento isolado*, dado que a atuação mediante sujeitos independentes não abre possibilidade para uma eventual equiparabilidade às pessoas jurídicas residentes.[43]

Quanto à *participação indireta*, sequer se cogita da existência de estabelecimento permanente, haja vista a distinção das pessoas jurídicas envolvidas quanto ao grau de dependência[44] e modo de constituição, como foi supramencionado.

Importante dizer que as duas primeiras modalidades encontram-se sujeitas ao regime da autorização prévia, mas não a terceira, pelo que, salvo restrição legal, é plenamente livre a constituição de *sociedades subsidiárias* (juridicamente controladas[45]), por sociedades estrangeiras,[46] mediante participação acionária, ressalvadas as restrições legais.

Com isso, já afastamos qualquer confusão entre "residência" da pessoa jurídica não-residente e "nacionalização" desta, pois pessoas jurídicas "brasileiras", nacionais, são aquelas que se constituem com os requisitos para se regerem pela lei brasileira,[47] que dependem da obediência ao duplo requisito de terem-se organizado conforme a lei brasileira e terem a sua sede no País.

Quer dizer, uma pessoa não-residente pode tornar-se "residente" no Brasil — art. 11, § 1º, da Lei de Introdução ao Código Civil (LICC). Não poderão, entretanto, ter no Brasil filiais, agências ou estabelecimentos antes de serem, os atos constitutivos, aprovados pelo governo brasileiro, ficando sujeitos à lei brasileira. O Decreto-lei 2.627/40, antiga Lei das sociedades por ações,[48] no art. 60, estabeleceu, quanto à *nacionalidade*, que: "são nacionais as sociedades organizadas na conformidade da lei brasileira e que têm no País a sede de sua administração", e, por conseguinte, quanto à *nacionalização*, nestes termos: "A sociedade anônima estrangeira, autorizada a funcionar no País, pode, mediante autorização do Governo Federal, nacionalizar-se, transferindo a sua sede para o Brasil".

Desse modo, uma sociedade estrangeira, querendo passar à condição de "nacional", e não somente de ente comparado aos

43. RIR/99, art. 147, III.

44. Se bem que, nos últimos anos, em vários Países, uma imensa gama de cogitações sobre este aspecto têm levado, tanto a Administração Fiscal como o Judiciário, a certas decisões duvidosas e incompreensíveis sobre o problema, particularmente, quando a participação acionária é majoritária. A Corte de Cassação Italiana reconheceu, em tal participação, a pertinência do *estabelecimento permanente* (*Cassaz.*, Sez. I, Pres. Tiloca, rel. Signori, 24.5.88, n. 3.610, OFIC contra Ministero delle Finanze).

45. Aqui não é o caso de se falar em "controle de fato".

46. Uma curiosidade precisa ser clarificada. No Direito nacional o termo filial (*branch*) é adotado como fosse sinônimo de sucursal (agência, estabelecimento, organização) — salvo uma tímida gradação de importância externa. Em outros Países, como Itália, França, Espanha, a "filial" (respectivamente, *società-figlia, société filiale, sociedad hija*), apenas para exemplo, se apresenta como uma sociedade com personalidade jurídica própria, equivalente ao que denominamos de "subsidiária" (*subsidiary*).

47. Pontes de Miranda, *Tratado De Direito Privado — Parte Geral*, v. II, 3ª ed., SP, Ed. RT, 1984.

48. O art. 300 da Lei 6.404/76, expressamente, manteve os art. 59 a 73 em vigor.

residentes, poderá fazê-lo, desde que atendam aos requisitos da autorização e da transferência de sede.[49]

5.2 O critério da tributação com base no lucro real

Doutrinariamente, prevalece a teoria segundo a qual o que interessa para a determinação da renda como elemento tributável é o aumento do patrimônio líquido e não o aumento do resultado da exploração da fonte produtora, pelo que é considerado como lucro tributável todo acréscimo líquido (bens materiais, imateriais ou serviços avaliáveis em dinheiro), verificado no patrimônio da empresa, durante um dado período.

Sendo o *lucro líquido* determinado conforme os ditames da lei comercial, o lucro real, calculado a partir da base fornecida por aquele, passa a ser, então, a resultante ativa da prévia determinação puramente contábil, depurada, "filtrada", em seguida, mediante a aplicação de uma série de variações puramente fiscais, considerando as despesas dedutíveis e as não dedutíveis, quando do ajuste do lucro líquido para definir os elementos que entrarão na base de cálculo do imposto (*lucro real*), ou que condicionarão a aplicabilidade deste.

A passagem do lucro líquido ao *lucro real tributável* supõe, deste modo, nos termos da legislação tributária, os ajustes necessários e legalmente permitidos ou exigidos, através de adições, exclusões ou compensações:[50] (i) despesas desnecessárias à atividade da empresa, consideradas indedutíveis (adicionadas); (ii) receitas não tributáveis, conforme nossa legislação (excluídas); (iii) ajustes extra-contábeis, que somente têm efeito fiscal. No caso de pessoas jurídicas não-residentes equiparadas, *v.g.*, de *estabelecimentos permanentes*, esta regra é plenamente aplicável.[51] Outrossim, para as pessoas jurídicas residentes que produzam rendas no estrangeiro, ante o princípio da renda mundial (*worldwide income taxation*), também é obrigatória a utilização do regime de tributação baseado no lucro real.

O critério do lucro real é a regra de todo o regime brasileiro de tributação sobre pessoa jurídica e constitui uma evolução legislativa no sentido de operar a tributação da empresa fundada no balanço desta, a partir da determinação comercial (lucro líquido), com os ajustes da lei fiscal: é a consagração da tributação a partir da definição comercial e contábil dos lucros empresariais,[52] salvo as exceções (regimes do lucro presumido e do lucro arbitrado).

6. Considerações finais

Basicamente, são estes os critérios de maior relevância que o sistema tributário brasileiro contempla para o tratamento dos rendimentos produzidos por não-residentes.

Um aspecto importante a observar é que, neste particular, verifica-se uma espécie de regime consolidado de tratamento, o que permite uma razoável segurança jurídica para os investidores estrangeiros, nada obstante a legislação federal encontrar-se sob uma ampla reforma fiscal, principalmente quanto à adaptação do regime impositivo às regras inerentes ao princípio da *universalidade* (em vigor desde 1996), como é o caso da instituição do controle dos preços de transferência, dentre outros, mas que dificilmente promoverá alterações substanciais nesta seara da tributação sobre a renda.

49. Xavier (1980, p. 77).

50. RIR/99, art. 247.

51. V. art. 7º, n. 3, modelo OCDE/92; RIR/99, art. 246, III; Lei 9.718, de 1998, art. 14: "Estão obrigadas à apuração do lucro real as pessoas jurídicas: (...) III — que tiverem lucros, rendimentos ou ganhos de capital oriundos do exterior".

52. RIR/99, art. 248: "O lucro líquido do período-base é a soma algébrica do (...) e deverá ser determinado com observância dos preceitos da lei comercial".

CADERNOS DE DIREITO TRIBUTÁRIO

ALGUNAS REFLEXIONES Y CONSIDERACIONES EN TORNO A LA NATURALEZA JURIDICA DE LOS PAGOS A CUENTA DEL IMPUESTO A LA RENTA*

JORGE BRAVO CUCCI
Abogado

"Cuando las respuestas que nos ordenaban el mundo se transforman en preguntas nuevamente."

1. A modo de introducción

Los pagos a cuenta, ingresos a cuenta o anticipos,[1] son uno de los mecanismos que el legislador en materia tributaria en diversos países del orbe, usualmente adopta para adelantar al Fisco, la percepción de impuestos cuyo hecho imponible es de formación sucesiva y que se configuran en un periodo determinado,[2] entre ellos, el Impuesto a la Renta, tributo el cual se estructura usualmente sobre la base de una periodicidad anual.

En la legislación peruana del Impuesto a la Renta se han adoptado los pagos a cuenta respecto de las rentas de tercera y cuarta categoría. En el caso específico de las rentas de tercera categoría, el art. 85º de la Ley del IR ha establecido dos mecanismos a los que ha denominado *sistemas*, en virtud de los cuales, se establece la obligación de abonar con carácter de pago a cuenta del Impuesto a la Renta que en definitiva corresponda por el ejercicio gravable, las cuotas mensuales que resulte de aplicar sobre los ingresos brutos mensuales obtenidos en el mes, un coeficiente o un porcentaje preestablecido.

* El presente trabajo no hubiera visto la luz, sin la desinteresada colaboración de los amigos, Heleno Tôrres, Alejandro Messineo, Gustavo López-Ameri, Walker Villanueva, Sevas Vega y Francisco Pantigoso, brillantes exponentes de la nueva Escuela de Derecho Tributario Latinoamericano.

1. Cabe mencionar que el término *anticipos* resulta mas adecuado que el de *pagos a cuenta*, pues en rigor, no existe obligación tributaria alguna que sea extinguida con los mismos.

2. En contraposición a ellos se encuentran los impuestos con hechos imponibles de verificación instantánea como por ejemplo el Impuesto de Alcabala y el Impuesto General a las Ventas. No obstante ello resulta interesante la posición del Profesor Paulo de Barros Carvalho, para quien el hecho imponible siempre se configura en momento determinado, con lo cual todos los hechos imponibles serían instantáneos (*Teoria da Norma Tributária*, p. 124). En igual postura se encuentra Geraldo Ataliba, quien de forma categórica asevera que todos los hechos son instantáneos, no teniendo cabida la clasificación tripartita adoptada unánimemente por la doctrina (*Hipótesis de Incidencia Tributaria*, p. 118).

A continuación esbozamos brevemente cada uno de tales sistemas:

a) Sistema de coeficientes, aplicable a los contribuyentes perceptores de rentas de tercera categoría, que en el ejercicio gravable anterior hayan obtenido renta imponible.

El coeficiente se obtiene de dividir el monto del impuesto calculado correspondiente al ejercicio anterior entre el total de los ingresos netos del mismo ejercicio.

b) Sistema del 2%, aplicable a los contribuyentes perceptores de rentas de tercera categoría, que hayan iniciado operaciones durante el ejercicio o que no hayan obtenido renta imponible en el ejercicio anterior (vale decir que hayan obtenido pérdida tributaria).

2. *Naturaleza jurídica de las obligaciones generadas por los pagos a cuenta*

La primera tarea que a nuestro entender reviste singular importancia consiste en determinar si las obligaciones generadas por los pagos a cuenta tienen la naturaleza de obligaciones tributarias, y, si en correlato de ello, las prestaciones pecuniarias que son su objeto, califican como tributo.

Un importante sector de la doctrina nacional[3] e internacional[4] ha sido categórico en señalar que los pagos a cuenta tienen la naturaleza de obligaciones tributarias, centrándose más bien la discusión en torno a sí se trata de obligaciones independientes o por el contrario son accesorias respecto de la denominada obligación tributaria principal.[5]

Se advierte en principio que en la generalidad de los casos se confunde a la obligación con su objeto. En efecto, una cosa es el vínculo jurídico obligacional[6] que se instaura entre acreedor y deudor y otra muy distinta es la prestación que constituye su objeto, que en el caso de la obligación tributaria no es otro que el tributo. A su vez no cabe confundir al objeto de la obligación tributaria (tributo) con el objeto — finalidad de la prestación tributaria, el que en el caso de un tributo no vinculado (impuesto) es la fuente de riqueza sobre la que recae el gravamen (consumo, renta o patrimonio) o con el objeto — contenido, que no es otro que el propio dinero.

En nuestra opinión, los pagos a cuenta son el objeto de una relación jurídica obligatoria *ex lege*, la cual se instaura al producirse el acaecimiento de la hipótesis de incidencia o presupuesto de hecho contenido en la ley. Tenemos, entonces, por un lado, a la obligación del pago a cuenta[7] (relación jurídica obligatoria) y el pago a cuenta propiamente dicho (objeto). Empero, ¿Tal relación jurídica obligatoria es tributaria?

La obligación tributaria es una relación jurídica obligatoria *ex lege* que se entabla entre acreedor y deudor tributario y cuyo objeto es la prestación pecuniaria a la que denominamos *tributo*. La obligación tributaria es el objeto de estudio del Derecho Tributario sustantivo o material. Sin embargo se suele denominar incorrectamente, como obligaciones tributarias *adjetivas*, al conjunto de deberes formales (instrumentales) de los administrados, los cuales son objeto de estudio del Derecho Tri-

3. Julio Fernandez Cartagena, "Otra aproximación jurídica al tema del reajuste tributario y los pagos a cuenta"; Javier Luque Bustamante y Cármen Padron Freundt, "Efectos de reajuste en los pagos a cuenta", en *Cuadernos Tributarios* 7, IFA.

4. Héctor Villegas, *Curso de Finanzas, Derecho Financiero y Tributario*; Catalina García Vizcaino, *Derecho Tributario: Consideraciones Económicas y Jurídicas*, t. I.

5. Así por ejemplo, Luque Bustamante y Padron Freundt explican que existen dos teorías respecto de la naturaleza jurídica de los pagos a cuenta, la que los considera como obligaciones sustantivas independientes de la obligación definitiva (teoría de la obligación independiente) y la que los considera como obligaciones con cargo a la existencia de una obligación futura (teoría de la obligación accesoria) (ob. cit., p. 158).

6. A la que, indistintamente, puede llamársele, también, obligación o relación jurídica.

7. Ferreiro Lapatza la denomina obligación de pago anticipado (*Curso de Derecho Financiero Español*, Marcial Pons, 1997, p. 354).

butario formal o administrativo (p. e., presentación de declaraciones, llevar libros contables, permitir el control de la administración, entre otros).[8] En contraposición a estas últimas, se suele denominar obligación tributaria "sustantiva" a la obligación tributaria propiamente dicha.

Obligación tributaria	Sustantiva	Prestación tributaria
	Adjetiva	Deberes formales

Tal distinción no tiene un soporte teórico adecuado, y parte de la premisa que toda relación jurídica obligatoria que se instaure en torno al fenómeno tributario, tendrá la naturaleza de tributaria, sin importar si su objeto es o no un tributo. Tal tesis se apoya en ideas preconcebidas que tratan de dotar de naturaleza tributaria a obligaciones que no lo son, señalando que tal naturaleza les corresponde al ser creadas por "normas de contenido tributario".

Centraremos nuestro análisis en las obligaciones tributarias propiamente dichas,[9] pues las otras son meros deberes formales que no implican el cumplimiento de una prestación pecuniaria a favor del acreedor tributario, razón por la cual no pueden contener como género a la obligación de los pagos a cuenta. Para poder concluir que la obligación de los pagos a cuenta es una obligación tributaria, no bastará que se trate de una relación jurídica obligatoria *ex lege*, sino que será necesario y vital que la prestación que es su objeto califique como un tributo, y de serlo importará determinar a cual de las especies tributarias es asimilable.

Aún cuando el tributo es el principal objeto de estudio del Derecho Tributario, definirlo ha representado una de las tareas más complicadas y arduas que se ha planteado la comunidad científica que estudia desde la perspectiva jurídica el fenómeno tributario.

Como muestra del esfuerzo desplegado, el prof. Paulo de Barros Carvalho de la Pontifícia Universidade Católica de São Paulo,[10] ha señalado la existencia de hasta seis acepciones del término tributo, I) como cuantia en dinero; II) como prestación correspondiente a un deber jurídico del sujeto pasivo; III) como derecho subjetivo del que es titular el sujeto activo; IV) como sinónimo de relación jurídica tributaria; V) como norma jurídica tributaria; y VI) como norma, hecho y relación jurídica.

En ese sentido, sobre las múltiples definiciones y posturas que respecto del tributo han sido ensayadas por las diversas escuelas de Derecho Tributario, el prof. brasileño Heleno Tôrres[11] advierte que: "A extrema variedade das definições propostas pela doutrina bem exprime a incerteza dogmática que, às vezes induzida por acrítica transposição, ainda reina em torno deste conceito, até o ponto de se chegar a contestar a possibilidade de se assumir, com base no Direito Positivo, uma noção unitária de tributo".

Añade dicho profesor que: "De qualquer sorte, seja qual for construção lingüística acolhida para a enunciação da definição do *tributo*,[12] algumas características

8. En nuestro medio hay autores como Sanabria Ortiz, para quien "(...) el objeto de la obligación tributaria puede ser tanto una cosa como un hecho, esto es, un tributo o la presentación de un formulario" (*Comentarios al Código Tributario y los Ilícitos Tributarios*, Editorial San Marcos, p. 231).

9. El art. 1º del Código Tributario peruano, expresa que la obligación tributaria que es de Derecho Público, es el vínculo entre el acreedor y el deudor tributario, establecido por ley, que tiene por objeto el cumplimiento de la prestación tributaria, siendo exigible coactivamente. Es claro que para el legislador tributario, la obligación tributaria no incluye como género a los deberes formales.

10. Paulo de Barros Carvalho, *Curso de Direito Tributário*, cit., p. 17.

11. Heleno Tôrres, "A compensação financeira (art. 20, § 1º) na discriminação constitucional de rendas — Regime jurídico e aspectos tributários", *Revista da Associação Brasileira de Direito Tributário* 3/155, Del Rey/ABDT, ano II, mai.-ago. 99.

12. Al respecto Heleno Tôrres señala: "Acompanhamos o Prof. Jose Juan Ferreiro Lapatza, quan-

que lhe são peculiares devem constar da formulação que se adote, quais sejam: natureza pecuniária; regime jurídico de Direito Público; que não se constitua em penalidade aplicável a ilícito; prestação compulsória, mas, todas essas serão válidas para a devida distinção se tal prestação for previamente qualificada como receita derivada, proveniente do patrimônio privado para o Estado sem qualquer vinculação, direta ou indireta, com o uso do patrimônio público".

Si algo podemos afirmar con absoluta contundencia, es que el tributo es una prestación de dar cuya naturaleza es definitivamente pecuniaria.[13] Tal prestación es el objeto de una relación jurídica obligatoria que se origina por el acaecimiento de una hipótesis de incidencia tributaria[14] en el mundo fenoménico. Dicha relación jurídica es tributaria, por cuanto su objeto es precisamente un tributo. No puede haber — y somos enfáticos en ello — una relación jurídica tributaria cuyo objeto no sea un tributo. Pretender sostener lo contrario implicaría tal como lo asevera Jarach, falsear la visión del sistema del Derecho Tributario.[15]

Dentro de tal línea de pensamiento, opinamos que puede conceptuarse al tributo, como aquella prestación de dar de naturaleza pecuniaria que no constituya sanción por acto ilícito, cuyo cumplimiento es dispuesto por la instauración de una relación jurídico obligatoria *ex lege* (deber jurídico de prestación tributaria), como producto del acaecimiento de una hipótesis de incidencia tributaria, y cuyo sujeto activo es en principio, un ente de Derecho Público.[16] No obstante ello, tal prestación tiene como finalidad obtener recursos para cubrir los gastos del Estado, lo cual representa un elemento de insoslayable importancia para determinar cuando estamos frente a un tributo.

Al respecto es importante mencionar que el Código Tributario del Perú no contiene definición de tributo,[17] no obstante

do diz: 'No pretendo, desde luego, dar una *nueva* definición de tributo que dé por *superadas* las que antes he transcrito. Tal pretensión de *superación*, palabra tan frecuente como frívola y acientíficamente empleada en nuestra literatura jurídico-tributaria para referirse a teorías ya antes elaboradas, no está en mi propósito. (...) también la Ciencia del Derecho es un saber acumulativo. Sólo de modo infrecuente se *supera* una teoría ya consolidada, forzando su abandono cuando se demuestra que no es coherente com la organización jurídica de una sociedad que el Derecho trata de explicar y mejorar (José Juan Ferreiro Lapatza, "La definición de tributo", *Revista Latinoamericana de Derecho tributario* 3/158-159, Madrid, Marcial Pons/ILADT, 1997)".

13. Dentro del sector de la doctrina nacional existen básicamente dos corrientes de opinión, quienes entendemos al tributo como una prestación pecuniaria y, por otro lado, quienes lo definen como una obligación *ex lege*. Entre los primeros: Humberto Medrano Cornejo, "En torno al concepto y la clasificación de los tributos en el Perú", *Revista del IPDT* 18/37; Eduardo Sotelo Castañeda y Luis Vargas León, "En torno a la definición de tributo: un vistazo a sus elementos esenciales", *Revista Ius Et Veritas* 17/301. Entre los segundos: Julio Fernandez Cartagena, ob. cit.; Javier Luque Bustamante y Cármen Padron Freundt, ob. cit.; Raúl Barrios Orbegoso, *Teoría General del Impuesto*, p. 19; Ruben Sanabria Ortiz, *Comentarios al Código Tributario y los Ilícitos Tributarios*, Editorial San Marcos, p. 96.

14. Geraldo Ataliba enseña que la hipótesis de incidencia es primeramente la descripción legal de un hecho; es la formulación hipotética, previa y genérica, contenida en la ley, de un hecho. Por su parte la hipótesis de incidencia tributaria es la hipótesis de la ley tributaria (*Hipótesis de Incidencia Tributaria*, Instituto Peruano de Derecho Tributario, p. 66).

15. Dino Jarach sostiene que los distintos hechos que integran el fenómeno tributario dan lugar a vínculos de distinta naturaleza jurídica, algunos de carácter material y otros de carácter formal o administrativo, procesal e inclusive penal a las que atribuye el carácter de ramas (*El Hecho Imponible*, p. 50).

16. Exprofesamente hacemos mención a ente público en lugar de persona o sujeto de Derecho Público, por cuanto es factible que la ley establezca tal calidad a entidades de Derecho Público con personería jurídica propia. En efecto, el art. 4º del Código Tributario prevé tal posibilidad.

17. A través de la RTF 980-4-97, el Tribunal Fiscal pronunciándose sobre la naturaleza del derecho de visación de facturas de exportación de prendas de vestir a los EEUU, ha definido al tributo como una prestación pecuniaria obligatoria, que el Estado exige a los particulares en virtud de su poder de imperio (potestad inherente a su soberanía), obligación que tiene su fuente en la ley (principio de legalidad), dando lugar a relaciones de Derecho Público

ello, se adscribe a la clasificación de los tributos que emplea como criterio clasificador, la función de vinculación o no de una actividad estatal con el diseño del aspecto material de la hipótesis de incidencia.[18] Se distinguen así los tributos vinculados (tasas y contribuciones) de los no vinculados (impuestos).[19] Así, en la Norma II del Título Preliminar se define a las especies tributarias de la siguiente manera:

Impuesto: es el tributo cuyo cumplimiento no origina una contraprestación directa a favor del contribuyente por parte del Estado.

Tasa: es el tributo cuya obligación tiene como hecho generador la prestación efectiva por el Estado de un servicio público individualizado en el contribuyente.

Contribución: es el tributo cuya obligación tiene como hecho generador beneficios derivados de la realización de obras públicas o de actividades estatales.

Aún cuando mantenemos reparos en cuanto a la falta de técnica en la redacción de la norma antes mencionada que ha implicado una imperfecta delimitación de los conceptos en ella contenidos,[20] los cuales pretendemos desarrollar en un futuro trabajo, creemos que en el caso peruano las especies tributarias se encuentran definidas de la manera antes descrita, con lo cual, sólo calificara como tributo, la prestación pecuniaria cuya estructura se ajuste a lo que la ley entiende como cada especie tributaria. En efecto, y sin que ello implique reconocer que las especies tributarias han sido definidas de una manera correcta, no podemos dejar de convenir que la Norma II del Título Preliminar del Código Tributario tiene un cuño ineluctablemente prescriptivo de lo que debe entenderse como impuesto, tasa o contribución. Siendo ello así, consideramos que no será posible anteponer conceptos desarrollados por la doctrina, pues ellos tienen naturaleza descriptiva. En tal sentido, apoyamos la afirmación de Diniz de Santi, cuando refiriéndose al concepto de tributo recogido en el art. 3º del Código Tributario brasileño, señala que no es posible despojar de su naturaleza prescriptiva a tal norma, la cual define como deben ser los tributos, aun cuando ello no sea así.[21]

¿Son los pagos a cuenta tributos? Y de serlo ¿A qué especie tributaria son asimilables?

Clavijo Hernandez[22] refiriéndose a los pagos a cuenta expresa que: "Pueden definirse las retenciones e ingresos a cuenta en este impuesto como la obligación impuesta por la ley a las entidades, incluidas las comunidades de bienes y las de propietarios, empresarios, individuales, profesionales y establecimientos permanentes, que satisfagan o abonen rentas sujetas a este impuesto, de retener o ingresar a cuenta, en concepto de pago a cuenta, una determinada can-

que se entablan entre el Estado y los contribuyentes, cuyos ingresos están destinados a satisfacer las necesidades colectivas, observándo su capacidad contributiva, señalando a la coacción como elemento esencial del tributo. Cabe advertir que tal definición ha sido válidamente cuestionada por Sotelo y Vargas, quienes sostienen que la definición anteriormente señalada combina elementos esenciales del tributo con otros cuya inobservancia lo hace ilegal, inconstitucional o ilegítimo, refiriéndose específicamente al principio de legalidad, el cual efectivamente no es un elemento esencial del tributo (ob. cit., p. 295).

18. En nuestra línea de pensamiento, Eurico Marcos Diniz de Santi es enfático al señalar que el criterio utilizado para clasificar a las especies tributarias no es la vinculación de la recaudación con una actividad específica del Estado, sino la vinculación del aspecto material de la hipótesis de incidencia a una actuación estatal, que es algo muy distinto ("As classificações no sistema tributário brasileiro", ponencia presentada ante el *1º Congresso Internacional de Direito Tributário*-IBET, Vitória, 1998).

19. Se opta por clasificar a los tributos considerando como criterio clasificador características internas, por lo cual se le denomina clasificación intrínseca de los tributos. En contraposición a ello, en la clasificación extrínseca o relacional, el criterio clasificador es externo al tributo. Una extensa explicación sobre este tema puede encontrarse en la obra de Eurico Diniz de Santi, ob. cit.

20. Principalmente en lo que a Tasas se refiere.

21. Eurico Diniz de Santi, ob. cit., p. 135.

22. Francisco Clavijo Hernandez, *Impuesto sobre Sociedades*, en *Curso de Derecho Tributario*, t. II, Marcial Pons, 1997, p. 377.

tidad, y a ingresar su importe al Tesoro, adquiriendo la entidad perceptora de la renta el derecho a compensar la cantidad retenida o ingresada a cuenta con la cuota líquida del impuesto, y a percibir, en su caso, la devolución del exceso retenido o ingresado a cuenta".

Se aprecia de lo expuesto por este maestro español, que los pagos a cuenta son sumas exigidas y establecidas *ex lege* por el Fisco, a los efectos proporcionar recursos inmediatos al Estado, y que serán empleados como créditos contra el Impuesto a la Renta que se obtenga al final del ejercicio gravable.

Es indiscutible que los pagos a cuenta son prestaciones pecuniarias que el deudor se encuentra obligado a cumplir. No obstante ello, puede advertirse que si bien el acreedor tiene el derecho a exigir tal prestación, al cumplimiento de determinado plazo se encuentra obligado a restituir tal prestación a través de su acreditación contra el Impuesto a la Renta del ejercicio, y en caso que el monto de los pagos a cuenta excediera de dicho importe, la Administración tributaria, previa comprobación, devolverá el exceso pagado, lo que denota una característica estructural que le es particular; la previsión legal de devolución del monto recaudado.

No habrá diferencia ya sea el contribuyente al final del ejercicio obtenga o no impuesto a la renta calculado, en ambos casos la acreditación será un derecho del sujeto pasivo, pudiendo ocurrir luego de ello que *a*) exista un saldo por regularizar (denominada en nuestro medio como cuota de regularización); *b*) que exista un saldo a favor del contribuyente (cuando los pagos a cuenta son superiores al impuesto a la renta calculado); o *c*) que no exista saldo alguno para ninguna de las partes (caso en que el Impuesto a la Renta calculado es igual al monto de los pagos a cuenta abonados durante el ejercicio).

En tal entendimiento, el carácter de prestación pecuniaria de los pagos a cuenta, no determina de forma indubitable que se esta frente a un tributo. Tampoco lo determina el hecho que la obligación que vehicula tal prestación sea establecida por una ley y no por la voluntad de las partes.

Ocurre que para el sistema tributario peruano, la previsión legal de restitución del monto recaudado, propia de los empréstitos forzosos, y que dicho sea de paso, se encuentra presente en el caso de los pagos a cuenta, no es un elemento estructural del tributo, ni consecuentemente, de las especies tributarias tal como han sido definidas en el plano normativo. Un simple análisis lógico, nos permite advertir lo absurdo y disparatado que sería establecer una tasa o una contribución que, implicando una actuación estatal, tenga luego que ser devuelta al contribuyente. Igual razonamiento puede aplicarse al caso de los impuestos con idéntico resultado.

La naturaleza jurídica de los pagos a cuenta es desde nuestra óptica asimilable a la de los empréstitos forzosos, figura con la cual guardan una relación de género a especie. Tal constatación fue inicialmente advertida en nuestro medio por Luque y Padron,[23] quienes señalan respecto del pago a cuenta que: "(...) es asimilable al empréstito forzoso porque, al igual que éste, es un vínculo personal, pecuniario, nacido de la voluntad unilateral del Estado, a través de un mandato legal y exigible coactivamente, con la obligación de devolver en un plazo determinado. Sus diferencias son solamente secundarias. Así, p. e., vemos que los pagos a cuenta son recursos de carácter permanente, no generan intereses a favor del obligado — aún cuando podrían hacerlo — ni están representados por títulos, características que sólo excepcionalmente se dan en el empréstito forzoso".

Sin embargo, Luque y Padron a diferencia de nosotros, no discuten la naturaleza tributaria de los pagos a cuenta, a los cuales definen como obligaciones tributarias sustanciales independientes. Sin ánimo de ser reiterativos en nuestros argumentos, debe-

23. Javier Luque Bustamante y Cármen Padron Freundt, ob. cit., p. 160.

mos discrepar de tal definición, por cuanto los pagos a cuenta no son obligaciones sino prestaciones, las cuales adicionalmente no son tributarias. No obstante nuestras divergencias con dichos autores, comulgamos plenamente con ellos en cuanto a la naturaleza independiente de las obligaciones que sirven de soporte a los pagos a cuenta.

Así luego de tal razonamiento podemos concluir que:

• Los pagos a cuenta son prestaciones pecuniarias que no se ajustan a la naturaleza de alguna de las especies tributarias tal como se encuentran definidas en la legislación peruana. En tal sentido se puede concluir que los pagos a cuenta no son tributos para el sistema tributario peruano.

• Tales prestaciones son objeto de una relación jurídica obligatoria que se origina por el acaecimiento en el plano fáctico, de un soporte hipotético contenido en una norma jurídica. Tal relación jurídica obligatoria no es tributaria ni mucho menos califica como un deber formal.

• La naturaleza de los pagos a cuenta es asimilable a la de los empréstitos forzosos.

• Las obligaciones generadas por los pagos a cuenta, constituyen obligaciones independientes, distintas y autónomas respecto de la obligación tributaria. Siendo consecuentes con lo anteriormente mencionado, debemos mencionar que cuentan con una hipótesis de incidencia propia y distinta de la hipótesis de incidencia tributaria del Impuesto a la Renta. Señalaremos a continuación las principales diferencias advertidas entre ambas.

En cuanto al aspecto material de la hipótesis de incidencia de los pagos a cuenta, el mismo se encuentra constituido por la realización de la actividad generadora de renta,[24] el hecho de haber pagado el Impuesto a la Renta en el ejercicio anterior, o en todo caso el hecho de iniciar una actividad lucrativa en el transcurso de un determinado ejercicio gravable, ello de acuerdo a lo que determine su hipótesis de incidencia. Como puede advertirse, el hecho generador de la obligación de los pagos a cuenta es distinto al de la obligación tributaria del Impuesto a la Renta, el cual es la obtención de renta.

Respecto de la base imponible, la misma se encuentra constituida por los ingresos percibidos por el sujeto pasivo en el período tributario establecido para los pagos a cuenta, delimitándose la misma, vale decir obteniéndose el *quatum debeatur*, en base a un porcentaje o coeficiente obtenido por los resultados del ejercicio anterior, o la relación de los ingresos brutos e Impuesto a la Renta, montos expresamente establecidos por ley, estimaciones del contribuyente, balances mensuales, entre otros métodos existentes. Por citar un ejemplo al respecto, la legislación peruana del Impuesto a la Renta ha optado en el caso de las rentas de tercera categoría por dos mecanismos para determinar los pagos a cuenta, el sistema de coeficientes y el sistema del dos por ciento (2%) aplicables sobre los ingresos netos del mes.

Por último, respecto de la periodicidad, resulta usual que los pagos a cuenta sean estructurados en base una de carácter mensual, como ocurre en el caso peruano. No se descarta sin embargo que el legislador pueda optar por una periodicidad distinta, sea esta bimestral, trimestral e inclusive semestral. A modo de ejemplo, la legislación paraguaya en materia del Impuesto a la Renta, contempla que los pagos a cuenta del Impuesto a la Renta (a los que denomina *anticipos*) deben abonarse en el primero, tercero, quinto y séptimo mes siguientes al plazo de presentación de la Declaración Jurada del Impuesto.

3. *Un tema relevante: la rectificación de la Declaración Jurada Anual del Impuesto a la Renta y su efecto en los pagos a cuenta*

Partamos de un tema concreto: un sujeto perceptor de rentas de tercera cate-

24. Adviértase que no estamos afirmando que el hecho generador sea la generación de renta sino la realización de la actividad que la genera que es algo distinto.

goría para efectos del Impuesto a la Renta viene efectuando pagos a cuenta bajo el sistema del 2%, pues durante el ejercicio anterior no ha obtenido renta imponible sino por el contrario pérdida tributaria. Ocurre que en el mes de junio producto de una revisión fiscal del ejercicio anterior, se determina que la empresa ha obtenido realmente renta imponible por lo que se presenta en dicho mes una Declaración Jurada Rectificatoria de la Declaración Jurada Anual del Impuesto a la Renta del ejercicio anterior, de tal suerte que de dividir el monto del impuesto calculado correspondiente al ejercicio anterior entre el total de los ingresos netos de tal ejercicio se obtiene un coeficiente mayor al del dos por ciento ¿Debe tal sujeto aplicar dicho coeficiente respecto de los meses anteriores al mes de junio en lugar del porcentaje que venía aplicando?

En nuestra opinión, la determinación del coeficiente o porcentaje aplicable para calcular los pagos a cuenta según sea el caso, no puede ser modificada como consecuencia de la presentación de una declaración rectificatoria presentada con posterioridad a su determinación y pago.

Nuestro entendimiento se sustenta en que los pagos a cuenta del Impuesto a la Renta constituyen, como lo hemos venido sosteniendo en el presente trabajo, obligaciones independientes a la del Impuesto a la Renta anual, determinándose su alícuota en un momento reglado, sobre la base de reglas preestablecidas, las cuales están contenidas en el art. 85º de la Ley del Impuesto a la Renta. En tal orden de ideas, opinamos que una modificación a la Declaración Jurada Anual del Impuesto a la Renta, no puede alterar la determinación de la alícuota de los pagos a cuenta efectuados con anterioridad a la presentación de la declaración rectificatoria. Inclusive, el art. 8º de la Resolución de Superintendencia 102-97/SUNAT establece que el deudor tributario no deberá presentar las declaraciones rectificatorias por los pagos a cuenta del Impuesto a la Renta, cuando se hubiera rectificado la Declaración Anual del Impuesto a la Renta que afecte la determinación de dichos pagos, lo que corrobora la naturaleza independiente de los pagos a cuenta.

Lo expuesto en los párrafos anteriores se ve confirmado con el criterio contenido en las Resoluciones del Tribunal Fiscal 1.508-1 y 1.645-1 de fecha 28.11.94 y 19.12.94, respectivamente. En efecto, las RTF en mención, establecen que los adelantos mensuales del Impuesto a la Renta se calculan sobre la base del impuesto pagado por el contribuyente en el ejercicio que corresponda, no facultando a la Administración tributaria para que efectúe los cálculos sobre la base de la renta posteriormente determinada mediante proceso de fiscalización. De ello se infiere que la base para el cálculo es el impuesto determinado, por lo tanto, también declarado por el contribuyente en sus Declaraciones Juradas Anuales, no siendo afectada la determinación ya producida por una modificación posterior del impuesto declarado, ya sea que se derive de un acto de la Administración o, inclusive, por una rectificación voluntaria por parte del propio contribuyente.

Aun cuando las Resoluciones antes mencionadas se refieren al término "impuesto pagado", en nuestra opinión no varia la aplicación del criterio bajo la aplicación de los conceptos "impuesto determinado", "impuesto declarado" o "impuesto calculado". Con ello se tiene que el criterio contenido en las precitadas Resoluciones es que los pagos a cuenta deben determinarse tomando como base el impuesto que el contribuyente determinó en la Declaración Jurada inicialmente presentada por el ejercicio anterior (impuesto calculado), sin que una modificación posterior a dicho acto de determinación, cualquiera sea, afecte la base de cálculo sobre la cual se determinó el coeficiente y en general el sistema de pagos a cuenta.

No obstante lo indicado anteriormente, debe advertirse que a través de diversas Resoluciones, entre ellas la RTF 278-2-98 de reciente data, el Tribunal Fiscal ha establecido que en la medida que la declaración rectificatoria surte efectos con su presentación al determinarse una mayor obligación tributaria y consecuentemente un mayor coeficiente, el mismo será aplicable a los períodos tributarios posteriores a la presentación de la declaración rectificatoria. Cabe mencionar que de acuerdo a nuestro entendimiento, la RTF 278-2-98 es coherente con el criterio establecido por las RTFs 1.508-1 y 1.645-1, pues si bien aquélla no se pronuncia de manera expresa sobre los pagos a cuenta efectuados antes de la presentación de la declaración rectificatoria, si pretendiera apartarse del referido criterio hubiera dispuesto el pago de los intereses moratorios generados por tales pagos a cuenta, los cuales, de considerarse el nuevo coeficiente o porcentaje, de ser el caso, habrían sido determinados en defecto.

4. *Razones usualmente esbozadas que justifican la adopción del sistema de pagos a cuenta*

Las siguientes son las justificaciones y comentarios que los doctrinarios latinoamericanos han esbozado con relación a la adopción de los pagos a cuenta:

• El sistema aproxima la exacción del impuesto al momento de la percepción o generación de la renta, con el consiguiente mayor grado de flexibilidad del sistema fiscal en relación con la coyuntura económica, aumentando así su capacidad estabilizadora (Clavijo Hernández).[25]

• Se permite que las entidades puedan ir graduando su esfuerzo tributario a lo largo del período impositivo a medida que se vaya percibiendo la renta, con lo que se consigue evitar el problema de liquidez que puede originar el pago de la deuda tributaria de una sola vez (Clavijo Hernández).[26]

• Constituye una solución al problema de concentración de ingresos en una sola época de vencimiento fiscal (García Mullín).[27]

• En el caso de países con procesos inflacionarios, los pagos a cuenta del Impuesto a la Renta sirven como forma de precaverse de la pérdida de las obligaciones en moneda expuesta a desvalorización (García Mullín).[28]

• Permite que el Estado disponga de efectivo suficiente para poder satisfacer el gasto público (Calvo Nicolau).[29]

• Son una obligación impuesta por ley en beneficio exclusivo del Fisco que, de esa manera, apresura la recaudación e incrementa sus ingresos sobre presunciones de renta que, en muchos casos, resulta desvirtuada por la realidad que se pondrá de manifiesto al finalizar el ejercicio fiscal (Giuliani Fonrouge).[30]

• Se trata de una medida de carácter financiero para permitir la percepción de un flujo constante de ingresos para el Estado, en lugar de un único ingreso con motivo de la presentación de la Declaración Jurada (Humberto Medrano).[31]

25. Francisco Clavijo Hernandez, ob. cit., p. 377.
26. Francisco Clavijo Hernandez, ob. cit., p. 377.
27. Juan Roque García Mullín, "Manual de Impuesto a la Renta", *Doc. CIET* 872/140.
28. Juan Roque García Mullín, "Manual de Impuesto a la Renta", *Doc. CIET* 872/140.
29. Enrique Calvo Nicolau, *Estudio de la Ley del Impuesto a la Renta*, Témis, p. 1.255.
30. Carlos Fonrouge Giuliani, *Impuesto a la Renta*, Depalma, p. 323.
31. Humberto Medrano Cornejo, "Propuestas de modificaciones a la Ley del Impuesto a la Renta", en *Revista Análisis Tributario*, dic. 98, p. 9.

AS NORMAS GERAIS DE DIREITO FINANCEIRO E DE DIREITO TRIBUTÁRIO, SUA NATUREZA E FUNÇÃO

José de Mesquita Lara
Professor Aposentado da Faculdade de Direito da UFMG

Histórico

A expressão "normas gerias de Direito" foi utilizada pela primeira vez, no Direito Constitucional brasileiro, para expressar um específico tipo de regra jurídica, na Constituição de 18 de setembro de 1946, art. 5º, XV, *b*, embora na Constituição de 1934 tivesse havido menção a "normas fundamentais" e a outras regras que, sem denominação própria, tinham algum atributo de norma geral, tal como contemporaneamente conceituada.

A Constituição de 10 de novembro de 1937 não fez referência a nenhuma lei federal reguladora, de forma padronizada, de matéria própria tanto à competência da União como à dos Estados (como tal entendido, doravante, também o Distrito Federal) e dos Municípios, ou que obviasse suas disputas de competência. Contudo, foi durante sua vigência que se editaram os Decretos-leis 915, de 1º de dezembro de 1938, e 1.061, de 20 de janeiro de 1939, preventivos de conflitos interestaduais decorrentes das diferentes leis locais sobre o antigo imposto sobre vendas e consignações. Esses Decretos-leis, não obstante a coima de contrários à Constituição de 1937 e também à que lhe sucedeu, vigeram até 1963, quando foram revogados pela Lei 4.299, de 23 de dezembro desse ano, que passou a regular aqueles conflitos como lei de norma geral, na forma do citado art. 5º, XV, *b*, da Constituição de 1946.

O constituinte de 1946 programou normas gerais sobre Direito Financeiro, seguro e previdência social, defesa e proteção da saúde, regime penitenciário, matérias de inequívoca competência comum ou da União e dos Estados ou deles e também os Municípios, sem contudo fazer no Texto Constitucional expressa a menção à observância das normas gerais pelos Estados e Municípios. A aplicação destas a todas as esferas do governo foi aceita com lastro no art. 6º da Lei Maior, por não permitir aos Estados mais que legislar supletiva ou complementarmente em matéria de norma geral, o que levou Pontes de Miranda a asserir que o art. 5º, XV, *b*, já mencionado, permitia que a União "desse" normas gerais para a administração da fazenda nacional, estadual, municipal, territorial e do Distrito Federal (*Comentários à Constituição de 1946*, v. I, 2ª ed. p. 368, 1953).

Por outro lado, não se explicitou naquela Constituição a função ou a finalidade técnica das normas gerais, ao lado das demais normas federais, e nem houve a preocupação de distinguí-las formalmente da lei ordinária. A doutrina constitucional brasileira é que, não obstante a inópia das duas disposições referidas, viu suas virtualidades hermenêuticas e dela extraiu a substância e a função das normas gerais no aparato legislativo pátrio. Assim, identificou nelas a função de compor, *ex ante*, os conflitos de competência em matéria tributária, com o que permaneceram incólumes os Decretos-leis ditatoriais 915 e 1.061 *supra* mencionados, propiciando a edição da Lei 4.299; e consagrou uma segunda função — aquela que aparentemente parecia ser a única vislumbrada pelo constituinte — qual seja a de atuar como um direito comum à União, aos Estados e aos Municípios. Assim, quando em 1964 foi promulgada a Lei Federal 4.320, de 17 de março do mesmo ano, sua aceitação foi quase unânime para regular também grande parte também do Direito Financeiro estadual e municipal. E, em 1966, quando a edição da Lei 5.172 — hoje Código Tributário Nacional — não teve maior ressonância perante os órgãos judiciais a coima que lhe irrogou de contrária à autonomia estadual e municipal.

Assentou-se, ainda, sob a Constituição de 1946, que a força da lei federal de normas gerais provinha não da sua forma, que era a mesmíssima forma ordinária das regras produzidas pelo Congresso Nacional e aprovadas por maioria simples, mas de seu conteúdo, o qual, embora constituído de matéria de interesse também dos Estados e Municípios, os impedia de prover em sentido contrário. Este impedimento, todavia, não decorria de hierarquia, mas, sim, de competência, já que no caso não se caracterizava a superioridade da regra federal sobre a estadual e/ou municipal, mas, sim, o monopólio da competência da União para legislar excepcionalmente sobre matérias também afetas ao interesse de Estados e Municípios, competência exclusiva e personalíssima, pois a estes não cabia senão poderes para a edição de simples normas complementares ou supletivas.

Essas linhas doutrinárias permaneceram vivas durante todas as vicissitudes por que passou a Constituição de 1946 e nenhuma das emendas que lhe foram feitas afetou seus arts. 5º, XV, *b* e 6º, incluída a de n. 18, de 1.12.65, de funda repercussão no sistema tributário nacional.

Excluindo da competência dos Estados e Municípios matérias ínsitas a ela, diminuindo o poder de legislar destas entidades, e editadas por um poder legislativo estranho, sem ser em sede constitucional, as normas gerais, embora sob a roupagem simples das leis ordinárias, constituíam, realmente, regras quase-constitucionais, pelo inusitado de sua eficácia.

A Constituição de 21 de janeiro de 1967 trouxe importantes inovações ao regime das normas gerais em foco, separando-as em dois grupos: um, das regras de Direito Financeiro e, outro, das regras de Direito Tributário; para as primeiras manteve o regime das leis ordinárias (art. 8º, XVII, *c*), estabelecendo para as segundas a lei complementar, aprovada pela maioria absoluta dos membros do Congresso Nacional (arts. 19, § 1º e 5º). Além disso, consagrou a dupla função das normas gerais de Direito Tributário: estabelecer regras comuns em matéria tributária para a União, Estados e Municípios, como tal compreendidas também as limitações ao poder de tributar, e dispor sobre seus conflitos nessa matéria, havendo tudo isso sobrevivido à Emenda Constitucional 1, de 17.10.69 (arts. 8º, XVIII, *c* e 18, § 1º).

As normas gerais e a Federação

A inovação constitucional brasileira relativa às normas gerais constitui um dos mais importantes aportes para a Teoria do Estado Federativo neste século; com ela facilita-se a solução dos problemas, tão comuns às federações, relativos às competências das entidades que as integram e às suas disputas sobre o âmbito do respectivo poder de legislar.

Com efeito, uma Federação, pela dualidade de governos num mesmo território

— o da União e o do Estado — exige sempre uma perfeita discriminação de competência, dificilmente alcançada no Texto Constitucional. Complicam-se as coisas e os conflitos são acrescidos quando há ainda a variável do Município que, em algumas federações, constitui uma terceira entidade diretamente dotada pela Constituição do poder de editar autonomamente leis sobre matéria de interesse local, como no caso brasileiro. Há, então, três ordens jurídicas independentes, três sistemas normativos próprios, a regerem, nem sempre com precisas linhas demarcatórias, matéria de interesse comum aos entes estatais.

Um exame histórico revela que as soluções constitucionais para a composição de conflitos intrafederativos de competência sempre deixam a desejar. São imperfeitas as fórmulas de se enumerarem as matérias de competência da União e de se deixar o resíduo aos Estados (depois de subtraído o resíduo das matérias de interesse do Município) ou de se arrolarem as matérias dos Estados, deixando o resíduo à União, depois de diminuído da parte do Município; é falha também a solução de certas matérias ficarem promiscuamente na competência comum de todas as entidades, com o prevalecimento, no caso de contradição, do direito federal sobre o estadual e o municipal e do estadual sobre o municipal.

Realmente, sempre haverá matérias não enquadráveis, *prima facie*, no elenco das enumeradas expressamente para determinada entidade e nem sempre será fácil a conceituação do que seja interesse local do Município. E a alternativa do prevalecimento do direito federal, no caso de comunhão de competência, pode desnaturar por inteiro a autonomia estadual e/ou municipal. A persistência das dúvidas de competência sempre gera perplexidades e hesitações incompatíveis com a normalidade das atividades dos cidadãos e dos Poderes Públicos, e seu desate, seja por meios políticos ou judiciais, que se prolongam por desgastantes procedimentos, é quase sempre frustrante e tardo.

Daí o relevo da solução brasileira para a composição desses conflitos de competência por meio das normas gerais, solução que se avulta mais ainda pelo direito único que também enseja, com a uniformização de nomenclatura, padronização de conceitos e idêntico tratamento para o sem número de situações, atos e relações análogas em que se envolvem a União, Estados e Municípios, por sua comum natureza de entidade pública produtora de Direito.

Natureza e função das normas gerais na CF/88

A Constituição de 5 de outubro de 1988 mantém a denominação *normas gerais* para as regras jurídicas que, sem serem formalmente constitucionais, têm características destas, como serem editadas pelo Congresso Nacional, versarem sobre matérias que, em princípio, são de competência também dos Estados e Municípios, padronizarem a normatividade de matérias inerentes a estes e à União, limitarem os respectivos poderes de legislar e disporem sobre seus conflitos de competência.

Permanecem as normas gerais, assim, como regras imediatas à Constituição Federal — regras *quase-constitucionais* —, como um sobre-Direito em relação aos sistemas normativos parciais da união, Estados e Municípios. Seu *situs* natural, por isso, deveria ser a própria CF, por serem inusuais normas de tal natureza sob outra forma. Daí, como já ressaltada, a importância dessa contribuição à teoria jurídica do federalismo, que certamente se aprimorará no futuro, quando a produção de normas gerais for atribuída a um órgão do Congresso Nacional, constituído, quem sabe, de representantes do governo das entidades envolvidas, com o que desaparecerá o esdrúxulo e assimétrico poder de o Senado Federal e a Câmara dos Deputados produzirem, sem ser em sede constitucional, normas para os Estados e Municípios. Isso, aliás, robustecerá a idéia da norma geral como uma quarta espécie normativa, nem federal, estadual ou municipal, mas acima de todo o ordenamento dessas ordens jurídicas parciais e hierarquicamente inferior tão-somente à CF.

A propósito da especificada da norma geral, eminentes publicistas pátrios desenvolveram a idéia de uma *Lei Nacional*, diversa da lei federal (embora posta também pelo Congresso Nacional), para as matérias reservadas no nosso Direito para normas gerais. Basearam-se nas reflexões kelsenianas sobre as ordens jurídicas parciais que compõe o Estado federal — a da União, a dos Estados e, no caso brasileiro, também a dos Municípios — e que, sob a Constituição, formam a ordem jurídica total nacional. A fecunda idéia de Kelsen fortalece plena e tecnicamente a norma geral como uma quarta espécie no Direito pátrio, embora ele só tenha arrolado como regra dessa espécie a Constituição Federal, certamente por não ter tido a oportunidade de conhecer atos normativos com os incomuns conteúdo e eficácia das nossas normas gerais.

No caso brasileiro, a denominação *Lei Nacional* pouco ou nada acresce ao conceito de norma geral, pois o adjetivo nacional tem a conotação de algo pertinente à entidade jurídica República Federativa do Brasil, ou ao seu território, ou a seus cidadãos, pertinência também ínsita à lei federal.

A norma geral constitui uma quarta classe normativa por sua *diferenttia specifica* de *regra quase constitucional*; por isso, a manutenção da tradicional expressão *norma geral*, de grande conteúdo significativo no nosso Direito, talvez seja mais conveniente, sem se falar na vantagem que ela apresenta de se contornar a dificuldade do encaixe, na expressão *Lei Nacional*, das *Resoluções* do Senado Federal, que também veiculam a norma geral.

Doutra parte, deve ser salientado que o ato instituidor de norma geral, muito mais que simples partícula de integração ou complementação da Constituição (mero fragmento de uma hipótese incidência ou o elemento posterior de que carece uma regra para ter eficácia), constitui, por sua intensa força de criação jurídica, um ato mais sofisticado, de desdobramento do Texto Constitucional, uma vez que seu autor utiliza as categorias jurídicas de pessoa, bens, relações, tempo e espaço com grande liberdade, em sede quase-constitucional, só limitada pelos dispositivos da *Lex Maior*.

Consideradas segundo os elementos pessoal, material, temporal e espacial que integram o conteúdo de uma norma jurídica completa, consoante a Teoria Geral do Direito — elementos referido por Hans Kelsen como *esferas de validade* (*General Theory of Law and State*, 1949, p. 42-44) e *domínio de validade* (*Theorie Pur du Droit*, Paris, Dalloz, 1962, p. 13) e por José Souto Maior Borges como *âmbitos de validade* (*Lei Complementar Tributária*, São Paulo, Ed. RT, 1975, p. 63) —, as normas gerais têm, em sua denominação, bem realçadas as características que dão sua especificidade, embora tais normas não se diferenciem das demais normas federais quanto aos componentes temporal e espacial, pois o início e o término de sua vigência seguem o padrão destas últimas e sua eficácia também abrange todo o território nacional.

Suas peculiaridades decorrem dos seus componentes pessoal e material. Com efeito, uma norma geral dirige-se à União, aos Estados e aos Municípios, ou melhor dizendo, ao editor das leis ordinárias ou de normas de idêntico ou inferior nível hierárquico, no sistema federal de produção jurídica, e ao legislador de qualquer nível nos Estados e Municípios. A eficácia pessoal da norma geral só indiretamente atinge os cidadãos ou os contribuintes em geral, pois seus destinatários são a União, os Estados e os Municípios, em conjunto, ou somente os Estados e Municípios, ou ainda somente os Estados ou somente os Municípios, não havendo norma geral aplicável exclusivamente à União. A generalidade da norma em foco, assim, tem uma acepção própria e bem restrita, diversa daquela generalidade que constitui atributo da quase totalidade das leis e provimentos análogos.

Quanto ao componente material, deflui da sua análise, como a seguir se expõe, um outro significado, de contornos menos precisos, para o adjetivo *geral*, e que diz respeito àquilo que pode ser normatizado pela norma *geral*.

A matéria das normas gerais de Direito Financeiro

A propósito, ressalte-se que o conceito de norma geral de Direito Financeiro não ganhou em precisão com a CF/88, que, tão pródiga em regras para muitos campos do Direito, foi avara com relação a este subsistema jurídico, o que dificulta sua teorização, nem mesmo indicando formal e precisamente o instrumento típico veiculador das normas gerais de Direito Financeiro.

Assim, para identificá-los, há que se partir das regras, socorrer-se da tradição brasileira acima exposta e aceitar, em princípio, como de norma geral de Direito Financeiro, por um lado, as regras que, dizendo respeito à receita, exceto tributária, à despesa e à gestão financeira e patrimonial pública, envolvam fatos e situações naturais e comuns à dinâmica de atuação da União, dos Estados e Municípios relacionadas com essas matérias, e, por outro lado, as regras sobre possíveis conflitos destas entidades, nesse campo (o que dificilmente poderá ocorrer, registre-se).

Destarte, podem ser consideradas de normas gerais, por seu conteúdo de matéria comum às três ordens de governo, além das leis federais referidas nos arts. 163, 165, § 9º e 169 da CF (sobre finanças públicas em geral, dívida externa e interna pública, incluída a das autarquias, fundações e demais entidades controladas pelo Poder Público; emissão, e resgate da dívida pública; prestação de garantia por entidade pública), as leis que versarem sobre contrato de câmbio realizado por órgão e entidade da União, Estados e Municípios; exercício financeiro; gestão financeira e patrimonial da administração direita e indireta; pressupostos para a instituição e funcionamentos de fundos; planos plurianuais, diretrizes orçamentárias, lei orçamentária anual e limitação da despesa com pessoal ativo e inativo, entre outras.

Igualmente serão de normas gerais de Direito Financeiro as leis sobre a definição do valor adicionado, para o efeito do cálculo da participação do Município no produto da arrecadação do imposto estadual de circulação de mercadorias e prestação de serviços de transportes e comunicações; a regulamentação dos critérios de rateio dos fundos alimentados por impostos federais e da entrega aos Estados e Municípios do *quantum* apurado para cada um (CF, art. 161).

*A matéria das normas gerais de Direito Tributário**

No que diz respeito às normas gerais de Direito Tributário, a CF/88, cortando cerce controvérsias que emergiram da Constituição anterior, enquadra, desde logo, como matéria de norma geral, regras sobre obrigação, lançamento, crédito, prescrição e decadência tributárias, sobre a definição de tributo e suas espécies, dos fatos geradores, da base de cálculo e contribuintes dos impostos nela discriminados, e o tratamento tributário do ato cooperativo praticado pelas sociedades cooperativas (art. 146, III). Também devem ser qualificadas como matérias de norma geral de Direito Tributário as pertinentes a disputas sobre com-

* O art. 146, III, alude a *normas gerais em matéria de legislação tributária*, enquanto que do art. 24, I, e §§ da Constituição decorre a expressão *normas gerais de Direito Tributário*. Intencional ou não, a diferença de nomenclatura é irrelevante, pois ambos os dispositivos se referem a uma só e mesma nomenclatura é irrelevante, pois ambos os dispositivos se referem a uma só e mesma coisa. Na verdade, o que há na espécie é um *bis in idem* normativo, isto é, duas disposições contemporâneas, dispondo sobre a mesma matéria, uma especifica, outra genericamente, e sem contradição. Por isso, ainda que não se admita que *legislação tributária* seja um *minus* com relação a *Direito Tributário*, aquilo que pretensamente não se compreender no art. 164, III, forçosamente compreende-se no art. 24, I e §§, que, por sua generalidade, e, principalmente por sua consentaneidade com a tradição doutrinária brasileira sobre *normas gerais de Direito Tributário*, devem prevalecer, no caso de dúvida.

petência tributária entre a União, Estados e Municípios, e a limitação ao poder de tributar destas entidades, por dizerem respeito à composição de conflitos intergovernamentais de tributação e a fatos e a situações de ocorrência comum dessas entidades (art. 146, I e II da CF).

A par dessas matérias, que de um modo geral relacionam-se com a quase totalidade dos tributos, a Constituição menciona outras identificáveis como próprias de norma geral, já agora restritas a determinados impostos, como ocorre com as alíquotas máximas do imposto sobre transmissão *causa mortis* e doação, e a regulamentação deste imposto nas hipóteses de o *de cujus* ter deixado bens no exterior, ali ter tido residência ou domicílio, de ter sido o inventário dos seus bens processado noutro país, e de o doador ter domicílio ou residência no estrangeiro (CF, art. 155, § 1º, III, *a* e *b*).

Ainda de acordo com os princípios que orientam a identificação da matéria de norma geral, também serão qualificadas como tal o rol dos serviços sujeitos ao imposto municipal sobre serviços de qualquer natureza; as alíquotas máximas deste e a exclusão de sua incidência em exportação de serviços (CF, art. 156, III e § 3º).

Limites das normas gerais

A listagem acima não é completa, por arrolar apenas matérias e eventualmente mencionadas pela Lei Maior com características de norma geral. Com efeito, o Texto Constitucional admite outras, ao atribuir à União, em seu art. 24, I, II e § 1º, poderes genéricos para estabelecer normas gerais de Direito Financeiro, Orçamentário e Tributário, atribuição reiterada nos arts. 146, III e 163, I, com a menção a genéricos provimentos normativos *em matéria de legislação tributária e finanças públicas*. Cabe, assim, a indagação: como identificar objetivamente essas outras matérias e quais os limites dos órgãos legislativos federais para editar normas gerais?

Segundo cremos, a identificação deve ser feita conforme as diretrizes que vimos observando e que dessumem da tradição constitucional brasileira: têm natureza de norma geral as matérias de Direito Financeiro ou Tributário que disponham sobre conflitos de competência entre as entidades tributantes ou uniformizem regras sobre fatos, objetos, relações e situações jurídicas que, idêntica ou analogamente, ocorrem nessas ordens jurídicas parciais.

São, assim, de normas gerais, as que envolvem regras de necessária existência em cada uma dessas ordens jurídicas e que delas forçosamente constariam, se não houvesse o expediente constitucional de regras comuns. Por conseguinte, a padronização do tratamento jurídico de situações idênticas ou análogas de cada ordem jurídica, ao lado da prevenção de conflitos de competência, devem ser considerados os pontos indiciantes de normas gerais, reiterado que a padronização referida pode dizer respeito à União, Estados e Municípios, conjuntamente, somente a dois destes, somente aos Estados ou ainda somente aos Municípios.

Temos, com isso, uma perspectiva por assim dizer horizontal das matérias aptas a constituírem o conteúdo das normas gerais. Nesse plano, contudo, ainda restariam dúvidas sobre sua extensão: pode haver norma geral para todas as matérias suscetíveis de padronização normativa? Pode ser estabelecido, p. ex., determinado tipo de dispêndio obrigatório para todas essas entidades, fora da Constituição? É possível a limitação de despesa natural a todas? Por outro lado, pode ser fixado um determinado dia para pagamento da generalidade dos tributos das três entidades tributantes? Podem ser estabelecidos tipos uniformes de ilícitos tributários, de penalidades ou de isenções?

A propósito cabe ainda outra pergunta, agora sob uma perspectiva vertical: até que grau de minudência poderiam avançar as normas gerais nas matérias que constituem seu conteúdo?

Segundo entendemos, quer com relação ao plano horizontal ou ao vertical, o produtor de normas gerais deve atuar sobre a égide dos princípios que repetidas vezes lembramos: não cabem normas gerais quando inexistir possibilidade de conflitos ou quando a matéria regulada não possa ser considerada simultaneamente comum à União, aos Estados e aos Municípios, ou a duas dessas entidades, ou somente a todos os Estados ou a todos os Municípios.

Tal premissa limitativa é inarredável face à autonomia dos Estados e Municípios, sobretudo na área de legislação tributária. Aqui, ambos são dotados do poder de instituir e regular os respectivos impostos, taxas e contribuição de melhoria. Acresça-se que os Estados têm ainda competência em tudo que não lhes é vedado pela Constituição e os Municípios têm-na sobre todos os assuntos de interesse local.

Ora, tudo isso implica evidentemente na impossibilidade de a norma geral dispor sobre particularidades de cada tributo e ir além dos detalhes regulados na Constituição. Assim, seria claramente ofensiva à Constituição uma norma geral que estabelecesse a alíquota máxima de um imposto estadual ou municipal fora das autorizações constitucionais expressas.

Lembre-se também que, em se tratando de competência concorrente, como é a competência para editar normas do Direito Financeiro e Tributário, a atuação da União deve limitar-se a estabelecer regras gerais (CF, art. 24, I), quer dizer — numa outra acepção do adjetivo *geral* — regras conceituais, apenas emoldurantes de uma contextura de muitos claros, a serem preenchidos pela União, Estados e Municípios.

De qualquer modo, não é fácil, *a priori*, traçar a linha demarcatória precisa entre o poder da União de instituir normas gerais e o dos Estados e Municípios de disporem sobre os tributos que lhes são próprios. A solução para cada problema emergente dependerá da mundividência do intérprete constitucional: validade de regra federal de norma geral, se pender para a centralização e a uniformização, num mundo cada vez mais padronizado; invalidade, se defensor da descentralização, da diferenciação e da autonomia estadual ou municipal.

Os provimentos de norma geral

A lei complementar parece ser, na nova ordem constitucional, o principal instrumento de veiculação das normas gerais de Direito Financeiro, eleita que foi pela CF/88 para reger matérias limpidamente de tal natureza, como as pertinentes a finanças públicas, em geral (art. 163, I), ao exercício financeiro, à vigência, aos prazos e à elaboração e à organização do plano plurianual, da lei de diretrizes orçamentárias e da lei orçamentária anual (art. 165, § 9º, I); à gestão financeira e patrimonial da administração direta e indireta e às condições para a instituição e funcionamento de fundos (art. 165, § 9º, II). Este elenco, sem dúvida, abarca todo o universo do Direito Financeiro, excetuada a parte relativa às imposições tributárias. Por conseguinte, está excluída, segundo entendemos, a possibilidade de normas gerais de Direito Financeiro veiculadas por meio de simples leis ordinárias ou atos assemelhados.

É a lei complementar também o vector das normas gerais de Direito Tributário. A Constituição a indica como tal, em passagens isoladas referentes a matérias de norma geral (arts. 155, § 1º, III e XII e 156, § 3º) e, no art. 146, a menciona com a forma própria para as disposições mais típicas da espécie, quais sejam as relativas a conflitos de competência em matéria tributária e ao direito único, comum à união, aos Estados e aos Municípios, em assuntos que a todos pertine, aí compreendia a regulamentação das limitações ao poder de tributar.

A lei complementar, contudo, em matéria tributária, não tem o monopólio da veiculação de normas gerais, uma vez que a Constituição, em determinadas matérias, comete também ao Senado Federal competência para tanto, mediante resoluções personalíssimas.

Com efeito, é um ato senatorial que fixa as alíquotas máximas do imposto de transmissão *causa mortis* e doação (art. 155, IV) e as alíquotas do imposto sobre a circulação de mercadorias e prestação de serviços de transporte e comunicações, nas operações interestaduais e de exportação, além de ser facultado àquela casa do Congresso estabelecer alíquotas mínimas e máximas do segundo imposto referido, em operações internas dos Estados e Distrito Federal (art. 155, § 2º, IV e V).

A eleição da lei complementar para veicular normas gerais de Direito Financeiro e Tributário, por ser ela uma categoria formal diversa da lei ordinária, representou um avanço na estruturação jurídica das normas gerais em foco, sem contudo atingir o ideal. Subsistem na Constituição leis complementares a regular matérias que não são de normas geral e matérias de norma geral que não são objeto de lei complementar, como as resoluções do Senado Federal, numa promiscuidade nociva à teorização desse tipo normativo.

A hierarquia do provimento da norma geral

A lei complementar, por si só e por seu *quorum* e forma de aprovação, não é hierarquicamente superior a qualquer outro instrumento normativo (cf. José Souto Maior Borges, *Lei Complementar Tributária*, Ed. RT, 1975, pp. 54 e ss.).

O mesmo se diga das resoluções do Senado Federal.

A especificidade e a força dos provimentos de norma geral advêm do respectivo conteúdo, consubstanciado em certo, delimitado e monopolizado conjunto de matérias intangíveis por outros instrumentos normativos. Como ilustres autores já frisaram, qualquer ato normativo poderia ser eleito pela Constituição como o vector de normas gerais: a lei ordinária, como já o foi para as normas gerais de Direito Financeiro, uma resolução da Câmara dos Deputados e até mesmo um ato do Presidente da República.

Conseqüentemente, e pondo-se de lado a problemática da sucessão das leis no tempo, a antinomia entre as lei complementar ou a resolução senatorial de norma geral, e outro provimento federal (ressalvadas a Constituição e respectivas emendas), ou estadual, ou municipal, deve ser solvida sob a perspectiva dos princípios diretores de competência e não de hierarquia normativa, como, p. ex., a contradição entre uma resolução do Senado sobre alíquota máxima do ICM e a lei complementar federal ou a lei estadual sobre a mesma matéria.

A superioridade hierárquica do provimento de norma geral de Direito Financeiro ou Tributário, sobre outro posterior, formalmente diverso, é só aparente: se o posterior (salvo emenda constitucional) é antagônico ao de norma geral, o que haverá, na realidade, na esfera federal, é sua inconstitucionalidade (= nulidade), por vício de competência e/ou forma (*v.g.*, resolução do Senado Federal em vez de lei complementar, ou vice-versa; lei ordinária, ao contrário de complementar); e, na esfera estadual ou municipal, inconstitucionalidade (= nulidade) por vício de competência e forma.

Se o provimento de norma geral via lei complementar sobrevem a outro formalmente diverso, prevalecerá aquele: no âmbito federal, onde não há matéria de norma geral aplicável à União que seja objeto de resolução do Senado, porque a lei complementar posterior é o instrumento constitucionalmente correto para veiculá-la; quanto aos Estados e Municípios porque, configurando-se hipótese de competência concorrente e prevalece a regra de um dos concorrentes, no caso a União.

Prevalência, em se tratando dos Estados, está consagrada na CF/88, com a suspensão da eficácia da lei estadual conflitante com a de norma geral (art. 24, § 4º).

É uma prevalência mínima, por não resultar na completa, imediata e permanente derrogação da regra conflitante. O constituinte mostrou-se tímido ao determinar a simples suspensão, quando podia ter colocado as normas gerais numa posição mais consentânea com seus atributos de regras *quase-constitucionais* e ter-lhes assegurado não só a plena superioridade hierárquica sobre as demais como sua integração imediata e automática no direito federal, estadual e municipal.

De qualquer forma, o efeito suspensivo da norma geral junta-se àquele outro inibidor de regras futuras contrárias.

A suspensão em foco, segundo nos parece, é válida também para o provimento municipal, e ainda para o federal anterior que não tenha a forma de lei complementar.

Em resumo: o provimento posterior àquele de norma geral será sempre inconstitucional (= nulo), por vício de competência ou forma, e o anterior terá sua eficácia suspensa quando editado regularmente o de norma geral.

Havendo simples suspensão da regra anterior — e não sua revogação — removida a contradição com a revogação do provimento de norma geral que a gerou, a regra suspensa volta a ter eficácia, independentemente de qualquer medida por parte do órgão que a editou. Não há que se falar na hipótese em repristinação da regra suspensa, simplesmente por não ter havido sua revogação.

A recepção da norma geral pelos Estados e Municípios

Com a simples suspensão da norma antinômica, subsiste a necessidade de recepção da norma geral federal pelos Estados e Municípios, consagrada no Enunciado 547 da Súmula do STF, principalmente quando ela versa sobre a ampliação da matéria tributária ou do universo dos contribuintes etc.

A recepção não é juridicamente obrigatória, dada a inexistência de sanção pela inércia da pessoa jurídica pública destinatária da norma geral; os efeitos da omissão serão para ela tão-somente de ordem financeira.

Para o contribuinte, a omissão não terá maiores conseqüências: se a norma geral for favorável à entidade pública (instituição de uma nova classe de contribuintes, de novas hipóteses de incidência etc.), obviamente será adversa ao contribuinte, que se beneficiará então com a omissão; se for adversa à entidade pública (supressão de uma classe de contribuintes, de hipótese de incidência etc.), de pronto a norma existente ficará suspensa e o então sujeito passivo será beneficiado.

A recepção expressa torna-se despicienda quando o destinatário tem em seu sistema jurídico enunciado normativo genérico e abrangente sobre a matéria e a norma geral superveniente apenas especifica e pormenoriza cada uma das classes contidas nesse enunciado (cf. José Souto Maior Borges, ob. cit., p. 62).

A recepção deve ser formalizada mediante *lei* do órgão próprio da destinatária, não cabendo mero decreto do respectivo Poder Executivo, por isso que a norma geral gravosa ao cidadão não integra automaticamente a ordem normativa do ente interessado.

A Lei 4.320, de 17.3.84 e o CTN

A Lei 4.320, de regras comuns à União, aos Estados e aos Municípios sobre a elaboração e controle dos orçamentos e balanços públicos, continua a viger sob a nova Constituição, dado o conteúdo típico de norma geral de disposições. Muitos de seus preceitos, aliás, foram guindados ao *status* constitucional, por sua incorporação ao texto da Lei Maior.

Como já observado, inúmeras outras matérias de Direito Financeiro mencionadas na Constituição são próprias de norma geral, o que implica na utilidade da edição de um novo e sistemático ordenamento de normas gerais de Direito Financeiro, já agora sob roupagem de lei complementar.

A Lei 5.172, de 25.10.66 (hoje denominada CTN, por força do art. 7º do Ato Complementar 36, de 13.3.67), que instituiu, sob a Constituição de 1946, normas gerais de Direito Tributário, também subsiste a nova ordem constitucional: mais fortalecida, aliás, por terem sido expressamente declarados como de norma geral matérias até então não reconhecidas por muitos como tal, *v.g.*, a definição do fato gerador, da base de cálculo e do contribuinte de cada imposto, a definição dos tributos, em geral, as regras sobre orientação tributária, lançamento e crédito tributário, entre outras (CF, art. 146, III, *a* e *b*).

Como a listagem constitucional das matérias de norma geral de Direito Tributário não é exaustiva, tudo o que mais consta do CTN, enquadrável como tal, continua também com o *status* dessas regras quase-constitucionais.

A exigência de lei complementar para a matéria de norma geral de Direito Financeiro ou Tributário não metamorfoseia as Leis Ordinárias 4.320 e 5.172 em leis complementares. Como provimentos de normas gerais, elas se impõe por seu conteúdo, independentemente de sua forma; só podem ser alteradas ou revogadas por emenda constitucional ou pelo ato indicado na Constituição, devendo ser afastada a ilusão de sua transmutação em outro tipo normativo pelo simples fato de a lei complementar ser a forma predominante das normas gerais, ao lado das resoluções do Senado Federal.

CADERNOS DE DIREITO TRIBUTÁRIO

A INEXISTÊNCIA DE SIGILO BANCÁRIO FRENTE AO PODER-DEVER DE INVESTIGAÇÃO DAS AUTORIDADES FISCAIS

MARY ELBE GOMES QUEIROZ MAIA

Auditora Fiscal do Tesouro Nacional — Professora da Escola de Administração Fazendária-ESAF — Coordenadora do Curso de Pós-Graduação em Direito Tributário da ESAF/UFPE

1. A necessidade de se continuar a exploração do tema. 2. A problemática atual. 3. A natureza das investigações do Fisco. 4. O conflito de interesses. 5. A inexistência de sigilo bancário a ser oposto ao Fisco. 6. O entendimento mais adequado e que melhor preserva a ordem jurídica e os interesses envolvidos.

1. A necessidade de se continuar a exploração do tema

Questão velha, polêmica e controvertida, que se constitui em um obstáculo à ação das autoridades administrativo-tributárias, mas que sempre viva e exacerbadamente atual,[1] é a do "sigilo bancário", pois frente ao crédito tributário e ao Fisco, aquele como um bem público relevante e indisponível e este na busca de cumprir os objetivos a que se destina, de aferir a real capacidade contributiva, arrecadar tributos, promover a igualdade e a justiça fiscal, colocam-se a preservação e a garantia dos direitos fundamentais invioláveis de privacidade/intimidade inerentes às pessoas dos contribuintes. No seu âmago o que exsurge é a discussão acerca dos interesses públicos frente aos interesses privados e qual deles deverá prevalecer.

A questão nuclear reside no fato de que a unanimidade da jurisprudência judicial e grande parte da doutrina passaram a entender, depois da Constituição de 1988, que a limitação do acesso das autoridades fazendárias às movimentações financeiras/bancárias se configurava como um direito subjetivo fundamental dos contribuintes, um limite quase intransponível, cujo sigilo para ser "quebrado" exigiria, por parte da Fazenda Pública, a prévia autorização e a instauração de processo judicial onde fosse demonstrada a irregularidade e se iniciasse a produção de provas da respectiva ocorrência.

A necessidade premente de que as autoridades fiscais conheçam antecipadamente as movimentações financeiras/ban-

1. Existe em tramitação no Congresso Nacional, desde 1995 e até hoje não aprovado, um projeto de Lei Complementar que pretende disciplinar a quebra de sigilo bancário, entre outras hipóteses, estendendo tal possibilidade também para o Fisco.

cárias decorre da circunstância de que estas somente poderão se configurar como indícios, que levarão à apuração de ilícitos tributários, se elas forem previamente e de logo conhecidas, já no curso do procedimento investigatório de fiscalização, uma vez que é através do respectivo e indispensável exame que poderão ser revelados os fatos e construídas as provas irrefutáveis e imprescindíveis à comprovação da ocorrência de fato geradores de tributos, da existência de infração e/ou comportamentos violadores de lei.

Na prática é inverossímil a exigência de autorização judicial e a persistência do entendimento acerca do "sigilo bancário" para o Fisco, pois tal juízo implica em um embaraço inexpugnável às ações investigatórias das autoridades administrativas e, por conseqüência, resulta em impedimento à apuração da ocorrência de fatos jurídicos tributários e da prática de infrações à lei. Paralelamente, ainda resulta em um incentivo indireto à crescente onda de sonegações, aos enriquecimentos ilícitos, à prática de crimes fiscais e à impunidade, que estão se alastrando pelo País.

2. *A problemática atual*

Até o ano de 1988 era possível o acesso do Fisco às movimentações financeiras dos contribuintes. Entretanto, após o advento da vigente Constituição, quando foram glorificados, ao extremo, os direitos fundamentais (o que se fazia necessário como oposição ao autoritarismo instalado anteriormente), ficou bastante mitigado, às vezes até mesmo foi inteiramente vedado, o direito de as autoridades fiscais tomarem conhecimento das movimentações bancárias/financeiras dos contribuintes, haja vista as reiteradas decisões judiciais que declararam a exclusividade e restringiram a "quebra do sigilo bancário" à autorização judicial e desde que já houvesse processo instaurado pelo Fisco.

Tal entendimento, resultou, também, em tornar inócua as disposições do art. 197 do CTN, bem assim qualquer medida de investigação que tivesse por base apurar a ocorrência de irregularidades fiscais.

A consagrada vedação, ao ultrapassar o limite da razoabilidade e cair no extremo oposto, na maioria das vezes, passou a ser um escudo para o acobertamento de operações decorrentes de interesses ilegítimos e de crimes fiscais.

Deste modo, sob a interpretação dos novos preceitos constitucionais foi adotado o entendimento majoritário do quase absoluto segredo acerca das transações bancárias que buscou sua justificativa em argumentos como a proteção da intimidade das pessoas, a necessidade de fortalecimento das instituições financeiras, a segurança dos aplicadores e investidores, a proteção à economia de mercado e confiança dos correntistas que resultariam na atração de mais capitais a serem investidos.

Para uma parte da doutrina, a relação entre as instituições financeiras e os correntistas se caracterizaria como uma relação de ordem contratual, onde o sigilo para ser "quebrado" necessitaria de concordância das partes.[2] Já para outros, seria um desdobramento do direito à privacidade, à inviolabilidade da intimidade e uma proteção aos interesses privados que atenderiam ao interesse público, social e coletivo.[3]

De acordo Misabel Derzi e Sacha Calmon Navarro Coelho, o "sigilo bancário" encerraria o princípio constitucional do direito à liberdade de negativa da divulgação de informações, no sentido de proteger, de publicidade, os negócios das instituições financeiras e de seus clientes,[4] bem assim do direito de oposição dos contribuintes à divulgação de seus dados e registros

2. Ricardo Abdul Nour, *Comentários ao Código Tributário Nacional*, coord. Ives Gandra da Silva Martins, v. 2, São Paulo, Saraiva, 1998, p. 501.

3. Neste sentido é Aliomar Baleeiro, *Direito Tributário Brasileiro*, 11ª ed., atualização de Misabel Abreu Machado Derzi, Rio de Janeiro, Forense, 1999, p. 996.

4. Idem, p. 995.

pessoais que se encontrariam de posse daquelas instituições.[5]

Porém, *a contrario sensu*, é na própria CF que se encontra fundamento para adoção de interpretação diversa no sentido de se reconhecer que as instituições financeiras são obrigadas a atender às intimações do Fisco e possibilitar a este conhecer os valores objeto das respectivas transações, pois a Lei 4.595/64, que foi considerada recepcionada pela ordem constitucional vigente como lei complementar reguladora do Sistema Financeiro Nacional, ao disciplinar as hipóteses em que poderão ser prestadas informações incluiu aquela referente à existência de processo.

Buscando-se a amplitude dada na Constituição à expressão "processo" constata-se que nela, quando não especificado, esse signo tanto pode se referir ao processo judicial como ao processo administrativo pois, o art. 5º, inc. LV, da Magna Carta, textualmente, reconheceu o caráter e a condição processual também na área administrativa, ao assegurar aos litigantes o contraditório e a ampla defesa, com os meios e recursos a ela inerentes, quer no âmbito do processo judicial quer no âmbito do processo administrativo.

Ora, outro não deve ser o entendimento de que se o citado dispositivo consagra direitos fundamentais que são amplamente reconhecidos como adstritos também ao processo administrativo, nada há mais a se discutir com relação à processualidade também nessa área do Direito Tributário.[6]

O CTN ao estabelecer as normas gerais acerca dos poderes de investigação outorgados às autoridades administrativo-tributárias, expressamente no seu art. 197, estabeleceu as hipóteses, independentemente de lei especial, em que terceiros estariam obrigados a atender intimações e prestar informações ao Fisco, incluindo-se entre eles as instituições financeiras, estabelecimentos bancários e assemelhados, excepcionando-se apenas os terceiros que estejam legalmente impedidos e com dever de guardar segredo em razão da função, ministério ou cargo exercido.

Entre aqueles a quem o CTN concede o direito à manutenção de silêncio ante as solicitações do Fisco, encontram-se os padres, advogados, psicólogos, médicos, pessoas que em razão da profissão ou cargo são depositárias de segredos íntimos e pessoais que poderiam até ser relevantes para o Fisco mas que, como foram recebidos no âmbito restrito da confiança decorrente de ofício exercido, esses segredos não poderão ser revelados e cuja violação acarretará punições se forem divulgados. Entretanto, não há como considerar incluídas entre essas pessoas as instituições financeiras que, como bem diz o mestre Baleeiro, os banqueiros não estão submetidos às mesmas regras ético-jurídicas de sigilo dos padres e dos advogados, pois eles "em princípio só devem aceitar e ser procurados para negócios lícitos e confessáveis".[7]

As operações e atividades desenvolvidas em instituições financeiras não podem se igualar àquelas em que o sigilo, ínsito ao ofício, deverá ser resguardado de terceiros, pois as transações bancárias, por se referirem apenas a fatos econômicos sobre os quais poderá haver, ou não, incidência tributária, elas não podem ser ocultadas das autoridades administrativas. As instituições financeiras operam com valores que a pessoa pode até querer manter sob sigilo dos familiares, das relações sociais, mas nunca da Administração Tributária.

5. Sacha Calmon Navarro Coelho, *Curso de Direito Tributário Brasileiro*, 3ª ed., Rio de Janeiro, Forense, 1999, p. 765.

6. Sobre o reconhecimento da processualidade no Direito Administrativo, entre outros, ver: Francesco Carnelutti, "Introduzione allo studio del Diritto Processuale Tributario", *Rivista di Diritto Processuale Civile* 2, Padova, Cedam, 1932; Odete Medaur, *Processualidade no Direito Administrativo*, São Paulo, Ed. RT, 1993 e Paulo Celso Bergstrom Bonilha, *Da Prova no Processo Administrativo Tributário*, São Paulo, Dialética, 1997.

7. Aliomar Baleeiro, *Direito Tributário Brasileiro*, 10ª ed., Rio de Janeiro, Forense, 1985, pp. 619-620.

Tecendo comentários acerca do art. 197 do CTN, Bernardo Ribeiro de Moraes aduz que "ninguém pode se eximir de prestar informações no interesse público, para esclarecimento dos fatos essenciais e indispensáveis à aplicação da lei tributária".[8]

Portanto, mister se faz entender que o objetivo da lei ao estabelecer a obrigatoriedade de que as instituições financeiras também prestem informações às autoridades fiscais é lhes impor um dever de colaboração no intuito de auxiliar a atividade do Fisco. Os dados e registros dos quais elas detêm a posse são indispensáveis à ação fiscal para que se conheçam as movimentações financeiras dos correntistas, sejam pessoas físicas ou jurídicas, que poderão ser relativas a operações que ensejem a realização de fatos jurídicos tributários e se configurem como de interesse da Administração Tributária. Em última instância, a citada exigência encerra um interesse coletivo de ordem pública, no sentido de que todos os fatos da vida real que se configurem como tributários e possam dar nascimento a obrigações tributárias deverão estar sujeitos e não poderão ficar ao abrigo da verificação e apuração dos agentes fiscais.

Entendimento em contrário, no sentido de consagrar ou restringir o dever-poder do Fisco de examinar as citadas operações resultaria em tornar ineficaz a ação fiscal pois somente poderiam ser passíveis de exame os valores que os contribuintes espontaneamente quisessem informar em suas declarações, o que se constituiria em um permissivo para se encobrir valores que os contribuintes não quisessem declarar e resultaria em violação da igualdade tributária com total desprestígio daqueles contribuintes que não querem, ou não podem, esconder valores do crivo da tributação.

É importante destacar que o dever-poder de fiscalização também emana e encontra seu fundamento maior no art. 145, § 1º, da própria CF/88 (as constituições anteriores não traziam disposições nesse sentido), que conferiu às autoridades fiscais a competência vinculada para identificar o patrimônio, os rendimentos e as atividades econômicas dos contribuintes, no intuito de aferir a respectiva capacidade contributiva das pessoas, princípio este que com tal disciplinamento e magnitude foi erigido, assim, à categoria de garantia constitucional.[9]

É relevante ainda observar que a vigente Lei 8.021/90, no seu art. 8º, e o art. 928 do Regulamento do Imposto sobre a Renda/1999, *ex vi* do art. 197, II, do CTN, abrigam a hipótese em que, após o início do procedimento fiscal, a autoridade administrativa poderá solicitar informações sobre operações realizadas pelo contribuinte em instituições financeiras respaldando, assim, legalmente a faculdade de os agentes fiscais procederem a quaisquer exames ou verificações necessárias e imprescindíveis à apuração da concretude da realização de fatos jurídicos tributários.[10]

3. A natureza das investigações do Fisco

A formalização do ato de lançamento tributário, nos termos do art. 142 do CTN é o resultado do exercício do dever-poder do Fisco de investigar e apurar a ocorrência do fato gerador da obrigação, determinar a matéria tributável, calcular o montante

8. Bernardo Ribeiro de Moraes, *Compêndio de Direito Tributário*, Rio de Janeiro, Forense, 1984, p. 746.

9. Neste sentido é também o magistério de José Afonso da Silva, *Curso de Direito Constitucional Positivo*, 9ª ed., São Paulo, Malheiros Editores, 1993, p. 603.

10. Sobre a interpretação adotada relativamente à matéria, em decisões contrárias, entre outros julgados: RE 37.566/RS–STJ, rel. Min. Demócrito Ramos Reinaldo, foi decidido, por unanimidade, pela impossibilidade da quebra do sigilo bancário de contribuinte com base em procedimento fiscal, por implicar indevida intromissão na privacidade do cidadão, concluindo que deverão ser interpretados de forma integrada e sistemática o art. 38, § 5º da Lei 4.595/64 e o art. 197, II e seu § 1º, do CTN, considerando que apenas o Poder Judiciário detém esta competência.

do tributo devido, identificar o sujeito passivo e, sendo o caso, aplicar a penalidade cabível.

Para cumprir fielmente a competência privativa e vinculada à lei, as autoridades fiscais detêm poderes indeclináveis plenos que alcançam a possibilidade de elas examinarem quaisquer livros, registros ou documentos referentes a operações ou transações que possam implicar na ocorrência de fatos que estejam submetidos à incidência de tributos, não lhes sendo aplicáveis quaisquer restrições impeditivas do exercício das suas atividades, inclusive aquelas constantes das leis comerciais, especialmente o art. 17 do CCom.

À autoridade fiscal, muito mais do que um ônus ou um poder, incumbe o dever-poder vinculado à lei de investigar, diligenciar, demonstrar e provar a ocorrência do fato jurídico tributário, não sendo cabível a ela discutir ou escolher lançar, ou não lançar,[11] devendo para isso utilizar-se de quaisquer meios necessários ao cumprimento de suas funções, procedimentos esses que, na realidade, refletem um desdobramento do interesse público sobre o particular.[12]

A investigação se constitui em uma premissa da ação fiscal, uma fase procedimental preliminar, que encontra seu fundamento na própria CF, art. 145, § 1º, como um momento anterior ao lançamento tributário em que são feitas verificações no intuito de conferir e comprovar as informações prestadas espontaneamente pelos contribuintes ao Fisco e onde se buscam subsídios, apurar irregularidades e formar o conjunto de provas necessário à elucidação e demonstração da prática de enriquecimentos ilícitos, sonegações, infrações ou crimes tributários que, muitas vezes, constituem-se também em crimes penais.

No momento em que está em curso o procedimento fiscal não existe lide ou litígio que poderá, ou não, ocorrer posteriormente. Por isso mesmo não há que se falar, até então, em devido processo legal (*due process of law*), contraditório ou ampla defesa que obrigue o conhecimento e a manifestação prévia do contribuinte no sentido de impugnar o procedimento de fiscalização, tendo em vista que, ainda, não há a formalização do ato de lançamento relativo a fato jurídico tributável, irregularidade, infração apurada, sanção ou penalidade imposta.

É importante mencionar que em 99,99% dos casos em que as autoridades fiscais têm acesso às movimentações bancárias dos contribuintes, e lhes é permitida a "quebra do sigilo bancário", são apuradas irregularidades. Entretanto, somente exsurge a lide tributária, que exige o contraditório e ampla defesa, quando, após a formalização do lançamento, o contribuinte, inconformado, tempestivamente apresenta impugnação/defesa contra o ato administrativo por meio do qual se exterioriza a exigência do crédito tributário e/ou lhe é imposta penalidade.

Ressalte-se, também, que a atividade fiscal embora possa discricionariamente escolher os meios investigatórios deverá encontrar seus limites nos direitos e garantias fundamentais assegurados constitucionalmente. Contudo, esses não poderão servir de escudo para impedir o conhecimento de valores que deveriam ter sido submetidos ao crivo da tributação.

Cumpre relevar que dentro do contexto da construção dos elementos probatórios se coloca a necessidade, imperiosa, de que as autoridades fiscais conheçam por inteiro todas as operações e rendas dos contribuintes, o que abrange, também, as movimentações financeiras destes, as quais sem-

11. Neste mesmo sentido é Paulo de Barros Carvalho, *Curso de Direito Tributário*, 6ª ed., São Paulo, Saraiva, 1993, p. 363, para quem: "É uma imposição inafastável do exercício do dever-poder que a lei atribui aos agentes da Administração Tributária e se reflete num desdobramento do princípio da supremacia do interesse público ao do particular".

12. Este pensamento também já foi defendido em trabalho anterior: Mary Elbe Gomes Queiroz Maia, *Do Lançamento Tributário — Execução e Controle*, São Paulo, Dialética, 1999, pp. 139-141.

pre se mostram bastante reveladoras na descoberta de omissões e sonegações, para que se possa dimensionar com exatidão e certeza os respectivos rendimentos, riquezas, capacidade econômica e patrimônio.

Portanto, o pedido de informação às instituições financeiras acerca das movimentações dos contribuintes, denominado de "quebra do sigilo bancário", caracteriza-se como um ato de ofício, mera medida administrativa, que se encontra inserido em um procedimento de fiscalização/investigação preliminar, de caráter inquisitório e cogente, que visa ao cumprimento do interesse público, exteriorizado através do dever-poder da Administração Tributária de apurar a ocorrência dos fatos geradores da incidência de tributos, com vista a tornar eficaz a respectiva atividade e à formalização do lançamento tributário, não se lhes podendo opor direitos subjetivos individuais.

4. O conflito de interesses

O embate de interesses antagônicos[13] entre o Fisco e o contribuinte, na verdade, encerra um conflito entre princípios que se encontram em constante tensão, pois se de um lado estão os interesses coletivos subjacentes à isonomia tributária e ao dever-poder do Fisco de aferir a capacidade contributiva dos contribuintes, do outro se colocam os interesses individuais de inviolabilidade, da preservação da intimidade, que são direitos subjetivos das pessoas, assegurados como direitos fundamentais.

A negativa da "quebra do sigilo bancário" sob a ótica das interpretações que vêm sendo adotadas, tem dado maior relevância aos direitos subjetivos sob o manto dos direitos fundamentais, erigindo-os à condição de princípios universais, quase que absolutos, permitindo-se, apenas, pequenas exceções ou rupturas, em detrimento dos interesses do Estado/Fazenda Pública a quem incumbe a proteção dos interesses coletivos, a apuração da ocorrência de irregularidades, infrações e crimes tributários, bem assim o cumprimento do objetivo de lançar e arrecadar o crédito tributário que é um bem jurídico público indisponível.

O entendimento predominante tem sempre privilegiado os interesses dos contribuintes sem permitir que os direitos do Fisco possam ser visualizados sob a perspectiva da defesa dos interesses coletivos. Aparentemente o caso em pauta se apresenta como uma antinomia de princípios para cuja resolução se deverá descobrir qual o princípio de maior peso, face à magnitude dos valores jurídicos envolvidos para, através da busca de conciliação se concluir que, nesta hipótese, o interesse público envolvido é mais forte devendo se sobrepor aos interesses individuais.[14]

Resta, assim, saber como ponderar os valores envolvidos para se conseguir o equilíbrio nas relações Fisco-contribuintes[15] para que seja escolhida a solução possível a ser adotada.

13. Para Francesco Carnelutti, "Introduzione ...", cit.: "il fenomeno tributario presenta un conflitto di interessi che è il bacillo del diritto. Lo Stato (o, in genere, lénte pubblico) ha interesse a prendere al cittadino quanti più beni sai possibile e il cittadino a dargliene quanti possa di meno".

14. Neste mesmo sentido é a conclusão de Andreas Eisele, *Crimes Contra a Ordem Tributária*, p. 225, apesar de que para ele "cabe ao Poder Judiciário a ordenação de quebra do sigilo bancário, assim como ao Poder Legislativo, além das autoridades fiscais, que poderão obter informações bancárias quando houver procedimento fiscal regularmente instaurado, pois tal medida não ofende os direitos constitucionais à intimidade ou à vida privada".

15. Para Robert Alexy (*Teoría de los Derechos Fundamentales*, Madrid, Centro de Estudios Constitucionales, 1993, p. 87) e Ronald Dworkin (*Los Derechos en Serio*, trad. Marta Guastavino, Barcelona, Planeta–De Agostini, 1993, pp. 72-80) existem colisões de princípios e conflitos de regras que reclamam distintas soluções, pois enquanto as normas são válidas ou inválidas, os princípios reclamam diferente solução no sentido de que os princípios têm a dimensão de peso e de importância, podendo ser cumpridos em diferentes graus, pois quando segundo um princípio algo é proibido e segundo outro é permitido, um dos princípios terá que ceder ao outro, haja vista que, em certas circunstâncias, um princípio precede o outro, sem isso significar que o princípio afastado seja declarado inválido.

No caso de o acesso do Fisco às informações mantidas sob "sigilo bancário" dúvidas não há a serem suscitadas acerca de que o interesse coletivo deverá prevalecer sobre um suposto interesse individual. A força imanente da incidência dos tributos, a aferição da capacidade contributiva e da efetiva realização do fato jurídico tributário em relação aos direitos dos contribuintes, deverão ser sopesadas de modo que o fato econômico/financeiro que se encontra subjacente possa ser revelado, na medida da sua ocorrência, para que a tributação se concretize na forma preconizada pela lei que deverá ser aplicada igualmente para todos.

A ordem e a ética jurídica não podem abrigar a impunidade nem proteger interesses escusos ou ilegítimos. É importante frisar que o sigilo bancário não poderá ser considerado como absoluto e servir para acobertar atividades espúrias, enriquecimentos ilícitos ou crimes, sob a proteção de supostos direitos individuais. Na prática, sempre que o Fisco conseguiu a "quebra do sigilo bancário" foram apuradas infrações e grande sonegação de valores ao crivo da tributação.

O acesso e conhecimento das movimentações bancárias dos contribuintes, muito mais do que uma faculdade a ser concedida ao Fisco, encerra um dever-poder que serve à sociedade, ao Estado e à realização da isonomia tributária, valores de igual magnitude que os da proteção à intimidade dos particulares.

A decisão da escolha entre princípios, com relação ao sigilo bancário, na busca da harmonia, deverá se nortear no sentido de que os direitos individuais poderão sofrer restrições para que sejam evitados maiores danos para a sociedade como o cometimento de crimes ou prática de infrações tributárias. A proteção dos direitos individuais deve servir para preservar negócios lícitos dos cidadãos, compreendendo aqueles que são inerentes à sua vida privada e quando se tratar de interesses legítimos que mediata e igualmente possam servir ao bem-estar coletivo.

Portanto, na ponderação entre os valores envolvidos, sem que a opção adotada seja considerada como afronta a segurança jurídica, é legítima a prevalência do interesse público sobre o particular, quando aquele tenha por substrato a preservação do interesse social de combate à sonegação, infrações e crimes tributários.

Todavia, no sentido de evitar o cometimento de abusos ou arbitrariedades por parte do Fisco, deve-se revestir o acesso das autoridades fiscais de requisitos acautelatórios mínimos e moderados[16] como a intimação prévia para que o próprio contribuinte espontaneamente autorize o acesso do Fisco às suas operações bancárias, em cujos termos deverá constar a informação de que o não cumprimento voluntário do dever de informação e colaboração, ínsito à relação Fisco-contribuinte, implicará na adoção de medidas *ex officio* com vista à obtenção, diretamente junto às instituições, de dados relativos aos registros dos valores objeto das movimentações bancárias/financeiras.

Saliente-se, ainda, que a proteção maior dos interesses individuais se manifesta quando são colocados limites à ação fiscal, não no sentido de que os agentes do Fisco precisem de autorização judicial para obter informações, mas visando a proibição de que eles divulguem informações de que tenham conhecimento. Assim, apesar de ser legítimo o acesso às informações constantes em registros bancários, as leis administrativas, fiscais e penais impõem, aos agentes da Administração Tributária, o dever da guarda do sigilo fiscal no intuito de evitar que os dados e operações de que eles tenham ciência, em razão da função exercida, sejam divulgados para terceiros. Inclusive, a violação desse dever enseja a prática de crime, por parte daquele que tornar pública qualquer informação de que disponha. Então, essa limitação é que, na verdade, caracteriza-se como uma proteção e uma

16. Neste sentido são as lições de Aliomar Baleeiro, *Direito Tributário Brasileiro*, cit., p. 1.000.

garantia dos contribuintes relativamente aos seus direitos fundamentais à intimidade/inviolabilidade.

Em conseqüência, no conflito entre interesses opostos, que evoluiu da exclusividade da supremacia dos interesses do Fisco para o extremo oposto do absolutismo quase universal dos interesses dos contribuintes, deve-se procurar harmonizar os valores envolvidos no sentido de achar o seu ponto de equilíbrio.[17] A relação jurídico-tributária tem que ser visualizada como submetida a obediência dos princípios fundamentais, porém, sem se descurar do respeito à intimidade e privacidade das pessoas, para se permitir a "quebra do sigilo bancário" aos agentes do Fisco, no intuito de que o Estado possa, sem obstáculos, proteger os interesses coletivos e realizar os fins a que se destina de aferir, graduar e exigir os tributos de conformidade com a real capacidade econômico-contributiva dos contribuintes.

5. A inexistência de sigilo bancário a ser oposto ao Fisco

Àqueles que se perfilam do lado da necessidade de autorização e propugnam pela instalação de processo judicial para que a Administração Tributária possa tomar conhecimento das transações bancárias dos contribuintes, parece passar despercebido que esta discussão ainda não pode ser considerada como meramente perfunctória para se cerrarem fileiras sobre as interpretações até aqui adotadas. Diante do quadro atual de tantos escândalos financeiros, mister se faz que se retome o debate para se procurar uma nova forma de visualizar os limites e alcance dos deveres-poderes investigatórios das autoridades fiscais.

Na verdade, em sua essência, não existe qualquer sigilo a ser oposto ao Fisco com relação aos valores objeto de transações bancárias, pois tais valores já são, ou deveriam ser, de conhecimento do próprio Fisco e a ele já deveriam ter sido informados espontaneamente pelo contribuinte através das respectivas declarações cuja apresentação é prevista em lei como obrigatória.

É cristalino o fato de que quando se tratar de um bom contribuinte, considerado esse como aquela pessoa que informa integralmente em suas declarações o total dos ganhos, operações e rendimentos auferidos, inexiste qualquer sigilo bancário a ser alegado pois os valores relativos às suas movimentações bancárias já foram previamente informados/declarados e deles o Fisco já tem posse total e amplo conhecimento.

Entretanto, diversamente não acontece quando os valores objeto de movimentações bancárias tiverem origens outras e não estejam correta e fielmente declarados. Nessas hipóteses é que realmente há desconhecimento e aparece um pretenso sigilo que poderia ser oposto ao Fisco, pelo contribuinte, o que induz à presunção relativa (*juris tantum*, que poderá ser elidida pelo contribuinte) e à conclusão, gritante, de que o segredo acerca de tais valores visa, na verdade, a esconder rendimentos ou riquezas que foram subtraídas ao crivo da tributação. Deste modo, quando se veda o acesso das autoridades fiscais às operações bancárias, na realidade, estão sendo criados obstáculos ao cumprimento de um dever imposto aos agentes fiscais de exercerem plenamente as funções que lhes são legalmente atribuídas e possibilitando, indiretamente, que sejam acobertados procedimentos dos contribuintes tipificados como crimes.[18]

Ora, se todos os rendimentos, de qualquer espécie, percebidos pelos contribuin-

17. Igualmente, esta é a opinião de Fernando Sainz de Bujanda, *Hacienda y Derecho*, Madri, Institutos de Estudios Políticos, 1993, p. 462, o qual defende que: "El Derecho Financiero de nuestro tiempo ha de esforzarse por encontrar un punto de equilibrio entre la soberanía fiscal del Estado y los derechos sagrados e irrenunciables de la persona humana".

18. A Lei 4.729/65 (para alguns esta já se encontra revogada em matéria tributária) e a Lei 8.137/90 disciplinam as hipóteses de crimes tributários.

tes, têm que ser informados e deverão constar das diversas declarações apresentadas por eles, p. ex., como aquelas para o imposto de renda (seja pessoa física ou jurídica), a Declaração de Débitos e Créditos Tributários Federais–DCTF, ressalta aos olhos que, *a priori*, igualmente, os rendimentos que se encontrassem depositados em contas bancárias já teriam sido declarados à Fazenda Pública, salvo se o sujeito passivo houver omitido tais informações o que se configura como crime de sonegação.

Portanto, os valores objeto de movimentações bancárias já deveriam ser conhecidos, prévia e antecipadamente, pela Administração Tributária, não havendo, assim, direito subjetivo individual ou sigilo bancário a ser guardado como restritivo do dever-poder da fiscalização e nenhum impedimento a ser argüido a título de violação de direito ou garantia fundamental.

O acesso do Fisco às citadas informações é absolutamente indispensável. A exegese em contrário serviria, apenas, para criar obstáculos ao dever investigatório das autoridades administrativas no sentido de limitar o exercício das atividades que lhes são inerentes e possibilitar que somente seja fiscalizado e investigado o que for espontaneamente declarado; o que implicaria em tornar ineficaz e despicienda a própria ação fiscal e em deixar a mensuração e tributação dos fatos reais à mercê das vontades dos contribuintes que a seu bel-prazer optariam por apenas tributar os valores que desejassem.

Em última instância, deve-se considerar que a vedação que aqui se procura rechaçar, encerra, na verdade, uma injustiça fiscal que viola e distorce a própria isonomia tributária entre os contribuintes que declaram integralmente as suas rendas ou têm os seus rendimentos tributados inteiramente na fonte e aqueles que podem optar por ocultar, ou não, do Fisco as operações efetuadas e rendas auferidas, o que resulta em lhes facultar a escolha de submeter à incidência tributária, somente, as bases e valores que queiram informar e incluir nas respectivas declarações.

Não há como se considerar como defesa de interesses individuais, juridicamente protegidos, valores e operações que deveriam ser informados ao Fisco e que dele deliberadamente são ocultados, às vezes até mesmo com o uso de artifícios (fraudes, conluios etc.), pois sob tal argumento, sem sombra de dúvidas, muito mais do que a proteção do direito à privacidade a ser preservada, iria servir, tão-somente, para abrigar fatos criminosos.

Ainda, obstar o acesso às contas e depósitos bancários é impedir o Fisco de cumprir preceitos constitucionais e levar os seus agentes à violação de dever legal, pois se caracterizaria como uma vedação à possibilidade de poderem eles conhecer e aferir, com certeza e precisão, a capacidade contributiva dos contribuintes com vista à correta incidência tributária.

É mister que se evolua na interpretação da preservação dos direitos individuais frente à proteção dos interesses coletivos, que tem como substrato o poder de investigação das autoridades tributárias sobre as movimentações bancárias, para se reconhecer a inexistência de qualquer sigilo que possa ser oposto ao Fisco.

Urge que a Administração Tributária seja dotada de mecanismos que possibilitem o exercício pleno e o cumprimento das suas funções, sendo relevante acrescentar que todos os agentes fiscais têm, por dever de ofício, sob pena de responsabilidade funcional e criminal, obrigação de manter sigilo de todas as informações de que disponham ou tomem conhecimento em virtude de cargo ou função que exerçam (*ex vi* das disposições do art. 198 do CTN, do art. 325 do Código Penal).

A ação fiscal, que é o instrumento de que se utiliza a Administração Tributária para realizar os fins colimados pelo Estado, não pode ficar na dependência de autorização e instauração de processo judicial, sob pena de se tornar demorada e ineficiente, pois, por se tratar de função pública autorizada e vinculada ela, por si só tem o condão de se fazer cumprir, desde que exercida dentro do âmbito delineado pela lei.

É inquestionável a necessidade de se assegurar a proteção aos interesses privados. Porém, não se deve esquecer que os mesmos, igualmente, devem encontrar barreiras ante os interesses coletivos, no sentido de que estes têm como um dos seus escopos a obrigação de que todos devem pagar os seus tributos na medida da ocorrência dos fatos geradores, para cujo cumprimento é mister o Fisco ter ciência de todas as operações financeiras dos particulares. Não se deve esquecer que os procedimentos fiscais visam, também, ao combate da concorrência desleal, dos sonegadores, dos contrabandistas, dos agentes do crime organizado, dos traficantes e dos corruptos que, de uma forma ou de outra, se beneficiam do "sigilo bancário" que é colocado para os agentes fiscais.

É importante também salientar que, na realidade, não há "quebra de sigilo bancário" quando se transferem informações que estão de posse das instituições financeiras para os agentes do Fisco pois a esses, igualmente, é transferida a obrigatoriedade da manutenção do sigilo dos dados obtidos em razão do ofício que desempenham. Assim, a partir desse momento, as citadas informações passam a estar protegidas sob o sigilo fiscal, cuja infringência acarretará responsabilidade administrativa, civil e criminal para aquele que as divulgar.[19]

Porém, *ad argumentandum tantum*, mesmo que não se quisesse entender deste modo, é importante ressaltar que na hipótese de "quebra do sigilo bancário" para os agentes do Fisco, ainda assim, não haveria qualquer violação da intimidade dos particulares, esta continuaria protegida da divulgação para terceiros, uma vez que as informações obtidas ficariam sob sigilo fiscal. É importante também relevar que, igualmente às instituições financeiras, as autoridades fiscais têm o dever legal de guardar segredo sobre as informações de que tenham conhecimento, inclusive sob pena do cometimento de crime em caso de infringência do citado dever.

Outro argumento de grande relevância que pode ser apresentado é o de que já existe previsão legal no sentido da permissibilidade de "transferência" de "sigilo bancário", para outro órgão que também detenha competência legal para exercer o dever de fiscalização das instituições financeiras, independentemente de qualquer autorização judicial, como, p. ex., o Banco Central, cujos funcionários, igualmente, submetem-se ao dever de sigilo sob pena de responsabilidade. Nesse caso, por que não se reconhecer que também as autoridades fazendárias estão investidas de tal poder?

Numa tentativa de regulamentar as hipóteses de "quebra de sigilo bancário", desde do ano de 1995 tramita no Congresso Nacional um projeto de Lei Complementar. A rigor, seria despicienda a aprovação de uma nova lei no sentido de conferir tal poder às autoridades fiscais pois as regras em vigor já são suficientes para disciplinar o direito de investigação do Fisco, o qual é imanente ao exercício da própria atividade. Seria bastante, tão-somente, que se adotasse uma nova forma de visualizar as normas legais já existentes, de forma sistematizada, para se perceber que o dever-poder de examinar as operações bancárias nelas se encontra inserido. Insistir na forma de interpretação hoje aplicada significa que, além da preservação do direito à privacidade, na verdade, poderão também estar sendo acobertados crimes fiscais.

Portanto, é inverossímil que haja unanimidade em se considerar como legítima a limitação imposta aos meios de investigação das autoridades fiscais, com relação à impossibilidade que elas vêm enfrentando da "quebra do sigilo bancário" sob uma

19. Neste mesmo sentido é a opinião de Oswaldo Othon de Pontes Saraiva Filho, "Sigilo bancário e a administração tributária", *Caderno de Direito Tributário e Finanças Públicas* 11/57.

suposta violação de direitos individuais, visto que o exame dos registros e extratos bancários sempre tem se mostrado como um instrumento bastante útil e revelador, no intuito de subsidiar o levantamento e a descoberta da prática de omissões que têm por objetivo a sonegação do pagamento de tributos.

6. O entendimento mais adequado e que melhor preserva a ordem jurídica e os interesses envolvidos

Com relação à "quebra do sigilo bancário", por conseguinte, deverá ser adotada uma interpretação integrada e teleologicamente sistematizada no sentido de se buscar separar o indivíduo do seu patrimônio, para que o conhecimento pelo Fisco das riquezas dos contribuintes (pessoas físicas e jurídicas), no caso representadas por valores depositados em instituições financeiras, não se confunda com violação de direito individual, pois a ordem jurídica não pode abrigar e proteger o enriquecimento ilícito ou sem causa que o justifique, devendo rejeitar qualquer intenção de que sob uma pseudo inviolabilidade de direito se permita às pessoas omitirem receitas e se furtarem ao cumprimento de obrigações tributárias e afrontarem, por decorrência, a isonomia que deve revestir a incidência dos tributos.

Não se pode, com base na garantia constitucional da inviolabilidade da intimidade privada dos cidadãos (art. 5º, X da CF), criar um manto protetor para abrigar evasões, ilícitos ou crimes tributários que resultem em distorções do sistema de imposições tributárias.

Resta também indagar se após as inúmeras descobertas de corrupções, sonegações, fraudes fiscais e escândalos financeiros apurados através da "quebra do sigilo bancário" como, p. ex., no caso da CPI do Orçamento, da CPI do Judiciário, da CPI dos Precatórios, fraudes do INSS, fraudes de bancos, entre muitas outras, a quem interessa manter segredo sobre o valor dos rendimentos existentes em contas bancárias se estes já deveriam ser espontaneamente informados e declarados previamente ao Fisco?

O sigilo bancário não pode ser usado como uma barreira inexpugnável e um direito incontestável para acobertar interesses escusos e ilegítimos, não se justificando, por conseguinte, o impedimento à ação dos agentes fiscais sob o manto de pseudos direitos subjetivos ou a consagração de interesse individuais que devem visar, apenas, a preservação de negócios lícitos e interesses legítimos considerados como ínsitos à vida privada, no intuito de não se vulnerar a segurança jurídica.

Contudo, enquanto persistirem as decisões judiciais impeditivas da atividade fiscal, com relação ao sigilo bancário resta, apenas, à Administração Tributária a possibilidade de, em cada caso, adotar providências no sentido de solicitar judicialmente a autorização para efetuar procedimentos de fiscalização em contas bancárias dos contribuintes.

Diante dos argumentos aqui apresentados, infere-se que o acesso às movimentações bancárias, pelas autoridades fiscais, embora tenha caráter excepcional, encerra a revelação de fatos que já deveriam ser por elas conhecidos, o que autoriza a conclusão de que, apesar de alegado e alardeado, inexiste qualquer sigilo a ser oposto ao Fisco.

As citadas operações e os respectivos valores guardados sob um pretenso "segredo bancário", na verdade, já devem ter sido espontaneamente declarados pelo próprio contribuinte e, sem qualquer margem de erro (salvo a produção de prova em contrário no sentido de elidir a presunção relativa da prática de infração), se não o foram, referem-se a movimentações irregulares, ilícitas que não poderão ser escondidas das autoridades administrativo-tributárias que delas deverá tomar conhecimento para que seja preservada a segurança e a ordem sócio-jurídica.

Em conseqüência, a conclusão a que se pode chegar com a manutenção da tese do "sigilo bancário" para o Fisco é que o segredo somente beneficia àquele que não cumpriu fielmente com as suas obrigações tributárias ou tenta proteger interesses ilegítimos ou escusos, em detrimento daqueles contribuintes que não querem, ou não podem, fugir das afiadas garras do Fisco.

Portanto, deve ser reconhecido o direito de o Fisco, independentemente de qualquer autorização ou processo judicial, obter informações das instituições financeiras acerca das movimentações e transações dos contribuintes com elas efetuadas. A garantia e a proteção dos interesses coletivos e sociais, neste caso, se sobrepõem aos interesses individuais dos particulares, na medida em que aqueles encerram a aferição da capacidade contributiva e buscam realizar a igualdade (tratando os desiguais desigualmente) perante a lei fiscal, para que os contribuintes cumpram fielmente às suas obrigações tributárias e paguem os seus tributos na efetiva medida da ocorrência dos respectivos fatos geradores com vista ao alcance de uma tributação mais justa para todos.

AS ENTIDADES PRIVADAS — A EC 19/98 E A LEI 9.649/98

LEON FREJDA SZKLAROWSKY
Juiz Arbitral — Advogado-Consultor Jurídico

1. Considerações gerais. 2. Serviços sociais autônomos. 3. Serviços de fiscalização de profissões regulamentadas. 4. Ordem dos Advogados do Brasil. 5. Organizações sociais.

1. Considerações gerais

A Lei 8.666, de 21.6.93 (e suas alterações posteriores) estabelece os princípios gerais que disciplinam a licitação e os contratos administrativos.

Constitui-se de normas gerais[1] aplicáveis aos Poderes da União, dos Estados, do Distrito Federal e dos Municípios e de normas específicas da União — incidentes apenas na órbita federal.

O art. 118 manda que os Estados, o Distrito Federal e os Municípios e as entidades da Administração indireta,[2] compreendendo todos os entes descritos no art. 119, adaptem suas normas ao disposto nessa lei, em harmonia com o princípio da autonomia, inscrito na Constituição Federal (arts. 1º e 25-32).

O art. 119 determina que as sociedades de economia mista, as empresas públicas, as fundações públicas e demais entidades controladas direta e indiretamente pela União e pelas entidades referidas no art. 118 deverão editar regulamentos próprios (ou adaptar os já existentes), devidamente publicados, ficando sujeitos às disposições, isto é, às normas gerais, da Lei de Licitações e Contratos Administrativos — Lei 8.666/93 e suas alterações posteriores.

A Lei 9.472, de 16.7.97, que dispõe sobre a organização dos serviços de telecomunicações, a criação e funcionamento de um órgão regulador e outros aspectos institucionais, de conformidade com a EC 8/95, cria a *Agência Nacional de Telecomunicações*, como órgão integrante da Administração Federal indireta, submetida a regime autárquico especial e vinculada ao Ministério das Comunicações, com o objetivo de regular as telecomunicações.

Dita ainda esse diploma legal que a contratação de obras e serviços de enge-

1. Sobre o assunto consultem-se: Geraldo Ataliba, "Leis nacionais e leis federais no regime constitucional brasileiro", in *Estudos Jurídicos em Homenagem a Vicente Ráo*, org. por Péricles Prado, São Paulo, Resenha Tributária, 1976; e Toshio Mukai, *Licitações e Contratos Públicos*, São Paulo, Saraiva, 1998.

2. Sobre o conceito de Administração e sua abrangência consulte-se nosso "A Administração Pública e a Lei 8.666/93", in *Boletim de Licitações e Contratos* (*BLC*) 8/93, São Paulo, NDJ.

nharia civil se submete ao procedimento das licitações previsto em lei geral para a Administração Pública; contudo, para os casos não previstos no *caput* do art. 54 dessa lei a Agência poderá utilizar procedimentos próprios de contratação nas modalidades de consulta e pregão.

A EC 19, de 4.6.98, publicada no *DOU* de 5 seguinte, entretanto, alterou substancialmente o inciso XXVII do art. 22 da CF,[3] consignando que à União compete legislar privativamente sobre normas gerais de licitações e contratação, em todas as modalidades, para as Administrações Públicas direta, autárquicas e fundacionais da União, Estados, Distrito Federal e Municípios, obedecido o disposto no art. 37, XXI, e para as empresas públicas e sociedades de economia mista, nos termos do art. 173, § 1º, III.

Por outro lado, a Emenda introduziu inovação neste último dispositivo,[4] ordenando que a lei estabelecerá o estatuto jurídico da empresa pública, da sociedade de economia mista e de suas subsidiárias que explorem atividade econômica de produção ou comercialização de bens ou de prestação de serviços, dispondo sobre a licitação e contratação de obras, serviços, compras e alienações, observados os princípios da administração pública, enquanto que o art. 3º da Emenda Constitucional suprimiu, com muita razão, a expressão "fundacional"[5] do *caput* do art. 37 do texto constitucional, visto que a fundação é parte integrante da Administração indireta, conquanto não o tenha feito no aludido art. 22.

Enquanto a União não editar a lei instituindo o referido estatuto, seus regulamentos e estatutos, calcados nos princípios gerais da Lei 8.666/93, continuarão a disciplinar a licitação e a contratação de obras, serviços, compras e alienações, para evitar o vácuo legal.

2. Serviços sociais autônomos

Os *serviços sociais autônomos* são entes privados criados por lei, com personalidade de Direito Privado, para desempenho de determinadas atividades, sem fins lucrativos, mantidos por dotações orçamentárias ou contribuições parafiscais. Essas entidades não integram a Administração Pública, nem vêm catalogadas entre os entes indicados pela Lei de Licitações e Contratos; todavia, como ministra o príncipe dos administrativistas — Hely Lopes Meirelles —, atuam ao lado do Estado, cooperam com ele, conquanto se rejam por normas de Direito Privado.[6] Entretanto, embora não se subordinem à lei licitatória, enquanto não dispuserem de regulamentos próprios e adequados às suas finalidades, devidamente publicados, deverão obediência às normas gerais daquele diploma.

A lei autoriza-os a proceder à arrecadação de contribuições parafiscais, para sua manutenção, podendo até ser subsidiados pelo Poder Público.

Não gozam de privilégios fiscais, processuais ou administrativos, senão os que a lei expressamente lhes confere, e cobram sua dívida pela via processual comum.[7]

O art. 70 da CF[8] determina a prestação de contas de qualquer pessoa física ou jurídica, pública ou privada, que utilize, arrecade, guarde, gerencie ou administre dinheiro, bens e valores públicos ou pelos quais a União responda, ou que em nome

3. Cf. art. 1º da EC 19/98.

4. Cf. art. 22 da EC 19/98.

5. Cf. nosso "Sujeito ativo da execução fiscal", in *RePro* (*Revista de Processo*) 41, São Paulo, Ed. RT.

6. Cf. *Direito Administrativo Brasileiro*, 17ª ed., atualizada por Eurico de Andrade Azevedo, Délcio Balestero Aleixo e José Emmanuel Burle Filho, São Paulo, Malheiros Editores, 1992, p. 336.

7. Cf. nosso "Sujeito ativo da execução fiscal" e "As agências financeiras e a execução fiscal", in *RePro* 41/76 e 44, respectivamente. Idem, nosso Parecer LXV, in *Pareceres da Procuradoria-Geral da Fazenda Nacional* I/404-421, 1981, ano CXXXII, Brasília, 1986. Idem, "Inscrição da dívida ativa da autarquia, multas etc.", in *DOU* 7.8.81, p. 14.954, e in *Pareceres* ..., cit., I/424 e ss.

8. Cf. o art. 12 da EC 19, de 5.6.98, que deu nova redação ao parágrafo único do art. 70 da CF, tornando mais elástica sua aplicação.

desta assuma obrigações de natureza pecuniária.

Destarte, estes entes, embora privados, devem prestar contas junto ao Tribunal de Contas.

O excelso STF já sumulou que o SESI e todas as entidades congêneres têm obrigação de prestar contas ao Tribunal de Contas desde que haja ingerência de dinheiro público.[9]

Entre estas entidades distinguem-se o SESI, SENAI, SENAC, SESC, SEST, SENAT, SENAR, SEBRAE etc.

O TCU, pelo seu Plenário, adotando voto do eminente Relator, Min. Bento José Bugarin, decidiu, por unanimidade, que a entidade paraestatal, ao adotar regulamento próprio, deverá fazê-lo de conformidade com as diretrizes da Lei 8.666/93. Entre essas entidades engloba os serviços sociais autônomos,[10] que são pessoas jurídicas de Direito Privado (SESC, SENAI etc.), cabendo sua organização e direção à Confederação Nacional da Indústria (SENAI). Vinculam-se, todavia, ao Ministério da Indústria e Comércio e, como escolas de ensino, submetem-se também à fiscalização do Ministério da Educação, integrando o rol das unidades jurisdicionadas a essa Corte.[11]

Cite-se memorável decisão do TCU, relatada pelo ínclito Min. Lincoln Magalhães da Rocha, corroborando a Decisão plenária 907/97, de 11.12.97, ao concluir que os serviços sociais autônomos — órgãos integrantes do Sistema S — não estão sujeitos à observância dos estritos procedimentos estabelecidos na Lei 8.666/93, e sim aos seus regulamentos próprios devidamente publicados, consubstanciados nos princípios gerais do processo licitatório.[12]

3. *Serviços de fiscalização de profissões regulamentadas*

O *art. 58 da Lei 9.649, de 27.5.98*, de duvidosa constitucionalidade, alterou profundamente a natureza das entidades de fiscalização profissional. Esse diploma legislativo dispõe que os *serviços de fiscalização de profissões regulamentadas* serão exercidos em caráter privado por delegação do Poder Público, mediante autorização legislativa.[13]

As decisões do Plenário do Conselho Federal das respectivas profissões regulamentadas disciplinarão sua estrutura e funcionamento. Esses Conselhos passaram a ser dotados de personalidade jurídica de Direito Privado e não manterão com os órgãos da Administração Pública qualquer vínculo hierárquico ou funcional.

Assim, por força desse diploma, não tendo mais essas entidades natureza autárquica-pública, a cobrança de sua dívida (inclusive as contribuições anuais devidas por pessoas físicas e jurídicas, preços de serviços e multas, que constituirão receitas próprias) far-se-á via execução processual comum, e não mais segundo a Lei 6.830/80, porque o art. 1º é incisivo quanto às entidades que podem cobrar sua dívida ativa (União, Estados, Distrito Federal, Municípios e suas autarquias). E o § 1º do art. 2º também é categórico em relação às entidades que podem cobrar sua dívida ativa com os privilégios dessa lei: somente o valor (crédito) cuja cobrança seja atribuída por lei às entidades de que trata o citado art. 1º será considerado dívida ativa.

A certidão relativa aos créditos desses entes constitui título executivo extraju-

9. Cf. Súmula 516, *apud* Roberto Rosas, *Direito Sumular*, 7ª ed., São Paulo, Malheiros Editores, 1995.

10. Cf. remissão anterior.

11. Cf. Decisão 408/95, Ata 37/95, sessão de 16.8.95. Este julgado cita, no mesmo sentido, inúmeras decisões, in *BLC* 3/143-146, março/97.

12. Cf. Decisão plenária 461/98 no processo TC-001.620/98-3, Ata 28/98, publicada no *DOU* 7.8.98, seção I, p. 10, presentes os Mins. Homero Santos, pres., Adhemar Paladini Ghisi, Carlos Átila Álvares da Silva, Marcos Vinícios Rodrigues Vilaça, Humberto Guimarães Souto e Bento José Bulgarin e os Mins. substitutos José Antônio Barreto de Macedo e Lincoln Magalhães da Rocha.

13. Cf. o referido art. 58. Essa lei é fruto da adoção das medidas provisórias que a antecederam. V. art. 64 da Lei 9.649, que dispõe sobre a organização da Presidência da República e dos Ministérios.

dicial e enquadra-se nos moldes fixados pelo art. 585, VII, do CPC.

Outro reflexo de significativa importância produzida por essa lei refere-se à não-submissão dessas entidades, a partir de agora, à Lei de Licitações e Contratos, porquanto o parágrafo único do art. 1º da Lei 8.666/93 é taxativo quanto à sua abrangência. A essa lei subordinam-se tão-só os órgãos da Administração direta, os fundos especiais, as autarquias, as fundações públicas, as empresas publicas, as sociedades de economia mista e demais controladas direta ou indiretamente pela União, Estados, Distrito Federal e Municípios; e o art. 116 manda se apliquem suas disposições, no que couber, aos convênios, acordos, ajustes e outros instrumentos congêneres celebrados por órgãos e entidades da Administração.

Destarte, as entidades de fiscalização de profissões regulamentadas reger-se-ão por seus regimentos e estatutos, inclusive quanto aos procedimentos que devem adotar, para aquisição de bens, alienação e contratação de obras, serviços e compras, devendo adaptá-los imediatamente, sem embargo de, por constituírem serviços públicos, gozarem de imunidade tributária total em relação aos seus bens, rendas e serviços.[14]

Por semelhança com os órgãos integrantes do Sistema S, não é demais mencionar a citada decisão do TCU, relatada pelo ínclito Min. Lincoln Magalhães da Rocha, corroborando a Decisão plenária 907/97, de 11.12.97,[15] que as exclui da observância da Lei de Licitações e Contratos mas lhes impõe a obediência a regulamentos próprios.

O controle das atividades financeiras e administrativas desses Conselhos será realizado pelos seus órgãos internos de fiscalização; não obstante, em face do comando do parágrafo único do art. 70 da CF, alterado pelo art. 12 da EC 19/98, deverão prestar contas ao Tribunal de Contas, porque estão autorizados por lei a fixar, cobrar e executar as contribuições das pessoas jurídicas e físicas, preços, serviços e multas devidas, que constituirão sua receita, pelo exercício dos serviços de fiscalização das profissões regulamentadas, por delegação do Poder Público, sucedendo às antigas autarquias de fiscalização.

Indubitavelmente, enquadram-se nos ditames do cânone constitucional gizado pelo citado parágrafo único do art. 70.

4. Ordem dos Advogados do Brasil

O art. 58 da Lei 9.649/98, contudo, não se aplica à *Ordem dos Advogados do Brasil*, em vista de suas reconhecidas peculiaridades, consoante atesta o luminoso parecer do então Consultor-Geral da República, Luiz Rafael Mayer, sentenciando que "lei nova, sem remissão expressa à OAB, não terá por conseqüência revogar a norma singular da Lei 4.215/63, *(atualmente, art. 44 da Lei 8.906/94)* que exclui a entidade dos advogados da incidência da disciplina das autarquias, estas ou aquelas. Inocorrente a incompatibilidade entre uma e outra, ter-se-á a prevalência do preceito, em vigor (...)" — declarando insubsistente decreto que visava a vincular a OAB ao Ministério do Trabalho e sujeitá-la à supervisão ministerial prevista no Decreto-lei 968/69, c/c os arts. 200/67,[16] posto que lei nova que estabeleça disposições gerais ou especiais, a par das já existentes, não revoga nem modifica a lei anterior, como quer a Lei de Introdução ao Código Civil.

O § 9º da citada Lei 9.649, outrossim, expressamente exclui de sua incidência a OAB, ou seja, seu comando é categórico quando determina a não-aplicação do art. 58 à entidade de que trata a Lei 8.906/94. Isto porque a OAB, *ex vi* de norma constitucional, possui ainda funções constitucionais próprias, além da fiscalização profis-

14. Cf. § 6º do art. 58 da Lei 9.649, de 27.5.98.
15. Cf. Decisão plenária 461/98, cit.

16. Cf. Parecer L-069, aprovado pelo Presidente da República e publicado no *DOU* 14.2.78, p. 2.178.

sional, com participação nos procedimentos de ingresso na Magistratura, no controle da constitucionalidade de leis, na defesa da Constituição e da ordem jurídica.[17] A jurisprudência, em uníssono, vem perfilhando esse entendimento ao proclamar que a OAB é uma autarquia profissional especial com perfil de serviço público de natureza indireta.[18]

Rememorem-se, pois, as características especialíssimas que a Constituição e o Estatuto da Advocacia lhe conferem, com o reconhecimento expresso da Lei 9.649/98.

Assim, sua dívida ativa será inscrita por seu órgão jurídico e cobrada com fundamento na Lei 6.830/80.

5. *Organizações sociais*

As *organizações sociais* são entidades privadas — pessoas jurídicas de Direito Privado — sem fins lucrativos, destinadas ao exercício de atividades dirigidas ao ensino, à pesquisa científica, ao desenvolvimento tecnológico, à proteção e preservação do meio ambiente, à cultura e à saúde.

Juarez Freitas enxerga nessas entidades, nem estatais, nem privadas totalmente, um terceiro gênero, uma novidade alvissareira, submetidas a princípios privados e publicistas, que não integram, porém, a Administração Pública indireta, com o aval de Paulo Modesto, que propõe uma entidade privada prestadora de serviço privado de interesse público.[19] No entanto, censura Freitas a exagerada abertura que a lei forneceu ao Poder Executivo.[20]

Esses organismos são declarados de interesse social e utilidade pública, podendo ser-lhes destinados recursos orçamentários e bens públicos necessários aos contratos de gestão, que preverão o cronograma de desembolso e as liberações financeiras.

O Poder Executivo pode, de acordo com o comando da Lei 9.637, de 15.5.98,[21] qualificar as entidades privadas que exerçam aquelas atividades como organizações sociais desde que:

1) comprovem o registro de seu ato constitutivo, dispondo sobre os requisitos previstos no art. 2º, destacando-se a natureza social de seus objetivos, finalidade não-lucrativa e obrigando-se elas a investir o excedente financeiro no desenvolvimento das próprias atividades; previsão obrigatória de um Conselho de Administração e uma Diretoria, como órgãos de deliberação superior e direção.

O Conselho deverá, segundo os estatutos, ter composição e atribuições normativas e de controle básicas previstas nesse diploma legal. O Poder Público e a comunidade deverão estar representados nessas entidades, cujos membros serão de notória capacidade profissional e idoneidade moral;

2) atendendo à conveniência e oportunidade, o ministro ou titular de órgão supervisor ou regulador da área de atividade que corresponde ao seu objeto social e o Ministro de Estado da Administração Federal e Reforma do Estado aprovem sua qualificação como organização social.

O Conselho de Administração tem entre suas atribuições privativas a de aprovar, por maioria, no mínimo, de dois terços de seus membros, o regulamento contendo os procedimentos a serem adotados na contratação de obras, serviços, compras e

17. Neste sentido, consulte-se a preciosa petição inicial do douto advogado Marcelo Mello Martins contra ato do Diretor de Arrecadação e Fiscalização do INSS, com despacho favorável do Juiz Federal da 14ª Vara Federal do Distrito Federal, em 29.8.98.

18. Cf. CComp 21.255-ES, rel. Min. José Delgado, *DJU* 3.8.98, p. 1.105. Neste sentido: HC 0001.004, rel. Min. José Cândido de Caralho Filho, *DJU* 10.11.93, p. 21.337; TRF-5ª R., REO 0501.928, rel. Juiz José Delgado, *DJU* 21.9.90; TRF-2ª R., Ap. cível 0208.288, rel. Juiz Alberto Nogueira, *DJU* 26.10.93, *apud* petição cit.

19. Cf. *Boletim de Direito Administrativo* 4/98, ed. NDJ.

20. Cf. "As organizações sociais", in *Boletim de Licitações e Contratos* 10/617, ed. NDJ, outubro/98.

21. Essa lei convalidou os atos praticados com base na Medida Provisória 1.648-6, de 24.3.98.

alienações, a proposta do contrato de gestão dessa entidade e os demonstrativos financeiros e contábeis e as contas anuais da entidade, com o auxílio de auditoria externa, bem como fiscalizar o cumprimento das diretrizes e metas definidas.

O regulamento contendo os procedimentos para a referida contratação, inclusive com recursos públicos, deverá ser publicado no prazo máximo de 90 dias do contrato de gestão e deverá consubstanciar os princípios gerais do processo licitatório, tendo em vista a já citada Decisão plenária TCU-907/97, em hipótese semelhante, ao concluir que "os serviços sociais autônomos não estão sujeitos à observância dos estritos procedimentos estabelecidos na Lei n. 8.666/93, e sim aos seus regulamentos próprios devidamente publicados, consubstanciados nos princípios gerais do processo licitatório".

Atente-se a que a Lei 9.648/98 acrescentou ao art. 24 da Lei 8.666/93 disposição[22] que permite à Administração a dispensa de licitação para a celebração de contratos de prestação de serviços com as organizações sociais, qualificadas nas respectivas esferas de governo, para atividades contempladas no contrato de gestão.

Também a proposta orçamentária e o programa de investimentos bem como o contrato de gestão entre o Poder Público e a organização social, para a formação de parceria, com o objetivo de fomentar a execução de atividades correspondentes às suas áreas de atuação, deverão ser aprovados pelo Conselho de Administração e submetidos ao ministro de Estado ou à autoridade supervisora da área correspondente à atividade fomentada, obedecidos os princípios da legalidade, moralidade, impessoalidade, publicidade, economicidade, e conter a especificação do programa de trabalho e estipulação dos limites e critérios para a despesa com remuneração e vantagens dos dirigentes e empregados.

As entidades privadas qualificadas pelos Estados, pelo Distrito Federal e pelos Municípios como organizações sociais, desde que haja reciprocidade e a legislação local não contrarie os mandamentos desta lei e a legislação específica federal, são declaradas de interesse social e utilidade pública.

Também os bens públicos necessários ao cumprimento do contrato de gestão e destinados a essas organizações, mediante permissão de uso, ficam dispensados de licitação.

Estes entes deverão obrigatoriamente prestar contas ao Tribunal de Contas, na forma do art. 70 do Estatuto Magno, e o parágrafo único desse preceito constitucional não deixa margem a qualquer dúvida.

Qualquer cidadão, partido político, associação ou sindicato é pessoa legítima para denunciar irregularidades ou ilegalidade perante o TCU, aplicando-se, no que couber, aos Tribunais de Contas dos Estados e do Distrito Federal e aos Tribunais de Contas e Conselhos de Contas dos Municípios.[23]

Sua dívida ativa será cobrada de conformidade com a lei de processo comum.[24]

22. Cf. inciso XXIV.

23. Cf. art. 75 da CF.

24. V. remissão 7, *supra*.

Notas & Comentários

A POSSIBILIDADE DA COBRANÇA DO IMPOSTO SOBRE OPERAÇÕES DE CRÉDITO NÃO-FINANCEIRO

Ana Cláudia Akie Utumi

Advogada em São Paulo e Graduada em Administração de Empresas pela Fundação Getúlio Vargas — Especialista em Finanças pelo "MBA Executivo em Finanças" do Instituto Brasileiro de Mercado de Capitais–IBMEC/SP — Mestranda em Direito Tributário pela Pontifícia Universidade Católica de São Paulo

1. Introdução

O intuito do presente trabalho é analisar a instituição, pela União, do Imposto sobre Operações de Crédito não-bancário, recentemente introduzida pela Lei 9.718, de 27.11.98, em face do nosso sistema constitucional.

No presente trabalho, buscaremos analisar mais detidamente o IO/Crédito, mais especificamente, a possibilidade deste tributo ser cobrado em operações ocorridas fora do âmbito dos mercados financeiro[1] e de capitais.[2]

1. Roberto Quiroga Mosquera, *Tributação no Mercado Financeiro e de Capitais*, 2ª ed., revista e atualizada, São Paulo, Dialética, 1999, p. 19: "O mercado financeiro é o mercado da intermediação bancária ou intermediação financeira. Caracteriza-se pela interposição da entidade financeira entre aqueles que têm recursos disponíveis e aqueles que necessitam de crédito. A instituição financeira aparece como captadora de dinheiro junto ao público, para posterior cessão desses valores àqueles que precisam de financiamento. Daí por que tal mercado também é denominado 'mercado de crédito'. (...) é no mercado financeiro que se desenvolve a atividade bancária por excelência, consistente na intermediariedade na circulação do dinheiro".

2. Da competência constitucional para a criação do Imposto sobre Operações de Crédito

Antes de falar sobre o Imposto sobre Operações de Crédito, Câmbio e Seguro, ou relativas a títulos ou valores mobiliários, cabe a ressalva sobre a questão da denominação do tributo, muito bem levantada por Raquel Ribeiro Novais,[3] em seu trabalho de dissertação de mestrado: a denomina-

2. Roberto Quiroga Mosquera, ob. cit., p. 22: "O mercado de capitais, também denominado mercado de valores mobiliários, é o mercado da desintermediação financeira. Nele, a entidade financeira não se interpõe entre o indivíduo que dispõe de poupança e aquele que está necessitado dela: o trânsito de recursos financeiros do detentor de poupança para o necessitado de financiamento dá-se diretamente. A instituição financeira insere-se na relação apenas como interveniente obrigatória, atuando como instrumento para viabilizar a realização das operações realizadas no âmbito do mercado de capitais".

3. Raquel Ribeiro Novais, "Análise das normas de incidência dos Impostos sobre Operações de Crédito, Câmbio, Seguro ou Títulos e Valores Mobiliários", dissertação apresentada como exigência parcial para obtenção do título de Mestre em Direito Tributário à PUC/SP, 1992.

ção amplamente utilizada e divulgada para o tributo — Imposto sobre Operações Financeiras, ou *IOF* — não reflete a realidade prevista pelo legislador constitucional.

Ou seja, o legislador constitucional atribuiu, no art. 153[4] da Constituição, a competência para a União tributar diferentes *eventos*, quais sejam (i) operações de crédito; (ii) operações de câmbio; (iii) operações de seguro; (iv) operações relativas a títulos ou valores mobiliários. Verifique-se que não se trata de faculdade para a criação de uma única hipótese de incidência tributária mas, sim, de quatro diferentes hipóteses de incidência e, por conseqüência, quatro diferentes tributos.

Note-se que, em nenhum momento, a CF atribui competência para a criação de um "imposto sobre operações financeiras".

Na verdade, à União foi atribuído, por meio do inc. V do art. 153 da CF, competência para criar quatro diferentes tributos: (i) imposto sobre operações de crédito; (ii) imposto sobre operações de câmbio; (iii) imposto sobre operações de seguros; (iv) imposto sobre operações relativas a títulos ou valores mobiliários. Neste sentido, assim nos ensina Roberto Quiroga Mosquera:[5]

"Dentro do rígido sistema constitucional de discriminação das competências tributárias, coube à União a aptidão de criar, *in abstracto*, tributos que incidam sobre 4 (quatro) exações tributárias distintas, autônomas e independentes. Apesar de todas elas estarem elencadas num único inciso do referido art. 153, os fatos da vida que poderão ser surpreendidos pelas respectivas normas jurídicas instituidoras são dissemelhantes. Operações de crédito, de câmbio, de seguro e relativas a títulos ou valores mobiliários são locuções com significações diferentes, cada qual conotando uma realidade fática particular. (...) Portanto, o art. 153, inc. V, do Texto Maior atribuiu competência tributária à União para criar tributos sobre 4 (quatro) realidades da vida distintas, cada qual com uma significação determinada e devidamente delimitada. E mais, o referido dispositivo da Carta Magna autoriza a União a criar impostos que incidam sobre 'operações' de 4 (quatro) espécies diferentes, quais sejam: a) as de crédito; b) as de câmbio; c) as de seguro; d) as relativas a títulos ou valores mobiliários".

Desta forma, o vulgarmente conhecido *IOF* é, na verdade, quatro tributos distintos que, utilizando-nos da nomenclatura proposta por Roberto Quiroga Mosquera,[6] passaremos a assim denominar: (i) imposto sobre operações de crédito — IO/Crédito; (ii) imposto sobre operações de câmbio — IO/Câmbio; (iii) imposto sobre operações de seguros — IO/Seguros; (iv) imposto sobre operações relativas a títulos ou valores mobiliários — IO/Títulos.

Observando-se que, nos estritos termos da CF, tais impostos não estão subordinados ao princípio constitucional da anterioridade, de tal sorte que podem ser aumentados a qualquer tempo, sem necessidade de observar um *vacatio* para sua aplicação, bem como o Poder Executivo poderá, nos termos da lei, modificar suas alíquotas, argumenta-se que os quatro impostos são, em verdade, instrumentos de política monetária, cambial etc., e que, portanto, somente poderiam ser cobrados no âmbito dos mercados organizados e controlados pelo Poder Executivo — mercado financeiro, mercado de capitais, mercado cambial e mercado securitário. Qualquer tentativa de cobrança desses impostos fora do âmbito desses mercados seria inconstitucional.

Não é esta a nossa visão. A nosso ver, (i) o próprio legislador constitucional previu a competência para a criação de impostos que, genericamente, podem incidir sobre operações de crédito, câmbio, seguro,

4. "Art. 153. Compete à União instituir impostos sobre: (...) V — operações de crédito, câmbio e seguro, ou relativas a títulos ou valores mobiliários."

5. Roberto Quiroga Mosquera, ob. cit., pp. 100 e 101.

6. Roberto Quiroga Mosquera, ob. cit., p. 97.

ou relativas a títulos ou valores mobiliários; (ii) mesmo com a previsão constitucional genérica, ainda assim a CF previu a desnecessidade de observância do princípio da anterioridade e a possibilidade de alteração de alíquotas pelo Poder Executivo.

No tocante à possibilidade de alteração de alíquotas pelo Poder Executivo, note-se que não se trata de arbítrio mas, sim, de discricionariedade atribuída ao Executivo, a ser utilizada nos estritos termos da lei. Ou seja, a lei estabelece as regras a serem observadas para a alteração de alíquotas, e o Executivo deve cumpri-las à risca. De fato, a lei estabelece as alíquotas máximas para esses tributos, as quais não podem ser ultrapassadas. No entanto, pode o Poder Executivo, respeitando a alíquota máxima, alterá-la, conforme sua conveniência, ou conforme a operação que esteja sendo tributada.

Desta forma, não há que se falar em inconstitucionalidade na cobrança de IO/Crédito fora do âmbito do mercado financeiro, tendo em vista que a CF atribui tal competência à União, sem vincular essa competência a um determinado instrumento de política econômica.

3. *Do conceito de "crédito"*

Para analisar o alcance da competência constitucionalmente atribuída para a União, para a criação de um *imposto sobre operações de crédito*, é necessário delimitar o que é *crédito*.

Diariamente, os operadores e estudiosos do Direito — sejam eles advogados, procuradores, promotores, juízes etc. —, deparam-se com um mesmo problema: qual o significado e alcance de determinada norma?

O problema investigativo daqueles que militam com o Direito começa, então, na questão do entendimento da linguagem utilizado pelo legislador, pelo jurista, pelos demais operadores e estudiosos ... etc.

Investigar a linguagem do Direito não é uma tarefa fácil, pois o Direito se utiliza da linguagem natural — pois se destina aos cidadãos em geral, e não apenas aos profissionais do Direito — não que seja uma linguagem meramente natural, mas a base lingüística é a linguagem natural.

Tanto a linguagem é uma preocupação para o legislador brasileiro, que este entendeu por bem produzir uma lei complementar que trata, tão-somente, das regras que devem ser observadas na produção normativa — a Lei Complementar 95/98.

Nos ensina Paulo de Barros Carvalho que toda linguagem, como conjunto sígnico que é também oferece esses três ângulos de análise, isto é, compõe-se de um substrato material, de natureza física, que lhe sirva de suporte, uma dimensão ideal na representação que se forma na mente dos falantes (plano de significação) e o campo dos significados, vale dizer, dos objetos referidos pelos signos e com os quais mantêm eles relação semântica.

Como vimos, a competência constitucional atribuída à União é a de criar imposto sobre operações de crédito. Desta forma, nossa tarefa, neste ponto do estudo, é justamente buscar o significado do termo *crédito*.

Crédito, segundo a definição de Maria Helena Diniz,[7] representa a "troca de bens atuais por futuros, ensejando a circulação de valores ou mercadorias. Antecipação de recursos (mercadorias, dinheiro, uso de imóveis, serviços, títulos etc.), que se transformará em prestação futura, feita por uma pessoa a outrem tendo garantia de um pagamento posterior, em razão da confiança depositada na pessoa a quem se entrega a coisa".

De Plácido e Silva,[8] por sua vez, define a palavra como "derivado do latim *creditum*, de *credere* (confiar, emprestar dinheiro), possui o vocábulo uma ampla sig-

7. Maria Helena Diniz, *Dicionário Jurídico*, v. 1, São Paulo, Saraiva, 1998, p. 916.

8. De Plácido e Silva, *Vocabulário Jurídico*, v. I, Rio de Janeiro, Forense, 12ª ed., 1996, pp. 581 e 582.

nificação econômica e um estreito sentido jurídico. *Crédito*. Em sua acepção econômica significa a confiança que uma pessoa deposita em outra, a quem entrega coisa sua, para que, em futuro, receba dela coisa equivalente. (...) *Crédito*. Juridicamente, significa o direito que tem uma pessoa de exigir de outra o cumprimento da obrigação contraída".

Como nos ensina Roberto Quiroga Mosquera,[9] "o termo crédito é originário do latim *credere* que significa confiança". Caldas Aulete em seu *Dicionário Contemporâneo da Língua Portuguesa* define a palavra *crédito* como "substantivo masculino que significa confiança ou segurança na verdade de alguma coisa".

Transportando essa noção para o mundo do Direito, podemos dizer que crédito é a troca de um bem presente por um bem futuro, ou seja, é o ato por intermédio do qual se realiza uma prestação presente em troca de uma promessa de prestação futura. Logo, o crédito pressupõe a existência de um aspecto temporal entre a realização da prestação presente e a prestação futura.

Em se tratando de crédito, estaremos sempre falando em duas prestações: uma, imediata, efetuada por aquele que dá o crédito — o credor — àquele que o recebe — o devedor —, a outra, futura, efetuada pelo devedor ao credor. Em não havendo a necessidade de contraprestação futura, não há que se falar em operação de crédito.

Muitas das operações encontradas no mercado podem ser confundidas com "operação de crédito", inclusive pelas próprias autoridades fiscalizadoras. É o caso da securitização de recebíveis, no qual uma empresa recebe de outra, por meio de cessão onerosa, os recebíveis que esta última tem contra terceiros, gerados em suas atividades operacionais. Neste caso, em não havendo coobrigação, não há que se falar em contraprestação futura por aquele que cede os créditos e recebe, imediatamente, os recursos financeiros referentes àqueles créditos. Trata-se, neste caso, de mera cessão onerosa de créditos contra terceiros, não se trata de uma operação de crédito entre aquele que cede os créditos, e aquele que os recebe e paga certa quantia por eles.

Note-se, também, que não é somente no âmbito do mercado financeiro — mercado de intermediação financeira — que se verificam "operações de crédito". Estas podem ser verificadas nas transações entre partes não-financeiras, como em uma operação de mútuo, que nada mais é senão um empréstimo de coisas fungíveis. Ou, então, uma cessão de recebíveis com coobrigação do cedente, de tal forma que, se o devedor original não solver a obrigação, o cedente fica obrigado, perante o cessionário, a fazê-lo. Muitas outras são as situações em que se verifica uma operação de crédito entre partes financeiras, entre partes financeira e não-financeira, ou entre partes não-financeiras.

Portanto, quando a CF atribui à União a competência para a criação de imposto sobre "operações de crédito", não significa, de modo algum, que a competência é restrita apenas às operações de crédito entre partes financeira e não-financeira, ou seja, não se tratam, apenas, de operações de crédito que estejam no âmbito do mercado financeiro. Trata-se, sim, da possibilidade de tributar um evento da vida — operação de crédito — que será configurado toda vez que estivermos diante de uma prestação presente, em vista de uma contraprestação futura.

4. Do imposto sobre operações de crédito "bancário"

Como vimos, a competência constitucional para a criação do IO/Crédito é da União. O IO/Crédito foi instituído pelo Código Tributário Nacional (CTN), em seu art. 63.

"Art. 63. O imposto, de competência da União, sobre operações de crédito, câmbio e seguro, e sobre operações relativas a

9. Roberto Quiroga Mosquera, ob. cit., p. 118.

títulos e valores mobiliários tem como fato gerador: I — quanto às operações de crédito, a sua efetivação pela entrega total ou parcial do montante ou do valor que constitua o objeto da obrigação, ou sua colocação à disposição do interessado; (...) IV — quanto às operações relativas a títulos e valores mobiliários, a emissão, transmissão, pagamento ou resgate destes, na forma da lei aplicável. Parágrafo único. A incidência definida no inc. I exclui a definida no inc. IV, e reciprocamente, quanto à emissão, ao pagamento ou resgate do título representativo de uma mesma operação de crédito."

"Art. 64. A base de cálculo do imposto é: I — quanto às operações de crédito, o montante da obrigação, compreendendo o principal e os juros;"

"Art. 65. O Poder Executivo pode, nas condições e nos limites estabelecidos em lei, alterar as alíquotas ou as bases de cálculo do imposto, a fim de ajustá-lo aos objetivos da política monetária."

"Art. 66. Contribuinte do imposto é qualquer das partes na operação tributada, como dispuser a lei."

O CTN, tendo sido recepcionado pela CF/88 como lei complementar, não impõe qualquer restrição para que haja o IO/Crédito sobre as operações de crédito fora do âmbito do mercado financeiro, nem tampouco cria um "imposto sobre operações financeiras".

Vejamos mais.

O IO/Crédito foi inicialmente instituído pela Lei 5.143, de 20.10.66, que estabeleceu os aspectos gerais de sua regra-matriz de incidência, trazendo no aspecto material apenas as operações de crédito bancárias, ou seja, aquelas operações de crédito em que há a intermediação de uma instituição financeira.

Em seu art. 1º, a Lei 5.143/66 trouxe, como aspecto material da hipótese de incidência do IO/Crédito, a realização de "operações de crédito realizadas por instituições financeiras". Desta forma, não obstante a competência para a criação de um "imposto sobre operações de crédito", o legislador infraconstitucional restringiu-se a criar um "imposto sobre operações de crédito realizadas por instituições financeiras".

As alíquotas e bases de cálculo do IO/Crédito bancário foram, posteriormente, modificadas pela Lei 8.894, de 21.6.94.

Utilizando-nos da terminologia de Paulo de Barros Carvalho,[10] veremos agora qual a regra-matriz de incidência do IO/Crédito, prevista na Lei 8.894/94.

A regra-matriz de incidência, como nos ensina Paulo de Barros Carvalho,[11] é a forma lógica da representação da norma jurídica tributária, em que há uma hipótese — ou antecedente — e uma conseqüência — ou conseqüente. A hipótese tem o caráter descritivo de um determinado evento, enquanto que a conseqüência tem o caráter prescritivo de uma dada conduta humana.

Na hipótese da regra-matriz de incidência, encontramos: (*a*) *critério material*, que descreve o evento considerado por aquela norma; (*b*) *critério espacial*, que determina o âmbito espacial de aplicação da norma; (*c*) *critério temporal*, que determina o momento no qual se considera ocorrido o evento descrito no critério material.

No conseqüente da regra-matriz de incidência, encontramos: (*a*) *critério pessoal*, que engloba as pessoas envolvidas naquela determinada relação — em se tratando de relação tributária, as pessoas são sujeito ativo e sujeito passivo (lembrando que este pode ser, conforme determina o CTN, contribuinte ou responsável tributário); (*b*) *critério quantitativo*, que determina o *quantum debeatur*, envolvendo a base de cálculo e a alíquota.

Com base nestes conceitos, vamos formar a regra-matriz de incidência do IO/Crédito, previsto nas Leis 5.143/66 e 8.894/94:

10. Paulo de Barros Carvalho, *Curso de Direito Tributário*, 10ª ed., revista e ampliada, São Paulo, Saraiva, 1998.

11. Ob. cit., pp. 167 e ss.

Regra-matriz de incidência
— IO/Crédito bancário

Hipótese:

(*a*) *Critério material*: realizar operações de crédito com instituições financeiras.

(*b*) *Critério temporal*: entrega do montante ou do valor que constitua o objeto da obrigação, ou sua colocação à disposição do interessado.

(*c*) *Critério espacial*: território nacional.

Conseqüente:

(*d*) *Critério pessoal*: (i) sujeito ativo: a União; (ii) sujeito passivo: tomador do crédito; (iii) responsável: instituição financeira.

(*e*) *Critério quantitativo*: (i) base de cálculo: o valor do principal que constitua o objeto da obrigação; (ii) alíquota: máxima de 1,5%, podendo ser reduzida pelo Poder Executivo.

Esta é a regra-matriz de incidência do IO/Crédito bancário. Vejamos, a seguir, o IO/Crédito não-bancário.

5. *Do imposto sobre operações de crédito "não-bancário"*

Com o advento da Lei 9.779, de 19.1.99, resultante da conversão da Medida Provisória 1.788, de 29.12.99, as operações de crédito realizadas fora do âmbito do mercado financeiro, ou seja, efetuadas entre partes não-financeiras passaram a estar sujeitas ao IO/Crédito.

No entanto, nem todas as operações representativas de crédito foram incluídas na materialidade da regra-matriz de incidência do IO/Crédito não-bancário: dentre as diversas modalidades de operações de crédito (aquelas que representam uma prestação presente em vista de uma contraprestação futura, entre duas partes) o legislador escolheu, especificamente, as operações de mútuo de recursos financeiros.

O mútuo é uma figura definida pelo Código Civil, em seu art. 1.256, como "empréstimo de coisas fungíveis. O mutuário é obrigado a restituir ao mutuante o que dele recebeu em coisas do mesmo gênero, qualidade e quantidade".

A Lei 9.779/99, em seu art. 13, ao invés de definir claramente cada um dos critérios da regra-matriz de incidência do IO/Crédito não-bancário, preferiu remeter à legislação aplicável ao IO/Crédito bancário. Confira-se a íntegra do artigo:

"Art. 13. As operações de crédito correspondentes a mútuo de recursos financeiros entre pessoas jurídicas ou entre pessoa jurídica e pessoa física sujeitam-se à incidência do IOF *segundo as mesmas normas aplicáveis às operações de financiamento e empréstimos praticadas pelas instituições financeiras.*

"§ 1º. Considera-se ocorrido o *fato gerador do IOF*, na hipótese deste artigo, na *data da concessão do crédito.*

"§ 2º. Responsável pela *cobrança e recolhimento do IOF* de que trata este artigo é a *pessoa jurídica que conceder o crédito.*

"§ 3º. *O imposto cobrado* na hipótese deste artigo deverá ser recolhido até o terceiro dia útil da semana subseqüente à da *ocorrência do fato gerador*" (destacamos).

Vejamos, então, qual será a regra-matriz de incidência do IO/Crédito não-bancário:

Regra-matriz de incidência
— IO/Crédito bancário

Hipótese:

(*a*) *Critério material*: realizar operações de mútuo entre pessoas jurídicas, ou entre pessoa jurídica e pessoa física.

(*b*) *Critério temporal*: entrega do montante ou do valor que constitua o objeto da obrigação, ou sua colocação à disposição do interessado.

(*c*) *Critério espacial*: território nacional.

Conseqüente:

(*d*) *Critério pessoal*: (i) sujeito ativo: a União; (ii) sujeito passivo: tomador do crédito; (iii) responsável: pessoa jurídica que conceder o crédito.

(*e*) *Critério quantitativo*: (i) base de cálculo: o valor do principal que constitua o objeto da obrigação; (ii) alíquota: máxima de 1,5%, podendo ser reduzida pelo Poder Executivo.

Note-se que, somente os critérios material, temporal e pessoal foram tratados na Lei 9.779/99. Os demais critérios, como determina a lei, extraímos da legislação aplicável ao IO/Crédito bancário, ou seja, das Leis 5.143/66 e 8.894/94.

Há determinadas operações, que consistem efetivamente em "operações de crédito", que por não se enquadrarem no conceito de "mútuo de recursos financeiros", não estão sujeitas ao IO/Crédito não-bancário. Tomemos, p. ex., um empréstimo de mercadorias — café, algodão, gado etc. — que, apesar de se enquadrar no conceito de mútuo, por se tratar de empréstimo de coisa fungível, não se trata de "mútuo de recursos financeiros".

Ou, então, uma operação de cessão de crédito, com coobrigação, em que há a perspectiva de contraprestação futura por aquele que recebeu a prestação presente — ou seja, representa uma operação de crédito — mas não se configura como "mútuo".

Outra questão que se coloca, no tocante à materialidade do IO/Crédito não-bancário, é o significado de *recursos financeiros*. Ou seja, como somente os "mútuos de recursos financeiros" estão sujeitos ao IO/Crédito não-bancário, também é necessária a definição do que seriam *recursos financeiros*.

Recursos financeiros seria sinônimo de *moeda* ou, então, abrangeria mais do que somente *recursos em moeda*? Quer nos parecer que, se o legislador quisesse restringir o conceito a *recursos em moeda*, o teria feito de maneira expressa, ou seja, utilizando a locução mais restritiva. No entanto, como não o fez, então, a locução *recursos financeiros* certamente significa mais do que, somente, *recursos em moeda*.

A nosso ver, os *recursos financeiros* são todos aqueles recursos, ou coisas, fungíveis — pois de outra forma não poderiam ser objeto de mútuo — que sejam moeda, sejam representativos dela ou, ainda, sejam objeto de negociação no âmbito do mercado financeiro. Desta forma, a moeda nacional e estrangeira estariam neste contexto, assim como títulos representativos de moeda ou de aplicação financeira, como os Certificados de Depósito Bancário, quotas de fundos de investimento, títulos do Tesouro Nacional etc.

Quaisquer outros recursos, que não sejam representativos de moeda, nem sejam negociados no mercado financeiro, a nosso ver, não ensejam a característica de *recursos financeiros*, ou seja, não estão dentro do campo de significações possíveis para essa locução.

6. Conclusões

IOF é um termo que, apesar de largamente utilizado, não reflete a realidade, em que existem quatro diferentes tributos, cuja competência constitucional foi atribuída à União: (i) imposto sobre operações de crédito; (ii) imposto sobre operações de câmbio; (iii) imposto sobre operações de seguros; (iv) imposto sobre operações relativas a títulos ou valores mobiliários.

O Imposto sobre Operações de Crédito não está adstrito às operações efetuadas no âmbito do mercado financeiro, não havendo qualquer impedimento constitucional para a criação de imposto sobre operações de crédito "não-bancárias". Por uma conveniência do legislador federal, até 1998, somente a competência para a criação do IO/Crédito bancário havia sido exercida. Por meio da Lei 9.779/99, todavia, o legislador federal exerceu sua competência *in totum*, criando o IO/Crédito não-bancário, que em sua materialidade restringiu a incidência do tributo às operações de mútuo de recursos financeiros.

Somente as operações de "mútuo de recursos financeiros", realizadas entre pessoas jurídicas não-financeiras, ou entre pessoa jurídica não-financeira e pessoa física, e não qualquer operação de crédito, estarão sujeitas ao IO/Crédito não-bancário.

NOTAS & COMENTÁRIOS

CONTRIBUIÇÃO DE MELHORIA

PRISCILLA FIGUEIREDO DA CUNHA RODRIGUES
Professora da Pontifícia Universidade Católica de São Paulo – Advogada

1. Introdução

A contribuição de melhoria foi introduzida no ordenamento jurídico pátrio pela Constituição Federal de 1934 (art. 124). A Carta de 1937, entretanto, omitiu-se em relação a esse tributo, fato que desencadeou importantes conseqüências na doutrina.[1] De volta ao cenário jurídico constitucional em 1946, permanece até a atualidade sem significativas modificações em seu conceito jurídico.

As Constituições de 1946, 1967 e a Emenda Constitucional 1/69, traziam expressamente todas as notas essenciais ao conceito de contribuição de melhoria, quais sejam: a valorização imobiliária causada por obra pública, o limite total correspondente ao custo da obra pública e o limite individual com base no *quantum* de valorização experimentado pelo imóvel afetado pela obra.

O mesmo não fez a Carta Magna de 1988 que dispõe, em seu art. 145, inc. III, apenas que "A União, os Estados, o Distrito Federal e os Municípios poderão instituir: (*omissis*) contribuição de melhoria, decorrente de obras públicas".

A maneira lacônica como este tributo é tratado pela atual Constituição dificulta a sua boa compreensão e conceituação, o que vem sendo motivo de muitos equívocos doutrinários e jurisprudenciais. Contudo, por meio dos métodos lógico e sistemático de interpretação é possível desvendar-lhe os contornos.

2. O art. 145, inc. III da CF

Reza o art. 145 da CF: "Art. 145. A União, os Estados, o Distrito Federal e os

1. Em virtude dessa omissão, parte da doutrina desenvolveu uma classificação jurídica dos tributos de modo a considerar a contribuição de melhoria uma espécie de taxa. Resulta daí a corrente doutrinária dicotomista segundo a qual as espécies tributárias são apenas duas: impostos e taxas. Comungam desse entendimento autores de escol tais como Oswaldo Aranha Bandeira de Mello, Carvalho Pinto, Theotônio Monteiro de Barros, J. H. Meirelles Teixeira e Pontes de Miranda. Em estudos mais recentes manifestam-se no mesmo sentido Alfredo Augusto Becker e Régis Fernandes de Oliveira. Em oposição à referida corrente doutrinária estão aqueles que entendem ser a contribuição de melhoria um *tertium genus* tributário ao lado dos impostos e das taxas. São representantes deste pensamento Bilac Pinto, cuja monografia sobre o tema foi pioneira, Rubens Gomes de Sousa, Aliomar Baleeiro, Rui Barbosa Nogueira, João Baptista Moreira, Sacha Calmon Navarro Coelho entre outros. Temos ainda a importante contribuição científica dada pelo saudoso Prof. Geraldo Ataliba que considera a contribuição de melhoria um tributo autônomo mas não uma terceira espécie tributária. Para o festejado tributarista, os tributos se classificam em duas espécies segundo suas hipóteses de incidência: tributos desvinculados de uma atuação estatal (os impostos) e vinculados a uma atuação estatal (taxas e contribuição de melhoria).

Municípios poderão instituir: I — (*omissis*); II — (*omissis*); III — contribuição de melhoria, decorrente de obras públicas".

À primeira vista pode parecer que o artigo acima estabelece que a contribuição de melhoria decorre diretamente da obra pública, bastando sua execução para que o Poder Público se sinta autorizado a instituir o tributo. Se assim fosse, a tributação independeria da valorização imobiliária e teria por base de cálculo o custo da obra. Este entendimento é demasiadamente simplista e pode induzir o intérprete a erros.

Perguntamos: em que termos a contribuição de melhoria é decorrente de obras públicas? Achamos que ela decorre da obra pública indiretamente. Como o próprio *nomem iuris* sugere, há que haver uma melhoria. Esta sim deve surgir no mundo fenomênico como efeito da obra, isto é, em decorrência dela. O tributo decorre da obra pública indiretamente porque depende daquilo que o Prof. Geraldo Ataliba chama de *fato intermediário*[2] entre a atuação estatal e o contribuinte — fato este que deve corresponder, necessariamente, a um benefício, pois em caso de maleficiamento não tem cabimento a tributação. Em outras palavras: da obra pública pode decorrer um benefício (consubstanciado na mais-valia imobiliária) e, do benefício (causado pela obra), deverá surgir a relação jurídica tributária. A obra é condição necessária mas não suficiente à tributação por meio de contribuição de melhoria.

Oportuno aqui diferenciarmos o *benefício geral* proporcionado pela obra pública do *benefício especial* representado pela valorização imobiliária.

Toda obra pública, por visar ao interesse público, deve necessariamente proporcionar um *benefício à coletividade* (benefício geral). Este é seu objetivo principal. Entretanto, dependendo de sua natureza, da obra podem decorrer, reflexamente, efeitos positivos ou negativos que venham repercutir nos imóveis a ela circunvizinhos. Uma usina de reciclagem de lixo, p. ex., proporciona, sem dúvida, um benefício geral à coletividade. Mas poderá criar inconvenientes que causem desvalorização aos imóveis que lhe são próximos. Por outro lado, se se tratar de obra que proporcione, além do benefício geral, vantagens específicas, dela poderá decorrer valorização imobiliária. A pavimentação de uma via pública melhora as condições de acesso aos imóveis nela localizados. Esta vantagem poderá acarretar o aumento de valor dos imóveis beneficiados pela obra. Contudo, tal vantagem é causa da mais-valia e com ela não se confunde. A melhora das condições de acesso e de trânsito, em si, não enseja tributação porque ela é, antes de tudo, um benefício público. Está à disposição da coletividade e por esta deve ser custeado. O benefício que tem relevância jurídica para fins de tributação é o aumento de valor dos imóveis afetados pela obra que surge como reflexo dela. Este é o único benefício individualizado e passível de mensuração. O proprietário de um imóvel sito na referida via que não possua automóvel usufruirá muito menos da pavimentação do que um cidadão que não more na mesma rua mas transite por ela com seu automóvel diariamente. Destarte, não tem sentido exigir do proprietário do imóvel que arque com o ônus correspondente ao custo da obra quando não houver efetiva valorização imobiliária.

Os benefícios acima mencionados não se confundem com as benfeitorias que constituem, em última análise, a própria obra (transformação física do local). Tais transformações se dão em bem público. Não se incorporam ao patrimônio do particular. A mais-valia imobiliária sim, incorpora-se a ele aumentando-o. Eis mais uma razão para não se admitir que o proprietário do imóvel afetado pela obra pública pague por ela. Se assim fosse estaria a adquiri-la, o que seria inquestionável absurdo.

2. *Hipótese de Incidência Tributária*, 5ª ed., Malheiros Editores, p. 130.

3. Classificação jurídica dos tributos

Como se sabe, as normas jurídicas possuem uma estrutura lógica hipotético-condicional. A norma se compõe de um antecedente — onde há a descrição hipotética de um fato — ao qual se liga, por imputação, um conseqüente. Assim, dado o fato no plano concreto, tal qual descrito no antecedente normativo, deve ser a conseqüência.

Ao descrever o fato que desencadeia a conseqüência, a norma estabelece os critérios material, espacial e temporal para que, uma vez identificada a situação concreta, proceda-se a subsunção. No conseqüente normativo, em se tratando de norma jurídica tributária, estão os critérios subjetivo — para a identificação dos sujeitos ativo e passivo — e quantitativo — para a determinação do *quantum debeatur*, ou seja, base de cálculo e alíquota.

É no critério material da hipótese de incidência normativa que se encontram os elementos necessários à classificação jurídica dos tributos em vinculados ou não vinculados.

3.1 Tributos desvinculados de uma atuação estatal (impostos)

O art. 16 do CTN dispõe: "Art. 16. Imposto é o tributo cuja obrigação tem por fato gerador uma situação independente de qualquer atividade estatal específica, relativa ao contribuinte".

Segundo a definição legal, imposto é o tributo que tem por hipótese de incidência "uma situação independente de qualquer atividade estatal específica, relativa ao contribuinte". Ou seja, a situação descrita, no critério material da hipótese de incidência do imposto, não tem qualquer relação com uma atividade estatal. Esse tributo independe de uma atuação estatal para surgir no mundo fenomênico. Mas note-se que o dispositivo legal qualifica a atuação estatal da qual o nascimento do tributo independe. Segundo o texto ora em análise, a situação ensejadora da tributação independe de qualquer atividade específica relativa ao contribuinte. Perguntamos: será que qualquer outra atividade estatal, que não seja específica relativa ao contribuinte pode figurar na hipótese de incidência dos impostos? Entendemos que não. Os serviços públicos gerais, p. ex., constituem atividade estatal não específica relativa ao contribuinte que, em si mesmas, não ensejam tributação, embora sejam custeados pelas receitas gerais do Estado. Temos que essa cláusula é desnecessária e infeliz. Ora, se o nascimento do tributo independe de uma atuação estatal, seja ela qual for, não vem ao caso se ela é específica ou não; ou se se refere a alguém ou não. O surgimento da relação jurídica tributária, nesta hipótese, não tem qualquer vínculo com uma atuação estatal, seja ela diretamente ou indiretamente referida ao contribuinte. As ações do Estado, ainda que indiretamente referidas ao administrado, não ensejam tributação por via de imposto. Porém, apesar de desnecessária, talvez o legislador tenha feito essa qualificação da atividade estatal para colocar o imposto em contraposição às taxas, estas sim, dependentes de uma atuação estatal específica relativa ao contribuinte.

Em razão disso o Prof. Geraldo Ataliba[3] define imposto "como um tributo não vinculado, ou seja, tributo cuja h.i. consiste na conceituação legal dum fato qualquer que não se constitua numa atuação estatal (art. 16 do CTN); um fato da esfera jurídica do contribuinte".

3.2 Tributos vinculados a uma atuação estatal (taxas e contribuição de melhoria)

Este mesmo autor ensina que os tributos chamados *vinculados* são aqueles cujo aspecto material da hipótese de incidência consiste numa atuação estatal. Essa espécie de tributo (vinculado) divide-se em duas subespécies conforme o legislador inter-

3. *Hipótese* ..., p. 121.

relacione o critério material e o pessoal. Se tais critérios estiverem diretamente conectados entre si, teremos *taxa*; se indiretamente conectados, teremos *contribuição*.

3.2.1 Taxas

No caso das taxas, é claro o vínculo entre a atuação estatal e o tributo.

Estabelece o art. 145, inc. II da CF: "Art. 145. A União, os Estados, o Distrito Federal e os Municípios poderão instituir os seguintes tributos: I — (*omissis*); II — taxas em razão do exercício do poder de polícia ou pela utilização, efetiva ou potencial, de serviços públicos específicos e divisíveis, prestados ao contribuinte ou postos à sua disposição".

Como se observa, as taxas se dão em razão da prática de atos de polícia ou da prestação de serviços públicos específicos e divisíveis. Assim, dada a atuação estatal deve ser a taxa. Referida atuação é condição suficiente ao nascimento do tributo de tal modo que o surgimento da relação jurídica tributária independe de qualquer outro fator. Por esta razão se diz que a *taxa é tributo vinculado a um atuação estatal diretamente referida ao obrigado*. E assim o é porque o fato descrito no antecedente normativo corresponde ao objeto de uma relação jurídica de cunho administrativo que é pressuposta. Bem observa Roque Carrazza que "(...) para que a tributação por via de taxa ocorra validamente, é preciso sejam editadas duas leis: uma, de natureza administrativa, regulando o exercício do poder de polícia ou a prestação do serviço público e, outra, de índole tributária, qualificando estas atuações estatais e atribuindo-lhes o efeito de, uma vez realizadas, darem nascimento, *in concreto*, à modalidade de tributo ora em estudo".[4]

A relação jurídica administrativa, em que o Estado é o devedor e o administrado o credor, tem por objeto uma atuação estatal consistente na prestação de um serviço público específico e divisível ou na prática de um ato de polícia de interesse do administrado. Esta mesma atuação estatal encontra-se descrita no critério material da regra-matriz de incidência das taxas. Daí a relação direta que existe entre a atuação estatal e o tributo, e a mesma atuação e o contribuinte. Podemos afirmar que a taxa é a espécie tributária diretamente vinculada a uma atuação estatal (dada a atuação deve ser o tributo) que, por sua vez, também é diretamente referida ao obrigado, pois a atuação é objeto de uma relação jurídica que envolve diretamente Estado e administrado. O serviço é prestado para o administrado, assim como o ato de polícia é praticado em prol de seu particular interesse.

3.2.2 Contribuição de melhoria

O mesmo não ocorre com a contribuição de melhoria. Sua regra-matriz de incidência não diz "dada a obra pública deve ser o tributo". A atuação estatal, neste caso, não é objeto de uma relação jurídica administrativa pressuposta entre o Estado e o contribuinte da contribuição de melhoria.

A obra pública,[5] como já tivemos a oportunidade de afirmar, é o resultado[6] de um serviço público geral: serviço público

4. *Curso de Direito Constitucional Tributário*, 4ª ed., São Paulo, Malheiros Editores, 1997, p. 271.

5. Não se deve confundir obra pública com serviço público, como adverte Celso Antônio Bandeira de Mello, em seu *Curso de Direito Administrativo*, 9ª ed., Malheiros Editores, p. 428.

6. Embora o art. 145, inc. III, da CF, mencione apenas a obra pública, não se pode ignorar que ela é o resultado de um serviço público indispensável à sua existência. Não se pode falar em obra sem se considerar o respectivo serviço de execução (atuação estatal). Tanto que aqueles que entendem ser a contribuição de melhoria uma espécie de taxa afirmam que sua base de cálculo corresponde ao custo da obra que nada mais é do que a soma das despesas necessárias à sua execução (material, mão de obra, projeto etc.). Assim, onde se lê obra pública entenda-se resultado do serviço público de execução de obra pública, o que pressupõe, inclusive, obra efetivamente realizada. Projetos ou obras em andamento não ensejam contribuição de melhoria.

de execução de obra pública, sendo geral (inespecífico e indivisível), é prestado a todos os membros da coletividade, indistintamente, e não especificamente para os proprietários dos imóveis afetados pela obra. Logo, não pode ensejar tributação. Assim, só ocorrerá o fato imponível da contribuição de melhoria se dessa atuação estatal — que insistimos, consiste num serviço público geral — surgir um benefício especial a alguns proprietários de imóveis afetados pela obra pública. Este benefício especial, consubstanciado na mais-valia imobiliária sim, é específico e divisível e enseja tributação por meio da contribuição de melhoria.

Pois bem. O que diz a regra-matriz de incidência da contribuição de melhoria? Diz: "dada a valorização imobiliária causada por obra pública, deve ser a contribuição de melhoria". Como se verifica, o fato (mais-valia) que faz nascer o tributo é efeito de uma atuação estatal. Na verdade, estão descritos no antecedente normativo dois fatos interligados por uma relação de causalidade social.[7] Sem a ocorrência de ambos não se caracteriza a situação prevista como necessária à instauração da relação jurídica tributária. Só a atuação estatal não é fato suficiente ao nascimento do tributo. Por outro lado, a valorização imobiliária causada por obra privada, por um fato social[8] qualquer, ou por um fato da natureza, também não enseja contribuição de melhoria. O efeito da atuação estatal — o aumento de valor dos imóveis — é o benefício denominado pelo Prof. Geraldo Ataliba de *fato intermediário* ou *circunstância intermediária*. Como o nascimento do tributo depende da ocorrência deste fato intermediário, o professor classifica a *contribuição de melhoria* como sendo *um tributo vinculado a uma atuação estatal indiretamente e mediatamente referida ao obrigado*. Indiretamente porque, como dissemos, o serviço não é prestado para o administrado, mas pode afetá-lo. E mediatamente porque depende de um fato intermediário sem o qual não surge a relação.

Este autor considera a contribuição de melhoria uma espécie de contribuição e, em sua citada obra, *Hipótese de Incidência Tributária*, assim a conceitua: "contribuição é o tributo vinculado cuja h.i. consiste numa atuação estatal indireta e mediatamente (mediante uma circunstância intermediária) referida ao obrigado".[9]

Data *maxima venia* do ilustre tributarista, temos uma crítica ao conceito. Não se vislumbra nele uma nota essencial: a circunstância intermediária, ou fato intermediário, deve consistir, necessariamente, num benefício. Se referida circunstância corresponder a um dano não teremos contribuição mas responsabilidade patrimonial extracontratual do Estado (art. 37, § 6º, CF). Muita vez o Poder Público atuando, no exercício da função administrativa, para proporcionar um benefício à coletividade, afeta indireta e individualmente o particular, causando-lhe um prejuízo. Trata-se de atuação estatal indiretamente referida ao administrado em que o fato intermediário consiste num dano, o que enseja indenização ao lesado, uma vez que fique comprovado o nexo causal entre a conduta e o referido dano.

Somente quando o autor trata especificamente da contribuição de melhoria afirma que sua hipótese de incidência "é a valorização imobiliária causada por obra pública".[10]

7. Esta relação não é necessária mas probabilitária, tendo em vista que o aumento do valor dos imóveis afetados pela obra pública é um fato econômico-social que depende do elemento volitivo dos membros da coletividade. V., a esse respeito, a obra de David Hume, *Investigação Acerca do Entendimento Humano*, Ed. Companhia Editora Nacional, Editora da USP.

8. O sepultamento de Frei Damião, em Juazeiro do Norte, é exemplo recente de valorização imobiliária decorrente de um fato sócio-cultural. O aumento do valor dos imóveis adjacentes ao seu túmulo se deu porque o local tornou-se ponto de romaria e, portanto, área de expansão comercial.

9. Ob. cit., p. 134.

10. Ob. cit., p. 150.

De qualquer modo o importante é fixar a idéia de que o fato que faz nascer o tributo consiste num benefício que está indissoluvelmente ligado à atuação estatal. Vista desse modo, podemos afirmar que a contribuição de melhoria é um tributo da espécie dos vinculados a uma atuação estatal mas, diferentemente das taxas, *é indiretamente vinculado*. Referida atuação, por sua vez, também é indiretamente referida ao contribuinte. É tributo indiretamente vinculado a uma atuação estatal porque ela só não basta para seu nascimento. Há que ocorrer a mais-valia imobiliária. De outro lado a atuação estatal também é indiretamente referida ao contribuinte porque o serviço não é para ele prestado, já que trata-se de serviço público geral. Além disso, a atuação em questão é indiretamente referida ao administrado porque, embora não seja esse seu objetivo, poderá alterar a situação jurídica do proprietário do imóvel afetado pela obra criando-lhe uma obrigação tributária. Aliás, da atuação estatal, que consista na execução de uma obra pública, podem resultar dois efeitos: criar uma *obrigação tributária*, em caso de valorização imobiliária ou *gerar um direito à indenização*, em caso de desvalorização. Tanto num caso como no outro há que comprovar-se o nexo causal entre a atuação e o seu efeito.

Concluímos, com isso, que a contribuição de melhoria é tributo indiretamente vinculado a uma atuação estatal, indiretamente referida ao contribuinte.

4. Regra-matriz de incidência tributária

Sabemos que as normas jurídicas que encerram regras de conduta possuem a estrutura lógica hipotético-condicional "se *p* então *q*". No antecedente normativo temos a descrição hipotética de um fato que pode ocorrer no mundo real em um determinado tempo e em um determinado espaço. Assim, na hipótese normativa temos a determinação da matéria sobre a qual a norma dispõe, que constitui o critério material. Temos também a indicação do momento em que se considera caracterizado o fato, o que corresponde ao critério temporal e, finalmente, a determinação do lugar onde tal fato pode ocorrer, correspondente ao critério espacial.

A descrição dos sujeitos envolvidos na relação que se estabelece pela ocorrência do fato e os critérios quantitativos encontram-se no conseqüente normativo.

O critério subjetivo abrange o sujeito ativo — titular do direito subjetivo de exigir o tributo — e o sujeito passivo — aquele que realiza o fato jurídico tributário. No critério quantitativo, estabelece-se a *base de cálculo*, que é a *mensuração do critério material descrito na hipótese e a alíquota*, que é o *percentual que incide sobre a base de cálculo*. À norma jurídica que regula comportamentos humanos pela determinação de todos esses critérios, isto é, à norma completa que estabelece hipótese e conseqüência, chamamos de *regra-matriz* ou *norma-padrão de incidência*. Vejamos cada um dos elementos que compõem a regra-matriz de incidência da contribuição de melhoria.

4.1 Critério material

Ensina-nos o mestre da Lógica Jurídica, Prof. Paulo de Barros Carvalho, em seu *Curso de Direito Tributário*,[11] que no critério material "(...) há referência a um comportamento de pessoas, físicas ou jurídicas, condicionado por circunstâncias de espaço e tempo (critérios espacial e temporal)". Esse comportamento de pessoas físicas ou jurídicas é descrito com a utilização de um verbo que indique uma ação ou um estado. Deve sempre ser um verbo que exija complemento e ao qual esteja ligado, necessariamente, um sujeito. Através desse verbo é que se identifica o sujeito que pratica a ação ou que se encontra em um determinado estado. Em razão da fundamental importância que desempenha referido verbo,

11. Ob. cit., p. 162.

costuma-se identificá-lo como o núcleo do critério material.

Na obra a que fizemos referência, o autor transcreve trecho de outra obra de sua autoria, *Teoria da Norma Tributária*,[12] que merece também aqui ser transcrito: "Dessa abstração emerge o encontro de expressões genéricas designativas de comportamentos de pessoas, sejam aqueles que encerram um fazer, um dar ou, simplesmente, um ser (estado). Teremos, por exemplo, 'vender mercadorias', 'industrializar produtos', 'ser proprietário de bem imóvel', 'auferir renda', 'pavimentar ruas' etc. Esse núcleo, ao qual nos referimos, será formado, invariavelmente, por um verbo, seguido de seu complemento. Daí porque aludirmos a comportamento humano, tomada a expressão na plenitude de sua força significativa, equivale a dizer, abrangendo não só as atividades refletidas (verbos que experimentam ação) como aquelas espontâneas (verbos de estado: ser, estar, permanecer)".

Bem observa, entretanto, que não são utilizáveis os verbos impessoais, como o verbo haver e os verbos sem sujeito, como o verbo chover, e completa: "É forçoso que se trate de verbo pessoal e de predicação incompleta, o que importa a obrigatória presença de um complemento".[13]

A doutrina vem afirmando reiteradamente que a hipótese de incidência da contribuição de melhoria é a valorização imobiliária. Realmente a mais-valia imobiliária decorrente de obra pública é o fato que, se ocorrido, faz nascer o tributo. Mas onde está o verbo ao qual se liga o sujeito passivo? Entendemos que o núcleo do critério material da hipótese tributária se expressa pelo verbo "auferir". Auferir o quê? Auferir valorização imobiliária que decorra de obra pública. Quem seria o sujeito desse verbo? Se a mais-valia imobiliária aumenta o valor de um imóvel, temos um aumento do patrimônio de seu proprietário. Logo só o proprietário do imóvel que foi valorizado em razão da obra pública é que pode figurar como sujeito do verbo auferir. Temos, pois, que o critério material da hipótese de incidência da contribuição de melhoria é *auferir valorização imobiliária decorrente de obra pública.*

4.2 Critério espacial

Pelo critério espacial o legislador determina o lugar (*locus facti*) onde possa ocorrer o fato jurídico tributário. Pondera o Prof. Paulo que, muitas vezes, a determinação do local vem explícita na norma jurídica. Eventualmente, porém, poderá estar implicitamente estabelecido na norma o que, entretanto, não é empecilho a que se lhe identifique.

Quanto ao grau de elaboração legislativa na determinação do critério espacial, o mestre citado aventa três hipóteses: "a) hipótese cujo critério espacial faz menção a determinado local para a ocorrência do fato típico; b) hipótese em que o critério espacial alude a áreas específicas, de tal sorte que o acontecimento apenas ocorrerá se dentro delas estiver geograficamente contido; c) hipótese de critério espacial bem genérico, onde todo e qualquer fato, que suceda sob o manto da vigência territorial da lei instituidora, estará apto a desencadear seus efeitos peculiares".[14]

No caso da contribuição de melhoria, tendo em vista que incide sobre mais-valia imobiliária, o critério espacial deve condicionar a tributação a áreas específicas, isto é, deve identificar as áreas sujeitas aos efeitos da obra. Os efeitos da obra pública, muitas vezes, não se restringem aos imóveis a ela adjacentes. Assim, todos os imóveis adjacentes ou localizados nas proximidades da obra pública, que por ela sejam valorizados, poderão acarretar o ônus tributário aos seus proprietários.

4.3 Critério temporal

Pelo critério temporal determina-se o exato momento em que se considera ocor-

12. Ob. cit., p. 164.
13. Ob. cit., p. 165.
14. Ob. cit., p. 167.

rido o fato jurídico tributário. Em se tratando de contribuição de melhoria, considera-se ocorrido o fato no momento da ocorrência da valorização imobiliária. Entendemos não ser possível presumir uma valorização, como apregoam alguns autores. Primeiramente porque, como já afirmado, da obra podem decorrer efeitos tanto positivos (valorização) quanto negativos (desvalorização). Pode ocorrer ainda de não se alterarem os valores dos imóveis afetados pela obra. Além disso, como vimos, se a contribuição de melhoria é "decorrente de obras públicas" temos que a obra é causa (causalidade social) do aumento de valor e, portanto, deve precedê-lo. Isso se confirma se considerarmos que a existência de obra pública é indispensável para que se institua a contribuição de melhoria. Já dissemos que a obra pública outra coisa não é senão o resultado de uma atuação estatal à qual, inclusive, o tributo é vinculado (deonticamente), ainda que indiretamente. Ora, só se obtém o resultado — a obra pública — após findas as atividades consistentes na sua execução. A norma não diz "contribuição de melhoria decorrente de projetos ou previsões de obras públicas". Em razão disso, entendemos que a possível ocorrência do fato que faz nascer o tributo só se pode dar em momento posterior à conclusão da obra pública e não antes.

Uma observação importante é a seguinte: não há que se confundir o momento da ocorrência da valorização com o momento de sua apuração. Compete ao Poder Público promover, por meio de estudos apropriados, a aferição do aumento de valor procedendo ao lançamento de ofício dispondo, para tanto, de 5 anos de acordo com o art. 173 do CTN.

4.4 Critério subjetivo

4.4.1 Sujeito ativo

O sujeito ativo é o que figura no pólo ativo da relação jurídica tributária, ou seja, é o titular do direito subjetivo de instituir e exigir o tributo.

A CF estatui em seu art. 145 que a União, os Estados, o Distrito Federal e os Municípios poderão instituir contribuição de melhoria. Não temos aqui um caso de competência concorrente. O campo material da competência tributária das pessoas políticas para instituir a contribuição de melhoria varia de acordo com o campo de competência administrativa para a realização da obra.

Destarte, o sujeito ativo da contribuição de melhoria será a pessoa política que, diretamente ou através de concessão, realizou a obra pública. Não há que se confundir a instituição do tributo, que é a criação legislativa da norma que trata da contribuição de melhoria, com sua exigência ou cobrança por meio do lançamento devido. Nada impede que o Poder Público, no exercício de sua competência tributária, crie abstratamente a contribuição de melhoria (por ato do Legislativo) e depois delegue a outrem, também por lei, a arrecadação do tributo. Contudo a transferência da capacidade tributária ativa não tem o condão de desconstituir a natureza tributária da contribuição de melhoria. Cabe ainda observar que, em caso de delegação, quem figurará no pólo ativo da relação jurídica tributária é o delegado.

Aliás, o art. 81 do CTN trata claramente da competência para a "cobrança"[15] da contribuição de melhoria ao estabelecer que "a contribuição de melhoria *cobrada pela União, pelos Estados, pelo Distrito Federal ou pelos Municípios, no âmbito de suas respectivas atribuições* (...)" (grifamos).

4.4.2 Sujeito passivo

Sujeito passivo da relação jurídica tributária é aquele que figura no pólo passivo da relação e, portanto, está obrigado a satisfazer a prestação. No caso da contribuição de melhoria, podem figurar no pólo

15. Entenda-se instituição e cobrança.

passivo da relação somente proprietários de imóveis, mas não quaisquer proprietários de imóveis. Somente aqueles que, em razão de serem proprietários, auferem um aumento de valor de seu imóvel provocado por obra pública. Apenas a qualidade de ser proprietário de imóvel não é suficiente para ser sujeito passivo da obrigação de pagar contribuição de melhoria. Como nos ensina Roque Carrazza, "a hipótese de incidência da contribuição de melhoria não é ser proprietário de imóvel urbano ou rural, mas a realização de obra pública que valoriza imóvel urbano ou rural".[16]

4.5 Critério quantitativo

O critério quantitativo abrange a base de cálculo e a alíquota que, combinados, determinam o *debitum* tributário. Encontra-se no conseqüente normativo. É no mandamento que se determina, por imputação, a quantia em dinheiro que o sujeito passivo deve entregar ao Estado quando da ocorrência do fato jurídico tributário.

4.5.1 Base de cálculo

O Prof. Geraldo Ataliba conceitua a base de cálculo, ou base imponível em sua terminologia, afirmando que é "uma perspectiva dimensível do aspecto material da h.i. que a lei qualifica, com a finalidade de fixar critério para a determinação, em cada obrigação tributária concreta, do *quantum debeatur*".[17] Cita Aires Barreto, para quem a base de cálculo é "padrão (...) ou referência para medir um fato tributário (Aires Barreto, p. 38)".[18]

Para o Prof. Paulo de Barros Carvalho, base de cálculo "é a grandeza instituída na conseqüência da regra-matriz tributária, e que se destina, primordialmente, a dimensionar a intensidade do comportamento inserto no núcleo do fato jurídico, para que, combinando-se à alíquota, seja determinado o valor da prestação pecuniária. Paralelamente, tem a virtude de confirmar, infirmar ou afirmar o critério material expresso na composição do suposto normativo. A versatilidade categorial desse instrumento jurídico se apresenta em três funções distintas: a) medir as proporções reais do fato; b) compor a específica determinação da dívida; e c) confirmar, infirmar ou afirmar o verdadeiro critério material da descrição contida no antecedente da norma".[19]

Como podemos observar, a *base de cálculo é elemento da regra-matriz que exerce função da maior importância*. Deve reportar-se, necessariamente, ao fato descrito no antecedente normativo para dimensioná-lo, isto é, desvendar suas medidas atribuindo-lhe o correspondente fator numérico passível de cálculo para a apuração do *quantum debeatur*. Sem a base de cálculo não há como determinar, numericamente, o valor da prestação pecuniária devida pelo sujeito passivo, o que se faz conjugando-a com a alíquota. Além de medir as proporções reais do fato e compor a determinação da dívida, tem o importante papel de confirmar, infirmar ou afirmar o fato descrito na hipótese normativa. Tal é a importância desta sua função que não havendo correspondência entre o critério material e a base de cálculo, prevalece esta para a identificação do tributo, conforme nos ensina Rubens Gomes de Souza: "Por outras palavras, a ordem normal das coisas é que o pressuposto material ou jurídico da incidência defina a natureza do tributo e determine a escolha da sua base de cálculo. Mas quando a base de cálculo adotada pela lei fiscal seja incompatível com o pressuposto material ou jurídico da incidência, então a ordem normal das coisas se inverte, e a natureza jurídica do próprio tributo passa a ser determinada pela base de cálculo, e não pela definição legal da incidência. Esta última fica, assim, reduzida a uma simples

16. Ob. cit., p. 186.
17. *Hipótese* ..., p. 97.
18. Idem, ibidem.

19. *Curso* ..., p. 219.

afirmação vazia de sentido, porque desmentida pela determinação legal de se calcular o tributo sobre circunstâncias outras, que com ela não tenham relação, ou que dela não decorram necessariamente".[20]

Indiscutível, portanto, que a base de cálculo corresponde à mensuração do critério material descrito na hipótese normativa, devendo manter com ela pertinência.

Temos afirmado que o critério material da contribuição de melhoria é auferir valorização imobiliária decorrente de obra pública. Logo, o que deve ser dimensionado na base de cálculo da contribuição de melhoria é o quanto o proprietário do imóvel valorizado pela obra pública auferiu, ou seja, qual o *quantum* de valorização experimentado pelo imóvel em decorrência da obra pública. Em se tratando de valorização imobiliária, este *quantum* deve ser expresso em moeda.

Se, por ventura, a base de cálculo expressar o custo da obra rateado entre os imóveis afetados por ela, como tem ocorrido com freqüência, não estaremos diante de contribuição de melhoria, mas de taxa de serviço público inespecífico e indivisível consistente no serviço público geral de execução de obra pública o que, conforme já nos manifestamos, é inconstitucional por ofensa ao princípio da isonomia.

Não concordamos, em absoluto, com aqueles que afirmam que a contribuição de melhoria pode assumir compostura de imposto, se a base de cálculo corresponder à mais-valia imobiliária, ou compostura de taxa, se a base de cálculo corresponder ao custo da obra.[21] No Brasil, contribuição de melhoria é tributo autônomo da classe dos vinculados indiretamente a uma atuação estatal, que não se confunde nem com a taxa nem com o imposto.

20. Rubens Gomes de Souza, *apud* Geraldo Ataliba, in *Hipótese* ..., p. 100.

21. *A Relação Jurídica Chamada Contribuição de Melhoria*, de Guilherme de Carvalho Jr., dissertação de mestrado em Direito Tributário, apresentado na PUC/SP, em 1995.

4.5.2 Alíquota

A alíquota, tanto quanto a base de cálculo, como parte integrante do mandamento da norma jurídica tributária, só pode ser determinada por lei.[22] A lei deve descrever todos os aspectos da norma que cria uma obrigação pecuniária compulsória, tal qual o tributo, em atendimento ao princípio da legalidade. Não deve ser diferente com a alíquota já que também é de fundamental importância na determinação do *quantum* devido. É através da alíquota que se gradua a porção da base de cálculo que cabe ao Estado. Aliás, esse é o significado da palavra que, no entanto, encontra exceções, como nos ensina Paulo de Barros Carvalho:[23] "Etimologicamente, alíquota, vocábulo latino da primeira declinação, quer dizer parte, a parcela que se contém no todo um número exato de vezes. Esse deve ser o motivo pelo qual a doutrina insiste em considerá-la como a quota, fração ou parte que o Estado chama para si, do valor dimensível (base de cálculo) manifestado pelo fato jurídico tributário. Por certo que na maioria das vezes é o que ocorre. Mas não pode se tomar como regra geral. Se freqüentemente a alíquota se apresenta em forma de percentagem, nada impede que seja concebida em termos monetários, como aludimos em páginas anteriores (no exemplo: $1,20 por metro linear de comprimento, no caso da fabricação de tecidos)".

Nesse sentido, adverte Geraldo Ataliba[24] que, se a base de cálculo não for expressa em moeda, a alíquota necessariamente deverá sê-lo, já que tributo é prestação pecuniária e, assim sendo, o resultado da combinação desses dois fatores quantitativos deve corresponder a uma determinada quantia em dinheiro.

Assim, pela conjugação da alíquota com a base de cálculo, chega-se à soma em

22. Salvo a exceção prevista no art. 153, § 1º da CF.

23. Ob. cit., p. 227.

24. Ob. cit., p. 102.

dinheiro que o sujeito passivo deve ao Fisco. Esse resultado deve, de qualquer modo, corresponder a uma parte da base de cálculo que é a perspectiva dimensível do fato jurídico tributário. Isso porque o *quantum debeatur* não pode resultar maior ou igual à base de cálculo sob pena de ofensa ao princípio da proibição de tributo com efeito de confisco (art. 150, inc. IV, CF). Assim, se a alíquota corresponder a um percentual da base de cálculo, não poderá, em princípio, ser maior ou igual a 100% do valor da base de cálculo.

Entretanto, em se tratando de contribuição de melhoria, a regra comporta exceção. Vejamos.

Entendemos legítimos, e compatíveis com a atual Carta, os limites individual e total estabelecidos no art. 81 do CTN, *in verbis*: "Art. 81. A contribuição de melhoria cobrada pela União, pelos Estados, pelo Distrito Federal e pelos Municípios, no âmbito de suas respectivas atribuições, é instituída para fazer face ao custo de obras públicas de que decorra valorização imobiliária, tendo como limite total a despesa realizada e como limite individual o acréscimo de valor que da obra resultar para cada imóvel beneficiado".

Se a finalidade é fazer face ao custo da obra, realmente a arrecadação total, por meio da contribuição de melhoria, não pode ultrapassar esse custo, até porque entendemos que o Estado não pode utilizar-se do expediente de realizar obras públicas para obter lucro.[25] Destarte, nada mais lógico do que o limite total corresponder ao próprio custo.

Por outro lado, não pode o Estado "retirar" do administrado mais do que lhe proporcionou, sob pena de confisco ou eventualmente bitributação. Isto é, se a base de cálculo é o *quantum* de valorização experimentado pelo imóvel, tal *quantum* é o próprio limite individual, pois o que lhe exceder implicará abrangência do valor do imóvel, valor este correspondente à base de cálculo do IPTU ou do ITR, conforme se trate de imóvel urbano ou rural respectivamente.

Muito bem. Tendo em vista que o *debitum* tributário deve respeitar a conjugação entre estes limites — custo da obra e *quantum* de valorização — a base de cálculo e a alíquota deverão variar para atendê-los.

Em primeiro lugar, é preciso ter em mente que o limite total corresponde à soma de todas as despesas efetivamente implicadas na execução da obra, valor este que só se pode conhecer após finda sua realização. Assim, tudo quanto se arrecade através da contribuição de melhoria não pode ultrapassar esse valor. Portanto, conhecendo-se o custo efetivo da obra pública caberá a cada imóvel valorizado uma "cota-parte" proporcional à valorização individual que cada imóvel recebeu.

Em segundo lugar, se o limite individual corresponde ao *quantum* de valorização experimentado por cada imóvel, que pode variar de obra para obra e de imóvel para imóvel, haverá situações em que o Poder Público se ressarcirá inteiramente das despesas implicadas na execução da obra, situações em que se ressarcirá apenas parcialmente e situações em que não se ressarcirá. Vejamos.

a) se da obra pública nenhuma valorização resultar aos imóveis a ela adjacentes, não haverá tributação por falta da ocorrência do fato imponível. Nesse caso, o Estado não se ressarcirá do que gastou;

25. A Constituição estabelece, em seus arts. 171 e 175, que cabe ao Estado precipuamente prestar serviços públicos e excepcionalmente desenvolver atividade econômica. Aquela atividade é informada pelo princípio da modicidade das taxas, o que se aplica também à contribuição de melhoria. Tendo em vista que as atividades estatais são, de um modo ou de outro, custeadas pela coletividade, deve o Estado desempenhar tais atividades com excelência e com o menor ônus possível aos integrantes da sociedade em nome da qual age. Partindo dessa idéia, temos que o lucro é incompatível com a atividade pública. Tanto é assim que quando o Estado desenvolve atividade econômica equipara-se, para fins tributários e trabalhistas, às empresas privadas.

b) se da obra pública resultar desvalorização imobiliária, caberá indenização aos proprietários lesados com fundamento da responsabilidade objetiva do Estado;

c) se da obra decorrer uma valorização imobiliária mínima, que não compense os gastos decorrentes do processo de arrecadação, o Poder Público estará dispensado de exigir o tributo, a exemplo do que ocorre nos casos de dispensa de licitação em razão do baixo valor do objeto a ser licitado;

d) se da obra resultar um aumento de valor imobiliário significante, o Poder Público poderá se ressarcir parcial ou totalmente. Vejamos cada caso:

d.1) o Poder Público se ressarcirá parcialmente do que gastou se a soma das valorizações de cada imóvel for inferior ao custo da obra. Como o limite individual deve ser respeitado, o poder tributante se limitará a exigir do contribuinte tanto quanto lhe proporcionou. Nesse caso, "retira-se" do particular toda a mais-valia que se incorporou ao seu imóvel e, portanto, a alíquota será de 100%.

d.2) haverá total ressarcimento quando a soma das mais-valias resultar em valor igual ou maior ao custo da obra. No primeiro caso (montante da mais-valia igual ao custo), as alíquotas também serão de 100%. No segundo caso (montante da mais-valia maior de que o custo), há que se estabelecer uma proporção entre o total das valorizações e o custo da obra; e os limites individuais e o *quantum debeatur*. Neste caso o particular reterá parte da valorização em seu patrimônio. Apenas a título de especulação vamos supor a seguinte hipótese com as seguintes representações:

Custo da obra — CO

Soma das valorizações individuais (valorização total) — V_T

Número de imóveis afetados — N_{Im}

Valorização individual — V_i

Valorização de cada imóvel — V_1, V_2, V_3...

Contribuição de melhoria cabível a cada imóvel – CM_1, CM_2, CM_3...

CO = 100
V_3 = 50
N_{Im} = 5
V_4 = 20
V_1 = 30
V_5 = 40
V_2 = 60
V_T = 200

Para calcular o tributo que cabe a cada imóvel, quando o montante da valorização ultrapassa o custo total da obra, monta-se a seguinte proporção:

V_T/V_i = CO/CM, donde
para V_1 = 30, CM_1 = 15
para V_4 = 20, CM_4 = 10
para V_2 = 60, CM_2 = 30
para V_5 = 40, CM_5 = 20
para V_3 = 50, CM_3 = 25

A soma com a arrecadação das contribuições de melhoria $CM_1 + CM_2 + CM_3 + CM_4 + CM_5 = 100$. Nesse exemplo, concluímos que a alíquota seria de 50%.

Portanto, quando houver uma supervalorização de modo que a soma das mais valias individuais resultem em valor superior ao custo da obra, a alíquota corresponderá a uma parcela da base de cálculo. Nesse caso, haverá um excedente de valorização que permanece intacto, incorporado ao imóvel afetado pela obra pública o que poderá implicar aumento de IPTU em razão do aumento de sua base de cálculo (valor venal do imóvel). Além disso, uma vez que o Estado recupere tudo quanto gastou na realização da obra pública não há prejuízo à coletividade.

5. *Princípios constitucionais*

O elenco de princípios que compõem o nosso sistema constitucional tributário varia de autor para autor. Entretanto, uma coisa é certa: há princípios gerais e princípios que só dizem respeito a determinadas áreas do Direito.

Segundo o Prof. Paulo de Barros "há muitos princípios constitucionais gerais, válidos para a plenitude do ordenamento e, por isso, influindo, decisivamente, no setor dos fenômenos jurídico-tributários".[26] Outros se referem especificamente ao Direito Tributário e outros, ainda, a tributos específicos. Em razão do restrito espaço de que dispomos para desenvolver o presente estudo, abordaremos apenas os de maior importância pertinentes à contribuição de melhoria.

5.1 Princípio da isonomia

É assente na doutrina o significado deste princípio que se encontra insculpido no *caput* do art. 5º da CF: dar tratamento igual aos iguais e desigual aos desiguais na medida das desigualdades. Este princípio tem papel fundamental na instituição da contribuição de melhoria em duas situações:

a) havendo obra pública e dela não decorrendo valorização imobiliária não há que se falar em contribuição de melhoria. Isto porque na falta do benefício especial não há fator de discrímen que justifique o tratamento desigual representado pela exigência do tributo. Os proprietários de imóveis afetados pela obra pública recebem apenas o mesmo benefício geral proporcionado igualmente a todos os membros da coletividade. Portanto, não havendo valorização imobiliária e se o Poder Público exigir contribuição de melhoria, o princípio da isonomia restará violado em razão da dispensa de tratamento desigual a iguais;

b) por outro lado, uma vez que a obra pública proporcione, além do benefício geral, um benefício especial (fator de discrímen) aos proprietários de imóveis por ela afetados, há obrigação (e não faculdade do Poder Público) de exigir a contribuição de melhoria pois, se alguns membros da coletividade recebem um benefício especial (proporcionado por uma atuação estatal custeada por todos) além do benefício geral, é justo que contribuam para amenizar as despesas implicadas na execução da obra. Assim, havendo mais-valia imobiliária e não havendo exigência do tributo, o princípio da isonomia será violado em razão do tratamento igual a desiguais.

5.2 Princípio da proporcionalidade

Este é o princípio informador da contribuição de melhoria. A proporcionalidade está em exigir dos contribuintes na mesma medida do benefício por eles recebido. Apenas não há que se olvidar de que a exigência deve se conter dentro daqueles limites acima mencionados (limite total e individual). Assim, a exigência deve resultar de uma proporção entre o benefício especial auferido pelo contribuinte (mais-valia) e o que ele deve pagar a título de contribuição de melhoria, como demonstrado no item 4.5.2 deste estudo. Esta proporção é de fundamental importância para a definição da base de cálculo, assim como da alíquota, donde resultará o *quantum debeatur*.

6. Conceito

Verificamos que a contribuição de melhoria é tributo vinculado a uma atuação estatal que consiste na prestação de um serviço público geral — serviço de execução de obra pública. Mas não decorre desta atuação diretamente. Decorre de um efeito positivo dela: a valorização imobiliária. Destarte não se confunde com a taxa, que é tributo diretamente vinculado a uma atuação estatal. Também não se confunde com os impostos pois estes são tributos desvinculados de qualquer atuação estatal.

É tributo autônomo da espécie dos vinculados. Porém, é indiretamente vinculado a uma atuação estatal, que também é indiretamente referida ao contribuinte.

26. Ob. cit., p. 90.

Ante todas estas reflexões definimos contribuição de melhoria como sendo o tributo indiretamente vinculado a uma atuação estatal (consistente no serviço público de execução de obra pública) que tem por hipótese de incidência o fato de os proprietários de imóveis afetados pela obra auferirem a valorização imobiliária dela decorrente, cuja base de cálculo não pode ultrapassar nem o *quantum* de valorização experimentado pelo imóvel e nem custo proporcional da obra atribuído a cada proprietário.

NOTAS & COMENTÁRIOS

UMA RELAÇÃO JURÍDICA DE ÍNDOLE SANCIONATÓRIA — A RESPONSABILIDADE DOS DIRETORES, GERENTES E ADMINISTRADORES PREVISTA NO ENUNCIADO DO ART. 135, INC. III, DO CTN

ROBERTO WAGNER LIMA NOGUEIRA
Mestrando da Universidade Cândido Mendes — RJ

"A compreensão do mundo está estreitamente ligada à compreensão do processo lingüístico"
(Paulo Freire (1921-1997), educador pernambucano).

1. Breve introdução. 2. Um corte epistemológico. A delimitação do objeto a ser conhecido. O art. 135, inc. III do CTN. 3. Dos instrumentos a serem utilizados para conhecimento do objeto. 4. O Direito como fato social. A relação jurídica prevista no conseqüente da norma primária. A obrigação. A obrigação tributária. O objeto da obrigação tributária. A antinomia jurídica entre os arts. 113, parágrafo único e 3º do CTN. 5. O art. 135, inc. III do CTN. Uma relação jurídica de índole sancionatória. A responsabilidade de terceiros. Uma responsabilidade que não possui natureza tributária. 6. Conclusões. 7. Bibliografia.

1. Breve introdução

Tem como escopo o presente e singelo estudo, compreender, para revelar, o conteúdo semântico do enunciado do art. 135, inc. III do CTN que trata da "Responsabilidade dos Gerentes e Administradores" que, para nós, conforme deixa antever o título, está a conter uma relação jurídica de índole sancionatória, portanto, merecedora de uma interpretação no mínimo restritiva no que atine a referida imputação.

Propositadamente foi suprimida do título deste estudo a palavra *tributária* que adjetiva a referida "responsabilidade" prevista no Capítulo V, Seção III, do CTN. Isto porque, entendemos que a "responsabilidade" tratada no art. 135, inc. III, do CTN, não é, em sentido técnico, uma "responsabilidade tributária" e sim apenas uma "responsabilidade", já que o adjetivo "tributária" deve ser utilizado apenas para aquela responsabilidade oriunda de relação jurídica cujo objeto patrimonial seja efetivamente um "tributo" na forma da conceituação do art. 3º do CTN. Por conseqüência, veremos também no decorrer deste ensaio que, para nós, o vínculo jurídico sancionatório surgido entre sujeito ativo e passivo por força do mesmo artigo, está a desvelar uma "obrigação", e não "obrigação tributária" como parece denotar uma primeira leitura do enunciado sob comento.

Para tal mister precisamos de um método[1] de aproximação do objeto,[2] e é bom que digamos o caminho e os instrumentos a serem utilizados, atentos que estamos à observação arguta de Paulo de Barros Carvalho,[3] quando diz que "qualquer trabalho de pretensões científicas impõe ao autor uma tomada de posição no que atina aos conceitos fundamentais da matéria em que labora, para que lhe seja possível desenvolver seus estudos dentro de diretrizes seguras e satisfatoriamente".

O nosso enfoque como veremos é o dogmático[4] e o nosso objeto de estudo (o direito posto) se apresenta como um ente cultural,[5] isto é, imerso em nossa cultura.

1. É o critério filosófico adotado pelo jurista que determina seu objeto. Essa operação pela qual se constitui o objeto deve ser obviamente governada por um *método*, que fixará as bases da sistematização da ciência. Diz Maria Helena Diniz (*A Ciência do Direito*) que: "A palavra *método* é formada pela justaposição de dois vocábulos gregos: *meta* e *odos*. *Meta* tem o significado de fim-objeto, que tende a uma atividade — através de, mediante. *Odos* equivale a caminho, trâmite. O composto 'método' quer dizer 'caminho para', o meio para o fim, ou seja, é o caminho ordenado que conduz à ciência é verdade. V. sobre a noção de método e sua importância para a ciência, José Luiz Esteves, *La Investigación Científica y su Propedéutica en el Derecho*, Caracas, 1970, t. 1, p. 74; Franco Montoro, *Os Princípios Fundamentais do Método no Direito*, São Paulo, Ed. Martins, 1942, p. 40; Sanchez Roman, *Estudios de Derecho Civil*; Ramon Badeness Gasset, *Metodología del Derecho*, Barcelona, Bosch, 1959, pp. 17-35; Miguel Reale, *Lições Preliminares de direito*, cit., p. 26 etc.".

2. Fácil é evidenciar os liames que se estabelecem entre sujeito e objeto, pois o sujeito cognoscente (jurista) tende para o objeto (Direito). Essa tendência é a intencionalidade do conhecimento, que consiste em sair de si para o objeto, a fim da captá-lo mediante um pensamento. É como leciona Maria Helena Diniz (*A Ciência* ..., ob. cit., p. 6), no conhecimento encontram-se frente a frente a consciência cognoscente e o objeto conhecido. A relação sujeito-objeto é dupla, ou melhor, é um correlação em que o sujeito é sujeito para o objeto e o objeto é objeto para o sujeito, de modo que não se pode pensar em um sem o outro. Por outro lado, o sujeito produz um pensamento do objeto. O ato cognoscitivo não é um ato solitário, refere-se sempre a algo heterogêneo a si. Todo pensamento é apreensão de um objeto: pensar é dirigir a atenção da mente para algo. Note-se que o ato de se tornar sujeito cognoscente consiste em propor-se um objeto a conhecer. Esse objeto, por sua vez, produzirá uma modificação no sujeito conhecedor, que é o pensamento. O pensamento, visto do sujeito, nada mais é que a modificação produzida pelo sujeito em si mesmo para apossar-se do objeto; visto do objeto, é a modificação que o objeto, ao entrar no sujeito, produziu no seu pensamento. A guisa de aprofundamento a prof. Maria Helena Diniz menciona: Johannes Hessen, *Teoria do Conhecimento*, 5ª ed., Coimbra, Arménio Amado Ed., 1970, p. 26; Miguel Reale, *Sentido de Pensar em Nosso Tempo*, RBF, fasc. 100, pp. 392-5; García Morente, *Fundamentos de Filosofia*, cit., pp. 145-6 e 167, e etc.

3. Paulo de Barros Carvalho, "A relação jurídica ...", *Revista de Direito Público* 17/381-386.

4. A nossa visão dogmática é de descrição do objeto de estudo (o conjunto de normas), ou seja, cabe ao cientista descrever o direito dado e não prescrever um direito ideal. Todavia, merece registro pelo escol de quem elaborou, o posicionamento como sempre instigante do prof. Tércio Sampaio Ferraz Júnior. Veja-se: "Esclarece-nos, magistralmente, Tércio Sampaio Ferraz Júnior, que a dogmática jurídica não objetiva a fixação pura e simples do estabelecido pelo legislador, mas possibilita reflexões com as quais a matéria normativa é controlada e dirigida para a solução dos conflitos jurídicos. Cria, portanto, condições de decidibilidade de conflitos. É um estudo das condições do que é juridicamente possível, tendo em vista um direito dado. Não tem apenas o escopo de conhecer, mas sim conhecer tendo em vista as condições de aplicabilidade da norma, na solução de conflitos" (Maria Helena Diniz, *Compêndio* ..., p. 218).

5. Segundo lição de Miguel Real cabe à ontognoseologia como parte da Teoria do Conhecimento, o estudo sobre as indagações pertinentes ao sujeito (gnoseologia) e as indagações pertinentes ao objeto do conhecimento (ontologia). No estudo da ontologia, ainda segundo o prof. Miguel Reale, podemos dizer que objeto é tudo que pode ser objeto de um juízo, isto é, como os objetos se apresentam ao conhecimento de uma ciência. Portanto, podemos distinguir duas ordens de objetos segundo dois prismas, a saber: objetos do mundo do *ser* = objetos naturais (físicos e psíquicos) e objetos ideais; e objetos do mundo do *dever-ser* = objetos culturais. O Direito portanto, é um objeto cultural, está no mundo do *dever-ser*, no mundo das normas, no mundo deôntico. Todavia, segundo o mestre, os objetos culturais são enquanto devem ser, logo, guardam pertinência direta com o mundo do *ser*, tendo em vista que existem para implantar valores (*Filosofia do Direito*, pp. 31 e 188).

A base empírica eleita é o ordenamento jurídico positivo, e as nossas conclusões deverão ser avaliadas frente a ele (ordenamento jurídico-positivo). O ser intersubjetivamente testável das conclusões significa que toda e qualquer pessoa que domine a técnica adequada será capaz de testá-las.[6]

Além de dogmática, a abordagem também privilegia o aspecto semiótico[7] do Direito, dês que trata-se de fenômeno que possui como um de seus traços peculiares a linguagem como constitutiva do seu ser. O trabalho também pugna por uma interpretação sistemática do fenômeno jurídico, convencidos que estamos de que não há texto sem contexto.[8]

Para chegarmos ao âmago da significação do enunciado do art. 135, inc. III, do CTN, também nos utilizaremos do modelo teórico desenvolvido pelo emérito prof. Lourival Vilanova e seguido com rigor por Paulo de Barros Carvalho, Eurico Marcos Diniz de Santi, dentre outros, no que tange a análise da estrutura da norma jurídica como sendo um juízo hipotético condicional, constante de uma estrutura bimembre, onde há uma norma primária e uma norma secundária.

6. José Wilson Ferreira Sobrinho (*Obrigação* ..., pp. 28-29): "No plano da ciência jurídica em sentido estrito — Dogmática Jurídica — as normas jurídicas constituem o objeto de estudo do cientista do Direito, do mesmo modo que outros dados factuais constituem o objeto de estudo para outras ciência empíricas. O cientista do Direito, portanto, partirá do ordenamento jurídico-positivo em seu trabalho de elaboração conceitual. Os enunciados jurídicos, construídos com base no Direito Positivo obedecerão a um critério qualquer a fim de serem considerados conseqüentes, isto é, o conteúdo empírico de uma teoria jurídica deverá ser testada frente ao próprio ordenamento jurídico-positivo. Fala-se, então, de uma base empírico-jurídica para significar que os enunciados jurídicos deverão ter forma objetiva a fim de serem intersubjetivamente testáveis. E ser intersubjetivamente testável significa que toda e qualquer pessoa que domine a técnica adequada será capaz de testá-los. O jurídico-positivo constitui a experiência jurídica que oferecerá ao jurista um critério para testar seus enunciados. De fato '*Quando se volta sobre o ordenamento jurídico, a pesquisa jurídica se converte numa pesquisa empírica, ou seja, fundada sobre a experiência do normativo*' (José Souto Maior Borges, ob. cit., p. 76)" (grifos do autor).

7. Paulo de Barros Carvalho, "Semiótica e textos jurídico-positivos", texto inédito, p. 1: "Dentre os muitos traços que lhe são peculiares, o Direito oferece o dado da linguagem como seu integrante constitutivo. A linguagem não só fala do objeto (Ciência do Direito) como participa de sua constituição (direito positivo)". Diante disto, podemos afirmar que todo conhecimento se difunde através da linguagem, sem a qual, ele não se fixa nem se transmite. "Já existe um *quantum* de conhecimento na percepção, mas ele se realiza mesmo, na plenitude, no plano proposicional e, portanto, com a intervenção da linguagem. 'Conhecer', ainda que experimente mais de uma acepção, significa 'saber proposições sobre'. Conheço determinado objeto na medida em que posso expedir enunciados sobre, ele, de tal arte que o conhecimento, neste caso, se manifesta pela linguagem, mediante proposições descritivas ou indicativas" (Paulo de Barros Carvalho, "IPI ...", *Revista Dialética de Direito Tributário* 12/42.

8. "Lembremo-nos, aliás, que ali onde houver texto, haverá, necessariamente, um contexto. Não há texto sem contexto. E o conteúdo semântico da norma jurídica será construído depois de uma séria e profunda investigação contextual capaz de apreender os valores que nela intervém, postulando a orientação adequada para as condutas intersubjetivas que disciplina. Desaconselha-se, por isso, falar de interpretação como atividade que vise a 'extrair' o sentido e alcance dos textos abrigar conteúdos de significação. Pode, sim, instigar o sujeito a produzir, elaborar ou construir um sentido, como ponto de partida, como estímulo provocativo do processo de compreensão. Considerações dessa natureza, apontam, desde logo, a razão do enorme desgaste que a chamada 'interpretação literal' vem experimentando, em todos os setores do conhecimento jurídico. Se essa técnica postula a aderência aos suportes físicos das mensagens legisladas, tolhendo as excursões que o exegeta normalmente faz pelo corpo do sistema, óbvio está que impede a ida ao contexto. E como não há texto sem contexto, o processo de edificação do sentido fica truncado, frustrando-se a interpretação. Os modernos estudos sobre hermenêutica jurídica tomam o texto como o dado objetivo, a partir do qual vai ser desenvolvido o trabalho de formação dos conteúdos significativos. Aliás, nessa direção, cumpre mencionar recente contribuição do prof. Eros Roberto Grau ("A interpretação do Direito: texto e norma", trabalho apresentado em Seminário de Semiótica Jurídica, realizado na PUC/SP, em 1995) que, esforçado em autores de tomo, concluiu: 'O texto, preceito, enunciado normativo é alográfico. Não se completa no sentido nele expresso pelo legislador. A *completude* do texto somente é realizada quando o sentido por ele expressado é produzido, como nova forma de expressão pelo intérprete'. Advirta-se que os conteúdos significativos construídos pelo intérprete, por

Analisaremos também, mesmo que perfunctoriamente, os conceitos de relação jurídica, obrigação, obrigação tributária, objeto da obrigação tributária, responsabilidade e responsabilidade tributária, à luz da doutrina vigente, tendo em vista a importância deles para o deslinde das conclusões.

É importante também aduzirmos que a escolha desta perspectiva de conhecer o objeto, eleita por nós, está fatalmente condicionada pelo nosso sistema de referência, isto é, a forma como vemos as realidades do mundo conforme leciona Goffredo Telles Júnior.[9]

É imperativo dizermos que *não* é objetivo deste ensaio estudar quais são os atos praticados com excesso de poderes ou infração da lei, contrato social ou estatuto conforme preceitua o art. 135, inc. III, do CTN, senão, como acima já demarcado, estudar sim, a estrutura da norma jurídica implícita no enunciado retro citado, para podermos oferecer — a nosso juízo — um método interpretativo a ser utilizado quando de sua aplicação a um caso concreto

Por fim, vivenciamos a assertiva de Pontes de Miranda quando diz que não há diferença entre teoria e a prática. O que há é o conhecimento do objeto: ou se conhece o objeto ou não se conhece o objeto; ou na

sua vez, pressupõem o sistema, tomando o termo não como conjunto de enunciados, mas como domínio integral das normas produzidas, de tal modo que, existir, juridicamente, significará pertencer a determinado sistema, historicamente identificado. Agora, a tarefa de organização de sentido, a contar da base material em que se objetiva o Direito, é o grande problema do desafio interpretativo, ao mesmo tempo em que é a fonte de esclarecimento de tantas diferenças no caminho da compreensão do mesmo objeto. Claro está que se a interpretação adequada estivesse contida na dimensão dos textos, bastaria abri-los e recolher de seu interior o produto lá existente, desaparecendo as intermináveis disputas semânticas que superlotam os tribunais judiciários e os órgãos administrativos encarregados de julgar. Mas, não é assim. Cada um que trave contato com as múltiplas manifestações do Direito Positivo terá que desenvolver esse trabalho criativo que é a interpretação, produzir a sua, e somente sua, compreensão do texto. E, para restabelecer o cunho de objetividade de que necessitam os comandos, a ordem jurídica estatui uma série de providências estabilizadoras, recuperando o poder disciplinado das condutas interpessoais concretas" (Paulo de Barros Carvalho, "Lançamento ...", *Repertório IOB de Jurisprudência* pp. 77-78). Por isto, Alfredo Augusto Becker, num momento de certa exacerbação, sustentou que: "o jurista nada mais é do que um semântico do Direito".

9. Constata Goffredo Telles Júnior (*O Direito Quântico*, pp. 284-285): "Cada sêr humano possui seu próprio universo cognoscitivo, isto é, possui um conjunto ordenado de conhecimentos, uma estrutura cultural, que é seu próprio sistema de referência, em razão do qual atribui a sua significação às realidades do mundo. Toda realidade pode ser objeto de conhecimento. Mas o conhecimento de uma realidade está sempre condicionado pelo sistema de referência do sujeito conhecedor. Nenhum conhecimento é absoluto. Cada conhecimento é conhecimento na medida em que é referido a um sistema anterior de conhecimentos. Sem esta referência, o conhecimento não tem sentido. E um conhecimento sem sentido equivale ao desconhecimento. Um sistema de referência capaz de conferir sentido a conhecimentos particulares, resulta da conjunção de muitos fatores. Tal sistema é, ele próprio, um conhecimento: é um conhecimento global. É um universo de conhecimentos. E este universo cognitivo é produto de muitas causas. É produto de legado genético, aprendizagem, experiência. É também produto, de perspectivas ocasionais e de situações fortuitas"; mais adiante, pondera o mestre paulista (pp. 289-290): "A idéia de sistema de referência toma posição dominadora em todo o conhecimento humano. Sem sistema de referência, o conhecimento é desconhecimento. O sistema de referência é condição do conhecimento. Devemos observar que o sistema de referência de um homem pode não pertencer exclusivamente a ele. Pode tal sistema ser o universo cognitivo de uma coletividade. Oriundos das mesma contingências, é natural que os sistema de referências de pessoas de um mesmo grupo seja semelhantes uns aos outros. O ato de escolha não é um ato de liberdade: depende do patrimônio genético, do confronto de uma informação, provinda do mundo exterior, com todo o cabedal de aprendizagem, já armazenado pelo agente. Todo ato livre é sempre um ato determinado por algum motivo". Esta é a razão que justifica as diversas e díspares interpretações que os juristas colhem dos enunciados legais, fruto que é da visão pessoal daquele que se aproxima do objeto a ser conhecido. Em outra passagem assinala Goffredo Telles Júnior que o conhecimento é a apreensão do objeto, "o renascimento do objeto conhecido, em novas condições de existência, dentro do sujeito conhecedor".

linguagem de Lourival Vilanova: o jurista é o ponto de intersecção entre a teoria e a prática, entre a ciência e a experiência.[10]

2. Um corte epistemológico. A delimitação do objeto a ser conhecido. O art. 135, inc. III do CTN

Primeiro, um corte epistemológico, através dele isolamos de forma estática, como se fosse uma fotografia, a base física do enunciado que queremos conhecer e delimitamos nosso campo objetal, e por conseguinte o nosso objeto. Começamos assim pela transcrição do art. 135, inc. III, do CTN, que dispõe sobre a "Responsabilidade de Terceiros", mais exatamente sobre as responsabilidades dos *diretores, gerentes ou representantes de pessoas jurídicas de direito privado.* Vejamos: "Art. 135. São pessoalmente responsáveis pelos créditos correspondentes a obrigações tributárias resultantes de atos praticados como excesso de poderes ou infração de lei, contrato social, ou estatutos: I — (...) III — os diretores, gerentes ou representantes de pessoas jurídicas de direito privado".

3. Dos instrumentos a serem utilizados para conhecimento do objeto

Os instrumentos a serem utilizados para melhor compreensão do objeto — já colocado sob parênteses no tópico anterior — agora, em movimento, em atuação dinâmica, nos são ofertados pela Filosofia do Direito enquanto Teoria do Conhecimento, pela Semiótica Jurídica, pela Dogmática Jurídica, pelos conceitos hauridos na Teoria Geral do Direito e por fim, através do ramo da ciência do direito em sentido estrito, o Direito Tributário.

Lembremos para reforçar nosso intuito de comunicação. O direito se expressa em linguagem, logo, reclama uma interpretação para atingir o seu fim, que é o de direcionar condutas, fluxos de comportamentos.[11] Mas o que significa interpretar? Este termo, com efeito, não é exclusivo da linguagem jurídica, sendo usado em muitos outro campos: assim se fala de interpretação das Escrituras Sagradas, de interpretação da inscrições arqueológicas, de interpretação literária, de interpretação musical. Pois bem, interpretar significa remontar do signo (*signum*) à coisa significada (*designatum*), isto é, compreender o significado do signo, individualizando a coisa por este indicada. Ora, a linguagem humana (falada ou escrita) é um complexo de signos, e uma *species* do *genus* signo (tanto é verdade que é substituível por outros signos, por exemplo os gestos da mão, embora seja mais perfeito porque mais rico e maleável). Assim, por exemplo, quando digo 'cavalo', me limito a produzir um som vocal, mas com isto indico uma coisa diferente de tal som. Como complexo de signos, a linguagem exige a interpretação: esta é exigida pelo fato de que a relação existente entre o signo e a coisa significada (neste caso, entre a palavra e a idéia) não é uma relação necessária, mas puramente convencional, tanto que a mesma idéia pode ser expressa de modos diversos (o mesmo objeto, aliás, é indicado em cada língua com um som diverso). Ademais, há sempre um certo desajuste entre a idéia e a palavra, porque a primeira é mais rica, mais complexa, mais articulada que a segunda, que serve para exprimi-la; além disto, nós não usamos nunca as palavras isoladamente (exceto o menino que aprende a falar ou quem se encontra num país estrangeiro de cuja língua só conhece alguns termos), mas formamos complexos de palavras, ou proposições. Ora, dependendo do contexto em que esteja inserida, a mesma palavra assume significados diferentes (e podemos até dizer que um termo tem tantos significados quantos são os contextos em que pode ser usado).

10. Paulo de Barros Carvalho, "O princípio ...", *Revista de Direito Tributário* 63/95.

11. Norberto Bobbio, *O Positivismo Jurídico*, pp. 212-213.

Assinala Angela Maria da Motta Pacheco,[12] que é mestre em Direito Tributário pela PUC/SP, que "o direito positivo, construção do ser humano, é uma unidade ontológica, um sistema de linguagem, informado pela racionalidade, com a finalidade de interferir na conduta humana de maneira coercitiva". Destarte, a linguagem-objeto, o sistema jurídico posto, é o ponto de convergência da análise do cientista do direito que não poderá ultrapassar as fronteiras, os quadrantes que emolduram este sistema. A referibilidade da Ciência Jurídica ou Jurisprudência Dogmática restringe-se à medida das proposições normativas do ordenamento jurídico positivo.

O direito posto é uma teia tecida por pontos que são as normas jurídicas. Estas vão entrecruzando-se formando uma enorme rede que conta uma rica histórica. É uma história de comandos que visa ordenar o comportamento humano, razão pela qual é uma linguagem normativa. Esta rede de rica linguagem é estudada pela Ciência do Direito, que, como ciência é descritiva de seu objeto. É a compreensão desta história, desta teia que forma uma rede. Diríamos que a interpretação é o resultado da compreensão desta rede.

"Não é, pois, possível que uma única teoria desvende a complexidade deste objeto. Da mesma forma que as ciências da natureza, o desvendamento do objeto é feito paulatinamente no tempo e no espaço. Uns cientistas iluminam uma face, outros, outras. Até que a cena fique visível e se enxerguem os contornos e as texturas das imagens."[13]

É acreditando nisto que pretendemos demonstrar que o art. 135, inc. III, do CTN ao trazer pessoa externa ao acontecimento do fato jurídico tributário para o tópico do sujeito passivo, está, sob o manto jurídico da "Responsabilidade de Terceiros", na verdade, sancionando, punindo determinada conduta (omissiva ou comissiva) que avalia nociva aos interesses da sociedade representada pelo fisco.

Ainda nesta direção — teórica mais imprescindível — é necessário precisar o enfoque teórico a ser dado à Ciência do Direito. Há sempre duas possibilidades de se investigar um problema: acentuar o aspecto "pergunta" ou acentuar o aspecto "resposta".[14] O *enfoque zetético* acentua o as-

12. Angela Maria da Motta Pacheco, Sanções Tributárias ..., p. 31.

13. Angela Maria da Motta Pacheco, ob. cit., p. 42.

14. Tércio Sampaio Ferraz Júnior, *Introdução ao Estudo do Direito*, pp. 41, 43, 44 e 47. Ressalta o mestre paulista: "O Direito como objeto, pode ser estudado de diferentes ângulos. Para esclarecê-los, vamos distinguir, genericamente, entre um enfoque *zetético* e um enfoque *dogmático* (Viehweg, 1969). *Zetética* vem de *zetein* que significa *perquirir*, *dogmática* vem de *dokein* que significa *ensinar*, doutrinar. Embora entre ambas não haja uma linha divisória radical (toda investigação acentua mais um enfoque que o outro, mas sempre tem os dois), a sua diferença é importante. O enfoque dogmático releva o ato de opinar e ressalva algumas das opiniões. O zetético, ao contrário, desintegra, dissolve opiniões, pondo-as em dúvida. Questões zetéticas têm uma função especulativa explícita e são infinitas. Questões dogmáticas têm uma função especulativa explícita e são finitas. Nas primeiras, o problema tematizado é configurado como um ser (que é algo?). Nas segundas, a situação nelas captada se configura como um dever-ser (como deve-ser algo?). Por isso, o enfoque zetético visa a saber o que é uma coisa. Já o enfoque dogmático se preocupa em possibilitar uma decisão e orientar a ação. A título de exemplo, podemos tomar o problema de Deus na filosofia e teologia. A primeira, num enfoque zetético, pode pôr em dúvida a sua existência, pode questionar até mesmo as premissas da investigação, perguntando-se inclusive se a questão sobre Deus tem algum sentido. Nestes termos, o seu questionamento é infinito, pois até admite uma questão sobre a própria questão. Já a segunda, num enfoque dogmático, parte da existência de Deus como uma premissa inatacável. E se for uma teologia cristã, parte da Bíblia como uma fonte que não pode ser desprezada. Seu questionamento é, pois, finito. Assim, enquanto a filosofia se revela como um saber especulativo, sem compromissos imediatos com a ação, o mesmo não acontece com a teologia, que tem de estar voltada para a orientação da ação nos problemas humanos com relação a Deus". Continua o mestre Tércio Sampaio Ferraz Júnior: "O campo das investigações zetéticas do fenômeno jurídico é bastante amplo. Zetéticas são, por exemplo, as investigações que têm como objeto o Direito no âmbito da Sociologia, da Antropologia, da Psicologia, da História, da Filosofia etc. Nenhuma dessas disciplina é especialmente jurídica (...) nos últimos

pecto pergunta, fragmentam-se as opiniões e as questões são infinitas, já o *enfoque dogmático* tem por finalidade orientar uma ação e possibilitar uma decisão. A ciência do direito é vista como um saber dogmático e o estudioso do direito tornou-se um especialista em questões dogmáticas, logo, o nosso trabalho possui um enfoque nitidamente dogmático.

Dentro desta visão dogmática (a linguagem da dogmática é a ferramenta com que vamos atuar sobre o objeto), concebemos a ordem jurídica, como o conjunto de normas vigentes, válidas e eficazes. A norma não é válida ou vigente porque é eficaz, é válida se a ordem a que pertence for no seu todo eficaz, isto é, só no caso de ter também certo grau de eficácia. É esta ordem que devemos conhecer. É o seu dado. Estudando-a, fatalmente encontraremos com nitidez o perfil da relação jurídica sancionatória prevista no art. 135, inc. III, do CTN.

Para estudar esta ordem, precisamos dominar a linguagem científica (*metalinguagem*) que fala sobre ela (*linguagem objeto*). O rigor discursivo é paradigma de uma ciência, e por conseguinte da ciência do direito. A produção de um discurso científico requer uma análise preliminar em termos de linguagem, onde não há rigor lingüístico não há ciência. Fazer ciência é traduzir numa linguagem rigorosa os dados do mundo, é elaborar uma linguagem mais precisa que a linguagem natural. A linguagem da ciência jurídica fala sobre algo que já é linguagem anteriormente a esta fala.[15]

Outra exigência de uma linguagem científica é a de contar com um número mínimo de conceitos organizados sistematicamente. Por vezes, tais conceitos são estipuladamente introduzidos na linguagem da ciência, outras vezes os discursos científicos são o produto de um processo de especificação de sentido, através do qual tornam-se unívocas significações usadas na linguagem natural. Esse procedimento é denominado elucidação.[16]

Muitas das vezes as formulações lingüísticas (leis) provenientes dos órgãos legislativos, recobrem idiomaticamente as estruturas das normas jurídicas, todavia, é dever do cientista sacar as proposições jurídicas veiculadas mediante a conjugação de vários dispositivos contidos em múltiplos textos legais. As proposições jurídicas (em nosso estudo, as normas primária e secundária) não são a expressão científica do texto da lei, mas do comando veiculado por aquele texto. Se o objeto da Ciência Jurídica fosse unicamente a expressão lingüística formulada pelo legislador, estaríamos diante de uma ciência da linguagem e não mais do Direito.

4. O Direito como fato social. A relação jurídica prevista no conseqüente da norma primária. A obrigação. A obrigação tributária. O objeto da obrigação tributária. A antinomia jurídica entre os arts. 113, §§ 1º e 3º do CTN

Como acentua Lourival Vilanova[17] "o direito é relacional porque é um fato social

150 anos os estudos da ciência jurídica *stricto sensu* têm-se configurado como um saber dogmático. É óbvio que o estudo do Direito pelo jurista não se reduz a este saber. Assim, embora ele seja um especialista em questões dogmáticas, é também, numa certa medida, um especialista nas zetéticas". Abordando a mesma temática, Maria Helena Diniz (*A Ciência Jurídica*, pp. 24-25) cita: "Interessante a respeito é o estudo de Theodor Viehweg ("Sobre el futuro de la Filosofía del Derecho como investigación fundamental", trad. R. Ayala, *Cuadernos de Filosofía del Derecho*, Caracas, Universidad Central de Venezuela, Facultad de Derecho, 1969, n. 6, pp. 4-11), onde propõe uma diferença entre *dogmática* (modo de pensar que parte de premissas certas e estabelecidas) e *zetética* (modo de pensar que está em constante ação de pesquisa pondo em dúvidas suas próprias premissas; não aceita fielmente os dogmas). Isto acarreta, segundo ele, dois modos de teorizar o Direito, dos quais o dogmático vem dominando, que não exclui a possibilidade de uma pesquisa do Direito de maneira zetética, como se faz, por exemplo, na sociologia jurídica, que não assume os dogmas, mas procura explicá-los".

15. Luís Alberto Warat, *O Direito e sua Linguagem*.

16. Luís Alberto Warat, ob. cit., p. 60.

17. Lourival Vilanova, *Causalidade* ..., p. 66.

e o fato social é interacional (assim insistem sociólogos como Von Wiese e Parsons). O sistema social é um processo, um tecido, cujos pontos são relações de homem a homem. O átomo não é o sujeito sozinho: é pelo menos, um em face do outro. A sociedade não tem ponto de partida no sujeito-indivíduo, mas na relação minimal: pelo menos um sujeito diante de outro sujeito. O microfato social é, pois, uma relação ou mais relações básicas, estabilizando-se (instituições, grupos) umas, meramentes sujeitas a processos instáveis ou infixos, outras. Os núcleos de relações (família, corporações profissionais diversificadas pelos fins), por sua vez entram em relações entre si. Relações econômicas, relações políticas, relações éticas, relações religiosas, todas se interrelacionam.

"O direito é um dos sistemas, interiormente compondo-se de relações, e exteriormente funcionando como sistema relacionador do sistema social como um todo". O objeto primordial do direito é ordenar a vida social, disciplinando o comportamento dos seres humanos, nas suas relações de intersubjetividade. Tomado por base esse caráter eminentemente instrumentos do ordenamento jurídico, é curioso notar que o único meio que dispõe, para alcançar suas finalidades precípuas, é a relação jurídica, no contexto da qual emergem direitos e deveres correlatos, pois é desse modo que se opera a regulação das condutas.[18]

Seguindo, vamos ainda consoante escol de Lourival Vilanova, começar a adentrar o campo estrutural de uma norma jurídica, para então, detectarmos em que dado momento surge a relação jurídica sob um prisma lógico.

A estrutura de uma norma jurídica (conforme já denunciado por Hans Kelsen[19] e sabiamente desenvolvido por Lourival Vilanova[20] no Brasil) completa é bimembre,[21] composta pela norma primária e nor-

18. Paulo de Barros Carvalho, *Curso* ..., pp. 193-194.

19. Segundo alguns autores, Hans Kelsen entendia que a norma primária era aquela que estatuía a sanção e a norma secundária justamente a que descrevia o relato do fato, portanto, para ele, a verdadeira norma era a primária, sendo a secundária um mero recurso lingüístico, isto é, tratava-se de normas autônomas. Todavia, é posição majoritária na doutrina atual, o entendimento de que Hans Kelsen em sua obra póstuma, *Teoria Geral das Normas*, teria reformulado este entendimento e, nesta linha, também se traduz o pensamento de Lourival Vilanova, seguido como modelo teórico por este trabalho. Para tentar sanar esta dúvida, vejamos o que diz Hans Kelsen (*Teoria Geral das Normas*, p. 181): "Se se admite que a distinção de uma norma que prescreve uma conduta determinada e de uma norma que prescreve uma sanção para o fato da violação da primeira seja essencial para o Direito, então precisa-se qualificar a primeira como norma primária e a segunda como secundária — e não o contrário, como o foi por mim anteriormente formulado". Apesar de toda restrição que deve merecer uma obra póstuma, parece-nos, a princípio, que efetivamente houve uma alteração no pensamento kelseniano no que atine a conceituação da norma jurídica. É de suma importância também citarmos o pensamento do consagrado autor argentino Carlos Cossio (criador da *Teoria Egológica do Direito*) que, criticando Kelsen, denominou com mestria que o enunciado da prestação ou dever jurídico como sendo uma *endonorma*, dando assim lugar de honra à liberdade como pressuposto básico de toda normatividade. Ao enunciado do ilícito e sua conseqüência jurídica — sanção — Carlos Cossio designou *perinorma*. Como pode se inferir, a *endonorma* de Cossio corresponde a norma secundária de Kelsen em seu primeiro entendimento, e a *perinorma*, à primária de Kelsen nesta mesma fase. A diferença entre estes dois grandes autores está em que, para Cossio a endonorma e a perinorma não são duas normas diversas e autônomas, mas partes integrantes da estrutura única da norma jurídica completa.

20. Lourival Vilanova, *Causalidade* ..., p. 14.

21. Explica mestre Lourival Vilanova: "Em reescritura reduzida, num corte simplificado e abstrato, a norma jurídica apresenta composição dúplice: norma primária e norma secundária. Na primeira, realizada a hipótese fáctica, i.e, dado um fato sobre o qual ela incide, sobrevem, pela causalidade que o ordenamento institui, o efeito, a relação jurídica com sujeitos em posições ativa e passiva, com pretensões e deveres (para nos restringirmos às relações jurídicas em sentido estrito). Na segunda, a hipótese fáctica, o pressuposto é o não-cumprimento, a inobservância do dever de prestar, positivo ou negativo, que funciona como fato jurídico (ilícito, antijurídico) fundante de outra pretensão, a de exigir coativamente perante órgão estatal a efetivação do dever constituído na norma primária. Ainda que eventualmente juntas, por conveniência pragmática, lingüisticamente formuladas como unidade, logicamente são duas pro-

ma secundária. A norma primária e secundária contém, cada uma, hipótese e conseqüência. Tanto na norma primária quanto na norma secundária a hipótese é descritiva de seu referente, que pode ser um fato puro, ou um fato jurídico, isto é já juridicizado por outra norma. A conseqüência, por sua vez quer na norma primária, quer na norma secundária, decompõe-se internamente, numa relação, que tecnicamente denomina-se relação jurídica. O eficacial, efeito ou eficácia do fato jurídico é a relação jurídica em sentido amplo (qualificação jurídica, posição jurídica) ou em sentido estrito (relação entre sujeito ativo e passivo). O lado eficacial do fato jurídico é sempre inter-humano, interrelacional, por isso dizer haver relação jurídica em sentido amplo, mesmo nos casos de qualificações jurídicas ou de sujeitos-de-direitos, visto que é-se pessoa num contexto interrelacional de condutas em possíveis interferências.

Explicando. A norma primária vincula deonticamente a ocorrência de dado fato a uma prescrição (relação jurídica); a norma secundária conecta-se sintaticamente à primeira, prescrevendo: se se verificar o fato da não ocorrência da prescrição da norma primária, então deve-ser uma relação jurídica que assegure o cumprimento daquela primeira, ou seja, dada a não observância de uma prescrição jurídica deve ser a sanção. A norma é jurídica porque sujeita-se à sanção.[22]

Em linguagem formalizada podemos representar assim a estrutura de uma norma jurídica completa: "D [(p ® q) ou (- q ® s)". Explicando a linguagem simbólica. Dado a ocorrência do fato previsto na *hipótese* da *norma primária* implica (®) em uma *conseqüência* que é relacional entre um sujeito ativo (pretensor ou credor) e um sujeito passivo (devedor) no caso de uma relação jurídica em sentido estrito. Continuando, dado o não cumprimento (- q) do previsto no conseqüente da norma primária, instala-se a *norma secundária*, que tem como *hipótese* o descumprimento da norma primária e como conseqüência uma relação jurídica de cunho processual, que também é relacional.

Com outras palavras, mas na mesma linha também se posiciona os ensinamentos de Karl Larenz:[23] "La norma jurídica enlaza, como toda proposición, una cosa con otra. Ella asocia al hecho circunscrito de modo general, el 'supuesto de hecho', una consecuencia jurídica, circunscrita asimismo de modo general. El sentido de esta asociación es que, siempre que se dé el hecho senãlado en el supuesto de hecho, tiene la consecuencia jurídica, es decir, vale para el caso concreto".

Diante disto, já podemos afirmar que a relação jurídica está prevista no conseqüente da norma primária, ela é efeito da incidência da norma sobre o suporte fáctico. Como diz Pontes de Miranda,[24] a relação jurídica é sempre o que vem do lado da eficácia, é conseqüencial ou efectual. Ou na linguagem de Lourival Vilanova:[25] "onde quer que se dê norma e fato, sobrevem relação jurídica: sobrevem os efeitos que se ligam ao fato, que se tornou, pela incidência da hipótese fáctica, fato jurídico".

Estabelecidas estas preliminares a respeito da relação jurídica segundo os ensinamentos de Lourival Vilanova, vejamos uma visão conceitual mais ampla do que a doutrina entende por relação jurídica. No âmbito da Teoria Geral do Direito assinala Wilson de Souza Campos Batalha[26] que "relação jurídica (*Rechtsverhältnis)* é uma relação da vida disciplinada pelo direito, vinculando o titular do direito subjetivo e

posições normativas. Lógica e juridicamente, são diversas, pelos sujeitos intervenientes, pelos fatos jurídicos e efeitos. Norma de direito substantivo ali; norma de direito adjetivo aqui. Normas diversas que têm como ponto de incidência fatos diversos" (*Causalidade* ..., cit., pp. 123-124).

22. Eurico Marcos Diniz de Santi, *Lançamento Tributário*, p. 36.

23. Karl Larenz, *Metodología* ..., pp. 243-244.

24. Lourival Vilanova, ob. cit., p. 75.

25. Lourival Vilanova, ob. cit., p. 75.

26. Wilson de Souza Campos Batalha, *Teoria* ..., p. 158.

o obrigado, relativamente ao objeto ou bem jurídico (prestação). Pode ser encarada sob o prisma exclusivamente normativo como relação entre um direito e um dever (relação normativa), ou sob o prisma dos fatos juridicamente relevantes como relação entre dois ou mais sujeitos (relação ontológica)".

Ainda na seara da Teoria Geral do Direito, pondera o mestre argentino Roberto J. Vernengo[27] que entende como relação jurídica a "relación existente entre el sujeto pasivo de una obligación, el deudor, y el titular de un derecho subjetivo, el acreedor, se suele considerar una relación jurídica típica. Es vista como una relación bilateral: entre dos o más sujetos. O como una relación entre un deber y un derecho; es decir: una relación normativa".

Já no campo do Direito Tributário explica Ricardo Lobo Torres[28] que "a relação jurídica, genericamente considerada, é a que une dois sujeitos em torno de um objeto (prestação). A relação jurídica tributária, conseguintemente, é a que, estabelecida por lei, une o sujeito ativo (Fazenda Pública) ao sujeito passivo (contribuinte ou responsável) em torno de uma prestação pecuniária (tributo) ou não pecuniária (deveres instrumentais)".

Bem definido o que é uma relação jurídica. Conhecida sua estrutura relacional e os seus elementos definidores (sujeito ativo — objeto — sujeito passivo) devemos reconhecer que qualquer desdobramento que se empreenda no exame do sujeito ativo, do sujeito passivo ou do objeto será meio legítimo de classificá-la.

A escolha de qual caminho a ser utilizada para esta classificação, ficará ao juízo do cientista que deseja construir a sua teoria. Em nosso caso, em virtude dos objetivos do presente trabalho, vamos deitar esforços no que atine ao estudo do *objeto* da relação jurídica tributária. Portanto, é mister separarmos as relações jurídicas na consonância de ser ou não, seu *objeto*, susceptível de avaliação econômica. Em caso afirmativo, teremos as relações jurídicas de cunho obrigacional; na hipótese contrária, relações jurídicas não-obrigacionais, ou veiculadoras de meros deveres.

Surge aí, segundo Paulo de Barros Carvalho[29] a figura da *obrigação*, cujo traço característico é hospedar prestação de natureza patrimonial, na medida em que, sob diversas formas, seja passível de exprimir-se em valores economicamente apreciáveis.

Neste quadrante, cabe uma tomada de posição. Ao nosso conceber *obrigação tributária* é sinônimo de *relação jurídica* de índole economicamente apreciável. Portanto, *obrigação tributária*[30] é um vínculo abstrato, que surge pela imputação normativa, e consoante o qual uma pessoa chamada (sujeito ativo ou pretensor) tem o direito subjetivo de exigir de outrem (sujeito passivo) o cumprimento de prestação de cunho patrimonial.[31]

27. Roberto J. Vernengo, *Curso* ..., p. 242.
28. Ricardo Lobo Torres, *Curso* ..., p. 195.

29. Paulo de Barros Carvalho, *Curso* ..., p. 197.

30. O termo *obrigação* costuma ser empregado com outras significações, representando o dever jurídico cometido ao sujeito passivo, no seio das relações de cunho econômico (obrigacionais) e, até, o próprio dever jurídico, nos liames não obrigacionais. Vê-se que a palavra é multisignificativa, problema semântico que persegue e atormenta constantemente o cientista do Direito. Paulo de Barros Carvalho, *Curso* ..., p. 197.

31. O prof. José Souto Maior Borges, com sua reconhecida habilidade teórica, critica a posição doutrinária adotada por nós de que só existe obrigação onde houver patrimonialidade do objeto e que este objeto seja tributo na acepção do art. 3º do CTN e que, portanto, para nós, tanto as obrigações acessórias quanto as obrigações cujo o objeto, apesar de economicamente apreciável, não seja tributo, não constituem propriamente obrigações tributárias como no art. 135, inc. III, do CTN. Diz o mestre recifense: "Afirma solenemente a doutrina do Direito Tributário: 'Toda obrigação é patrimonial', ora, a obrigação acessória prevista no CTN (art. 113, § 2º), não tem por objeto o pagamento de tributo, mas, sim, prestações positivas ou negativas sem caráter patrimonial. Logo, não é obrigação no sentido próprio. A conclusão monumental é precisamente essa! Não será essencialmente diversa a conclusão da doutrina vigorante: como a obrigação acessória não é patrimonial, não será obrigação propriamente dita. Critica-se,

Neste sentido também é o dizer de Zelmo Denari:[32] "Obrigação tributária é o vínculo jurídico em virtude do qual o Estado (sujeito ativo) pode exigir de um particular (sujeito passivo) uma prestação pecuniária (objeto) nas condições previstas em lei (causa)".

E no tocante ao *objeto* da obrigação tributária, verbera um dos autores do CTN, Rubens Gomes de Souza:[33] "o terceiro elemento da obrigação tributária é o objeto, isto é, a prestação que o sujeito ativo tem o direito de exigir do sujeito passivo: assim, objeto da obrigação tributária principal é o pagamento do tributo, e objeto das obrigações tributárias acessórias são as prestações positivas (fazer alguma coisa) ou negativas (não fazer ou abster-se de fazer alguma coisa) impostas pela lei a fim de garantir o cumprimento da obrigação principal e sua fiscalização.

"O objeto da obrigação tributária principal, isto é, o pagamento do tributo, deve necessariamente ser definido na lei tributária em função de certos atos, fatos ou negócios a cuja ocorrência a lei tributária condiciona o nascimento da obrigação de pagar o tributo."

Certo Rubens Gomes de Souza? Vejamos: fazendo uma indagação ao próprio CTN. Qual será então o *objeto* da obrigação tributária? É o próprio CTN que responde: "Art. 113. *A obrigação tributária é principal ou acessória.* § 1º. *A obrigação principal surge com a ocorrência do fato gerador, tem por objeto o pagamento de tributo ou penalidade pecuniária e extingue-se juntamente com o crédito dela decorrente*" (grifos nossos).

Mediante a leitura da redação deste artigo chegamos ao problema fulcral deste estudo. Como conciliar a redação do art. 113, parágrafo único com a dicção do art. 3º do CTN que estatui: "Art. 3º. *Tributo é toda prestação pecuniária compulsória, em moeda ou cujo valor nela se possa exprimir, que não constitua sanção de ato ilícito, instituída em lei e cobrada mediante atividade administrativa plenamente vinculada*" (grifos nossos).

Se o *objeto* da obrigação tributária não pode ser penalidade pecuniária como prescreve o art. 3º do CTN, como que o art. 113, em seu parágrafo único diz que tanto o "pagamento do tributo" quanto o "pagamento da penalidade pecuniária" são *objetos* da obrigação tributária? Há aí uma clara e nítida antinomia jurídica.

Analisando esta antinomia, Ricardo Lobo Torres[34] sugere uma interpretação para superá-la. Com a serenidade de sempre pondera: "O CTN diz, no art. 113, § 1º que 'a obrigação principal tem por objeto o pagamento de tributo ou penalidade pecuniária'. Se com relação ao tributo como objeto da obrigação tributária inexiste qualquer dúvida, o mesmo não se pode dizer da penalidade pecuniária.

"São inconfundíveis o tributo e a penalidade. Aquela deriva da incidência do poder tributário sobre a propriedade privada. A penalidade pecuniária resulta do poder penal do Estado e tem por objeto resguardar a validade da ordem jurídica. O próprio art. 3º do CTN, ao definir o tributo, exclui do seu conceito a prestação que constitua sanção de ato ilícito. Logo, o art. 3º estaria em aparente conflito com o art. 113, § 1º.

"Sucede que a penalidade pecuniária é cobrada junto com o crédito do tributo.

conseqüentemente, a atecnia do CTN. Dizê-la, assim, *sui generis*, é recorrer inapercebidamente num argumento *ad hoc*. Argumento que não torna mais vulnerável a hipótese doutrinária e, portanto, cientificamente legítimo, mas que visa apenas *imunizar* uma teoria falseada pelo CTN. Não é a obrigação uma categoria de Direito Positivo? Pura construção do direito posto? Se a resposta é positiva, o CTN pode legitimamente caracterizar a obrigação, incluindo nessa categoria os deveres não patrimoniais" ("Premissas ...", *Revista Dialética de Direito Tributário* 20/59). Cf. tb. a posição singular, interessante e instigante do prof. Aurélio Pitanga Seixas Filho ("Natureza ...", *RDT* 73/93-103).

32. Zelmo Denari, *Curso* ..., p. 167.

33. Rubens Gomes de Souza, *Compêndio* ..., pp. 94-95.

34. Ricardo Lobo Torres, ob. cit., p. 200.

Daí porque o CTN, impropriamente, assimilou-a ao próprio tributo. Mas é irretorquível que tem ela uma relação de acessoriedade com referência ao tributo e nesse sentido deve ser interpretado o art. 113, § 1º."

Um parêntese para dizermos, que há ainda críticas de outros renomados doutrinadores a respeito desta grave atecnia do CTN.[35] Não obstante a autoridade dos argumentos defendidos pelo professor Ricardo Lobo Torres, pensamos que estes artigos estão a exigir por força do próprio sistema, uma interpretação inobservadora das palavras "ou penalidade pecuniária" para que se preserve com nitidez as duas entidades a seguir citadas: fato lícito para a obrigação tributária e fato ilícito para a penalidade tributária.

É o que veremos no próximo tópico, quando enfim, trataremos diretamente do art. 135, inc. III, do CTN.

5. O art. 135, inc. III do CTN. Uma relação jurídica de índole sancionatória. A responsabilidade de terceiros. Uma responsabilidade que não possui natureza tributária

Iniciando mais um tópico crucial deste estudo, é de bom tom estabelecermos nossos alicerces de sustentação teórica. E assim o fazemos com a lição de Hugo de Brito Machado[36] que diz: "o estudo de qualquer matéria relativa a penalidade pressupõe uma tomada de posição no que se refere à questão de autonomia dos vários ramos do Direito. A nosso ver essa autonomia é simplesmente didática. O Direito na verdade é uno. Assim, muito mais que uma delimitação formal deste ou daquele *ramo* devemos ter em conta a matéria a que pertine a regra jurídica. Por isto, qualquer regra jurídica pertinente a penalidades deve ser estudada como tal, quer situada na área formalmente considerada Direito Penal, quer na área do Direito Tributário, ou de qualquer outro. Não se deve esquecer que se trata de *pena* e a finalidade desta há de ser considerada".

Portanto, está definido que o fato de existir matéria punitiva no âmbito do direito tributário não é motivo impediente de estudá-la como tal, isto porque, a autonomia dos ramos do direito é apenas didática como notou com sutileza o mestre cearense.

Feito isto, vamos adiante. Vimos de ver a estrutura completa de uma norma jurídica,[37] como sendo um juízo hipotético

35. Carlos Valder do Nascimento (coord.), Ives Gandra da Silva Martins, Rogério Vidal Gandra da Silva Martins, José Ruben Marone, Hugo de Brito Machado, Arx Tourinho, Maria de Fátima Ribeiro, Sacha Calmon Navarro Coelho, Misabel Abreu Machado Derzi e Aurélio Pitanga Seixas Filho, *Comentários ...*, p. 259, comentários de Sacha Calmon Navarro Coelho: "O legislador do CTN quis dar às multas fiscais, ou seja, ao crédito delas decorrente, o mesmo regime processual do tributo (inscrição em dívida ativa, execução forçada, garantias e privilégios típicos do crédito tributário). Para tanto, cunhou o § 1º do art. 113. Mas o fez com desastrada infelicidade, passando a idéia de que tributo e multa se confundem, o que não é permitido pelo art. 3º do CTN, nuclear e fundante do conceito de tributo, eis que este último, conquanto implique, juntamente com a multa, uma prestação pecuniária compulsória, prevista em lei, em prol do Estado, dela se diferencia, precisamente, porque não é sanção de ato ilícito. Rigorosamente, a obrigação principal tem por objeto o pagamento do tributo. O não-pagamento do tributo é que origina uma multa à guisa de sanção. Todavia, não quitada a multa, pode esta ser exigida, como se fora crédito tributário, juntamente com o tributo. A redação do § 1º está a exigir reforma urgente".

36. *Responsabilidade Tributária*, pp. 60/61.

37. "A estrutura da proposição jurídica completa é dada assim: D (p ® q) ou (não-q ® r). O dever-ser, simbolizado por *D*, incide sobre a estrutura implicacional interna da primeira proposição, da segunda proposição e sobre o operador disjuntivo *ou*. As duas estruturas implicacionais poderiam estar conectadas pelo disjuntivo, sem o functor *D*. Mas o que faz o functor dever-ser é justamente incidir nas implicações e no conectivo, modalizando-os deonticamente: dever-ser a implicação entre *p* e *q*, entre "*não-q*" e *r* e dever-ser a disjuntividade (...) observa-se, o dever-ser, como functor deôntico, incidindo na estrutura dual da proposição, exerce papel sintático diferente do dever-ser no interior da estrutura proposicional. Dentro da proposição jurídica, é um relacional *R* que toma os valores modais *V* (*proibido*), *O* (*obrigado*) e *P* (*permitido*). A constante lógica *D* não está a indicar que a implicação e a disjuntividade das duas implicações sejam proibidas, permitidas ou obrigatórias em sentido estrito. Estatui

condicional, contendo uma norma primária (com hipótese e conseqüência ligadas por um functor deôntico) e uma norma secundária (também com hipótese e conseqüência ligadas por um functor deôntico).

Todavia, não esgota aí o nosso raciocínio. Há casos onde a norma primária, é denominada *norma primária sancionadora*, uma vez que em seu descritor contém o relato de um fato ilícito. Para nós, o art. 135 do CTN está justamente a tratar de sanções administrativas, logo, vislumbramos nele a existência de uma *norma primária sancionadora.*[38] Isto é o que se infere através de uma análise sintática, semântica e contextual do mesmo.

Vejamos a estrutura da norma primária sancionadora implícita no enunciado do art. 135, inc. III, do CTN: dada a *hipótese* de haver obrigações tributárias resultantes de atos praticados com excesso de poderes ou infração da lei, tem como *conseqüência (implicação deôntica)* a responsabilidade dos terceiros a saber: (...) diretores, gerentes ou representantes de pessoas jurídicas de direito privado. Ou em linguagem formalizada: *D (p ® q)*. Eis aí o que diz, o que nos revela na sua integridade de sentido o art. 135, inc. III, do CTN. Uma nítida norma sancionadora, um indisfarçável *animus puniendi* que inspirou o legislador na construção desta prescrição normativa. O que quer este artigo é que aquelas pessoas arroladas no inc. III, hão de intervir com zelo e não praticar omissões em razão do dever que lhes compete e não em razão de terem praticado o fato gerador, repita-se: estes terceiros, são estranhos ao fato gerador, mas são punidos segundo a lei por desídia no cumprimento do dever de gerência, em sentido *lato*.

Agora, sem nenhuma dúvida, há que haver a prova (e não presunção) não só do descumprimento da obrigação substancial como a do elemento subjetivo, dolo. É o que nos ensina Angela Maria da Motta Pacheco,[39] "o pressuposto de fato, do qual originar-se-ia a responsabilidade é uma conduta ilícita, cujo elemento subjetivo vai da culpa ao dolo, a conduta dolosa dirigida mesmo a produzir uma lesão ao tesouro do Estado (inclusive quando a conduta já é prevista como crime)".

Fazendo um paralelo interessante entre o CTN e Código Tributário espanhol, continua a autora: "critica Perez Royo a inclusão dos responsáveis por ato ilícito no capítulo dos responsáveis, uma vez que na legislação espanhola os responsáveis por ato ilícito estão, como no CTN, enquadrados no mesmo Capítulo dos demais responsáveis. Na verdade deveriam estar no capítulo das infrações e sanções tributárias.

"Aqui, o critério não é mais o de garantir a cobrança do crédito tributário, mas sim o de aplicar sanções pela prática do ilícito, ou seja, aplicar já multas não só em decorrência do descumprimento da obrigação tributária mas por atos fraudulentos dos quais decorreu o seu descumprimento.

"Entendemos que, no caso das infrações dolosas ao ordenamento jurídico tributário, o CTN a elas estendeu o regime de direito penal (mas sempre dentro do campo tributário). É o que se infere do art. 112: "Art.112. A lei tributária que define infrações, ou lhe comina penalidades, interpreta-se da maneira mais favorável ao acusado, em caso de dúvida quanto: I — capitulação legal do fato; II — à natureza ou às circunstâncias materiais do fato, ou à natu-

meramente que deve-ser, e aqui o dever-ser opõe-se ao meramente que é. Sob esse ângulo é que se dá a dualidade kelseniana ser/dever-ser" (Lourival Vilanova, *As Estruturas* ..., p. 141).

38. Diz Lourival Vilanova: "Todavia, convém advertir que sanção pode haver na norma primária. O pagamento de um percentual de juros pela tardia adimplência da prestação do locatário, como a rescisão contratual independente de qualquer medida judicial, são geralmente cláusulas acessórias adjetas às cláusulas principais. As prestações subseqüentes às prestações principais são apenas acréscimos em ônus, ou desvantagem, para o locatário, da rescisão contratual. Mas, essa sanção, cujo pressuposto é o descumprimento de obrigações negociais é parte integrante da norma primária" (*Causalidade* ..., p. 126).

39. Angela Maria da Motta Pacheco, ob. cit., p. 222.

reza ou extensão dos seus efeitos; III — à autoria, imputabilidade, ou punibilidade; IV — à natureza da penalidade aplicável, ou à sua graduação."

Efetivamente, importantíssimos são os argumentos da profa. Angela Maria da Motta Pacheco, argumentos que corroboram o nosso raciocínio, e demonstram de forma insofismável o caráter sancionatório da norma jurídica veiculada pelo art. 135, inc. III, do CTN.

Inquestionavelmente, em sendo o art. 135, inc. III, do CTN, veiculador de uma *norma primária sancionadora*, há que haver para sua aplicação, de forma inarredável, a prática por partes dos *diretores, gerentes ou representantes* uma conduta ilícita (não presumida), cujo elemento subjetivo vai da culpa ao dolo, a conduta dolosa dirigida mesmo a produzir uma lesão ao tesouro do Estado. E quanto ao ônus desta prova, de que houve efetivamente a prática destas condutas ilícitas, é exclusivo do Fisco, como assevera P. R. Tavares Paes:[40] "A responsabilidade dos administradores ou gerentes, na forma do cânone do art. 135, deve ser oriundo de ato obrado com excesso de poderes ou infração da lei, contrato social ou estatuto, cabente sempre ao Fisco o ônus da prova".

Entendemos de acordo com Angela Maria da Motta Pacheco, que o art. 135, inc. III deve ser interpretado de forma conjunta com o art. 112, ambos do CTN, uma vez que o art. 112 orienta intérprete quando da aplicação da lei tributária que define infrações, como é o caso do art. 135, inc. III, consoante acima exposto.

Ressai com grande importância, da interpretação dos dispositivos do CTN que a *regra* é a de que os diretores, gerentes, ou representantes de pessoas jurídicas de direito privado, *não* respondem pessoalmente pelos tributos devidos por tais pessoas. E a *exceção* é a de que existirá tal responsabilidade em se tratando de créditos decorrentes de obrigações resultantes de atos praticados com culpa ou dolo, que infrinjam a lei, contrato social ou estatutos.[41]

Há na jurisprudência[42] brasileira uma nítida tendência a *presumir-se* a responsa-

40. P. R. Tavares Paes, *Comentários* ..., p. 228.

41. Hugo de Brito Machado, *Curso* ..., p. 111.

42. Por amostragem, trazemos à colação alguns julgados que tratam do tema objeto deste breve ensaio. Com exceção de dois julgados, os demais tendem de uma forma ou outra, a presumir a "responsabilidade de terceiros", isto é, de diretores, gerentes e administradores prevista no art. 135, inc. III, do CTN. Entendemos que, de acordo com a natureza jurídica da relação sancionatória estatuída no art. retro citado, não tem cabimento a imputação de responsabilidade a terceiros, quando não ficar cabalmente provado mediante os meios jurídicos adequados — respeitado o princípio da mais ampla defesa — a intenção destes agentes em lesar o Fisco fazendário. Não há possibilidade da aplicação de presunção no campo das sanções tributárias. O art. 112 do CTN é de clareza solar quando traça as diretrizes para interpretação da lei tributária que trata de infrações, como é o caso do art. 135, inc. III, do CTN, portanto, merece reforma a maioria dos julgados abaixo doravantes expostos: TRF 2ª R.: "*Execução fiscal – Débito contraído na gestão do sócio gerente — Executada sem bens.* Não dispondo a executada de bens sobre os quais recaia a penhora e não tendo sido comprovada a regular extinção da sociedade, nem localizado seu endereço ou paradeiro, inequívoca a responsabilidade do apelante, pois em alteração contratual por ele assinada ficou expresso que a administração da sociedade caberia aos sócios indistintamente, desde que então investidos nas funções de gerentes e dispensados de caução" (ap. civ. 90.02.05230-8-RJ, ac. unân. da 3ª T., publ. 30.10.90, rel. Juiz Celso Passos, Júlio André Hadju Hungria *x* Fazenda Nacional, advs. Agostinho Teixeira de Almeida Filho e Darcy Campos de Medeiros) (*COAD* Jurisprudência 52.473–03/91). "*Ementa* (...) comprovada a impossibilidade do cumprimento da obrigação tributária, pela sociedade, por ela responde solidariamente o sócio-gerente que deixou de recolher os tributos, na forma dos arts. 134, VII e 135, III do CTN (...)" (ag 91.02.17169-RJ, rel. Juiz Clélio Erthal, 1ª T. Decisão: 9.12.91, *DJ* de 20.2.92, p. 3.310) (*CTN Interpretado*, p. 109, TRF 1ª R., Gabinete da Revista, Edição 1995, Saraiva, São Paulo). STJ: "*Execução fiscal — Sociedade por quotas — Responsabilidade do sócio-gerente.* Os sócios-gerentes de sociedade por quotas são pessoalmente responsáveis pelas obrigações tributárias concernentes a ICM declarado e não pago, resultante de atos praticados com infração à lei. Infringe a lei quem receber o imposto de seus clientes (embutido no preço de seus produtos) e não recolhe no tempo, forma e lugar determinado e ainda transfere suas quotas a pessoas fictícias ou sem qualquer patrimônio, para fugir de uma obri-

bilidade dos diretores, gerentes e administradores, o que não nos parece ser a melhor interpretação para o disposto no art. 135, inc. III, que, como regra *excepcional* e *sancionatória*, chama para si uma interpretação fiel aos ditames do art. 112 do CTN. Há que haver a prova da culpabilidade ou dolo das pessoas arroladas no artigo retromencionado e não mera presunção.

Esta interpretação que estamos sugerindo para o art. 135, inc. III, do CTN é defendida com rigor por Zelmo Denari[43] que assinala: "tratando-se de operações regularmente escrituradas e denunciadas pelo contribuinte, mas, de todo modo, inadimplidas, a responsabilidade pessoal dos administradores deixa de subsistir, por isso que não se trata, com rigor terminológico, de uma obrigação resultante de lei.

gação para com o Fisco" (REsp 55.566-3-SP, ac. unân., 9.11.94, 1ª T., rel. Min. Garcia Vieira, recte. Luiz Roberto Mazzetti, recda. Fazenda do Estado de São Paulo, advs. Adilson Luiz Collucci e outros, Maria Cecília Cândido dos Santos e outros). "*Execução fiscal — Sociedade irregularmente dissolvida – Responsabilidade do sócio gerente.* Os sócios gerentes respondem, na qualidade de responsáveis por substituição, pelos débitos tributários e, se citados em nome próprio, não têm legitimidade para opor embargos de terceiro" (REsp 20.997-7-BA, ac. unân. da 2ª T., publ. 28.8.95, rel. Min. Pádua Ribeiro, Fazenda Estadual *x* Fernando de Almeida Freitas, advs. Pedro Augusto de Freitas Gordilho e Antonio José Marques Neto) (*COAD* Jurisprudência 72.318–03/96). "*Responsabilidade tributária — Substituição — Sócio-gerente de empresa extinta.* No sistema jurídico-tributário vigente, o sócio-gerente é responsável — por substituição — pelas obrigações tributárias resultantes de atos praticados com infração à lei ou cláusulas do contrato social (CTN, art. 135). Obrigação essencial a todos administrados é a observância do pagamento dos tributos, no prazo consignado na legislação pertinente. Em se cuidando, no caso, de débito relativo a ICMS, é de presumir que os gerentes da empresa, embora tenham recebidos dos consumidores finais esse imposto, nas operações realizadas, retardaram o recolhimento aos cofres da Fazenda, com evidente infração à lei, porquanto a sonegação de tributo constitui crime tipificado em legislação específica. É jurisprudência assente na Corte que as pesos enumeradas no art. 135, III, do CTN, são sujeitos passivos da obrigação tributária (por substituição), podendo ser citados, com a penhora de seus bens, ainda que os seus nomes não constem no respectivo título extrajudicial. Recurso provido" (REsp 68.408-0-RS, ac. unân. da 1ª T., rel. Min. Demócrito Reinaldo, recte. Estado do Rio Grande do Sul, recda. Indústrias de Esponjas de Aço Ltda., adv. Alexandre Mariotti, *DJU* de 24.6.96, p. 22.736) (*Revista Dialética de Direito Tributário* 12/205-206, set. 96). "*Execução fiscal — Sociedade limitada — Dissolução — Responsabilidade do sócio gerente.* O sócio-gerente de sociedade de responsabilidade limitada por cotas, por substituição é objetivamente responsável pela dívida fiscal apurada, contemporânea ao período do seu gerenciamento, constituindo violação à lei o não recolhimento, a tempo e modo, dos créditos correspondentes à obrigação tributária. A dissolução regular da sociedade não derrisca esse liame" (Resp 62.752-4-SP, ac. unân. da 1ª T., publ. 7.10.96, rel. Min. Milton Pereira, Nazir Bechara Hage *x* Fazenda Estadual, advs. José Chalella e Márcia Ferreira Couto) (*COAD* Jurisprudência 76.320–49/96). Ex-TRF: "*Execução fiscal — Sociedade por quotas – Penhora em bens de sócio.* O simples fato de inexistirem bens penhoráveis em nome da sociedade executada, sem que se comprove o encerramento irregular de suas atividades, não é o bastante para ensejar a responsabilidade dos sócios por débitos tributários com a conseqüente penhora de seus bens pessoais" (AI 58.890-SP, ac. unân. da 6ª T., publ. 21.11.88, rel. Min. Eduardo Ribeiro, IAPAS *x* Hexafer Ind. de Artefatos de Metais Ltda., adv. Carlos Olimpio Pires da Cunha) (*COAD*). STF: "*Sociedade por cotas de responsabilidade Ltda. — Execução fiscal — Bens particulares dos sócios.* Nas sociedades por cotas de responsabilidade limitada, os bens particulares do sócio não respondem pela dívida fiscal, salvo quando tenha agido com excesso de poderes ou infração da lei, contrato social ou estatuto. Na verdade, na sociedade por quotas de responsabilidade limitada, os bens particulares dos sócios, integralizando-se o capital, não respondem por dívida fiscal da sociedade, salvo quando pratica ato com excesso de poderes ou infração da lei, contrato social ou estatuto. Isto posto, conheço do recurso e lhe dou provimento para julgar procedentes os embargos de terceiros, invertendo os ônus da sucumbência" (RE 97.529, rel. Min. Francisco Rezek, *RTJ* 105/1.262) (*Comentários ao CTN*, p. 322). E, por último, uma citação extraída da obra do prof. Ricardo Lobo Torres, abaixo, em destaque: "Depois de muita discussão o STF admitiu a responsabilidade do sócio da sociedade limitada, desde que, exercendo função de gerência, deixasse de pagar regularmente os impostos e não providenciasse a extinção da sociedade na forma prevista em lei; o STF conjugou o art. 134, VII com o art. 135, III, equiparando o não-recolhimento de tributos à prática de atos com infração de lei, contrato social ou estatutos" (*Constituição Federal*, RE 113.854, *RTJ* 124/365, cit., p. 219) (Ricardo Lobo Torres, *Curso ...*, p. 227).

43. Zelmo Denari, *Curso ...*, p. 205.

"A questão não pode assumir outra quadratura: o propósito do legislador foi o de responsabilizar pessoalmente os sócios-gerentes e administradores de empresas privadas quanto às obrigações resultantes de sonegação, fraude fiscal ou irregularidades, constatadas por iniciativas da fiscalização e apuradas através de auto de infração."

Este fato não passou despercebido aos olhos atentos do mestre Ives Gandra da Silva Martins[44] que disse: "Por outro lado, a responsabilidade de terceiros melhor estaria em capítulo isolado, se não compondo em mais ampla conceituação de normas sancionatórias, infelizmente de carência tactável no diploma mencionado".

Por isto, refletindo detidamente perguntamos para nós mesmos: quando o legislador na Seção III, da "Responsabilidade de Terceiros", do CTN, elege como responsável pelo crédito tributário, pessoalmente, terceira pessoa, qual a natureza deste vínculo que conduz este terceiro, alheio ao fato jurídico tributário, ao dever de pagar o tributo? respondemos com Paulo de Barros Carvalho:[45] "nosso entendimento é no sentido de que as relações jurídicas integradas por sujeitos passivos alheios ao fato tributado apresentam a natureza de sanções administrativas". Ora, se essas relações jurídicas possuem a natureza de sanções administrativas, é insofismável também, que esta obrigação não é tributária e portanto, a responsabilidade também não é tributária.

É nesta mesma direção o entendimento de Ylves José de Miranda Guimarães:[46] "Do exame ontológico da obrigação tributária e da sua gênese, bem como de sua causa, excluímos do seu efeito o chamado 'responsável tributário'. De fato, quer o contribuinte, quer o responsável, têm uma causa: a lei. Os entes contingentes de tal causa são diversos: um preso à concreção da hipótese de incidência — contribuinte; o outro — responsável, apenas a ela ligado por dever de pagar. Tais leis têm, entretanto, efeitos diversos: um, ligar o contribuinte à concreção da hipótese de incidência; outro, ligar outrem — o responsável, não jungido àquela concreção mas um dever. O *influxo* do efeito da causa da primeira lei, erige o contribuinte como agente da concreção da hipótese de incidência para o surgimento da obrigação tributária. O *influxo* da causa da segunda lei, constitui, o responsável como agente, não mais daquela concretização da qual nasce a obrigação tributária, mas de um dever ou obrigação que, se cumprida, não pode se transmudar em obrigação tributária, pelo fato mesmo de não ser decorrente da concretização da hipótese de incidência, mas de outra obrigação com outra natureza pois, se descumprida, sujeita-o à sanção decorrente do ilícito do inadimplemento. Mas, em qualquer das hipóteses, cumprindo ou não cumprindo o responsável a sua obrigação legal, esta não será a da obrigação tributária. Não deu ele origem ao fato imponível que a fez nascer e se descumpriu, por este ilícito, é sancionado e a sanção por ato ilícito, como já se patenteou, não constitui tributo.

"A figura do responsável, em conclusão, e afirmativamente, é decorrente de lei de natureza pública que coage a uma sanção pela inadimplemento dos seus deveres, na qualidade de arrecadador, fiscalizador ou representante do contribuinte, não sendo a obrigação que daí advém, obrigação tributária principal, mas decorrente de um dever administrativo que lhe é cometido. O responsável é, pois, figura criada pela lei, com a obrigação de arrecadar ou fiscalizar o contribuinte, no tocante à satisfação da obrigação tributária principal, incorrendo na falta de exação a tais deveres administrativos, em sanção que não constitui tributo."

Seguindo ainda esta linha de pensamento, continua Ylves José de Miranda Guimarães desta feita, fazendo duas interessantes indagações com respostas que vêm corroborar ainda mais a tese por nós sustentada: 1ª) Se o responsável não está

44. *Responsabilidade Tributária*, p. 13.
45. Paulo de Barros Carvalho, "Curso de Direito Tributário", 5ª edição, 1991, Editora Saraiva, pág. 221, São Paulo.
46. *Responsabilidade Tributária*, pp. 84-85.

ligado pessoalmente a hipótese de incidência, cuja concretização dá origem ao nascimento da obrigação tributária, como dizer-se que, evidentemente, por outra relação jurídica que não a que deu causa ao nascimento da obrigação tributária, é ele sujeito passivo de uma obrigação a qual não está preso e que por ele não foi dada causa? resposta: "parece-nos que a lei que assim o fizer, isto é, erigindo o responsável não partícipe na efetivação de uma hipótese de incidência tributária, criará para ele outra relação jurídica, diversa obrigação, mas não propriamente a obrigação de natureza tributária. Tem tal obrigação uma causa, e causa legal, como quase todas as obrigações a têm, mas não uma causa legal tributária, pois não mais unida, ligada ou presa ao núcleo material da hipótese de incidência tributária".

Vejamos a 2ª indagação: até onde a lei poderá estabelecer a outrem a responsabilidade pelo pagamento de um débito não tributário e que não lhe é próprio, mas, sim, do contribuinte? resposta: "a lei, sob este aspecto, só poderá atribuir a terceiro o pagamento de um débito que não lhe é próprio, que não foi constituído por ato seu (a concreção da hipótese de incidência), como mero dever de arrecadar ou fiscalizar o adimplemento de débito tributário próprio do contribuinte. Pelo inadimplemento de tal dever arrecadador e fiscalizador, pratica ele um ato ilícito, pela sua negligência, e sua obrigação seria decorrente de um sanção, e é pacífico que a prestação pecuniária que daí venha a ser exigida, não constitui tributo, pois tributo é toda prestação pecuniária compulsória e que não constitua sanção de ato ilícito. (art. 3º do CTN)".

Nos parece crer, estar bem nítido que o art. 135, inc. III, não trata de uma responsabilidade tributária, e sim apenas de uma responsabilidade, isto é, um vínculo sancionatório que liga o sujeito ativo ao passivo (responsável), cujo objeto é economicamente apreciável. Todavia, ainda podem existir dúvidas nas mentes daqueles que olharem para o enunciado do art. 135, inc. III, de forma superficial. Perguntarão eles, de forma estupefata: mas como falar-se em relação jurídica sancionatória se o próprio enunciado trata de obrigação tributária, e como já vimos o objeto da obrigação tributária é tributo e não penalidade pecuniária?

Respondemos: são atecnias. Que podem ludibriar aquele jurista afoito e incauto, mas não pode enganar aqueles que estão atentos as grandes lições. Vejamos as palavras de Roberto J. Vernengo[47] quando afirma que "seguramente el derecho objetivo de cualquier estado moderno es un conglomerado amorfo de normas dictadas por razones históricas contingentes; seguramente no es improbable ni difícil descubrir en esse material normativo, acumulado en actividades legislativas seculares, contradicciones explícitas e implícitas (...)".

Também nos alerta Paulo de Barros Carvalho[48] para o fato de que "a linguagem do legislador é uma linguagem técnica, o que significa dizer que se assenta no discurso natural, mas aproveita em quantidade considerável palavras e expressões de cunho determinado, pertinentes ao domínio das comunidades científicas. Os membros das Casas Legislativas, em países que se inclinam por um sistema democrático de governo, representam os vários segmentos da sociedade. Alguns são médicos, outros bancários, industriais, agricultores, engenheiros, advogados, dentistas, comerciantes, operários, o que confere um forte caráter de heterogeneidade, peculiar aos regimes que se queiram representativos. E podemos aduzir que tanto mais autêntica será a representatividade do Parlamento quanto maior for a presença na composição de seus quadros, dos inúmeros setores da comunidade social.

"Ponderações desse jaez nos permitem compreender o porquê dos erros, impropriedades, atecnias, deficiências e ambigüidades que os textos legais cursivamente apre-

47. Roberto J. Vernengo, *La Interpretación* ..., p. 131.

48. Paulo de Barros Carvalho, *Curso* ..., p. 4.

sentam. Não é, de forma alguma, o resultado de um trabalho sistematizado cientificamente. Aliás, no campo tributário, os diplomas têm se sucedido em velocidade espantosa, sem que a cronologia corresponda a um plano pré-ordenado e com a racionalidade que o intérprete almejaria encontrar. Ainda que as Assembléias nomeiem comissões encarregadas de cuidar dos aspectos formais e jurídico-constitucionais dos diversos estatutos, prevalece a formação extremamente heterogênea que as caracteriza."

Feitas estas digressões sobre os motivos das atecnias tão constantes em nosso ordenamento jurídico, vejamos que o próprio legislador as reconhecem em seu produto legislado, tanto que admite a sua superação pelo intérprete. Vamos ler o art. 4º do próprio CTN: "Art. 4º. A natureza jurídica específica do tributo é determinada pelo fato gerador da respectiva obrigação, sendo irrelevantes para qualificá-la: I — a denominação e demais características formais adotadas pela lei; II — a destinação legal do produto de sua arrecadação".

Eis aí, claramente, no inc. I, o legislador, de seu próprio punho, confessando que pode haver atecnias no produto legislado.

E, sem dúvida alguma, é o que ocorre no art. 135, inc. III, do CTN e também no art. 113, § 1º do CTN como já foi visto e debatido no tópico anterior. Não há efetivamente uma obrigação tributária (no rigor do termo científico), prevista no art. 135, inc. III, isto porque, a obrigação tributária tem como OBJETO o pagamento de um tributo nos moldes do art. 3º do CTN, e a obrigação (e não obrigação tributária) prevista no art. 135, inc. III, tem como objeto uma penalidade pecuniária, portanto, jamais pode ser considerada obrigação tributária.

Em virtude disto podemos definir assim, a obrigação estatuída no art. 135, inc. III do CTN: é *uma obrigação — mas não obrigação tributária — como sinônimo de relação jurídica construída pelo direito, entre dois sujeitos, de índole sancionatória cujo o objeto é economicamente apreciável (mas não tributo), portanto, sanções administrativas.*

Não afasta essa nossa conclusão o fato de ser extinta também a obrigação tributária quando o responsável (o terceiro) paga a dívida, pois que, nada obsta que o legislador declare extinta a obrigação tributária, no mesmo instante em que também se extingue a relação sancionatória conforme observa com precisão Paulo de Barros Carvalho.[49]

Com esta definição de sentido do conteúdo da obrigação prevista no enunciado do art. 135, inc. III, do CTN, superamos a dificuldade de entender o porquê de um estranho (terceiro) ao fato gerador ser chamado a responder por uma obrigação tributária. Ou seja, o terceiro é chamado a título de sanção administrativa, a obrigação não é tributária, é apenas obrigação porque tem objeto de cunho patrimonial, e o fato não é gerador de tributo e sim, é fato ilícito.

Ademais, o responsável, o terceiro poderá procurar ressarcir-se junto ao sujeito passivo tributário do valor pago a título de sanção administrativa, neste caso, em relação de direito privado, onde o então responsável ou terceiro passará a ser credor do sujeito passivo tributário, no bojo de uma relação jurídica de direito privado.

6. Conclusões

1ª. O art. 135, inc. III, do CTN ao trazer pessoa externa ao acontecimento do fato jurídico tributário para o tópico do sujeito passivo, está, sob o manto jurídico da "Responsabilidade de Terceiros", na verdade, sancionando, punindo determinada conduta (omissiva ou comissiva) que avalia nociva aos interesses da sociedade representada pelo Fisco.

2ª. A relação jurídica está prevista no conseqüente da norma primária, ela é efeito da incidência da norma sobre o suporte

49. Paulo de Barros Carvalho, *Curso ...*, p. 227.

fáctico. Como diz Pontes de Miranda,[50] a relação jurídica é sempre o que vem do lado da eficácia, é conseqüencial ou efectual. Ou na linguagem de Lourival Vilanova:[51] "onde quer que se dê norma e fato, sobrevem relação jurídica: sobrevêm os efeitos que se ligam ao fato, que se tornou, pela incidência da hipótese fáctica, fato jurídico".

3ª. Uma tomada de posição. Ao nosso conceber *obrigação tributária* é sinônimo de *relação jurídica* de índole economicamente apreciável. Portanto, *obrigação tributária*[52] é um vínculo abstrato, que surge pela imputação normativa, e consoante o qual uma pessoa chamada (sujeito ativo ou pretensor) tem o direito subjetivo de exigir de outrem (sujeito passivo) o cumprimento de prestação de cunho patrimonial.

4ª. Se o *objeto* da obrigação tributária não pode ser penalidade pecuniária como prescreve o art. 3º do CTN, como que o art. 113, em seu parágrafo único diz que tanto o "pagamento do tributo" quanto o "pagamento da penalidade pecuniária" são *objetos* da obrigação tributária? Há aí uma clara e nítida antinomia jurídica.

5ª. Sugerimos para superar esta antinomia jurídica, por força de imposição do próprio sistema, uma interpretação inobservadora das palavras "ou penalidade pecuniária" para que se preserve com nitidez as duas entidades a seguir citadas: fato lícito para a obrigação tributária e fato ilícito para a penalidade tributária.

6ª. A revelação da estrutura da norma primária sancionadora implícita no enunciado do art. 135, inc. III, do CTN: dada a *hipótese* de haver obrigações tributárias resultantes de atos praticados com excesso de poderes ou infração da lei, tem como *conseqüência (implicação deôntica)* a responsabilidade dos terceiros a saber: (...) diretores, gerentes ou representantes de pessoas jurídicas de direito privado. Ou em linguagem formalizada: *D (p ® q)*. Eis aí o que diz, o que nos revela na sua integridade de sentido o art. 135, inc. III, do CTN. Uma nítida norma sancionadora, um indisfarçável *animus puniendi* que inspirou o legislador na construção desta prescrição normativa. O que quer este artigo é que aquelas pessoas arroladas no inc. III, hão de intervir com zelo e não praticar omissões em razão do dever que lhes compete e não em razão de terem praticado o fato gerador, repita-se: estes terceiros, são estranhos ao fato gerador, mas são punidos segundo a lei por desídia no cumprimento do dever de gerência, em sentido lato.

7ª. Efetivamente, importantíssimos são os argumentos da profa. Angela Maria da Motta Pacheco carreados para este breve estudo, argumentos que corroboram o nosso raciocínio, e demonstram de forma insofismável o caráter sancionatório da norma jurídica veiculada pelo art. 135, inc. III, do CTN.

8ª. Uma análise semiótica. O que ocorre no art. 135, inc. III, do CTN e também no art. 113, § 1º do CTN como visto durante este estudo, são revelações de *atecnias* existentes no plano de expressão dos enunciados, mas que não passam ao plano de conteúdo dos enunciados, por força do trabalho meticuloso (corretivo) do cientista do direito, que percebe-as para corrigi-las sistematicamente na elaboração da norma jurídica completa.

9ª. Não há efetivamente uma obrigação tributária (no rigor do termo científico), prevista no art. 135, inc. III, isto porque, a obrigação tributária tem como *objeto* o pagamento de um tributo nos moldes do art. 3º do CTN, e a obrigação (e não obrigação tributária) prevista no art. 135, inc. III, tem como objeto uma penalidade pecuniária, portanto, jamais pode ser considerada obrigação tributária.

50. Lourival Vilanova, ob. cit., p. 75.

51. Lourival Vilanova, ob. cit., p. 75.

52. "O termo *obrigação* costuma ser empregado com outras significações, representando o dever jurídico cometido ao sujeito passivo, no seio das relações de cunho econômico (obrigacionais) e, até, o próprio dever jurídico, nos liames não obrigacionais. Vê-se que a palavra é multisignificativa, problema semântico que persegue e atormenta constantemente o cientista do Direito" (Paulo de Barros Carvalho, *Curso* ..., cit., p. 197.

10ª. Definimos o conteúdo do art. 135, inc. III, do CTN como contendo: *uma obrigação — mas não obrigação tributária — como sinônimo de relação jurídica construída pelo direito, entre dois sujeitos, de índole sancionatória cujo o objeto é economicamente apreciável (mas não tributo), portanto, sanções administrativas.*

11ª. Entendemos de acordo com Angela Maria da Motta Pacheco, que o art. 135, inc. III, deve ser interpretado de forma conjunta com o art. 112, ambos do CTN, uma vez que o art. 112 orienta intérprete quando da aplicação da lei tributária que define infrações, como é o caso do art. 135, inc. III, consoante acima exposto.

12ª. Há na jurisprudência brasileira uma nítida tendência a *presumir-se* a responsabilidade dos diretores, gerentes e administradores, o que não nos parece ser a melhor interpretação para o disposto no art. 135 inc. III, que, como regra *excepcional* e *sancionatória*, chama para si uma interpretação fiel aos ditames do art. 112 do CTN. Há que haver a prova da culpabilidade ou dolo das pessoas arroladas no artigo retromencionado e não mera presunção.

13ª. Não afasta as nossas conclusões o fato de ser extinta também a obrigação tributária quando o responsável (o terceiro) paga a dívida, pois que, nada obsta que o legislador declare extinta a obrigação tributária, no mesmo instante em que também se extingue a relação sancionatória conforme observa com precisão Paulo de Barros Carvalho.[53]

14ª. Com a definição de sentido do conteúdo da obrigação prevista no enunciado do art. 135, inc. III, do CTN, superamos a dificuldade de entender o porquê de um estranho (terceiro) ao fato gerador ser chamado a responder por uma obrigação tributária. Ou seja, o terceiro é chamado a título de sanção administrativa, a obrigação não é tributária, é apenas obrigação porque tem objeto de cunho patrimonial, e o fato não é gerador de tributo e sim, é fato ilícito.

15ª. A lei ao eleger como responsável não partícipe na efetivação da hipótese de incidência tributária, criará para ele outra relação jurídica, diversa obrigação, mas não propriamente a obrigação de natureza tributária. Tem tal obrigação uma causa, e causa legal, como quase todas as obrigações a têm, mas não uma causa legal tributária, pois não mais unida, ligada ou presa ao núcleo material da hipótese de incidência tributária.

16ª. O art. 135, inc. III, não trata de uma responsabilidade tributária, e sim apenas de uma responsabilidade, isto é, um vínculo sancionatório que liga o sujeito ativo ao passivo (responsável) que não tem qualquer ligação com o fato gerador, cujo objeto é economicamente apreciável.

53. Paulo de Barros Carvalho, *Curso ...*, cit., p. 227.

7. Bibliografia

BARROS CARVALHO, Paulo de, "IPI — Comentários sobre as Regras Gerais de Interpretação da Tabela NBM/SH (TIPI/TAB)", *Revista Dialética de Direito Tributário* 12, São Paulo, 1996.

———. "O princípio de anterioridade em matéria tributária", *RDT* 63, São Paulo, Malheiros Editores, 1994.

———. "Sujeição passiva e responsáveis tributários", 4º Simpósio IOB de Direito Tributário, 23 e 24.11.95, *Grandes Temas da Atualidade*, São Paulo.

———. "O ICMS e os 'regimes especiais'", *Revista Dialética de Direito Tributário* 8, São Paulo, 1996.

———. "A relação jurídica tributária e as impropriamente chamadas obrigações acessórias", *Revista de Direito Público* 17, São Paulo.

———. "Lançamento por homologação — Decadência e pedido de restituição", *Repertório IOB de Jurisprudência* 3/97, caderno 1, 1ª quinz. fev. 97.

———. *Curso de Direito Tributário*, 8ª ed., Saraiva, São Paulo, 1996.

BATALHA, Wilson de Souza Campos, *Teoria Geral do Direito*, 1ª ed., Forense, Rio de Janeiro, 1982.

BOBBIO, Norberto, *O Positivismo Jurídico — Lições de Filosofia de Direito*, Ícone, São Paulo, 1995.

BORGES, José Souto Maior, "Premissas para estudo da obrigação tributária", *Revista Dialética de Direito Tributário* 20, São Paulo, 1997.

DENARI, Zelmo, *Curso de Direito Tributário*, 4ª ed., Forense, Rio de Janeiro, 1994.

DINIZ, Maria Helena, *Compêndio de Introdução à Ciência do Direito*, 9ª ed., Saraiva, São Paulo, 1997.

———. *A Ciência do Direito*, 4ª ed., Saraiva, São Paulo, 1996.

FERRAZ JÚNIOR, Tércio Sampaio, *Introdução ao Estudo do Direito*, 2ª ed., Atlas, São Paulo, 1996.

FERREIRA SOBRINHO, José Wilson, *Obrigação Tributária Acessória*, 2ª ed., Sérgio Antonio Fabris Editor, Porto Alegre, 1996.

KELSEN, Hans, *Teoria Geral das Normas*, Sérgio Antonio Fabris Editor, Porto Alegre, 1986.

LARENZ, Karl, *Metodología de la Ciencia del Derecho*, 1ª ed., Ed. Ariel Derecho, Barcelona, Espanha, 1994.

MACHADO, Hugo de Brito, *Curso de Direito Tributário*, 10ª ed., Malheiros Editores, São Paulo, 1995.

NASCIMENTO, Carlos Valder e outros, *Comentários ao CTN*, 1ª ed., Forense, Rio de Janeiro, 1997.

PACHECO, Angela Maria da Motta, *Sanções Tributárias e Sanções Penais Tributárias*, ed. de 1997, Max Limonad, São Paulo.

PAES, P. R. Tavares, *Comentários ao CTN*, 4ª ed., Ed. RT, São Paulo.

REALE, Miguel, *Filosofia do Direito*, 17ª ed., Saraiva, São Paulo, 1996.

SANTI, Eurico Marcos Diniz, *Lançamento Tributário*, Max Limonad, São Paulo, 1996.

SILVA MARTINS, Ives Gandra (coord.) e outros, *Responsabilidade Tributária*, Cadernos de Pesquisas Tributárias, Resenha Tributária, v. 5, São Paulo, 1990.

SOUZA, Rubens Gomes de, *Compêndio de Legislação Tributária*, Resenha Tributária, São Paulo, 1981.

TELLES JÚNIOR, Goffredo, *O Direito Quântico*, 6ª ed., Max Limonad, São Paulo, 1985.

TORRES, Ricardo Lobo, *Curso de Direito Financeiro e Tributário*, 4ª ed., Renovar, Rio de Janeiro, 1997.

VERNENGO, Roberto J., *La Interpretación Literal de la Ley*, 2ª ed., Abeledo-Perrot, Buenos Aires, 1994.

———. *Teoría General del Derecho*, 4ª reimp. da 2ª ed., Depalma, Buenos Aires, 1995.

VILANOVA, Lourival, *As Estruturas Lógicas e o Sistema do Direito Positivo*, Max Limonad, São Paulo, 1997.

———. *Causalidade e Relação no Direito*, 2ª ed., Saraiva, São Paulo, 1989.

WARAT, Luís Alberto, *O Direito e Sua Linguagem*, 2ª ed., Sérgio Antonio Fabris Editor, Porto Alegre, 1995.

NOTAS & COMENTÁRIOS

DESVIO DE FINALIDADE DA RECEITA DAS CONTRIBUIÇÕES E O SUPOSTO DIREITO DO CONTRIBUINTE À RESTITUIÇÃO: NOVOS ASPECTOS

FERNANDO OSÓRIO DE ALMEIDA JÚNIOR

Mestrando em Direito Tributário pela Universidade Cândido Mendes — Advogado no Rio de Janeiro

O presente trabalho tem como escopo esboçar uma análise da existência de suposto direito subjetivo do contribuinte à restituição de valores recolhidos a título de contribuições cuja receita — que se prestaria, em tese, à finalidade específica prevista na lei ou na Constituição (pressuposto de validade das contribuições) — é desviada por ato da Administração Pública para fim diverso daquele de custeio de despesa específica do Estado.

O tema, inobstante pouco debatido em nossa doutrina, nem sequer apreciado em nossos tribunais, já se afigura naturalmente polêmico: ainda que se pudesse haver como correta certa corrente doutrinária que, mormente em face da Constituição Federal de 5 de outubro de 1988, sente haver sido enfraquecido o preceito do art. 4º do CTN — o qual aduz ser "irrelevante" para se definir a natureza jurídica do tributo a "destinação" de sua receita[1] —, alçado, por outro lado, por muitos tributaristas como verdadeira *premissa de*

1. Luciano Amaro, *Direito Tributário Brasileiro*, São Paulo, Saraiva, 1997, p. 78: "Antônio Roberto Sampaio Dória ressaltou que os traços distintivos das contribuições parafiscais 'repousam na destinação específica de seu produto e, mais caracteristicamente, na delegação de sua percepção e aplicação a órgãos autárquicos e descentralizados da Administração Pública' (*Discriminação de Rendas Tributárias*, p. 194 ...). Diz Gilberto de Ulhôa Canto: 'A partir da Constituição de 1988 a destinação da receita das contribuições sociais à Seguridade Social passou a ser elemento essencial à sua configuração, e imprescindível da lei que a instituir; só se diferenciam (...) pela destinação específica da sua receita' (...) ("Lei complementar tributária", *Caderno de Pesquisas Tributárias* 15/37 e 38). Hamílton Dias de Souza também aponta a destinação das contribuições como um dado relevante para dar-lhes especificidade, afirmando ser 'da essência da contribuição a afetação das receitas a um determinado órgão para atender finalidades também determinadas' ("FINSOCIAL", *RDM* 47/75). Misabel de Abreu Machado Derzi sustenta que 'a destinação funda, na Constituição, a regra de competência da União, seu conteúdo e limites, submetendo as contribuições a um regime constitucional especial' (...) ("Contribuição para o FINSOCIAL", *RDT* 55/208). No mesmo sentido Brandão Machado ("São tributos as contribuições sociais?", in *Princípios Tributários no Direito Brasileiro e Comparado*, pp. 78 e ss.), Hugo de Brito Machado (*Curso*, cit., p. 308) e Yonne Dolácio de Oliveira ("Contribuições especiais — Noções gerais — Contribuição de intervenção no domínio econômico", in *Direito Tributário Atual*, v. 14, p. 185). A doutrina tem-se rendido à evidência. Em aprofundado estudo do tema, José Eduardo Soares de Melo (após citar Geraldo Ataliba, Paulo de Barros Carvalho, Aires Barreto, Sacha Calmon Navarro Coêlho e Roque Carrazza entre os autores

sobrevivência e manutenção da autonomia do Direito Tributário em face do Direito Financeiro — pelo quê talvez não fosse muito "oportuno" se lhe questionar —, ainda assim tal suposto direito subjetivo à restituição da contribuição, por obra de desvio de finalidade, continuaria gerando controvérsia.

"Não se destinando um pagamento para um determinado fim preestabelecido, lícito, então, demandar a devolução do pagamento"! Se tal premissa pode ser encontrada no âmbito da Moral, no senso de justiça que cada um de nós possui ou nas leis que regulam as relações civis, garantidoras do exercício de direito subjetivo atrelado a este fato, o mesmo não se pode afirmar com tranqüilidade quando vinculado à relação do indivíduo com o Estado.

Seria possível, pois, nos casos das receitas das contribuições, que possuem destinação específica afetada a propósito predeterminado, insistir-se na idéia de que "o tributo, ou, melhor, a relação jurídico-tributária só existe como tal entre o *nascimento do fato gerador* e a sua *extinção*, que se dá, regra geral, com o pagamento?

Após este breve período, onde se diz estar situada toda a "Ciência Tributária", o que se tem é uma receita como outras quaisquer, que irá, portanto, fazer parte do caixa financeiro do Estado.

que refutaram a destinação como critério idôneo para identificar a natureza jurídica específica do tributo) adota o destino como elemento considerável na caracterização do tributo, arrolando, no mesmo sentido, além de nós e dos acima citados Hugo de Brito Machado e Misabel Derzi, os juristas Marco Aurélio Greco, Diva Malerbi, Eduardo Marcial Ferreira Jardim e Marçal Justen Filho (*Contribuições Sociais no Direito Tributário Brasileiro*, pp. 30-36 e 77-78); cita, ainda, passagem de Geraldo Ataliba, proclamando as virtudes da destinação no que respeita às contribuições (*Contribuições*, cit., p. 31), e de Roque Carrazza, reconhecendo que as contribuições sociais são tributos qualificados pela sua finalidade (*Contribuições*, cit., p. 81). Heron Arzúa, com apoio noutros autores, inclusive Alfredo Augusto Becker, nega utilidade à destinação para definir a natureza jurídica específica do tributo ("Natureza jurídica das contribuições", *RDT* 9-10/115 e 116)".

Agora, veja-se, todavia, como uma proposição de quebra de tal idéia, a lembrança da definição clássica de "receita pública" como "a entrada que, integrando-se no patrimônio público, sem quaisquer reservas, condições ou correspondência no passivo, vem acrescer o seu vulto, como elemento novo e positivo".[2]

Segundo se depreende dessa lição, a receita só passa a ser "pública" quando da sua entrada *incondicional* aos cofres do Estado ou cuja entrada, inobstante *condicionada*, se venha posteriormente a *adimplir* tal condição.

Essa segunda hipótese alicerçaria a construção de uma tese no sentido de que, se o pressuposto especial de validade do pagamento da contribuição (a sua própria particularidade juridicamente relevante) é sua *vinculação* a uma destinação específica, tal se haveria como entrada de receita, todavia sob *condição* de que eventual desvio da sua destinação, para fins outros que não aquela despesa que lhe deu causa, redundaria na *resolução* do pagamento (condição resolutória) e no conseqüente surgimento de direito subjetivo do contribuinte à devolução das importâncias pagas.

A questão, neste ponto — necessária a que se possa dar seguimento a tal raciocínio —, é saber se o pressuposto de validade da cobrança da contribuição reside apenas na necessidade de a lei que a instituiu precisar (no sentido de exarar um comando dirigido ao administrador público) a afetação da receita à finalidade específica.

Se essa for tão-somente a exigência que faz o sistema jurídico vigente à validade da contribuição, estaria o contribuinte legitimado somente para impugnar a lei que instituiu uma contribuição sem lhe afetar o produto de sua arrecadação ao desiderato específico, não havendo falar-se, portanto, na existência de qualquer direito subjetivo do indivíduo, enquanto contribuinte, a ser exer-

2. Aliomar Baleeiro, *Uma Introdução à Ciência das Finanças*, 14ª ed., Rio, Forense, 1987, p. 116.

cido em face do fato decorrente do ato administrativo *in concreto* do desvio da receita, *senão apenas direito subjetivo do indivíduo, enquanto cidadão, de buscar a recondução do ato ao ajustamento ao comando legal da destinação de receita pelo instrumento da ação popular* (Lei 4.717, de 29.6.65), que prevê o *desvio de finalidade* como fato ensejador de nulidade do ato administrativo lesivo ao patrimônio público ou à moralidade pública, caracterizado quando "o agente pratica o ato visando a fim diverso daquele previsto, explícita ou implicitamente, na regra de competência".

Quanto a esta distinção, que poucos entre nós ousaram comentar mais detidamente, colocou-se Luciano Amaro no sentido da invalidade da contribuição somente na primeira hipótese, usando-a como meio de corroborar a relevância jurídica da destinação da receita das contribuições, e, portanto, do seu regime jurídico próprio: "Nem se diga, para 'provar' a irrelevância da destinação, que o desvio dos recursos arrecadados não contamina a relação jurídica tributária. *Isso é verdade, mas não prova o que se pretende*. Com efeito, temos de distinguir duas situações: ou o desvio de finalidade está na aplicação dos recursos arrecadados, ou ele radica na própria *criação do tributo*. Na primeira hipótese, se, por exemplo, uma contribuição para a Seguridade Social é validamente instituída e arrecadada pelo órgão previdenciário, o posterior desvio dos recursos para outras finalidades é ilícito das autoridade administrativas que não invalida o tributo. Mas, na segunda hipótese, se o tributo é *instituído sem aquela finalidade*, a afronta ao perfil constitucional da exação sem dúvida a contamina. É nesse sentido que afirmamos a relevância da destinação para caracterizar a espécie tributária. O tributarista que não der importância a esse aspecto não irá enxergar a inconstitucionalidade do tributo, pois a contribuição, embora regularmente criada, corresponderá ao modelo teórico com que ele estará trabalhando".[3]

3. Ob. cit., p. 77.

Werther Botelho, por seu turno, estende o direito subjetivo do contribuinte de exigir a restituição do pagamento à segunda hipótese (desvio da receita). Em sua respeitável e também polêmica tese de Mestrado — exatamente por cuidar do mesmo tema (porém, com uma visão diferente) do qual ora estamos a nos preocupar — o professor mineiro escritura o seguinte pensamento:

"Ora, o fato de os tributos afetados a uma destinação específica constituírem subespécies distintas, com regime jurídico próprio, é o que dá a nota de efetividade às referidas exceções e que legitima sua instituição, tornando-se garantia suprema ao contribuinte. Não considerar o Código Tributário Nacional derrogado nessa matéria *(o autor refere-se ao art. 4º do CTN)* é fazer letras mortas de todas as modernas inovações da Constituição Federal de 1988. (...).

"Ao analisarmos a espécie tributária apenas pelo fato gerador, estaríamos também reduzindo, dentro do âmbito do próprio Direito Tributário, de forma inaceitável, a análise dos requisitos de validade da obrigação tributária. Acatando o fato de a tributação afetada a finalidades específicas estar diluída entre impostos, taxas e contribuições de melhoria, estaríamos conseqüentemente transferindo o estudo da responsabilidade por um eventual desvio destas finalidades a matéria estranha ao Direito Tributário, quando, em verdade, a correta destinação é requisito de validade da obrigação tributária. Além do mais, ao se admitir a possibilidade de que contribuições ou empréstimos compulsórios configurem a figura clássica dos impostos ou taxas haveria um choque de dispositivos da Constituição, visto que a mesma veda expressamente, em seu art. 167, IV, a vinculação da receita dos impostos, salvo exceções, onde não figuram, *v.g.*, a Seguridade Social ou as despesas relativas a empréstimos compulsórios (...).

"Ao Direito Tributário interessa, quanto ao destino da arrecadação, atentar basicamente para o fato de a mesma ser oriunda de tributos fiscais ou afetados. Sendo fiscais, destinam-se ao financiamento dos gastos públicos gerais. Sendo afetados, destinam-se ao orçamento autônomo ou ao custeio de gastos públicos específicos e/ou extraordinários. Qualquer desvio dos fins legais e constitucionais do produto da arrecadação torna írrita, insubsistente e inconstitucional a exação tributária, visto que a mesma colhe sua legitimidade dentro da finalidade a qualquer destino."[4]

"Havendo um desvio do produto da arrecadação para o orçamento fiscal, a norma deverá ser declarada inconstitucional, pois em realidade criou-se um imposto (e não contribuição social), imposto este somente instituível com base na competência residual e com atenção à exigência de lei complementar, à proibição de cumulatividade etc."[5]

Interessante esta última assertiva do autor: o desvio da receita redundaria na descaracterização do tributo exigido, vez que, se não veio a formar parte da receita do orçamento autônomo ou da destinação específica, passou a caracterizar-se como cobrança de imposto destinado ao orçamento geral.

Com base nesse raciocínio, todavia, entendemos que a natureza tributária da exação ficaria condicionada a um evento *a posteriori*: imposto ou contribuição, somente poderíamos saber ao certo quando da destinação *in concreto* que se daria àquela receita.

Não nos parece ser esta última a razão que pudesse justificar um pagamento indevido, inobstante inferirmos daí a razão que, entendemos, justificaria a tese da existência de direito subjetivo do contribuinte à restituição em função do evento do desvio da receita decorrente do pagamento da contribuição.

Condicionar a natureza jurídica de um tributo que for pago sob a "aparência" de imposto ou contribuição a um evento futuro e incerto teria, a nosso sentir, um efeito inverso do pretendido, porquanto prestar-se-ia somente a reforçar os ditames do art. 4º do CTN, que propugna a irrelevância da destinação para fins de caracterização do tributo.

Isso porque tal posição enfraquece sobremaneira o próprio regime jurídico dos tributos vistos em geral, que se compõe de outros elementos de caracterização e regulação das espécies tributárias, em função de uma quase-total *supervalorização* do critério de destinação *in concreto* do tributo, cuja expectativa gerada (leve-se em conta a segurança jurídica, que se insere na instituição e cobrança do tributo sobre todos os aspectos) colocaria em segundo plano todos os demais elementos definidores dos tributos.

Portanto, o ato administrativo de desvio de receita não faria com que o pagamento efetuado perdesse a natureza de cumprimento de obrigação relativa à *contribuição*, que se convolaria em pagamento de *imposto*, de acordo com a destinação genérica ou específica que lhe fosse dada: a tredestinação daquela receita continuaria decorrente do pagamento de uma *contribuição*.

A receita da contribuição não se "diluiria" na receita pública juntamente com outras receitas, como é o caso dos impostos, pois que ela necessariamente guardaria, sempre, *identidade* de contribuição, *mesmo após ingressada nos cofres públicos*, porquanto

4. *Da Tributação e sua Destinação*, Belo Horizonte, Del Rey, 1994, p. 60. O autor traz a nosso conhecimento o pensamento de alguns autores espanhóis, como Miguel Llamas: "constituem um 'ingreso especialmente obtenido para financiar un gasto, influyendo éste sobre aquél, hasta el punto de comunicarle, por ejemplo, su posible ilegalidad, o bien dar origen a que su falta de ejecución — o ilegalidad de la misma — comporte la devolución del correspondiente ingreso tributario por faltar los presupuestos legales del mismo'" (p. 88). "Sem a devida e efetiva aplicação dos recursos, caem por terra os pressupostos normativos necessários para o estabelecimento e aplicação do tributo, o que não pode encontrar mais remédio jurídico que a devolução dos ingressos obtidos com as prestações patrimoniais correspondentes" (p. 90).

5. Botelho, ob. cit., p. 89.

ainda persegue um destino específico, o qual todos esperam se realize.

Antes, porém, de seguir adiante no desdobramento do tema cabe analisar a questão do exercício da ação popular na recondução do ato administrativo ao enquadramento do comando legal dirigido ao administrador.

Nesse mister, a ação popular caracterizaria via adequada para a tentativa de, evitando-se o pior, forçar a Administração a agir conforme a lei.

A CF, art. 5º, LXXIII, autoriza "qualquer cidadão" a propô-la quando "vise anular ato lesivo ao patrimônio público ou de entidade de que o Estado participe, à moralidade administrativa, ao meio ambiente e ao patrimônio histórico e cultural (...)".

O ato que desviou a receita, todavia, somente poderá caracterizar *lesão ao patrimônio público*, entendemos, se aquela receita saiu do patrimônio público ilicitamente para a *posse* mansa e pacífica do administrador ou de terceiro, posto que lesão patrimonial pressupõe desfalque, dilapidação, ou seja, redução ilegal ou ilegítima[6] de numerário constante das contas públicas.

Diferentemente ocorre se o desvio de finalidade se mantém na esfera do orçamento público, inobstante passando a ter fim diverso daquele definido na Constituição.

A ação popular irá, enfim, adequar-se a esta última hipótese em relação à previsão da sua utilização nos casos de ato atentatório à moralidade administrativa, pelo qual se configura o desvio praticado pelo administrador que frustra as expectativas da comunidade.

Trata-se de instrumento de raiz constitucional que visa a outorgar a todos os cidadãos a possibilidade de amplo *exercício político*,[7] de interferir na decisões do Poder Público, com vistas ao bem comum. Inserem-se expressamente no contexto de controle dos atos administrativos aqueles que afastam a moralidade da boa administração.

Para Celso Antônio Bandeira de Mello, "segundo os cânones da lealdade e da boa-fé, a Administração haverá de proceder em relação aos administrados com sinceridade e lhaneza".[8] Diogo de Figueiredo Moreira Neto, por seu turno, assevera que "a moralidade administrativa, a que se refere o texto constitucional, deve ser entendida não como uma expressão da moral comum, referida à ética das intenções, mas como uma expressão da moral política, concorrente à ética dos resultados, inteiramente vinculada à *finalidade* da ação administrativa".[9] Para Hely Lopes Meirelles "infringe a moralidade administrativa o administrador que, para atuar, foi determinado por fins imorais ou desonestos como aquele que desprezou a ordem institucional e, embora movido por zelo profissional, invade a esfera reservada a outras funções ou procura obter mera vantagem para o patrimônio confiado à sua guarda. Em ambos os casos, os seus atos são infiéis à idéia de servir, pois violam o equilíbrio que deve existir entre todas as funções, ou, embora mantido ou aumentado o patrimônio gerido, desviam-no do fim institu-

6. Diogo de Figueiredo Moreira Neto, *Curso de Direito Administrativo*, 11ª ed., Rio, Forense, 1997, pp. 477 e 478: "Por *ilegal* entende-se o violar diretamente a ordem jurídica pela desconformidade de sua prática com os requisitos expressos nas normas jurídicas que o prevêem. (...). Por *ilegítimo* entende-se o que também viola a ordem jurídica, mas o faz indiretamente, porque o resultado de sua prática não guarda conformidade coma a finalidade pública que o justificaria. A ilegitimidade, como um conceito finalístico, não deixa de ser uma ilegalidade *lato sensu*, se relaciona à finalidade vinculada, mas o legislador constitucional não quis deixar margem a dúvidas de que o ato ilegítimo é tão nulo quanto o ato ilegal perante a ordem jurídica, como um todo".

7. M. Seabra Fagundes, *O Controle dos Atos Administrativos pelo Poder Judiciário*, 5ª ed., Rio, Forense, 1979, p. 363: "A referência a cidadão (...) mostra o propósito de caracterizar como nitidamente político o direito de atacar, pela *actio popularis*, os atos administrativos e os que a ele possam ser equiparados".

8. *Curso de Direito Administrativo*, 8ª ed., São Paulo, Malheiros Editores, 1996, p. 69.

9. Ob. cit., p. 478.

cional, que é o de concorrer para a criação do bem comum".[10]

Essa "traição" por parte do administrador público, violadora da "ética dos resultados", vinculada à "finalidade" da ação administrativa, ou da "lealdade" e "boa-fé", amolda-se ao ato jurídico-administrativo do desvio da receita cuja destinação correta se lhe incumbia prestar.

Traiu-se, portanto, a expectativa depositada naquele administrador, enquanto no exercício das funções públicas: "se o poder foi conferido ao administrador público para realizar determinado fim, por determinados motivos e por determinados meios, toda a ação que se afastar dessa conduta, contrariando ou ladeando o desejo da lei, padece do vício de *desvio de poder* ou de finalidade, e, como todo ato abusivo ou arbitrário, é ilegítimo".[11]

Em que pese ao exposto, cumpre indagar-se, todavia, se o exercício da cidadania, através da ação popular, de conotação política, conforme assentado, portanto, para a idéia do bem *comum*, teria o condão de impedir que o indivíduo, enquanto contribuinte de uma contribuição tredestinada, possa reaver a quantia paga que não logrou alcançar a sua finalidade.

Com efeito, subsistiria o interesse particular legítimo contra a perpetuação de uma situação de irregularidade, ante a ilegalidade da manutenção de receitas fora do seu lugar de destino.

Não parece razoável que se condicione a ação do contribuinte a uma espera indefinida por algum cidadão que venha eventualmente ajuizar e lograr êxito na ação popular.

Até que se possa, após a sentença condenatória, impor concretamente à autoridade apontada na ação popular a recondução do ato atacado ao quadro da moralidade, existiriam *interesse* e *objeto jurídico* a ser tutelado na ação do contribuinte de reaver tais valores, pena de empobrecimento sem causa concreta para tanto.

Antes ainda, e por mais relevante para a questão seria haver-se as contribuições com finalidade específica como verdadeira receita *condicionada* e de disponibilidade *restrita* por parte do Poder Público, caracterizadas, portanto como ingressos de receita condicionada e restrita, para utilizarmos a clássica classificação das receitas públicas.

No atual regime jurídico próprio das contribuições, o ponto de "relevância" desta distinção que se pretende dar em face do regime dos impostos em geral é que a Constituição criou uma verdadeira *receita condicionada* à consecução de fins específicos.

A Constituição — como hoje é reconhecido pela grande maioria da doutrina — libertou-se da vetusta linha de entendimento acerca da "irrelevância jurídica" da "destinação da receita" como fator determinante do regime jurídico do tributo.

Destarte, muitos autores estariam se utilizando dessa expressão, porém sem lhe dar o devido alcance: que o regime jurídico dos tributos afetados não se *exaure* na mera previsão legal ou constitucional da destinação do produto arrecadado das contribui-

10. *Curso de Direito Administrativo*, 22ª ed., São Paulo, Malheiros Editores, 1997, p. 84.

11. Hely Lopes Meirelles, ob. cit., pp. 95-97: "O desvio de finalidade ou de poder verifica-se quando a autoridade, embora atuando nos limites de sua competência, pratica o ato por motivos ou com fins diversos dos objetivados pela lei ou exigidos pelo interesse público. O desvio de finalidade ou de poder é, assim, a violação ideológica da lei, ou, por outras palavras, a violação moral da lei, colimando o administrador público fins não queridos pelo legislador, ou utilizando motivos e meios imorais para a prática de um ato administrativo aparentemente legal. (...). O ato praticado com desvio de finalidade — como todo o ato ilícito ou imoral — ou é consumado às escondidas ou se apresenta disfarçadamente sob o capuz da legalidade e do interesse público. Diante disso, há que ser surpreendido e identificado por *indícios* e *circunstâncias* que revelem a distorção do fim legal, substituído habilidosamente por um fim ilegal ou imoral não desejado pelo legislador. A propósito, já decidiu o STF que: 'Indícios vários e concordantes são prova'. Dentre os elementos indiciários do desvio de finalidade está a falta de motivo ou a discordância dos motivos com o ato praticado. Tudo isto dificulta a prova do desvio de poder ou de finalidade, mas não a torna impossível se recorrermos aos antecedentes do ato e à sua destinação presente e futura por quem o praticou".

ções, abstratamente considerada, pena de não se ir muito além do mero conceito de "imposto vinculado" para as contribuições.

As contribuições, principalmente aquelas da "ordem social", refletem um pacto que faz a sociedade no sentido de se elegerem as prioridades fundamentais da Nação para as quais há que se destinar receita específica para exclusivo atendimento *in concreto* de tais desideratos.

Nesse diapasão, as receitas afetadas passam às mãos do Estado *sob condição*. Não se transformam de imediato em receita *pública* tão logo adentram os cofres do Tesouro, mas assim se tornam somente quando alcançam sua destinação própria, ou, em outras palavras, vêm de encontro às necessidades que deram causa à criação daquela contribuição, sendo, portanto, acorde com a própria lógica dos sistema de contribuições da Constituição o direito do contribuinte (ressalvados o casos em que o administrador refaz-se da ilegalidade cometida ou se obtém sucesso na ação popular, conforme exposto) de reaver a quantia que se prestou a fim outro que não aquele previsto.

Há que se vislumbrar maior interesse público, condizente com a moral pública e o senso de justiça da população, na manutenção daquela riqueza com aquele que a produziu, do que, ao revés, mantê-la em mão daquele que, agindo de forma ilegal e imoral, busca perpetuar tal situação, sem dar causa concreta e legítima ao empobrecimento do particular.

As contribuições são, portanto, figuras *sui generis* no sistema tributário, e como tais devem ser tratadas, porquanto tributo-receita condicionada que não esgota a relação jurídico-tributária no seu pagamento, mas sim na efetiva destinação do mesmo.

Cabe encerrar esse breve arrazoado citando, por oportunas, as palavras de Celso Antônio Bandeira de Mello: "Para obedecer à lei, para atendê-la, não basta reverenciar-lhe a forma, não basta homenagear-lhe a aparência, é de mister atender sua finalidade. Norma jurídica alguma, relação jurídica alguma, se entende, a não ser a partir de sua finalidade, tal como sucede com todos os produtos da cultura humana".[12]

Conclusão

1. Os tributos cobrados com destinação específica, como é o caso das contribuições — conforme se buscou inferir em função de um esboço que teve como finalidade enfatizar a relevância jurídica da afetação da receita e, portanto, da existência de um regime jurídico particular para as ditas contribuições, *que não se esgotaria na mera exigência de previsão "in abstracto" da destinação da receita* —, devem se enquadrar no conceito de ingresso de *receita condicionada* e de *disponibilidade restrita*, segundo lição da Ciência das Finanças adaptada à moderna sistemática das contribuições: inobstante ingressarem nos cofres públicos, somente se tornam receita *pública* quando verificado o adimplemento da condição de *efetiva* destinação das mesmas aos fins definidos na norma jurídica impositiva.

2. Com efeito, uma vez inocorrida tal condição por desvio de receita, e não reconduzido o ato administrativo ao seu implemento pela imposição da autoridade judicial ao administrador público, no exercício do controle jurisdicional de tais atos, ao qual tem acesso qualquer cidadão através do instrumento jurídico-político da ação popular (CF/88, art. 5º, LXXIV), com base em lesão à moralidade pública, como vimos de ver, subsiste ainda ao contribuinte a possibilidade de exigir *restituição* da receita cujo adimplemento não se efetivou, havendo, pelo mesmo princípio de moralidade pública deduzido na ação popular, que impor-se a devolução dos valores, pena de se perpetuar situação de ilicitude que não atende ao interesse público: empobrecimento sem causa efetiva do particular em decorrência da ausência de atuação devida do Estado.

Rio de Janeiro, 12 de junho de 1998

12. "Princípios fundamentais do Direito Administrativo", in *Curso de Direito Administrativo*, São Paulo, Ed. RT, 1986, p. 17.

NOTAS & COMENTÁRIOS

OS PRIVILÉGIOS FISCAIS: ISENÇÕES E INCENTIVOS FISCAIS

GUILHERME CALMON NOGUEIRA DA GAMA
Juiz Federal e Professor de Direito Civil da Faculdade de Direito da UERJ

1. Os privilégios fiscais

O tema referente aos privilégios fiscais está intimamente relacionado à questão da Cidadania Fiscal, e deve ser eficazmente utilizado para a efetiva implantação dos princípios constitucionais garantidores das liberdades fundamentais dos cidadãos, hodiernamente. É certo que a orientação tradicional a respeito do assunto não vem atingindo os resultados previstos, sendo imperativa a análise dos problemas existentes, possibilitando saná-los para a efetivação das liberdades dos cidadãos. Como bem ressalta o Prof. Ricardo Lobo Torres, *temos seguido, especialmente nos períodos de autoritarismo, a política paternalista de privilégios fiscais e financeiros indiscriminados à burguesia, empobrecendo os assalariados e inibindo o aprimoramento da idéia de privilégio da cidadania, própria do Estado de Direito*.[1]

Antes de analisarmos os privilégios fiscais nos dias atuais, mister se faz a verificação histórica a respeito do tema, visando à sua melhor compreensão de acordo com a sistemática vigente. Durante a Idade Média, na época do feudalismo, o senhor feudal cobrava tributos e rendas patrimoniais em virtude de seu feudo que lhe representava uma gama de direitos. Com o advento do Estado Moderno, há o deslocamento do poder de cobrar impostos territoriais para o rei ou para o príncipe. Nos países que aderiram ao patrimonialismo, os senhores feudais e o clero conservaram, perifericamente, o direito ao recebimento de algumas rendas fiscais ou patrimoniais, como influência residual da época feudal,[2] sob os fundamentos da autoridade suprema e da jurisdição. De acordo com a primeira idéia, *não pode impor tributo senão o príncipe que não reconhece superior, o qual, todavia, fica condicionado por leis gerais anteriores.*[3] A *jurisdictio*, no Estado Patrimonial, é conservada pelo senhor feudal e é proveniente do domínio da terra, consubstanciando-se na competência para exercer o poder normativo e judicial. Em praticamente todos os países que adotaram tal modelo fiscal e econômico surge uma certa confusão entre as rendas patrimoniais e fiscais. Naquele tempo, a imunidade tri-

1. Ricardo Lobo Torres, *A idéia* ..., p. 81.

2. Torres, ob. cit., p. 23.

3. *Tractatus de Legibus ac Deo Legislatore*, Venetiis, Ex Typographia Balleoniana, 1740, lib. V, cap. XIV, p. 274.

butária era *a impossibilidade absoluta de incidência de impostos sobre determinadas pessoas, em virtude da liberdade estamental,* servindo de proteção à Igreja e à nobreza, mas excluindo os pobres. Com a transferência do poder fiscal do clero e do senhorio para o príncipe, entendia-se que o poder transferido era limitado pela preexistente liberdade estamental. Como lembra Ricardo Lobo, observa-se que a *Igreja ajuda mais o reino com as orações do que o soldado ou o escudeiro com as armas.*[4]

De se notar, contudo, que os denominados impostos indiretos sobre consumo, gastos ou despesas dos indivíduos foram criados no final da Idade Média, com duplo objetivo: (*a*) fornecer maior arrecadação ao Tesouro para atender às necessidades financeiras do Estado; (*b*) atingir as classes privilegiadas (ou seja, clero e nobreza) que não sofriam tributação direta.[5] A imunidade fiscal da Igreja e do senhorio não se estendia ao campo dos impostos indiretos incidentes sobre as coisas, razão pela qual se passou a considerar a superioridade dos impostos indiretos para assegurar a igualdade.

Há a noção da distinção entre imunidades e privilégios, porquanto estes são concedidos pelo príncipe, compreendendo *a renúncia ao direito de impor tributos (privilégio negativo) e a concessão de auxílios e pensões (privilégio positivo), também fundados nos direitos e liberdades estamentais.*[6] Na verdade, a situação fática relativamente às classes privilegiadas permanecia equivalente àquela anterior à transferência do poder fiscal. O clero e a nobreza conservaram a imunidade fiscal relativamente aos impostos diretos e obtinham os privilégios quanto aos tributos indiretos. Ou seja, em nada contribuíam, em termos fiscais, para o príncipe, tal como ocorria anteriormente. Em vários Estados Patrimoniais, inúmeras eram as isenções da sisa, da jugada e de outros impostos indiretos, ao mesmo tempo em que concediam pensões e côngruas ao clero, e as tenças e doações aos nobres. A questão atinente à natureza do privilégio — concessão do príncipe justificada pela liberdade — era prevista no direito positivo e recomendada pelos doutrinadores, naquela época. Pode ser lembrado, p. ex., Duarte Ribeiro de Macedo que recomendava a introdução das artes em Portugal, com a completa isenção tributária a qualquer artífice que pretendesse instalar uma fábrica nova. Para finalizar a análise da questão dos privilégios ainda no Estado Patrimonial, cumpre lembrar que os pobres não tinham imunidade de tributos, o que denotava uma estrutura fiscal injusta, *prejudicial à liberdade e à dignidade do homem.*[7] Tal modelo era altamente deficitário em virtude do pequeno número de recursos oriundos do pagamento dos impostos indiretos pela população miserável, e era justificada a adoção de tal sistemática através da teoria da proporcionalidade dos impostos, vinculada à idéia de justiça comutativa, que transformaria a incidência do imposto indireto em imposição mais justa, ao ser mais vigoroso ou incisivo sobre os ricos do que sobre os pobres.

No Estado de Polícia, ainda existe a convivência entre o poder fiscal do príncipe e a fiscalidade periférica da Igreja e da nobreza,[8] com a ressalva de que começam a surgir críticas contundentes a esses poderes, o que conduziu a uma política de controle centralizadora. Nesse período, duas idéias fundamentam o modelo fiscal então existente: a de majestade e a do domínio eminente. Somente na fase seguinte, a do Estado de Direito, tais idéias são abandonadas e substituídas pelas noções de soberania nacional e de representação, desaparecendo a fiscalidade não-estatal. No período absolutista, há o recrudescimento da centralização do poder fiscal nas mãos do soberano, com o forte aumento das recei-

4. Torres, ob. cit., p. 34.
5. Ruy Barbosa Nogueira, *Curso ...*, pp. 8 e 9.
6. Torres, ob. cit., p. 35.
7. Torres, ob. cit., p. 45.
8. Torres, ob. cit., p. 65.

tas tributárias e o aperfeiçoamento da administração financeira. A medida mais importante daquele período foi o da extinção da jurisdição do senhorio e dos donatários do reinado de D. Maria I, pelo alvará de 19 de julho de 1790. O poder do rei continua limitado pelas imunidades e privilégios da Igreja e da nobreza. Mas há o início da crítica contundente a esses direitos, com ataques diretos ao clero e à nobreza. Redirecionam-se os privilégios, objetivando incentivar o crescimento econômico dos países e alterando o tratamento da questão da pobreza.

No que se refere à Igreja, basicamente prossegue a intributabilidade absoluta da religião católica, mas surgem inúmeros críticos à imunidade da Igreja. Já os privilégios fiscais das classes privilegiadas, normalmente resumidos às isenções de pagamento de impostos, sofrem severas críticas, nesse período, tendo sido objeto de restrição por algumas medidas legislativas. Sucede que a alteração não é radical, já que atinge apenas alguns privilégios fiscais negativos, muitas vezes substituindo-os pelos privilégios positivos, com o fornecimento de pensões, incentivos e subsídios. Há o início da orientação jurídica e filosófica de que os privilégios fiscais devem ter caráter eminentemente provisório (característica de transitoriedade) e a natureza de mera concessão do rei, passível, portanto, de revogação. Em virtude de tais noções, são enunciadas as primeiras regras atinentes ao tema: (*a*) só o príncipe pode conceder o privilégio; (*b*) os magistrados não têm o direito de concedê-lo.

A reformulação de alguns privilégios anteriormente concedidos à nobreza e a própria crítica à classe dos nobres vêm seguidas da política intervencionista de concessão de subsídios e incentivos fiscais e financeiros à burguesia.

No Estado de Polícia, já um novo tratamento é dispensado à questão da pobreza. Procura-se aliviar a tributação dos pobres e colocar a cargo do Poder Público a política de efetiva proteção da classe menos privilegiada. Chega-se à conclusão de que o critério da proporcionalidade é injusto, por atingir em alíquotas iguais, os ricos e os pobres. Discute-se a respeito da adoção da progressividade da tributação, com a ressalva, apenas, da imunidade do mínimo existencial, com a supressão da incidência fiscal sobre aqueles indivíduos que não possuem riqueza mínima até para sua própria sobrevivência.

Finalmente, com o surgimento do liberalismo, já no Estado Fiscal, o poder fiscal é completamente centralizado no Estado, sendo suprimida a fiscalidade periférica até então existente. Nas palavras do Prof. Ricardo Lobo Torres,[9] *há uma nova estrutura da propriedade, com o tributo a incidir sobre a economia burguesa e se extinguindo as jurisdições da Igreja e do senhorio*. O monopólio do poder fiscal do Estado se fundamenta em duas idéias centrais: a de soberania e a de contrato social. Consoante aquela, não se admite qualquer poder igual ou superior ao Estado. E, de acordo com a noção de contrato social, os cidadãos renunciam a uma parcela mínima de sua liberdade em favor do Estado, recebendo em troca a garantia e a segurança dos direitos de liberdade. *A natureza contratual da tributação e o princípio do minimalismo fiscal aparecem ainda na obra de Bentham e de Adam Smith.*[10]

No Estado Fiscal, o poder do Estado, apesar de exclusivo diante da supressão da fiscalidade periférica da Igreja e da nobreza, não é absoluto ou insuscetível de qualquer limitação. Aqui, a liberdade preexistente limita a soberania fiscal através das imunidades e pelas proibições de privilégio e de confisco. Houve uma reformulação da orientação até adotada para substituir as imunidades e privilégios dos cidadãos, da mesma forma em que se trocou a garantia da liberdade estamental pela liberdade individual.

O art. 4º, seção 2 (1) da Constituição norte-americana, ao proclamar que *os ci-*

9. Torres, ob. cit., p. 118.
10. Torres, ob. cit., pp. 120 e 121.

dadãos de cada Estado serão titulares de todos os privilégios e imunidades dos cidadãos de outros Estados, atribuiu um cunho democrático e genérico às imunidades e aos privilégios do tratamento igualitário ou não-discriminatório.

A imunidade é a impossibilidade absoluta de incidência tributária sobre coisas ou pessoas, aparecendo como qualidade dos direitos fundamentais dos cidadãos, *em homenagem à liberdade individual.*[11] Relativamente aos privilégios, há profunda alteração no seu tratamento, durante o Estado Fiscal. São vedados os privilégios dos cidadãos fundados em características objetivas ou reais. Contudo, ainda subsistem alguns privilégios da fase anterior, concedidos à Igreja e à burguesia.

A Constituição Imperial de 1824, em seu art. 179, item 16, extinguiu os privilégios odiosos, ou seja, aquelas permissões para fazer ou deixar de fazer alguma coisa contrária ao direito comum. Na precisa definição do Prof. Ricardo Lobo, *odioso é o privilégio que consiste em pagar tributo menor que o previsto para os outros contribuintes, não pagá-lo (isenção) ou obter subvenções e incentivos, tudo em razão de discriminações pessoais como sejam as circunstâncias de o beneficiário ser membro do clero ou da nobreza.*[12]

A supressão dos privilégios odiosos das classes e dos estamentos induz à concessão de privilégios ao cidadão de ser tratado desigualmente, objetivando compensar uma desigualdade, fundada em condições eminentemente objetivas, para que seja alcançado o fim do princípio isonômico. É certo que todo privilégio denota uma discriminação, e quando o elemento discriminador é cabível em virtude da desigualdade na situação real, para que seja obtida a igualdade final, é permitida a concessão do privilégio. Desse modo, a concessão de auxílios e pensões aos pobres, e a isenção do pagamento de tributo às pessoas de menor capacidade contributiva não são privilégios odiosos.

Tais privilégios não-odiosos, ou na expressão utilizada pelo Prof. Lobo Torres, *privilégios equalizadores* não se fundamentam na questão da liberdade, posto não constituírem usurpação dos direitos fundamentais. A sua concessão, sob a forma negativa (isenções) ou sob a forma positiva (incentivos e subvenções), é fundada no princípio de justiça, ou em virtude do princípio do desenvolvimento econômico.

Inobstante tais considerações, no Brasil foram mantidos vários privilégios existentes no antigo regime. O direito positivo previu e a doutrina justificou vários privilégios concedidos ao clero e à burguesia, podendo ser lembrada a Constituição de 1824 que atribuiu competência ao Poder Executivo para prover os benefícios eclesiásticos, contrariamente aos princípios e idéias liberais.

No Estado Fiscal, relativamente à questão da pobreza, o Poder Público tem a possibilidade de conceder subvenções, subsídios ou incentivos nas hipóteses de pobreza relativa. Estrutura-se, juridicamente, a imunidade fiscal do mínimo existencial, e os privilégios concedidos aos pobres.

No Estado de Direito, o poder de tributar se assenta no princípio da capacidade contributiva, emanada da noção de justiça distributiva, concretizando-se no princípio da progressividade. A regra então adotada é a *regra de justiça segundo a qual cada cidadão deve pagar o imposto de acordo com a sua capacidade de contribuir,*[13] sendo que esse pagamento não deve atingir a parcela mínima necessária à existência humana, digna, que é limitadora do poder fiscal do Estado (princípio do mínimo existencial).

O mínimo existencial, como condição da liberdade, implica a necessidade do Estado efetuar prestações positivas de natureza assistencial, e ainda resulta na imuni-

11. Torres, ob. cit., p. 128.
12. Torres, ob. cit., p. 129.
13. Torres, ob. cit., p. 134.

dade fiscal, no que se refere *à impossibilidade do poder impositivo do Estado investir a esfera da liberdade mínima do cidadão representada pelo direito à subsistência.*[14] O princípio da imunidade do modelo constitucional brasileiro vigente. Importante notar que a Constituição de 1946, em seu art. 15, § 1º, garantia tal princípio, ao assegurar a imunidade ao mínimo indispensável à habitação, vestuário, alimentação e tratamento médico das pessoas de restrita capacidade econômica. A despeito do desaparecimento do dispositivo constitucional tal como havia em 1946, o princípio pode ser encontrado através da garantia sob forma de isenções de determinados impostos indiretos (ICM e IPI), previstos em lei. O imposto sobre a renda, da mesma forma não incide sobre um mínimo indispensável à sobrevivência do declarante. *O mínimo existencial não tem dicção constitucional própria; deve-se procurá-lo na idéia de liberdade, nos princípios constitucionais da igualdade, do devido processo legal e da livre iniciativa na Declaração dos Direitos Humanos e nas imunidades e privilégios dos cidadãos.*[15]

Pode, ainda, ser lembrada a não-incidência do imposto sobre a renda relativamente às aposentadorias e pensões de indivíduos com idade superior a sessenta e cinco anos, com rendimentos exclusivos do trabalho (art. 153, § 2º, inc. II da CF), bem como a imunidade do imposto territorial rural sobre pequenas glebas rurais de proprietário que não possua outro imóvel (art. 153, § 4º, da CF).

E, o Poder Público, desde que tenha possibilidade (disponibilidade) ou dentro das forças do orçamento, pode conceder subvenções, subsídios ou incentivos, para as situações de pobreza relativa. São privilégios permitidos, que não são considerados odiosos, que tendem a aumentar com o fortalecimento das finanças públicas.

14. Ricardo Lobo Torres, *Curso ...*, p. 58.
15. Ricardo Lobo Torres, "O mínimo ...", *RDA* 177/29.

2. A proibição dos privilégios odiosos

De acordo com as normas e princípios constitucionais vigentes, as limitações constitucionais ao poder de tributar se consubstanciam nas imunidades (art. 150, incs. IV, V e VI, da CF), na proibição dos privilégios odiosos (art. 150, inc. II; arts. 151 e 152 da CF), nas proibições de discriminação fiscal e nas garantias normativas ou princípios gerais ligados à segurança dos direitos fundamentais, tais como a legalidade, a irretroatividade, a anterioridade e a transferências (art. 150, incs. I, II e §§ 5º e 6º do Texto Constitucional).[16]

A proibição do tratamento fiscal desigual o que, em última análise, é espécie do princípio isonômico, insculpido no *caput* do art. 5º da Magna Carta, está previsto no art. 150, inc. II, da CF, que veda o tratamento desigualitário ou *discriminatório em razão de ocupação profissional ou função exercida pelos contribuintes, independentemente da denominação jurídica dos rendimentos, títulos ou direitos.* É, exatamente, nas palavras de Ricardo Lobo, "*o contraponto fiscal, sob negativa, do princípio proclamado afirmativamente no 'caput' do art. 5º*".[17] A proibição da desigualdade, na verdade, somente será aplicável no tocante à apreciação da capacidade contributiva do cidadão ou da necessidade do desenvolvimento econômico se não tiver fundamento na justiça ou na utilidade social.

A proibição da desigualdade, tal como prevista no inc. II, do art. 150, já referido, se especializa sob formas: (*a*) a proibição de privilégios odiosos; (*b*) a proibição de discriminação fiscal. Tais vedações incluem qualquer instrumento fiscal, tanto no campo das renúncias das receitas (como, p. ex., isenção, dedução, diminuição de alíquota) quanto na seara dos gastos públicos (subsídios, subvenções ou restituições de tributos). O privilégio fiscal negativo é representado pelas isenções ou reduções de tri-

16. Ricardo Lobo Torres, *Curso ...*, p. 54.
17. Ricardo Lobo Torres, *Curso ...*, p. 64.

butos, representando um tratamento preferencial a alguém. É entendimento corrente que a Constituição Federal promulgada em 1988 deu tratamento mais consentâneo com o correto à questão referente aos privilégios fiscais, ao proibir genericamente os odiosos e a permitir a concessão dos não-odiosos. Os arts. 151 e 152 da Lei Maior cuidam de vedações específicas relacionadas aos privilégios por parte da União, ou dos Estados ou dos Municípios.

O princípio genérico da proibição da concessão de privilégios odiosos, consagrado no inc. II, do art. 150, da Constituição da República, impede a existência de qualquer elemento discriminador que conduza à diminuição ou mesmo à exclusão da imposição tributária, acarretando a desigualdade entre indivíduos. A redação adotada pela Assembléia Nacional Constituinte, no tocante à adoção de tal princípio, teve por escopo suprimir os privilégios odiosos que haviam sido concedidos na vigência da ordem jurídico-constitucional de 1967/1969, como podem ser lembradas as isenções de imposto sobre a renda concedidas aos militares, magistrados, deputados e senadores. Houve proibição explícita à concessão de privilégios fiscais em favor de empresas públicas, e reciprocamente, foram vedadas discriminações contra as empresas privadas (art. 173, § 2º, da CF/88).

De se notar, no entanto, que apenas *a discriminação infundada ou desarrazoada é odiosa, já que o direito tributário, sendo essencialmente discriminatório, deve sempre introduzir distinções entre os contribuintes, com base na capacidade econômica de cada qual.*[18] Inexiste um rol exaustivo de hipóteses de proibições de *discrimine.*

Os privilégios odiosos são vedados em virtude de violarem o direito fundamental à igualdade de tratamento, não tendo por fundamento a liberdade. No entanto, algumas *imunidades* previstas no inc. VI, do art. 150, do Texto Constitucional, têm características próprias de privilégios odiosos, como a dos jornais.

Privilégio significa a impossibilidade de discriminação entre os cidadãos que estejam em igualdade de condições.

3. As isenções fiscais e incentivos fiscais

A isenção fiscal é a principal espécie de privilégio fiscal de natureza negativa, admissível no sistema jurídico brasileiro desde que não seja odiosa. O CTN, em seu art. 175, *caput*, prevê como causas de exclusão do crédito tributário, a isenção e a anistia. Ao tratar dos motivos e causas para a concessão de isenções, Aliomar Baleeiro entendia que era *inconcebível a isenção geral e universal, a de todos os tributos, por isso mesmo que ela, no mundo contemporâneo, não é privilégio de classe ou de pessoas, mas uma política de aplicação da regra da capacidade contributiva ou de incentivos a determinadas atividades, que o Estado visa a incrementar pela conveniência pública.*[19]

A isenção tributária tem por finalidade a aplicação de uma política de incentivo a determinadas atividades, bem como a busca da justiça fiscal em relação a certos indivíduos, dentro de um contexto de observância de princípios relacionados à capacidade contributiva, e princípios econômicos, considerando certos critérios que não sejam discriminatórios ou distintivos. A isenção não deve ser concedida como favor ou privilégio de *mão beijada*, pois a todos incube o dever de contribuir para a manutenção dos serviços públicos.

Na exata conceituação feita por Ricardo Lobo, *a isenção (ou privilégio não-odioso) é a limitação fiscal derrogatória da incidência, fundada na idéia de justiça, tendo por origem o direito positivo e por fonte a lei ordinária; possui eficácia constitutiva, é revogável com efeito restaurador da*

18. Ricardo Lobo Torres, *Curso ...*, p. 69.

19. Aliomar Baleeiro, *Direito Tributário Brasileiro*, p. 587.

incidência e abrange apenas a obrigação principal.[20]

Enquanto a lei institui a obrigação tributária, a norma especial do privilégio permite que alguém não pague o tributo, através de um privilégio negativo (isenções) ou de outros instrumentos que a obrigação possa se converter, como as subvenções e as restituições (privilégios positivos).

Nos períodos de autoritarismo no Brasil, mormente entre 1930 e 1945, 1964 e 1979, houve um aumento na política governamental de concessão de privilégios fiscais em favor de certa parcela da burguesia, sob o argumento da necessidade do desenvolvimento econômico. Nesses períodos, as isenções, os incentivos fiscais, as subvenções tornaram-se instrumentos comuns para promover e sustentar o desenvolvimento econômico do País. Contudo, o abuso na concessão de tais privilégios, a falta de controle e fiscalização quanto ao emprego correto do dinheiro público, além da crise econômico-financeira do Tesouro resultaram no descrédito e completo fracasso da ideologia de concessão de privilégios fiscais.

A CF/88, em época oportuna, traçou algumas orientações e regras básicas para a política de isenções. Inicialmente, o art. 150, inc. II, proíbe a concessão de privilégios odiosos, ou seja, aqueles destituídos de razoabilidade e de apoio nos princípios da capacidade contributiva e do desenvolvimento econômico. O art. 70, por sua vez, ao cuidar dos mecanismos de controle interno e externo da Administração Pública, prevê o efetivo controle de legitimidade exercido pelo Tribunal de Contas, aí inserido o exame de mérito do real proveito das renúncias de receita para o efetivo desenvolvimento do País. O art. 165, § 6º, que enuncia o princípio da transparência, ordena o acompanhamento do demonstrativo dos efeitos de todas as renúncias e subvenções junto com o orçamento, possibilitando descoberta de incentivos camuflados e equiparando os privilégios positivos com os negativos.

Releva notar que a política governamental de concessão de privilégios fiscais, principalmente sob a forma de isenções, entrou em franco declínio em diversos países, quase que na mesma época, podendo ser lembrada a reforma do ex-presidente Ronald Reagan, em 1985, que diminuiu o número de isenções e de privilégios positivos.

Em tema de isenção tributária, é importante lembrar a diversidade de entendimentos acerca da natureza jurídica e efeitos de tal instituto. Consoante Rubens Gomes de Souza, apesar da isenção, ocorre o fato gerador, nascendo a obrigação tributária, havendo a dispensa do pagamento da obrigação por força da lei. Esse entendimento encontra vários adeptos na doutrina brasileira, como, por ex., Luiz Emygdio F. da Rosa Júnior, para quem *a isenção significa a dispensa do pagamento do tributo devido, uma vez que ocorre o fato gerador, dá-se a incidência tributária, sem, todavia, ser constituído o crédito tributário, pois o lançamento não se efetiva.*[21]

De outro lado, Souto Maior Borges ensina que na isenção tributária ocorre a derrogação da lei de incidência fiscal, ou seja, suspende-se a eficácia da norma impositiva. A isenção é verificada no plano da norma jurídica e não no plano fático. O fato abstrato, em virtude da isenção, deixa de existir e dessa forma não há como nascer nenhuma obrigação tributária. O STF continua a entender que, na isenção ocorre fato gerador, nasce a obrigação tributária e a lei apenas dispensa o seu pagamento. Contudo, a melhor orientação acerca do tema é a de que *a isenção é uma limitação legal do âmbito de validade da norma jurídica tributária, que impede que o tributo nasça, ou, é a nova configuração que a lei dá à norma jurídica tributária, que passa a ter o seu âmbito de validade restringindo, impedindo, assim, que o tributo nasça.*[22]

20. Ricardo Lobo Torres, *Curso* ..., p. 70.

21. Luiz Emygdio da Rosa Júnior, *Manual de Direito Financeiro e Direito Tributário.*

22. Roque Antônio Carraza, *Curso* ..., p. 379.

Os princípios tributários, previstos em âmbito constitucional, constituem verdadeiras limitações constitucionais ao poder de tributar e objetivam estabelecer um equilíbrio entre o poder impositivo e os contribuintes. As isenções tributárias subordinam-se a vários princípios constitucionais, sendo certo que duas idéias básicas as fundamentam: (*a*) justiça; (*b*) segurança jurídica.[23] À noção de justiça estão atrelados os princípios da capacidade contributiva, da economicidade e do desenvolvimento econômico. Ao ideal da segurança jurídica se vinculam os princípios da legalidade, da anterioridade e da transparência orçamentária.

De acordo com o princípio da capacidade contributiva em tema de isenções, o benefício deve ser concedido àquele que não tenha capacidade econômica para suportar o pagamento do tributo, sendo aplicável, em regra, às hipóteses de isenções genéricas e gratuitas que visam não agravar as classes menos favorecidas da população, ou seja, aqueles que tenham menor poder aquisitivo. Tal princípio é perfeitamente possível de ser posto em prática, com os mesmos fundamentos, no que concerne às isenções de taxas e contribuições de melhoria, já que é a população de mais baixa renda quem mais necessita dos serviços e/ou obras públicas. Como lembrava o saudoso Aliomar Baleeiro, *o princípio fundamental, fonte principal de critérios discriminatórios, é o da capacidade contributiva (expresso no art. 202, da Constituição Federal de 1946, e suprimido pela Emenda 18/65), que recomenda a personalização do imposto e a sua graduação, segundo as possibilidades econômicas do contribuinte. Mas a igualdade será respeitada dentro da mesma categoria de contribuintes.*[24]

E, conforme o princípio do desenvolvimento econômico, a concessão de privilégio fiscal pelo Estado não será odiosa se se fundar na necessidade de crescimento econômico do País (ideologia das décadas de 60 e 70, no Brasil). Hoje em dia, tal princípio somente se justifica relativamente às isenções se houver perspectiva de distribuição de rendas e da criação de empregos, porquanto os resultados advindos da política governamental de incentivos fiscais sem tais fundamentos foram catastróficos.

Finalmente, o princípio da economicidade propugna que o Estado deve obter o maior proveito, com o menor gasto possível, monetária e financeiramente falando. As isenções, assim, devem ser financeiramente produtivas, ou levar ao desenvolvimento econômico ou ao melhor resultado possível com menor gasto ou despesa pelo Tesouro.

Como regra, *as isenções fiscais só devem ser concedidas se houver diferenças substanciais entre os indivíduos ou atividades poupados do ônus tributário, e os que a ele se sujeite.*[25] As isenções, para serem válidas, devem alcançar toda uma categoria de indivíduos ou atividades identicamente situados. Como lembrava Sampaio Dória, as franquias tributárias se outorgam apenas no interesse público.

As isenções estão intimamente relacionadas com os direitos e garantias fundamentais e, principalmente, em virtude do princípio isonômico (art. 150, inc. II, da CF). Três orientações básicas relativas a isenções podem ser verificadas pela exegese do art. 150, inc. II: *(a) proíbe os privilégios odiosos, ou seja, isenções e quaisquer outros benefícios que não encontrem fundamento razoável no direito para distinguir entre cidadãos; (b) proíbe as discriminações odiosas, representadas por exceções ou por condições inconstitucionais criadas no ato concessivo da isenção, como aquelas que excluem certas pessoas ou bens do gozo da exoneração fiscal; (c) permite os privilégios não-odiosos, consubstanciados nas isenções outorgadas para manter o equilíbrio regio-*

23. Ricardo Lobo Torres, *Curso ...*, p. 251.
24. Aliomar Baleeiro, *Limitações ...*, p. 224.
25. Antônio Roberto Sampaio Dória, *Direito ...*, cit.

nal (art. 151, I) ou para respeitar o princípio da capacidade contributiva.[26]

Desse modo, qualquer privilégio fiscal que se desgarre do princípio isonômico da capacidade contributiva ou do desenvolvimento econômico viola o direito fundamental à igualdade de tratamento, convolando-se em discriminação odiosa a atingir o patrimônio alheio.

As situações fiscais análogas devem ser igualmente tributadas, sem discriminação ou privilégios odiosos. A esta altura, merece referência o entendimento de José Afonso da Silva,[27] segundo o qual *o princípio da igualdade tributária relaciona-se com a justiça distributiva em matéria fiscal; diz respeito à repartição do ônus fiscal do modo mais justo possível.*

Em célebre obra acerca do assunto, José Souto Maior Borges demonstrou que *somente se pode isentar com a razoabilidade presumida em qualquer ato legislativo, como estimam dizer os autores argentinos.* Segundo o citado jurista, *o ordenamento constitucional tributário do País exige que os contribuintes, em idênticas circunstâncias características de capacidade contributiva, se submetam a idêntico tratamento tributário. No moderno Estado de Direito, a igualdade e a generalidade são princípios básicos de tributação, com os quais colidem as isenções de pessoas ou grupos sociais estabelecidos pura e simplesmente "intuito personae", isto é, sem nenhuma consideração de justiça fiscal ou de ordem social ou econômica.*[28] As exceções ao princípio da generalidade da tributação são fundadas em capacidade contributiva, do desenvolvimento econômico.

Objetivando finalizar esse tópico, faz-se imperiosa a referência à possibilidade da União conceder incentivos fiscais, discriminatórios, em favor do desenvolvimento de áreas atrasadas, em prol da expansão do mercado interno e da busca da homogeneização da economia do País. Durante a vigência da Constituição Federal de 1946, vários diplomas legais instituíram incentivos a determinadas áreas geográficas como, p. ex., a Zona Franca estabelecida em Manaus.

4. Justiça fiscal, desenvolvimento urbano e utilitarismo

Com o aparecimento do Estado Fiscal, as finanças passaram a se basear nos tributos, exigidos com fundamento da capacidade contributiva, e no seu princípio fundamental da capacidade contributiva. Procura-se, por meio da tributação, adequar o sistema impositivo às diversas situações, objetivando alcançar o ideal de justiça. A despeito do distanciamento havido, durante um certo período, entre a tributação e a justiça financeira, através de considerações com a *utilidade*, reconhece-se, hoje em dia, o retorno do pensamento sobre a justiça fiscal. Como ressalva Baleeiro, *desde muitos séculos, pensadores e moralistas, à luz do Direito ou da religião, clamam unissonamente por impostos justos, sem que se acordem nos caracteres de tais tributos; contemporaneamente, tende a tornar-se geral a crença de que a justiça tributária deve repousar na personalidade e na graduação dos tributos, segundo a capacidade econômica do contribuinte.*[29]

A justiça fiscal é basicamente distributiva, característica do sistema publicístico, significando a sistemática de tratar desigualmente aos desiguais na medida em que se desigualam. Mas pode ser detectada a natureza comutativa, própria das relações de troca, como ocorre relativamente às taxas e contribuições.

Previsto como um dos princípios cardeais da idéia de justiça fiscal, o princípio da capacidade contributiva ingressou no ordenamento constitucional brasileiro no início do século passado, tendo sido poste-

26. Ricardo Lobo Torres, *Curso ...*, p. 254.
27. José Afonso da Silva, *Curso ...*, pp. 196 e 197.
28. José Souto Maior Borges, *Isenções ...*, pp. 40-43.
29. Aliomar Baleeiro, *Limitações ...*, cit.

riormente esquecido, e retornado na Constituição de 1946. Novamente abolido do Texto Constitucional em 1967 e 1969, ressurgiu em 1988, conforme § 1º, do art. 145. A capacidade contributiva é a capacidade econômica do contribuinte, significando o princípio que cada um deve contribuir na proporção de seus bens e rendas, independentemente de sua eventual disponibilidade financeira.

O princípio da capacidade contributiva não justifica a incidência de tributo sobre o mínimo necessário à vida (imunidade do mínimo existencial), sobre a totalidade da riqueza (vedação do tributo confiscatório). A expressão utilizada no texto ajustamento do princípio da capacidade contributiva às várias espécies de impostos, mas não admite a ausência de sua aplicação quando isso não for possível.

No tocante à aplicação do princípio da capacidade contributiva aos incentivos fiscais, há necessidade da distinção da espécie de privilégio. Aqueles que atuam na vertente da receita, como as isenções, se subordinam aos princípios da capacidade contributiva, enquanto os privilégios positivos (operam na via da despesa) se orientam pelos princípios do desenvolvimento econômico, da igualdade entre as regiões, e não fundados no princípio da capacidade econômica.

Não se toleram discriminações em isenções que não tenham razoabilidade e compatibilidade com o sistema constitucional. "Razoável será a classificação que um homem bem informado, inteligente, de bom senso e civilizado possa racionalmente prestigiar. A classificação deve repousar sobre uma diferença real, e não aparente, de modo que todos situados identicamente sejam tratados com igualdade; que a classificação deve ter uma finalidade, ou a consecução de uma política dentro da competência do Estado; e que a diferença deve ter um nexo com o objetivo da legislação, que seja substancial, e não apenas remoto ou especulativo".[30]

30. Sampaio Dória, ob. cit.

De acordo com o princípio do desenvolvimento econômico, *os tributos devem ser cobrados de modo a não criarem obstáculos ao desenvolvimento econômico*, sendo certo que constitui um dos objetivos fundamentais da República Federativa do Brasil (art. 3º, inc. II, da CF). Basicamente, os incentivos fiscais têm justificativa na idéia de crescimento econômico. O princípio do desenvolvimento econômico, hodiernamente, propugna um mínimo de intervenção direta do Estado na economia, redirecionando os investimentos para as obras de infra-estrutura, e se compatibiliza com outros princípios de justiça como a redistribuição de rendas e a capacidade contributiva. A visão utilitarista, segundo a qual a sociedade é ordenada de forma justa quando suas instituições são organizadas de forma que se tenha o maior saldo positivo da soma de satisfações de todos os indivíduos que a ela pertençam, mesmo com sacrifício da justiça fiscal, não mais prevalece. O utilitarismo, compreendido como uma visão do desejo de obter um bem-estar social cada vez maior, sem se preocupar com a repartição ou distribuição das satisfações obtidas entre os cidadãos, fracassou, conforme a experiência demonstrou. A história brasileira é demonstrativa de tal afirmação, conforme visto. Nas épocas de Estados totalitário, adotou-se uma política governamental de concessão de privilégios fiscais, sob o fundamento da sua necessidade para o desenvolvimento econômico do País (visão utilitarista) sem que houvesse perspectiva de futura distribuição de rendas e de geração de empregos. Os resultados de tal política são conhecidos, e persistem até hoje no panorama econômico-financeiro do País.

5. *Conclusões*

Após a abordagem feita, verifica-se que o tema relacionado aos privilégios fiscais comporta inúmeras conclusões e ainda várias indagações. No caso brasileiro, importante se faz mencionar que a CF/88, sem dúvida alguma, constitui um grande avanço, nesse particular, ao tornar expressos vários princípios e regras principiológicas que eram objeto de dúvida na vigência do Texto Constitucional revogado. A adoção do princípio da capacidade contributiva, no § 1º, do art. 145, da CF, representa uma importante conquista no campo tributário, sendo intimamente vinculado ao princípio da igualdade. Outrossim, a supressão dos privilégios fiscais descabidos, além da vedação do tratamento fiscal discriminatório, em virtude do inc. II, do art. 150, da CF, constituem fundamentais iniciativas para a efetiva realização da justiça fiscal. É certo que persistem falhas no Texto, conforme lembrado pelo Prof. Ricardo Lobo Torres como, p. ex., a questão da imunidade dos jornais e revistas. Mas, mesmo em relação aos pontos insuficientes, incumbe ao intérprete do Texto encontrar o verdadeiro sentido do sistema jurídico-constitucional hoje vigente, possibilitando a efetivação dos objetivos e metas previstas constitucionalmente, como a construção de *uma sociedade livre, justa e solidária* (inc. I, do art. 3º, da CF), a erradicação da pobreza e da marginalização, além da redução das desigualdades sociais e regionais (inc. III, do dispositivo citado), a promoção do bem de todos, sem qualquer discriminação (inc. IV), sem se esquecer da garantia do desenvolvimento nacional (inc. II, do art. 3º). Todos os objetivos assinalados se fundamentam em princípios de justiça, razão pela qual outra não pode ser a meta da política estatal de incentivos fiscais.

A certeza é a de que possuímos os instrumentos necessários à obtenção das metas desejadas. Então, qual é a razão da falta de utilização ou utilização parcial dos meios disponíveis? Provavelmente, a falta de vontade política, quem sabe ...

Bibiografia

BALEEIRO, Aliomar. *Direito Tributário Brasileiro*, 10ª ed., Rio de Janeiro, Forense, 1985.

______ *Limitações Constitucionais ao Poder de Tributar*, 2ª ed., Rio de Janeiro, Forense, 1960.

BORGES, José Souto Maior. *Isenções Tributárias*, 2ª ed., 1980.

CARRAZA, Roque Antônio. *Curso de Direito Constitucional Tributário*, 4ª ed., São Paulo, Malheiros Editores, 1993.

NOGUEIRA, Ruy Barbosa. *Curso de Direito Tributário.*

ROSA JÚNIOR, Luiz Emygdio F. da. *Manual de Direito Financeiro e Direito Tributário*, 5ª ed., Rio de Janeiro, Biblioteca Freitas Bastos.

SAMPAIO DÓRIA, Antônio Roberto. *Direito Constitucional Tributário e "Due Process of Law"*, Rio de Janeiro, Forense, 1986.

SILVA, José Afonso da. *Curso de Direito Constitucional Positivo*, 5ª ed. atual., São Paulo, Ed. RT, 1989.

TORRES, Ricardo Lobo. *A Idéia de Liberdade no Estado Patrimonial e no Estado Fiscal*, Rio de Janeiro, Renovar, 1991.

______ *Curso de Direito Financeiro e Tributário*, Rio de Janeiro, Renovar, 1993.

______ "O mínimo existencial e os direitos fundamentais", *RDA* 177/29-49, 1989.

NOTAS & COMENTÁRIOS

A RENDA ELETRÔNICA E OS TRATADOS CONTRA A BITRIBUTAÇÃO

FLÁVIA DE VASCONCELLOS LANARI

Mestre em Direito Comercial (UFMG) — Doutoranda em Direito Tributário (UFMG) — Assessora Judiciária (TJMG)

1. A Internet e o comércio eletrônico. 2. A renda proveniente do comércio eletrônico e os tratados para evitar a bitributação. 3. Conclusões — A renda eletrônica e os tratados contra a bitributação. 4. Bibliografia.

1. A Internet e o comércio eletrônico

Criada para servir a propósitos militares, a Internet, a partir da década de 80, mas especialmente nos anos 90, experimentou um crescimento surpreendente, servindo hoje a finalidades diversas: educacionais, profissionais, comerciais, culturais, e o que mais possa servir aos seus 150 milhões de usuários.[1]

Embora as primeiras aplicações civis da Internet tenham sido acadêmicas, o crescimento do uso comercial[2] tem se intensificado nos últimos anos, a ponto de representar, em termos mundiais, 85% de todas as organizações registradas[3] e, no Brasil, 90% dos registros de domínio novos.[4]

Estima-se que só o comércio eletrônico direto já ultrapasse os US$ 7 bilhões no mercado interno americano. Mas note-se que a rede também se presta ao *marketing* de produtos e serviços, aumentando exponencialmente as receitas das empresas que se dedicam ao chamado *e-business*.[5]

Se essas informações impressionam, é de bom aviso registrar que isso é apenas o começo. A Internet, em verdade, encon-

1. Para saber mais sobre as estatísticas da Internet, sugere-se: www.nw.com. No entanto, são vários os centros dedicados a essa atividade, como se vê nos *links* do próprio *site* sugerido. Sobre estatísticas do crescimento da Internet no Brasil, consulte o Comitê Gestor da Internet no Brasil: www.cg.org.br (recente pesquisa do Ibope indica que no país mais de 2,5 milhões de pessoas já estão plugadas na rede).

2. Registre-se que nem todo o *site* registrado como ".com" é lucrativo. Uma pesquisa realizada no Japão em outubro de 1996 concluiu que dentre as atividades ligadas ao comércio eletrônico apenas 28% eram lucrativas (*Weekly Diamond Magazine*, october 1996, *apud* www.oecd.org/dsti/sti/ec/pord/gd97219e.pdf).

3. García-Sierra (sem data).

4. Estatística divulgada pelo Comitê Gestor da Internet no Brasil.

5. *1996 Jupiter Communications Report*, *apud* Muscovitch (1996). O *1999 Jupiter Communications Report* pode ser adquirido através da *homepage* da empresa: www.jup.com. Sobre o assunto, consulte-se, ainda, www.house.gov/chriscox/nettax/Web-commerce.html.

tra-se ainda em sua infância, em termos de aplicações e alcance de público e, nesse sentido, o comércio eletrônico encontra-se em gestação. O desenvolvimento da tecnologia de comunicações, com a utilização de linhas digitais e a queda dos monopólios das empresas de telefonia, entre outros, somado aos avanços da indústria de computadores e eletrônicos, resultarão no barateamento do acesso à Internet e, assim, na democratização desse meio. Na esteira desse raciocínio, o número de usuários de países em desenvolvimento vai crescer, aumentando as perspectivas do comércio eletrônico.

Mas não é só. O comércio eletrônico também vai se beneficiar de melhorias como o aprimoramento do sistema de segurança nas comunicações entre os computadores, pela criação de novos métodos de criptografia, evitando, assim, os temores da utilização do cartão de crédito; o advento de novos meios de pagamento, como o dinheiro eletrônico; o aumento da largura das bandas de transmissão/recepção, que permitirá ao consumidor receber em seu próprio computador diversos produtos que passarão à categoria de incorpóreos, pois vão deixar de depender de um suporte material físico, como os filmes, as músicas/CDs, os programas de computador, livros e revistas; a transformação dos meios tradicionais de comunicação entre as pessoas, como a telefonia, o sistema postal e o fax, para sistemas que muito em breve permitirão a comunicação em tempo real e com bom sinal entre usuários da Internet entre si e mesmo com não usuários, localizados nas mais longínquas partes do globo; a possibilidade de se autenticar mensagens e conteúdos transmitidos através da assinatura digital, entre outros.

Vários fatores explicam a migração do comércio tradicional para a Internet: a possibilidade de contato direto entre fornecedores e consumidores localizados em qualquer parte do planeta; a redução dos custos com a manutenção de filiais ou sistemas de distribuição de produtos; a transformação do conceito de atendimento ao cliente;[6] a facilidade de se verificar os preços praticados no mercado e de compará-los; e a possibilidade de a empresa escolher como sede de seu estabelecimento e de suas operações bancárias o local que melhor atenda a seus interesses fiscais, sem que tal procedimento represente qualquer prejuízo econômico, pois não mais está jungida ao seu mercado consumidor no sentido geográfico.

Embora o comércio eletrônico ainda não represente uma ameaça imediata ao comércio tradicional, não apenas pelas limitações tecnológicas do momento, mas também porque ainda não conseguiu (e talvez jamais consiga) suplantar a experiência e o prazer que o último proporciona aos consumidores, ele já merece a atenção das Fazendas Públicas no mundo inteiro, em razão do volume de negócios e serviços que movimenta.

A Internet, se por um lado abriu novas possibilidades para as administrações fazendárias aprimorarem suas operações, por outro ampliou as probabilidades de evasão e elisão tributárias, trazendo um novo desafio aos governos para o século XXI: conseguir maximizar os ganhos de eficiência potenciais com a sua utilização e ao mesmo tempo proteger as bases de receita tributária sem retardar ou obstaculizar o desenvolvimento destas novas tecnolo-

6. Nesse sentido, p. ex., o trabalho pioneiro da amazon.com (livraria virtual), que a par de informações sobre autor, editora, prazo de entrega, preço, número ISBN tanto na versão capa mole como capa dura de todas obras à venda, em seu *site* oferece indicações de compras, críticas e sumários dos livros à venda, comentários de leitores, informações sobre outras obras do mesmo autor, lista de aquisições de leitores de determinados livros, entrevista com autores e *hyperlinks* para livros em tópicos relacionados. O jornal *The Economist* (1997a, p. 4, *apud* McLure Jr., 1998), à propósito, registrou: "better information about products, particularly in the form of other customer's views can be a greater draw than deep discounts", citando Jeff Bezos, fundador e CEO (Chief Executive Officer) da referida amazon.com: "Ultimately, we're an information broker. On the left side we have lots of products, on the right side we have lots of customers. We're in the middle making connections".

gias, pois tal teria o efeito de retardar o desenvolvimento econômico e social de uma sociedade.

Em vários países tem-se refletido sobre as implicações tributárias do comércio eletrônico e da Internet através de estudos elaborados por departamentos específicos das administrações fazendárias, das universidades e de organismos empresariais. Também a nível internacional muito tem sido feito por organizações internacionais, como a própria OECD.

No Brasil, as autoridades têm negligenciado o tema e a doutrina sobre o assunto ainda é tímida, até mesmo em razão do analfabetismo em novas tecnologias de comunicação que ainda prevalece no país. Embora o número de usuários seja crescente, do total apenas 35% têm mais de 35 anos,[7] o que obviamente limita a produção científica sobre os diversos temas relacionados ao advento das novas tecnologias de comunicação, entre eles a questão da tributação.

2. *A renda proveniente do comércio eletrônico e os tratados para evitar a bitributação*

O sistema de imposto de renda de qualquer país deve, necessariamente, especificar a quem ele é dirigido e a quem se aplica (pessoas físicas, pessoas jurídicas e outras entidades) e também qual renda está sujeita à tributação. Para tanto, em tema de Direito Tributário Internacional, duas são as conexões relevantes para fundamentar o poder tributário de um Estado — a residência do contribuinte e o local da fonte produtora da renda. Os chamados princípios da residência e da fonte se justificam nos limites da soberania tributária de cada país na ordem internacional, caracterizando formas sólidas de adesão das gentes à jurisdição de um Estado.[8] Para um país ser bem sucedido na cobrança e recolhimento do imposto de renda no contexto internacional, seus esforços devem ser concentrados sobre as pessoas ou transações econômicas que de alguma maneira estão com ele associadas. Nesse sentido, o país de residência do contribuinte é o local onde o mesmo mantém as mais próximas e pessoais ligações; o país da fonte é aquele com o qual o rendimento possui os mais relevantes vínculos econômicos.

Esses princípios, note-se, não demarcam a extensão de um dado poder tributário, pois que este é definido pelos princípios da universalidade e da territorialidade, princípios que tanto repercutem nos tratados internacionais como em parte foram por eles criados. Embora várias sejam as combinações possíveis, o consenso internacional é ligar o princípio da residência ao da universalidade, tributando-se, assim, todos os rendimentos auferidos pelo residente de um país, tanto de fonte interna como externa; e, por outro lado, impor obrigação tributária limitada aos não-residentes, submetendo-os apenas à tributação sobre os rendimentos de fontes localizadas em seu território. Note-se que, enquanto a segunda combinação é pacífica no mundo moderno, tendo-se em vista princípios de Direito Internacional Público, a primeira combinação é mais utilizada por países desenvolvidos, exportadores de capitais.[9] O Brasil, que até 1995 adotava o princípio da territorialidade para as pessoas jurídicas domiciliadas no país, através da Lei 9.249/95, complementada com a Lei 9.430/96, passou a tributar pela renda mundial, harmonizando assim e inclusive, o tratamento tributário conferido a essas e às pessoas físicas.

7. Brito e Menconi (sem data).

8. Caso não se caracterize uma adesão sólida, não haverá como fazer cumprir as exigências tributárias, porque a maioria dos países não presta auxílio mútuo para tal.

9. As razões para a tributação dos residentes sobre a renda mundial obtida atendem a princípios de isonomia fiscal, considerando-se a justa repartição dos custos com a proteção e vantagens que um país confere a todos os seus residentes, ainda quando mantém operações no exterior; para evitar o deslocamento de receitas tributárias que seriam geradas em seu território, mas que se transferem em função dos estímulos fiscais oferecidos no estrangeiro; e como defesa de interesses e objetivos de política econômica (Xavier, 1998).

Como a vulgarização da tributação pela renda mundial dos residentes de um país amplia a probabilidade de ocorrência de dupla tributação, porque atinge os rendimentos por eles auferidos no estrangeiro, aí tributados pelo princípio da fonte, dois sistemas, que podem ser combinados, têm sido utilizados para atenuar o fenômeno, extremamente nocivo sob o ponto de vista moral e econômico:[10] o sistema da isenção, pelo qual o rendimento tributado no país da fonte é isento de tributação no país do domicílio e o sistema de crédito, que admite redução do valor a ser pago no país de domicílio do tributo recolhido no país da fonte.

A viabilização da autolimitação tributária pelo país de residência do contribuinte se faz por leis internas que, identificando os casos mais comuns de dupla tributação, procuram contorná-los, reconhecendo, assim, a primazia do país da fonte para tributar os rendimentos nele obtidos, e também pelos tratados bilaterais para evitar a dupla tributação, também conhecidos como acordos sobre bitributação, celebrados com o país onde está localizada a fonte da renda e do capital, e que podem se limitar aos impostos incidentes sobre estes ou não, bem como prevenir a evasão fiscal.[11]

A generalidade dos tratados bilaterais segue o modelo da OECD, especialmente quando celebrados entre países desenvolvidos, sendo de se mencionar também o modelo das Nações Unidas, elaborado para atender aos interesses dos países em desenvolvimento que, em sentido inverso à orientação do modelo da OECD, procura reforçar o princípio da fonte, em relação ao princípio da residência. No modelo da OECD, tem-se como premissa que sendo equilibrado o fluxo dos rendimentos derivados dos negócios e investimentos entre dois países, não há diferença significativa final na receita tributária obtida se cada país restringir seu poder tributário sobre o princípio da fonte e, simultânea e reciprocamente, aumentar a tributação dos rendimentos dos seus residentes obtidos no estrangeiro. Esse modelo, como se vê, reduz, em cada país, a tributação das empresas estrangeiras, não se ajustando às relações entre países de nível de industrialização diferentes. Não obstante, os tratados celebrados pelo Brasil seguem, em suas principais linhas, as orientações da OECD.[12]

Na forma do art. 7º, § 1º do modelo OCED, "os lucros de uma empresa de um Estado contratante só são tributáveis nesse Estado, a não ser que a empresa exerça sua atividade no outro Estado contratante por meio de um estabelecimento permanente aí situado. Se a empresa exercer sua atividade na forma indicada, seus lucros serão tributáveis no outro Estado, mas unicamen-

10. A dupla tributação acarreta a repartição injusta das cargas fiscais entre os contribuintes, conforme tenham interesses exclusivamente no território nacional ou no estrangeiro e também constituem um obstáculo para o comércio e aos investimentos internacionais (Tixier, *apud* Navarro Coelho, 1998).

11. Além dos tratados bilaterais para evitar a dupla tributação da renda e do capital de dada pessoa, há exemplos de tratados multilaterais sobre a matéria, como a celebrada em novembro de 1971 pelos países do Grupo Andino (Chile, Colômbia, Peru, Venezuela, Bolívia e Equador), embora se reconheça, com Alberto Xavier (1995) que estes têm um papel meramente secundário, e também acordos referentes a outros impostos e mesmo outras matérias de natureza tributária. Em tema de evasão fiscal, os tratados, reconhecendo que a fuga tributária pela ocultação fraudulenta dos rendimentos obtidos no contexto internacional é facilitada pela inexistência de intercâmbio de informações entre os países, estabelecem cláusulas que lidam especificamente com o problema, dispondo sobre as relações entre as administrações fazendárias respectivas.

12. Tal pode ser explicado em função do diminuto poder político do país a nível internacional e da pressão dos países desenvolvidos para a celebração dos tratados nos seus termos. Mas observe-se que em função dessa querela há mais tratados celebrados entre pares de países desenvolvidos (os Estados Unidos, p. ex., tem 48 tratados bilaterais celebrados) do que entre países desenvolvidos e em desenvolvimento ou entre pares de países em desenvolvimento. Para constar, o Brasil tem 23 tratados sobre bitributação celebrados com: Alemanha Ocidental, Argentina, Áustria, Bélgica, Canadá, China, Coréia, Dinamarca, Equador, Espanha, Filipinas, Finlândia, França, Hungria, Índia, Itália, Japão, Luxemburgo, Noruega, Portugal, Reino Unido dos Países Baixos, Repúblicas Tcheca e Eslovaca e Suécia.

te na medida em que forem atribuíveis a esse estabelecimento permanente". Portanto, entre países contratantes de um tratado para evitar a dupla tributação, a regra geral é que as empresas são tributadas no país de residência e, excepcionalmente, no país da fonte, caso nele possua um estabelecimento permanente e exclusivamente quanto aos lucros nele auferidos.

O conceito de estabelecimento permanente é definido como "a instalação fixa de negócios em que a empresa exerça toda ou parte da sua atividade", sendo-lhe equiparado, para fins de tributação, o estabelecimento pessoal, que consiste na presença de um representante dependente que seja juridicamente investido nos poderes que lhe permitem celebrar contratos em nome da empresa.[13] Por outro lado, são excluídas expressamente da definição de estabelecimento permanente as instalações mantidas unicamente com o propósito de servirem para armazenagem, exposição ou expedição de mercadorias.[14]

Se é certo que a aplicação dessas regras tem se mostrado por vezes difícil e controversa, ainda hoje sem solução, o emprego do conceito de estabelecimento permanente para fins de comércio eletrônico, especialmente em se tratando de produtos digitais, levanta questões novas que a elas se somarão, e cujas respostas com certeza vão variar de acordo com o interesse dos países envolvidos no conflito de definição, mantida a tendência atual dos países desenvolvidos e exportadores de capital e tecnologia por um conceito mais restrito e dos países em desenvolvimento e importadores por um conceito mais amplo.

A idéia de estabelecimento permanente, até mesmo por força da enumeração exemplificativa do modelo OECD,[15] é ligada à existência de uma instalação material que funcione com certa estabilidade, caracterizando um verdadeiro centro de negócios: seja porque empregando funcionários naquele país cria um produto novo, como acontece com uma fábrica, seja porque nela se transacionam os produtos da empresa, como em um escritório.

Assim sendo, para os propósitos do presente trabalho, importa verificar se as condições de existência de um estabelecimento permanente é satisfeita pela presença virtual de uma empresa, em um *site* da Internet, que seja por ela possuído ou utilizado, especialmente se nenhum outro elemento de conexão puder ser identificado no país da fonte.[16] Portanto, necessário se faz verificar se o *site* em questão constitui uma instalação material ou um representante da empresa, se o servidor pode ser considerado fixo e se o periódico exercício automatizado de atividades típicas de empreendimentos comerciais como propaganda, pedidos e pagamento podem caracterizar a celebração de contratos através de tal estabelecimento considerado fixo.

À primeira vista, o grande obstáculo para a caracterização de uma loja virtual como sendo um estabelecimento permanecente, como exige o modelo da OECD, parece estar na dificuldade em se identificar a presença física da empresa no país da fonte. No entanto, esta é a menor das dificuldades: uma página da Internet, ou *web page*, como é conhecida, é feita de binários, ou códigos digitais, e assim sendo encontra-se alojada sobre uma superfície magnética, normalmente algum tipo de disco rígido. O código binário se torna visível através de um computador e de um dispositivo de comunicação. Destarte, é possível identificar a presença física de uma empresa que atue na Internet, embora sobre uma forma nova, através de seu "estabelecimento" existente no computador do servidor que o veicula. Outrossim, considerando-se que muitos *sites* oferecem a possibilidade de celebração de negócios até mesmo com a disponi-

13. Art. 5º e §§ 5º e 6º do modelo OECD.

14. Art. 5º, § 4º, *a*.

15. Art. 5º, § 2º: um local de direção, uma sucursal, um escritório, uma fábrica, uma oficina, uma mina, pedreira ou qualquer outro local de extração de recursos naturais.

16. A presença de empregados, p. ex.

bilização instantânea do produto pedido e pagamento pela própria Internet, bem como ferramentas de pesquisa, linha de contato para dúvidas e sugestões, visualização e manuseio do conteúdo do banco de dados, entre outros, não é trabalho árduo identificá-lo como centro de negócios, ainda que prescinda da presença de empregados, e até mesmo tornar inaplicável as exceções do modelo da OECD.[17]

Também existe a alternativa, sob a perspectiva do modelo das Nações Unidas, de se considerar a própria página como um agente dependente da empresa, pois para este paradigma a definição de estabelecimento permanente é mais larga, incluindo os agentes dependentes que mantêm estoque de mercadorias e fazem sua expedição em nome da empresa.

Esta última solução esbarra de frente no modelo da OECD, pois neste, como se viu, instalações dessa natureza acarretam a conseqüência contrária, mas os países em vias de desenvolvimento de há muito têm celebrado tratados alargando a definição de estabelecimento permanente, para se aceitar a tributação de uma empresa em razão da mera existência de instalações de armazenagem ou de exposição de mercadorias e até mesmo independentemente da existência de uma instalação material.

De qualquer forma, para que se possa tributar uma empresa cuja presença em uma dada jurisdição seja apenas via Internet, independentemente de qual o raciocínio jurídico utilizado para tanto, o servidor do *site* deverá, necessariamente, estar localizado no país da fonte de modo permanente, ou seja, por um período razoável de tempo, sob pena de ausência de elemento de conexão com o país.[18]

Essa premissa, em verdade, é que apresenta as grandes questões da tributação dos rendimentos obtidos no país da fonte.

A Internet é caracterizada por redundâncias: com efeito, seu precursor (Arpanet) foi desenhado para ser redundante, pois deveria resistir a um ataque nuclear. Como resultado, é possível que um *site* possua vários espelhos, cada um situado em um local diferente, dentro de um mesmo país ou em diferentes países, veiculados, portanto, por servidores diferentes, sendo o consumidor direcionado a um deles de acordo com a tráfico eletrônico do momento. Nesse caso, é de se admitir inclusive que o vendedor não saiba a localização do servidor que em determinado momento esteja exibindo suas mercadorias e aceitando ordens, pois toda a rede é interligada, havendo a necessidade de se criar, para fins da tributação, uma fórmula para dividir entre os países os rendimentos obtidos. Note-se, no particular, a inexistência do conceito de filiais no âmbito da Internet e, como conseqüência, as operações e relatórios contábeis que se destinam à direção da empresa, na administração tradicional, não existem.

Mas não é só. Também é possível que a empresa, propositadamente, fuja à caracterização do *site* como estabelecimento permanente, impedindo a sua veiculação pelo tempo necessário para tanto. Nessa hipótese, o servidor, de propriedade da empresa, seria itinerante, estando situado num computador portável, p. ex. Uma outra possibilidade seria a transferência do *site*, para diferentes servidores, em curto espaço de tempo.

17. Sob o ponto de vista do modelo OECD, caso as funções disponibilizadas em dado *site* e servidor não forem suficientes para caracterizar a instalação como um estabelecimento permanente, poder-se-ia, ainda, verificar se outras atividades estariam sendo realizadas através do servidor, p. ex., a locação do excesso de capacidade do servidor pela empresa em questão, para a veiculação de outros *sites*, e o volume final de negócios da empresa em dada jurisdição seria tributável.

18. Se o servidor de um *site* está situado no estrangeiro, os rendimentos auferidos escapam à tributação pátria. Entendimento diverso levaria à subversão do conceito de soberania tributária. O servidor, como sendo o responsável pela veiculação de uma empresa na Internet, é o indicativo da adesão desta à jurisdição de um Estado. Se o *site* é veiculado por um servidor localizado no estrangeiro, está fora de cogitação a tributação da empresa.

Importa observar, ainda, que na caracterização de um *site* como centro fixo de negócios, outras variáveis devem ser consideradas: p. ex., a empresa pode ser dona do *site* mas alugar o servidor de um provedor, ou alugar tanto o *site* como o servidor, ou até mesmo alugar o *site* e o servidor e dividir várias funções com o provedor. Esse cenários invocam algumas analogias, que podem ser utilizadas para o desate do conflito tributário: as situações dos lojistas num *shopping center*, hipótese em que não haveria dúvida quanto à tributação; mas também pode-se simplesmente interpretar a relação como se se tratasse da postura de publicidade na mídia impressa, com efeitos tributários desastrosos para os países importadores de capital e tecnologia.

Uma complicação a mais deve ser acrescida à discussão. Quando a barreira da limitação da largura das bandas for ultrapassada, e esse progresso é evolução natural das tecnologias de cabo e satélite, será possível alocar a maioria, senão todas as funções e atividades de um negócio pela Internet em qualquer país do mundo, o que atrairá ainda mais as empresas para os paraísos fiscais. Isto representará um grande desafio para as leis internas dos países, que normalmente se baseiam em critérios semelhantes ao de estabelecimento permanente para determinar se os rendimentos de não-residentes, de modo geral, são tributáveis. Conceitos como o de residência, de pessoas físicas e jurídicas, fonte do rendimento, entre outros, precisarão ser revistos. A própria OECD através de Grupo de Trabalho tem se ocupado do assunto, mas ainda não divulgou nada oficialmente.

No que se refere à residência das empresas, determinada em muitos países pelo critério da sede estatutária, as novas tecnologias de comunicação com certeza irão afetar os testes de verificação atualmente existentes, levantando problemas não apenas na identificação do *status* legal das mesmas, mas também no próprio cumprimento da legislação tributária e nos métodos de encorajamento à adimplência do contribuinte.

O desenvolvimento das videoconferências e o afrouxamento dos requisitos legais relativos às reuniões do conselho administrativo e da diretoria já facilitam a sua realização em mais de uma jurisdição simultaneamente. Com o aprimoramento dessa tecnologia, será possível a um número determinado de pessoas se comunicarem trocando áudio e vídeo em tempo real, e isso causará o deslocamento da sede efetiva de administração das empresas para o ciberespaço. A sede administrativa, observe-se, prescindirá de um lugar físico determinado para funcionar e seus membros poderão estar em qualquer lugar do mundo, de modo que não será possível apontar um país determinado como o país de residência da empresa. Da mesma forma, a Internet permite a uma empresa que opere no país *B* a ser administrada efetivamente do país *A*, sem que as autoridades fazendárias do primeiro consigam estabelecer uma conexão suficiente a identificar a empresa como residente.

A possibilidade de os residentes de um país estabelecerem suas empresas no estrangeiro, onde são consideradas não-residentes, associada à natureza móvel do comércio eletrônico, tendem a intensificar a migração das atividades tradicionais para a Internet e dessas para paraísos fiscais, com desastrosas conseqüências para as Fazendas Públicas.

Ainda que a adaptação da legislação tributária se mostre capaz de ser adequadamente aplicada no ambiente do comércio eletrônico, o potencial de anonimato na Internet (que é total) irá atrair a difusão de atividades lucrativas no estrangeiro e os rendimentos que forem obtidos estarão fora do alcance das Administrações Fazendárias do país de residência do usuário.

Note-se que em tema de atividades desenvolvidas pela Internet nada impede que o pagamento seja feito eletronicamente, via cartão de crédito, sendo disponibilizado em um banco fora do país, e que o dinheiro possa ser normalmente utilizado através de cartões bancários do sistema *cirrus* e *plus*, entre outros, cartões de crédito, *smart cards*, *e-cash*, etc.

Uma outra questão diz respeito à caracterização do rendimento obtido, para fins de tributação, havendo necessidade de se aprimorar a definição de *royalties*, tanto no modelo de Tratado da OECD, como nas legislações internas dos países.

Os estudos atualmente existentes têm como objeto o programa de computador, mas em verdade os conteúdos que podem ser digitalizados e transmitidos pela Internet abrangem uma série de outros produtos como livros, música (áudio em geral), vídeo, jogos de azar, jogos eletrônicos, bancos de dados, fotografias etc.

Nesse campo, parece que a solução encontra-se na análise dos direitos obtidos pelo comprador quando da transferência do produto digital: pode-se obter o direito de se usar uma única cópia do produto, o direito de reproduzi-lo algumas vezes para um relatório interno da empresa ou uso em trabalho acadêmico, e ainda o direito de reprodução em massa.

Em alguns desses casos as transações são equivalentes à compra do mesmo produto sobre um suporte físico, o que resultaria em lucros empresariais ou ganhos de capital, enquanto em outros as transações objetivam permitir a exploração comercial do produto por terceiros e a contraprestação configura verdadeiro *royalty*.

No entanto, esse tipo de análise talvez não atenda ao amadurecimento desta nova indústria (produtos digitais). Imagine-se a aquisição de uma enciclopédia, p. ex., sob a forma tradicional. Regra geral o comprador não pode manipular seu conteúdo, no entanto, se a mesma enciclopédia for transmitida pela Internet, há a possibilidade de se alterar seu formato ou seus dados, criando-se até mesmo um produto novo, o que afastaria a disciplina tributária tradicional. Nesse sentido, observe que, com a transformação das atividades econômicas tradicionais, tem-se verificado um aumento de transações envolvendo conteúdo imaterial, que é incorporado em bens e serviços, até mesmo como uma parte substancial destes, merecendo cuidadosa avaliação a caracterização do rendimento daí decorrente.

3. Conclusões — A renda eletrônica e os tratados contra a bitributação

As tecnologias de comunicação, em especial da Internet, confronta-nos todos com questões jurídicas novas e intrigantes.

Da mesma forma que a revolução industrial o fez, a revolução tecnológica apresentará (e já apresenta) à humanidade uma era de inovações e crescente produtividade que, no entanto, não virá acompanhada de um crescimento da oferta de empregos, embora seja certo que abrirá campo para profissões novas. Em verdade, em função do alto nível de automação das atividades econômicas, o cenários que se delineia é de grande depressão no mercado de trabalho. Assim, o exame da nova riqueza das nações e da economia que se delineia para o século XXI está na ordem do dia, afigurando-se fundamental para a opção de políticas governamentais, dentre as quais as políticas tributárias.

Verifica-se que se faz necessário adequar o sistema tributário à nova economia, dadas as fugas de receitas que já começam a se verificar, com prejuízo inclusive à neutralidade tributária. Ademais, o aumento do número de desempregados corresponde a uma demanda por benefícios fiscais.

O presente estudo procurou apresentar o cenário fiscal relativo à renda proveniente do comércio eletrônico sob o prisma dos tratados bilaterais para evitar a dupla tributação, tendo-se concluído:

1. Uma loja virtual veiculada por um servidor no país da fonte do rendimento possui presença física nesse país e é também um centro de negócios, sendo possível sua tributação de acordo com o modelo de tratado da OECD.

2. Segundo o modelo das Nações Unidas, que é mais apropriado aos países em desenvolvimento, a página da Internet que veicula uma loja virtual pode ser considerada um agente dependente da empresa e, portanto, pode ser tributada.

3. De acordo com os modelos de tratados, a tributação de uma empresa cuja presença em dada jurisdição se dá apenas pela Internet depende de o servidor estar localizado no país da fonte de modo permanente.

4. A Internet amplia as possibilidades de elisão e evasão fiscal.

5. As novas tecnologias de comunicação irão afetar os testes de verificação da residência das empresas, pois a sede estatutária pode ser transferida para o ciberespaço.

6. As novas tecnologias aproximam os rendimentos obtidos com uma série de transações na Internet à disciplina dos *royalties*.

4. Bibliografia

AFONSO, Carlos Alberto, "The Internet and the community in Brazil: background, issues and options", jul. 96, <http://www.cg.org.br/artigos/doc7.htm> (22.2.99).

ALMEIDA, Edgard Pitta de, "A tributação dos serviços de acesso à Internet", *Revista Dialética de Direito Tributário* 14/7.

ASHRAF, Saba, "Virtual taxation: state taxation of Internet and on-line sales", 97, <http://www.law.fsu.edu/journals/lawreview/issues/243/ashraf.html> (18. 2.99).

BORGES, José Souto Maior, "Imunidade tributária dos produtos de informática (ICMS/IPI/ISS)", *Repertório IOB de Jurisprudência* 24/96, 2ª quinz. dez. 96, Caderno 1, p. 545.

BRITO, Edvaldo, "*Software*: ICMS, ISS ou imunidade tributária?", *Revista Dialética de Direito Tributário* 5/19.

CARROLL, Jim e BROADHEAD, Rick, *1998 Canadian Internet Handbook*, Scarborough, Prentice Hall Canada Inc., 1998.

CAVALCANTI FILHO, Jayme Arcoverde de Albuquerque e VALVERDE, Gustavo Sampaio, "Conceito de livro e imunidade tributária", *Revista Dialética de Direito Tributário* 27/77.

CHODOS, Robert, MURPHY e Era, HAMOVITCH, Eric, *Lost in Cyberspace? — Canada and the Information Revolution*, Toronto, James Lorimer & Company, 1997.

CORDELL, Arthur, "New Taxes for a New Economy", primavera 96, <http://www.usask.ca/library/gic/v2n4/cordell/cordell.html> (23.3.99).

COX, Christopher, "Web Commerce: a tempting target for tax collectors?", last updated in jan. 99, <http://www.house.gov/chriscox/nettax/Web-commerce.html> (18.2.99).

DERTOUZOS, Michael L., *What will be: how the new world of information will chagne our lives*, 1ª ed., San Francisco, HarperEdge, 1997.

DINIZ, Maria Helena, *Curso de Direito Civil Brasileiro*, 1º v., *Teoria Geral do Direito Civil*, 11ª ed., São Paulo, Saraiva, 1995.

Directorate for Financial, Fiscal and Enterprise Affairs. Committee on Fiscal Affairs. OECD-Organisation for Economic Co-operation and Development, "Electronic Commerce: Taxation Framework Conditions", out. 98, <http://www.oecd.org/daf/fa/e_com/framework.pdf> (13.2.99).

Discussion Report of the ATO Electronic Commerce Project, "Tax and the Internet", ago. 97, <www.ato.gov.au/ecp/ecom_p1.doc> (18.2.99).

EGGER JÚNIOR, Idelmar, "Da necessidade da utilização da Internet no mundo moderno", jan. 97, <http://www. egger.com.br/artigos/art-01-jr.htm> (18.2. 99).

FALCÃO, Amílcar, *Fato Gerador da Obrigação Tributária*, 6ª ed., Rio de Janeiro, Forense, 1995.

GARCÍA-SIERRA, Andy, "Electronic Commerce and the Internet", s/d, <http://www.cf.ac.uk/uwcc/masts/ecic/netcom.html> (20.2.99).

GLANZ, Semy, "Internet e contrato eletrônico", *RT* 757/70, ano 87, nov. 98.

GRECO, Marco Aurelio, "Ajustamento da tributação às novas realidades", *Repertório IOB de Jurisprudência* 2/99, 2ª quinz. jan. 99, Caderno 1, p. 74.

__________ "Electronic Commerce: Taxation framework - Report by OECD", nov. 98, <http://www.mashb.com/EC/112298.htm> (20.2.99).

———— "Sales taxation of downloaded software", set. 98, <http://www.-mashb.com/EC/092098.htm> (20. 2.99).

HIGUCHI, Hiromi, HIGUCHI, Fábio Hiroshi e HIGUCHI, Celso H., *Imposto de Renda das Empresas: Interpretação e Prática*, 24ª ed., São Paulo, Atlas, 1999.

IRVINE, Martin, *Web works: a Norton pocket guide*, New York, 1ª ed., WW Norton & Company Inc., 1997.

JACKSON, M. Drew e TAYLOR, Timothy L., *The Internet Handbook for Canadian Lawyers*, 2ª ed., Scarborough, Carswell — Thomson Professional Publishing, 1997.

LIMA NETO, José Henrique Barbosa Moreira, "Da inviolabilidade de dados: inconstitucionalidade da Lei 9.296/96", out. 96, <http://www.travelnet.com.br/juridica/art40a96.htm> (25.2.99).

————"O ICMS e a prestação gratuita de serviço", *Revista Dialética de Direito Tributário* 20/41.

————*Revista Dialética de Direito Tributário* 18/27.

MCCREA, Philip e SMART, Bob, "The Internet Report", jun. 97, "CSIRO Division of Mathematical and Information Sciences", <www.ato.gov.au/ecp/csiro.pdf> (18.2.99).

MCLURE JR., Charles E., "Taxation of Electronic Commerce: Economic objectives, technological constraints, and tax law", mai. 98, <www-techlaw.stanford.edu/pages/Inttax.pdf> (18.2.99).

MOTTA FILHO, Marcello Martins, "*Software* de prateleira e o ICMS", *Revista Dialética de Direito Tributário* 35/64.

MUSCOVITCH, Zak, "Taxation of Internet Commerce", abr. 96, <http://www.globalserve.net/~zak/Taxation.html> (1.3.99).

NAVARRO COELHO, Sacha Calmon, *Noções da Fiscalidade Internacional*, Belo Horizonte, Movimento Editorial da Faculdade de Direito da UFMG, 1998.

NEVES, Carvalho, "Citação de documentos eletrônicos da Internet", mai. 1997, <www.geocities.com/Athens/forum/1934/6citacao.html> (28.3.99).

NEWMAN, Nathan, "Prop 13 meets the Internet: How state and local government finances are becoming road kill on the information superhighway", ago. 95, <http://garnet.berkeley.edu:3333/budget/tax-internet/taxart3b.html> (13.2.99).

———— "The Great Internet Tax Drain", fev. 97, <http://www.techreview.com/articles/mj96/newman.html> (13.2.98).

———— newman@garnet.berkeley.edu>, "[E-NODE] Virtual Sunshine may rain on local economic development", (6.6.96), <localgov@calliope.wln.com> (13.2.99).

OECD-Organisation for Economic Cooperation and Development, "Electronic Commerce: Taxing Times", mar. 99, <http://www.oecd.org/daf/fa/e_com/e_com. htm> (16.3.99).

———— "The challenges to tax authorities and taxpayers", nov. 97, <www.ispo.cec.be/ecommerce/tax.pdf> (18.2.99).

———— "3rd Update to the 1992 Model Tax Convention", fev. 99, <http://www.oecd.org/daf/fa/treaties/3rd_up. htm#3rd_newformat> (16.3.99).

SARAIVA FILHO, Oswaldo Othon de Pontes, "Os *CD-ROMS* e disquetes com programas gravados são imunes?", *Revista Dialética de Direito Tributário* 7/34.

SMEDINGHOFF, Thomas J., BASILE JR., Andrew R., BRO, Ruth Hill, GILBERT, Geoffrey G., OEI, Lorijean G., PERDUE, Elizabeth S., STRAND, Peter J., STROUSE, Jonathan E. e ZANGER, Larry M., *Online Law: The SPA's Legal Guide to doing business on the Internet*, 1ª imp., New York, Addison Wesley Developers Press, 1996.

SOETE, Luc e KAMP, Karin, "The Bit Tax: a case for further research", ago. 99, <http://www.ispo.cec.be/hleg/bittax.html> (23.3.99).

TEIXEIRA, Rômulo José de Medeiros, "ICMS na operação mercantil com *software*", s/d, <http://www.jus.com.br/links/software.html> (20.2.99).

XAVIER, Alberto, *Direito Tributário Internacional do Brasil*, 4ª ed., 3ª tir., Rio de Janeiro, Forense, 1998.

NOTAS & COMENTÁRIOS

O IMPOSTO SOBRE SERVIÇOS, AS SOCIEDADES UNIPROFISSIONAIS E OS LABORATÓRIOS DE ANÁLISES CLÍNICAS

JOÃO LUIZ COELHO DA ROCHA

Professor de Direito Comercial da PUC do Rio de Janeiro — Advogado

1. O tratamento reservado às "sociedades uniprofissionais". 2. A preservação do princípio da isonomia. 3. Os médicos laboratoristas. 4. Conclusão.

A contrapartida da grande importância atual do imposto sobre serviços de qualquer natureza (ISSQN ou, simplesmente, ISS) para as receitas municipais é, no outro extremo, o peso do ônus de um tributo que os prestadores de serviços sofrem de modo direto e frontal sobre todas as suas receitas operacionais brutas, por isso que (a) a lei não lhes concede sequer, por política compreensível de controle fiscal, a possibilidade de excluir de seu preço, antes da tributação específica, o reembolso de despesas necessárias cobertas pelo cliente e (b) a estrutura do tributo não contemplou a não-cumulatividade que o ICMS e o IPI deferem aos comerciantes e industriais.

O prestador de serviços paga, portanto, o imposto em percentual sobre o preço do serviço que presta, e não lhe é dado descontar o ISS que estava embutido nas faturas por ele pagas àqueles que lhe cumpriram serviços auxiliares necessários à boa formulação dos seus.

A denominação constitucional deste imposto (art. 156, III) não parece, de início, muito correta ("sobre serviços de qualquer natureza"), ainda que a própria expressão tipológica procure tal justificativa em diferenciar a hipótese de seu advento daquela deferida aos serviços de transporte entre Estados ou entre Municípios, ou de comunicações, pois que esses (art. 155, II, da Carta) qualificam o advento do ICMS.

Mas o fato é que — declara, ainda, a Lei Maior — não são sujeitos à circunscrição tributária *quaisquer* serviços, ou serviços de *qualquer* natureza, senão aqueles que —a própria Carta comanda — sejam "definidos em lei complementar".

Passou e foi sepultada, há anos, a pretensão fazendária em verificar na Lista de Serviços que a "lei complementar" (até hoje o Decreto-lei 406/68, como tal acolhido pela jurisprudência e recebido pela nova Carta com o mesmo caráter qualificado) descreve uma natureza apenas exemplificativa, indicativa, podendo o ente político municipal criar novas tipificações de serviços. Sabe-se hoje que a jurisprudência sedimentou o caráter taxativo da listagem (dispensando-se, pois, maiores ponderações a esse respeito), sendo tributados tão-só (e já não são poucos) os serviços ali figurados pelo legislador.

1. *O tratamento reservado às "sociedades uniprofissionais"*

O que permanece constante, já passadas décadas, é a confrontação dos credores tributários edilícios quanto ao tratamento diferenciado que experimentam as sociedades civis uniprofissionais de prestação de serviços de profissão regulamentada.

A expressão do Decreto-lei 406/68 (§ 3º do art. 9º) assim se coloca: "Quando os serviços a que se referem os itens 1, 4, 8, 25, 52, 88, 89, 90, 91 e 92 da Lista anexa forem prestadas por sociedades, estas ficarão sujeitas ao imposto na forma do § 1º, calculado em relação a cada profissional habilitado, sócio, empregado ou não, que preste serviços em nome da sociedade, embora assumindo responsabilidade pessoal, nos termos da lei aplicável".

Desde o início os Municípios não se conformaram com esse trato distinto, porque, por evidente, representava abrandamento notável na carga tributária daquelas sociedades prestadoras de serviços.

É razoável supor que o credor municipal do ISS ficasse muito infeliz com um dispositivo legal que lhe retirasse a receita mensal de 5% do faturamento daqueles prestadores de serviços em troca de uma contribuição anual fixa, por profissional habilitado da sociedade.

Na outra face do fenômeno, contudo, havia que se perceber uma razão de ser sócio-econômica para aquele discrímen: uma sociedade de médicos, ou de advogados, ou de contadores, não tem a mesma apropriação "empresarial" de uma gráfica ou de uma sociedade de pintura de paredes.

Estas últimas "vendem" seus serviços em função óbvia de sua capacitação técnico-empresarial, e não decerto em razão da *qualidade dos sócios* da empresa enquanto gráficos ou pintores. Ou seja, ao buscar uma gráfica ou uma empresa de instalações hidráulicas estou buscando uma entidade cujo aviamento, cujo conceito empresarial, contemple qualidades de bom prestador de serviços.

Mas ao procurar uma sociedade de advogados ou de médicos estou, na verdade, procurando especificamente a capacitação de um ou mesmo de mais de um profissional que ali ofereça tais serviços. A personalização é óbvia e evidente na experiência de cada um que já procurou um profissional dessas estirpes.

A estruturação eventual em forma de sociedades de tais profissionais de Medicina, ou de Direito, ou de outra profissão deste nível, é algo que refoge ao interesse do cliente. Este último não procura o cirurgião plástico, por exemplo, porque ele se acha estruturado em uma sociedade civil, mas porque tem confiança nele como profissional.

Na esteira desse fenômeno encontra-se a justificação para o trato diferenciado que a tributação do ISS empresta a um ou outro subgênero de sociedade prestadora de serviços.

2. *A preservação do princípio da isonomia*

Os defensores da pretensão fazendária em demandar toda a tributação do ISS de todas as pessoas jurídicas prestadoras de serviços na base de cálculo do movimento econômico tem esgrimido como seu sustentáculo a defesa do princípio constitucional da isonomia (art. 150, III), por isso que, nesta ótica, seria vedado conferir àquelas associações de profissionais médicos ou advogados etc. um trato tributário mais favorecido que o imputado às sociedades de serviços gráficos e outras desse matiz.

O que se deve contrapor, por conseqüente, a tal argumentação é a evidência de que as sociedades de profissionais ligados a profissões legalmente regulamentadas — como os médicos, os advogados, cujo exercício profissional é balizado em legislação própria e estrita — não estão em condições de igualdade — jurídica, econômica — com as outras sociedades prestadoras de serviços.

Os sócios médicos, qualquer que seja sua especialidade, nas suas respectivas sociedades, assim como advogados, engenheiros, etc., nas suas sociedades próprias de serviços, respondem, nas regras das legislações regulamentadoras daquelas atividades, em nome pessoal, próprio, de modo ilimitado, por atos de seu ofício praticados.

Essa já é a diferenciação jurídica essencial, e que se ajusta à caracterização, por assim dizer, institucional daquelas sociedades, pois, ao contrário das prestadoras de serviços comuns — de pintura, de gráfica, de serviços de dedetização etc. — aqui, o que qualifica, o que identifica, o que atraí a clientela à sociedade na busca de seus serviços é a figura profissional do médico, do advogado, do engenheiro, que está ali, sócio integrado nela, em cuja gabaritação técnica confia o cliente.

Uma gama de decisões recentes tem apontado o reconhecimento judicial desse tratamento diferenciado e sua plena compatibilização com a ordem constitucional presente:

"ISS — Sociedade de profissionais — Recolhimento privilegiado. As sociedades, cujos serviços constam dos itens 1, 4, 8, 25, 52, 88, 89, 90, 91 e 92 da Lista anexa ao Decreto-lei n. 406/68, ficam sujeitas ao recolhimento do ISS na forma privilegiada, definida pelo art. 9º, § 3º, do referido decreto-lei" (STJ, 1ª T., REsp 152.588-PR, rel. Min. Garcia Vieira, advs.: Fernando Loeser e Osmar Alfredo Kohler, v.u., *DJU* 2.3.98, p. 41, *ADCOAS* 8159273).

"ISS — Sociedades uniprofissionais — Base de cálculo — Lei complementar — Necessidade. Sem a lei complementar prevista na Carta Magna, a base do cálculo do imposto municipal sobre serviços fica adstrita ao Decreto-lei n. 406/68, não podendo o Município taxar os profissionais relacionados, como os advogados, pelo faturamento quando reunidos em sociedade uniprofissional" (TACivRJ, 7ª C., Ap. 5.546, Capital, reg. 14.12.95, rel. Juiz Rudi Loewenkron, *ADCOAS* 8150394).

"ISS — Sociedade uniprofissional — Recolhimento — Exegese. Continuam em vigor as disposições do Decreto-lei n. 406/68, recepcionadas que foram pela atual Constituição Federal. Portanto, o recolhimento do ISS, devido pelas sociedades uniprofissionais, far-se-á nos termos do art. 9º, § 3º, do referido diploma legal" (TACivRJ, 5ª C., Ap. 1.158, Capital, reg. 15.8.95, rel. Juiz Nametala Jorge, v.u., *ADCOAS* 8148555).

Na segunda das decisões acima houve, ao contrário do acontecido nas outras, voto divergente, do relator Juiz Gualberto de Miranda, assim vazado: "O apelado não é, como quer fazer ver, uma sociedade profissional ou uniprofissional, mas sim de caráter totalmente empresarial. Basta consultar o seu contrato social, que é dividido em cotas sociais: os honorários ganhos pertencem ao patrimônio da sociedade e os lucros serão divididos pelos sócios na proporção de seu capital na sociedade".

Aí está, com a respeitosa vênia, um retrato emblemático da errônea percepção do ditame legal. Não exige o Decreto-lei 406, em sua regra própria, que os profissionais liberais, ao se constituírem em sociedade, *não apurem lucros nesta*, e nem o fato econômico jurídico da apuração de lucros na sociedade de serviços a torna sociedade de "caráter empresarial". Assim como não há demanda alguma na lei de ser a sociedade "unipessoal", o que quer que se pretenda dizer com isso.

Se a lei admite, por suposto, que certos profissionais constituam sociedade e tenham direito à tributação especial do ISS, será *ultra legem* exigir-se que não apurem ali lucros e recebam seus valores apenas a título de honorários. Ademais, se fosse assim, para que serviria a sociedade?

3. Os médicos laboratoristas

Desde a edição da Lei Complementar 56, de 15.12.87, o trato dessa particular base de cálculo do ISS é concedido pelo § 3º do art. 9º do Decreto-lei 406, alterado por aquela Lei Complementar 56; e que aqui voltamos a transcrever: "Quando os serviços a que se referem os itens 1, 4, 8, 25, 52, 88, 89, 90, 91 e 92 da Lista anexa forem prestados por sociedades, estas ficarão sujeitas ao imposto na forma do § 1º, calculado em relação a cada profissional habilitado, sócio, empregado ou não, que preste serviços em nome da sociedade, embora assumindo responsabilidade pessoal, nos termos da lei aplicável".

Para completa percepção do específico tópico aqui sob exame, são esses os itens 1 e 2 da Lista de Serviços anexa àquele decreto-lei, na redação já atualizada:

"1 — Médicos, inclusive análises clínicas, eletricidade médica, radioterapia, ultra-sonografia, radiologia, tomografia e congêneres.

"2 — Hospitais, clínicas, sanatórios, laboratórios de análise, ambulatórios, prontos-socorros, manicômios, casas de saúde, de repouso e de recuperação e congêneres."

Observa-se da regra legal que criou a base de cálculo diferenciada que vai ela se reportar aos serviços da Lista anexa que falem do exercício das profissões regulamentadas, aqueles que induzem responsabilização pessoal. Então, refere-se ela aos serviços do item 1, e ali estão os executados por profissionais médicos, tal como se refere ao item 8 (profissionais veterinários), 25 (contadores), 52 (agentes da propriedade industrial), 88 (advogados) etc.

Não se reporta a regra da especial base de incidência aos serviços do item 2, pois estes se relacionam a atividades que, ligadas que são à área médica, envolvem, contudo, uma estruturação empresarial (hospitais, clínicas) e não acarretam necessariamente responsabilidade pessoal dos médicos que ali atuam.

Se temos três médicos cardiologistas que resolvem constituir consultório sob a forma de uma sociedade civil de prestação de serviços, ainda que no exercício de seu ofício usem de aparelhagens sofisticadas — como é hoje comum na área cardiológica —, o ISS incidente sobre tais serviços prestados, faturados pela sociedade, vai sê-lo sobre a base de cálculo fixa do § 3º do art. 9º do Decreto-lei 406.

E isto porque é um serviço referido no item 1 da Lista anexa, prestado por sociedade de médicos, só de médicos, que terão responsabilização pessoal pelos seus atos de profissão ali praticados.

De igual maneira, cremos, deve-se ter na hipótese dos médicos laboratoristas, pois que o item 1 da Lista teve o cuidado de expressar, de modo elucidativo: "médicos, *inclusive análises clínicas* (...)" (grifamos).

Ora, o profissional de análises clínicas exerce um ramo da Medicina tão qualificado quanto o cardiologista ou o oftalmologista, e responde pessoalmente, nos termos da sua idêntica regulamentação profissional, pelos seus atos de ofício.

Se três médicos laboratoristas, patologistas, ou analistas clínicos, portanto, se reúnem para exercer sua profissão em uma sociedade civil prestadora de serviços, eles deverão ter o mesmo trato do ISS que aqueles cardiologistas acima tomados como exemplo.

Não há que se falar em que os analistas clínicos usam mais equipamentos, pois no cotidiano sabemos que, com a possível exceção do clínico geral, todos os especialistas fazem uso, nos seus exames e nas terapias, de requintada aparelhagem.

Por mais evoluído, caro ou complexo que seja o aparato tecnológico usado pelo médico, o produto final, em termos de diagnóstico, resultado de exame, ou de tratamento, vai depender do controle, da apreciação e do conhecimento do médico responsável, e por isso ele é responsável, trate-se aqui de um cardiologista ou de um laboratorista.

O grande traço de união — e que será, assim, a constante agregadora que qualifica as sociedades profissionais que desfrutam da base de cálculo fixa (§ 3º do art. 9º do Decreto-lei 406) — será o desempenho exclusivo de serviços daqueles listados nos itens 1, 8 etc. da Lista anexa, e cujos profissionais respondem pessoalmente pelos seus atos.

Bem, os médicos analistas, laboratoristas, executam serviços especificadamente mencionados no item 1 da Lista, e são eles responsáveis médicos pelos seus atos, pelos exames que fazem.

Não há cabimento legal, assim, em tentar excluir as sociedades de médicos laboratoristas, ou analistas clínicos, do trato especial — base de cálculo fixa anual — do § 3º do art. 9º do Decreto-lei 406, sob o argumento de que o item 2 da Lista — não referido na permissão legal — se refere a "hospitais, clínicas, sanatórios, laboratórios de análise (...)".

O que se pode concluir é que os laboratórios de análises que se estruturam de modo estritamente empresarial, admitindo sócios não-médicos, ou não-laboratoristas, enfim, se diluindo na sua especificação médica, de um modo tal que seus sócios não serão mais todos eles responsáveis pessoalmente por seus atos de ofício, esses estarão sujeitos à tributação comum do ISS pelo movimento econômico, tal como os hospitais, as casas de saúde.

É a esses "laboratórios de análises" que se refere o item 2 da Lista anexa ao Decreto-leo 406, pois que no item 1 a lei se esmerou em declarar "médicos, inclusive análises clínicas", incluindo, pois, na base de cálculo especial esses profissionais.

Ao citar no exame da exceção criada pelo § 3º do art 9º do Decreto-lei 406 os tipos de sociedades de profissionais ali qualificados, Bernardo Ribeiro de Moraes (*Doutrina e Prática do ISS*, 1ª ed., São Paulo, Ed. RT, p. 549) fala em "(...) atividades em que o concurso do profissional habilitado é obrigatório (sociedade de médicos, de advogados, *laboratório de análises clínicas etc.*) por exigência legal (...)" (grifamos).

Temos como errôneas, pois, ilegais, as posições doutrinárias e asserções jurisprudenciais que arrolam todo e qualquer laboratório de análises clínicas como sujeito ao ISS pelo movimento econômico. Tal entendimento equivale a negar vigência ao § 3º do art. 9º do Decreto-lei 406 no que se assenta ele no item 1 da Lista, que declara sua extensão a "médicos, inclusive análises clínicas (...)".

Há decisões, permita-se, um tanto superficiais, como a do TACRJ, pela sua 1ª Câmara (ac. Un. na Ap. 10.737, *ADCOAS* 1998, n. 139630), e que simplesmente asseveram: "Os laboratórios de análises médicas têm previsão específica no item 2 da Lista de Serviços da Lei Complementar n. 56/87, que modificou o § 3º art. 9º do Decreto-lei n. 406/68, excluindo-os do privilégio fiscal da tributação favorecida reservado às sociedades uniprofissionais".

Na verdade, o que se contempla naquele item 2 da Lista não exclui os médicos laboratoristas associados do "privilégio fiscal da tributação favorecida reservado às sociedades uniprofissionais", pois junto com aquele item existe o antecedente item 1, referido no § 3º do art. 9º do mesmo Decreto-lei 406, onde se contemplam os "médicos, inclusive análises clínicas".

É assim que somente os laboratórios de análises que se desvincularem da uniprofissionalidade não mais gozarão daquele que o próprio *decisum* acima chama de benefício "reservado às sociedades uniprofissionais".

Neste passo, mais ajustado à realidade do tratamento tributário criado pelo Decreto-lei 406, com suas subseqüentes alterações, será o acórdão unânime da 1ª Turma do STJ no REsp 45.894-3, publicado no *DJU* de 27.11.95, e que assim declara em sua ementa:

"O item 1 da Lista só alcança os médicos como profissionais liberais, inclusive os analistas e conseqüentemente sociedades (compostas de profissionais de Medicina) que realizem esses serviços.

"*In casu*, cuida-se de laboratório que atua como empresa e os seus sócios não são profissionais da Medicina, não se tratando de sociedade que presta serviços inerentes à profissão de médico."

É indubitável, pois, que se um laboratório de análises clínicas não é uma associação profissional inteiramente de médicos, mas envolve sócios de outra qualificação, ainda que não sejam tais sócios pessoas jurídicas, está ele se adequando no molde do item 2 da Lista, e sua tributação será pelo movimento econômico, tributação comum.

Mas não é porque os médicos analistas clínicos não desempenhem seu ofício como pessoas físicas, mas se incorporem em uma sociedade por cotas, sob o nome de "Laboratório de Análises Clínicas 'X' Ltda.", que deixam eles de estar incluídos, como os demais médicos, no item 1 da Lista — de desfrutar da tributação especial.

As exigências do § 3º do art. 9º do Decreto-lei 406 são bem claras, e o desempenho da profissão de médico no ramo das análises clínicas sob uma sociedade composta só de médicos analistas já lhes assegura aquele trato especial do ISS, tal como sucede na sociedade de advogados ou de contadores, ainda que estas tenham o nome de "Escritório de Advocacia 'X' Ltda." ou "Serviço de Contabilidade 'X' Ltda.".

Outra decisão do STJ, no REsp 4.673-0-SP (*RSTJ* outubro/94, p. 198), também vai buscar a linha distintiva certa entre as sociedades de profissionais liberais que desfrutam e as que não desfrutam da tributação especial: "Tributário — ISS — Sociedade de profissionais liberais — Decreto (*sic*) 406/68. Não tendo os sócios habilitação para o pleno exercício das atividades da sociedade de profissionais liberais, esta não pode gozar das benesses do Decreto 406/68 (*sic*), art. 9º, § 3º".

A contrario sensu, pois, se os sócios têm a plena qualificação médica a sociedade está entre os beneficiados pelo trato especial.

Não há falar ou cogitar, então, de "nível empresarial", "estruturação técnica", "distribuição de lucros", assim como não tem relevância o fato de a sociedade de analistas clínicos vir sob o nome de "Laboratório de Análises Clínicas 'X' Ltda.".

O que torna a sociedade merecedora do benefício legal do § 3º do art. 9º do Decreto-lei 406/68 é ser ela constituída unicamente de sócios de uma única profissão, daí sociedade "uniprofissional", e que seja essa profissão uma daquelas dos itens 1, 8 etc. da Lista anexa ao citado decreto-lei, pois estes são os profissionais responsáveis individualmente pelos seus atos, nos termos das leis regulamentadoras de seu ofício.

E as sociedades de análises clínicas podem se subsumir nas condições acima.

De um modo correto, pode-se afirmar que, ao terem todos os seus sócios como médicos laboratoristas, com responsabilização pessoal, os laboratórios de análises clínicas sob forma de sociedades civis gozam da tributação especial garantida pelo § 3º do art. 9º do Decreto-lei 406, requisitos básicos e suficientes reconhecidos pelo Judiciário, como vemos: "As sociedades profissionais sem caráter empresarial com responsabilidade pessoal têm direito ao privilégio previsto no art. 9º, § 3º, do Decreto-lei n. 406/68" (STJ, ac. un. da 1ª T., *DJU* 1.12.97).

4. Conclusão

É despida de qualquer sustentação legal, de qualquer referência matricial à lei tributária, além de absurdamente desprovida de eqüidade, a prescrição de uma indefinida e difusa característica empresarial aos laboratórios de análises clínicas.

Não há, repetimos, parâmetros legais que autorizem tal conclusão. Ademais, um certo nível de "tecno-estrutura" empresarial se verifica hoje em qualquer consultório médico mais moderno. E nem por isso se desqualificam os ginecologistas, ou os cardiologistas, em suas sociedades civis, pelo fato de possuírem um certo ativo fixo ponderável em maquinaria médica e uma razoável extensão de atendentes não-médicos.

Enquanto a associação de médicos analistas clínicos, tal como as dos esculápios de outras especialidades, mantiver todas as cotas sociais em mãos daqueles profissionais especializados, e enquanto forem eles, por força das leis regulamentadoras, responsáveis pessoais pelos atos médicos de sua sociedade, os laboratórios de análises clínicas estão sujeitos à tributação especial do ISS, prevista no § 3º do art. 9º do Decreto-lei 406/68, até que tal ordenamento tributário venha a ser alterado.

NOTAS & COMENTÁRIOS

CAPACIDADE CONTRIBUTIVA, IPTU E PROGRESSIVIDADE

CARLOS RENATO SILVA E SOUZA
Bacharel em Direito pela Universidade de São Paulo

1. Introdução. 2. A repartição do ônus tributário: 2.1 Aspectos gerais — 2.2 Critérios econômicos — 2.3 Critérios políticos — 2.4 Critérios jurídicos. 3. O princípio jurídico da igualdade: 3.1 Aspectos gerais — 3.2 Igualdade tributária e justiça fiscal. 4. O princípio da capacidade contributiva: 4.1 Conceito — 4.2 Conceitos correlatos: 4.2.1 Capacidade econômica — 4.2.2 Capacidade financeira — 4.2.3 Capacidade tributária passiva — 4.3 Eficácia do princípio: 4.3.1 O mínimo vital e o princípio do benefício — 4.3.2 O confisco — 4.3.3 Aplicabilidade aos tributos vinculados — 4.3.4 Aplicabilidade aos tributos indiretos — 4.4 A avaliação da capacidade contributiva. 5. Progressividade: 5.1 Aspectos gerais — 5.2 Progressividade e capacidade contributiva — 5.3 Progressividade e extrafiscalidade. 6. Progressividade e IPTU: 6.1 IPTU. Aspectos gerais — 6.2 IPTU e extrafiscalidade — 6.3 A progressividade do IPTU — 6.4 Critérios de progressividade do IPTU. 7. Conclusões.

1. Introdução

O tema a ser abordado é o princípio da capacidade contributiva, expresso em nosso ordenamento no art. 145, § 1º, da CF. Trata-se de princípio que tem função de orientar todo o Sistema Tributário, uma vez que estabelece limites à atuação do legislador na escolha das hipóteses de incidência dos tributos, visto que não há de ser qualquer fato praticado revelador de capacidade contributiva. De maneira semelhante, é também princípio orientador para o aplicador da lei tributária, pois este deverá, no caso concreto, verificar se a imposição do tributo, ainda que prevista em lei, não fere o referido princípio. Por conseguinte, suas diversas implicações não podem ser desconhecidas se se deseja compreender a organização do Sistema Tributário. Desta forma, só por esse caráter de relevância técnica já se justificaria um estudo mais aprofundado do tema.

O princípio da capacidade contributiva, entretanto, representa muito mais do que uma realidade técnico-jurídica. Ele é uma das formas pelas quais se procura, no campo tributário, alcançar dois dos objetivos mais importantes da ordem jurídico-constitucional: a igualdade (art. 5º, *caput*) e a justiça social (art. 3º, I). Assim, o princípio comporta interpretações as mais diversas, mas neste estudo ter-se-á sempre em mente este seu conteúdo axiológico, o qual deflui do ordenamento constitucional, mas não só dele.

É necessário, portanto, diante da forma lacônica com que a nossa Lei Maior a esse princípio se refere, procurar delimitar seu conteúdo e alcance, a fim de determinar quais serão os reflexos diretos que certamente há de ter o princípio sobre a vida do cidadão-contribuinte, ou seja, até que ponto estará ele sujeito à imposição de um ônus tributário. O princípio da capacidade contributiva, por conseguinte, não deixa de ser, tal qual os princípios da anterioridade e da legalidade, uma garantia ao cidadão contribuinte contra os abusos do Fisco.

E, como princípio constitucional tributário, a capacidade contributiva se insere em um sistema mais amplo. Já se aludiu ao fato de ser ela decorrente da idéia de igualdade perante a lei. Mas também do princípio da capacidade contributiva pode-se extrair outros princípios, como os da progressividade e da seletividade. Estes princípios, na verdade, são, na opinião de boa parte da doutrina, formas de concretização do princípio mais abstrato da capacidade contributiva, que, por sua vez, é forma de concretização do princípio jurídico geral da igualdade.

Antes, contudo, de uma análise do princípio em sua realidade jurídica, ter-se-á de compreender sua pertinência social. O Direito, embora Ciência dogmática, é expressão dos valores da sociedade, e estes devem ser invocados, especialmente no caso de normas genéricas ou princípios, para auxiliar sua interpretação. De fato, é relevante conhecer de que maneira se justifica econômica e politicamente o princípio, pois é da compreensão dessas teorias que se poderá delimitar com mais clareza os valores que a norma tutela. Assim, deverão ser buscadas as teorias de cunho extrajurídico que levaram o legislador — não só brasileiro — a erigir o princípio da capacidade contributiva ao *status* de princípio constitucional tributário.

Deseja-se, neste trabalho, oferecer uma visão panorâmica do que se tem entendido ser o conteúdo do princípio e os efeitos de sua aplicação, para, somente então, discutir um problema prático que muita polêmica tem causado nos meios jurídicos pátrios: o da progressividade do IPTU. O estudo do princípio da capacidade contributiva, portanto, deverá ser visto como uma tentativa de contextualização e de análise de um problema que concretamente se apresenta e que, por meio desse enfoque, se pretende resolver.

2. A repartição do ônus tributário

2.1 Aspectos gerais

O Estado, no mundo atual, vem assumindo cada vez mais funções, em muito se distanciando do Estado Liberal, que pouco assegurava a seus súditos além da proteção policial e militar e de um arcabouço jurídico mínimo, necessário à manutenção da boa ordem nas relações econômicas, de maneira a garantir o bom funcionamento do mercado. Se já então se colocava o problema da repartição do ônus tributário — tema, aliás, abordado pelos economistas de então, como o próprio Adam Smith —, muito maior relevância tem a questão hoje, ante a realidade do *Welfare State*, o Estado-provedor, que atua como prestador de uma série de serviços básicos, como saúde, educação, infra-estrutura, previdência social etc.

As atividades ora desenvolvidas pelo Estado ganham, por meio de uma escolha política, o caráter de necessidades públicas. É a sociedade quem determina, através do processo político, quais as funções que deverão ser desempenhadas pelo Estado, estabelecendo-lhe determinados deveres. Todavia, se tais deveres geram benefícios a essa sociedade que os instituiu, terá ela, evidentemente, de prover o Estado dos recursos necessários à sua consecução. Por isso se diz que "há a *necessidade-fim*, ou seja, o bem jurídico-político, no caso, tutelado e a imperiosidade da *existência das necessidades-meio*, para que a primeira possa ser prestada".[1]

1. Régis Fernandes de Oliveira, *Manual de Direito Financeiro*, p. 10.

A questão que surge então é saber como o Estado obterá os recursos para cobrir seus gastos. Ao longo da história, sua fonte primordial de dinheiro sempre foi a tributação, e a realidade atual não é diferente. Os tributos são, de certa forma, um redirecionamento de recursos por parte dos cidadãos, das famílias e das empresas, que, ao escolherem as maneiras pelas quais se querem ver tributados, destinam quantias originalmente suas a bens e serviços governamentais.[2]

Em suma, tem-se que a instituição de tributos é uma questão ao mesmo tempo política e econômica. Se, por um lado, é vantajosa para os cidadãos a existência de um ente central que lhes possa fornecer uma série de utilidades, por outro não é única a solução que se pode dar ao problema de saber com quanto cada um deve contribuir para assegurar o regular funcionamento desse ente, o que acaba por acarretar um conflito político importante, talvez o mais importante nas sociedades atuais.

Em vista disso, passaremos, a seguir, a analisar os diferentes critérios que podem ser invocados para a determinação da forma de repartir-se o ônus tributário.

2.2 *Critérios econômicos*

Os tributos têm por finalidade primordial cobrir os gastos realizados pelo governo com os serviços proporcionados à população, mas também se prestam à alteração da distribuição da renda. Assim, em muitos Estados é comum que sejam entregues quantias arrecadadas a indivíduos empobrecidos, para que as apliquem de acordo com suas necessidades. São as chamadas "transferências de bem-estar".[3] Porém, mesmo quando não se verificam tais transferências, o simples fato de se fazer incidir um tributo mais pesadamente sobre os cidadãos mais ricos já tem por conseqüência a redistribuição de renda, objetivo que muitas vezes se busca com o intuito de se atingir um desenvolvimento econômico mais justo e equilibrado e de se ampliar os mercados consumidores.

Basicamente, há duas maneiras de se repartir o ônus tributário. Primeiramente pode-se pensar em tributar as pessoas segundo o benefício que a atuação governamental lhes proporciona. Este critério, em um Estado de Bem-Estar Social, levaria a uma maior tributação dos indivíduos mais pobres, justamente os que mais necessitariam do amparo do Poder Público e de quem dificilmente se conseguiria extrair o suficiente. Ademais, reconhece-se atualmente a real necessidade de se promover uma melhor distribuição de renda, pelo quê se tem necessidade de substituir o primeiro critério, ou, ao menos, de combiná-lo com outro. Daí surge a idéia de que o ônus da tributação deve gerar um igual sacrifício de todos os contribuintes.

O princípio do sacrifício importa tratamento desigual entre indivíduos desiguais. Seria correto, por exemplo, de acordo com o princípio em questão, que sobre o indivíduo de maior renda incidisse tributação proporcionalmente mais intensa, ou seja, que a alíquota do imposto a ser pago sobre sua renda fosse maior, de maneira a igualar seu sacrifício ao do indivíduo menos afluente.

Contudo, os critérios apontados são, antes de tudo, uma simples diretiva, ou uma orientação. "A filosofia geral, quer das vantagens quer do sacrifício, deixa sem resposta o problema da melhor fórmula de tributação. Uma coisa é dizer que os ricos têm maior 'capacidade' de pagar tributos do que os pobres, que o seu 'sacrifício' é menor para cada dólar que pagam do que o dos pobres por quantia igual. Isso não responde à pergunta: *qual* a diferença que deverá existir na forma de tributar indivíduos de renda desigual?".[4]

2. Paul A. Samuelson, *Introdução à Análise Econômica*, v. I, pp. 291 e 292.

3. Paul A. Samuelson, ob. cit., v. I, p. 292.

4. Paul A. Samuelson, ob. cit., v. I, p. 294.

A Ciência Econômica não consegue oferecer resposta plenamente satisfatória à questão. De fato, o que ela sugere é uma combinação dos dois critérios, de ordem pragmática. Assim, cobram-se taxas por serviços cujos usuários são identificáveis mas entre os quais é difícil estabelecer um fator de discriminação; estabelecem-se impostos progressivos sobre a renda, considerada fator adequado de mensuração da capacidade de arcar com a tributação.

Na prática, contudo, há necessidade de se aferir até que ponto os critérios sugeridos pela Economia são socialmente aceitáveis, quer sob o aspecto político, quer sob o aspecto jurídico. Cumpre analisar ambas as esferas.

2.3 Critérios políticos

Como já vimos, a decisão da repartição do ônus tributário é uma decisão política. Emana do legislador, que, em seu trabalho, orienta-se por critérios econômicos e jurídicos, mas o resultado é sempre uma decisão política, informada também pelos critérios que lhe são peculiares.

Dificilmente poder-se-ia enunciar todos os aspectos que balizam a atuação do legislador, ante a densa teia de interesses que se entrelaçam na atividade política. Contentar-nos-emos, aqui, em demonstrar a existência de considerações legítimas que atestam a insuficiência dos critérios anteriormente mencionados para a distribuição do ônus tributário.

Em primeiro lugar há que se ter em mente a natureza do conceito de bem-estar. Seria ele redutível a uma mensuração econômica? A Economia tende a identificar a idéia de bem-estar com a idéia de riqueza, em uma aproximação que, se no mais das vezes guarda um certo grau de correlação entre as variáveis, deixa de lado toda uma série de fatores psicológicos inerentes aos indivíduos e à própria estrutura social. O objetivo do Estado é a promoção do bem-estar, e isto significa proporcionar aos indivíduos as mais amplas possibilidades de desenvolvimento de suas capacidades intelectuais, morais e físicas.

Tome-se, por exemplo, o caso da tributação progressiva. Não poderia seu emprego indiscriminado chegar ao ponto de inibir a criatividade e a livre iniciativa dos agentes econômicos?

Ademais, o conceito de bem-estar também não é estanque. Muda com a natural evolução da mentalidade da sociedade, que dificilmente a economia consegue acompanhar. Desta forma, os aspectos políticos e sociais necessariamente têm de estar envolvidos na tomada de decisões que visem ao bem-estar, as quais devem ser produto de um acordo entre cidadãos livres e politicamente capazes de influir no processo. Não se estabelecem verdades *a priori*, como, por exemplo, que a tributação progressiva é sempre a mais adequada.[5]

Não se pode esquecer que as decisões políticas, em última instância, têm de ser conformes ao ordenamento jurídico e, em especial, à Constituição. Diante disso, é preciso conhecer de que maneira esta determinou que se resolvesse o problema da repartição do ônus tributário.

2.4 Critérios jurídicos

Os critérios jurídicos que orientam o legislador na tarefa de distribuir o ônus tributário devem ser buscados, em primeiro lugar, na própria Constituição Federal. Podem ser de duas espécies: gerais, na medida em que contemplam princípios básicos sobre os quais se funda o Estado e que são aplicáveis a todos os ramos do Direito; ou específicos, se válidos exclusivamente no âmbito do Direito Tributário.

Entre os da primeira espécie estão, por exemplo, o respeito aos valores sociais do trabalho e da livre iniciativa (CF, art. 1º, IV), a construção de uma sociedade

5. José Maurício Conti, *Princípios Tributários da Capacidade Contributiva e da Progressividade*, p. 88.

justa (art. 3º, I), a garantia do desenvolvimento nacional (art. 3º, II), a erradicação da pobreza, da marginalização, e a redução das desigualdades sociais e regionais (art. 3º, III), a igualdade de todos perante a lei (art. 5º, *caput*) etc. Alguns desses critérios — que, mais apropriadamente, se poderiam denominar princípios diretivos — ostentam nítida natureza programática, pelo quê se mostra difícil, em muitos casos, estabelecer seu real alcance e suas implicações no campo da legislação tributária.

Por esse motivo, o legislador constitucional buscou estabelecer critérios ou princípios exclusivamente aplicáveis ao Direito Tributário, ainda que, por vezes, eles não sejam mais do que meros desdobramentos de princípios mais gerais. Sua inclusão no capítulo referente ao Sistema Tributário tem a dupla função de reforçar a idéia de que também nessa esfera são aplicáveis e de direcionar a interpretação de sua extensão e conteúdo.

Assim, se no ordenamento como um todo se tem por fundamental o valor da segurança jurídica, no Direito Tributário esse princípio geral se manifesta nos princípios da legalidade (art. 150, I), da irretroatividade e da anterioridade da lei tributária (art. 150, III). Da mesma forma, é o princípio da igualdade que está na base do princípio da capacidade contributiva, consagrado pelo § 1º do art. 145 da Carta de 1988. A capacidade contributiva também se coloca como forma de implementar a justiça social na esfera da tributação.

Resta claro, por conseguinte, que o legislador ordinário não tem liberdade irrestrita na tarefa de repartir o ônus tributário, devendo respeitar os limites e atender às orientações que lhe foram traçados pelo constituinte. É sob esse enfoque que nos propomos a estudar o princípio da capacidade contributiva: como critério ou princípio diretivo eficaz e de observância obrigatória quer para o legislador, quer para o aplicador da norma tributária.

3. O princípio jurídico da igualdade

3.1 Aspectos gerais

A igualdade está presente como fundamento de todo e qualquer Estado Democrático e é reconhecida como princípio jurídico fundamental por praticamente todas as Constituições. Não significa o princípio, contudo, que se deva procurar abolir as naturais diferenças entre as pessoas ou que, em um dado momento, a todos deva ser atribuído idêntico gozo de direitos. Antes, a igualdade reconhece as diferenças e assegura a cada um o tratamento justo, na exata medida em que este se conforma às distinções.

O problema que emerge de tal idéia — e que já era apontado por Aristóteles — é saber quais fatores devem ser levados em consideração para a instituição dos tratamentos diferenciados. Não é qualquer diferença que pode servir de base para isso, mas apenas aquelas pertinentes ao direito invocado; caso contrário estar-se-á diante de uma discriminação arbitrária, vedada expressamente pela Constituição Federal (arts. 3º IV, e 5º).

Portanto, o respeito ao princípio da igualdade passa necessariamente pela adoção de critérios baseados em fundamento valorado pela norma que permitam aferir as diferenças entre os indivíduos. O fator de discriminação deve relacionar-se logicamente com a situação que determinou sua aplicação, bem como deve respeitar a legislação pertinente e contribuir para a redução das desigualdades existentes entre as pessoas.[6]

Constituindo princípio geral de Direito, a igualdade atua tanto como limite à edição de normas jurídicas quanto como regra de interpretação destas. No primeiro caso impede a criação de privilégios ou a discriminação arbitrária em razão de classe social, sexo, raça, religião etc. No segundo impõe ao aplicador da norma a ado-

6. Celso Antônio Bandeira de Mello, *O Conteúdo Jurídico do Princípio da Igualdade*, p. 27.

ção de entendimento que não possibilite o surgimento de privilégios ou de discriminações.[7]

3.2 Igualdade tributária e justiça fiscal

Como já vimos, o princípio da igualdade é um dos mais importantes de todo o ordenamento jurídico, e, como tal, não poderia deixar de ter reflexos importantes no Direito Tributário. Para sua aplicação nesta área é necessário estabelecer um fator de discriminação que confira às diferenças de tratamento entre os desiguais um sentido de justiça. Enfim, cumpre responder à seguinte questão: o que é justiça fiscal?

A respeito do problema, assim se coloca Aliomar Baleeiro: "Não houve, nem poderia haver, acordo de opiniões acerca do que deveria constituir a justiça no tributo, desde que esse problema envolve um julgamento de valor e não julgamento de existência. (...). O problema da justiça ou injustiça de determinado imposto não é da alçada da Ciência das Finanças. Cabe à Moral, como Ciência do Bem, ou à Política, como técnica do realisticamente possível".[8]

Porém, casos há em que o próprio legislador cuida de definir um critério, um fator de discriminação, que, no seu entender, conduz a uma solução satisfatória do problema da justiça fiscal. Ainda que esse fator tenha nítido cunho ético, ou mesmo prático, a partir do momento em que é positivado torna-se um princípio jurídico inafastável e vinculante. Do ponto de vista jurídico, um tributo que não esteja em conformidade com ele é uma exação injusta, por força do próprio dogmatismo do sistema.

No caso brasileiro o constituinte tratou de eleger como fator de discriminação destinado à promoção da justiça fiscal a capacidade contributiva. É o que se depreende da leitura do art. 145, § 1º, da Carta Magna: "§ 1º. Sempre que possível, os impostos terão caráter pessoal e serão graduados segundo a capacidade econômica do contribuinte, facultado à Administração Tributária, especialmente para conferir efetividade a esses objetivos, identificar, respeitados os direitos individuais e nos termos da lei, o patrimônio, os rendimentos e as atividades econômicas do contribuinte".

Embora o texto constitucional se refira à capacidade econômica do contribuinte, elegeu, na verdade — e como veremos mais adiante —, a capacidade contributiva como parâmetro de avaliação das situações objeto da imposição tributária. É mandamento constitucional, portanto, que os tributos devam obedecer a uma gradação segundo a capacidade contributiva que manifesta o contribuinte. Assim, é imperioso definir com maior precisão o que se possa entender por "capacidade contributiva", bem como distingui-la de figuras semelhantes.

4. O princípio da capacidade contributiva

4.1 Conceito

Bastante complexa é a definição do que venha a ser exatamente a capacidade contributiva. É necessário, para a compreensão da idéia, retomar algumas idéias que já foram aqui discutidas e que são magistralmente resumidas na lição de Víctor Uckmar:

"1. A igualdade perante a lei consiste em a lei dever ser igual para todos que se encontrem em situações idênticas, e na proibição de estabelecer exceções ou privilégios tais que excluam, a favor de um, aquilo que é imposto a outros, em idênticas circunstâncias.

"2. A existência de desigualdades naturais justifica a criação de categorias de contribuintes sujeitos a um diferente tratamento fiscal, sempre que ocorram as seguintes circunstâncias: a) todos os contribuintes compreendidos na mesma catego-

7. Manoel Gonçalves Ferreira Filho, *Curso de Direito Constitucional*, pp. 242 e 243.

8. Aliomar Baleeiro, *Uma Introdução à Ciência das Finanças*, pp. 279 e 280.

ria devem ter idêntico tratamento; b) a classificação em diversas categorias deve encontrar racional fundamento em diferenças reais; c) a classificação deve excluir toda a discriminação arbitrária, injusta ou hostil, contra determinadas pessoas ou categorias de pessoas; d) a diferença deve comportar uma justa igualdade, sob o aspecto eqüitativo; e) a diferença deve respeitar a uniformidade e a generalidade do tributo."[9]

Tais reflexões constituem o verdadeiro alicerce axiológico do princípio da capacidade contributiva e são indispensáveis à sua compreensão. É interessante notar, ainda, que o princípio da capacidade contributiva refuta a idéia de que cada indivíduo deve contribuir para o caixa do Estado na proporção em que este despende recursos em seu favor (princípio do benefício). Daí se pode extrair que a capacidade contributiva é também um importante meio para se alcançar a redistribuição da riqueza e, por via de conseqüência, a justiça social.

Uma vez firmadas as noções valorativas intimamente ligadas ao princípio, podemos ensaiar os primeiros passos na tentativa de defini-lo. Evidentemente, a imposição fiscal só pode existir quando há riqueza a ser tributada. Assim, não é qualquer fato que pode servir de base à exação, mas apenas o fato que revele um indício de capacidade econômica ou contributiva dos sujeitos a que é atribuído. O fato gerador, portanto, é, antes de tudo, um fato econômico a que o Direito confere relevância jurídica.[10]

Nesta mesma ordem de idéias, é possível dizer que "os fatos imponíveis são 'fatos-signo presuntivos' da capacidade econômica, eles devem ter necessariamente conteúdo econômico".[11] Conclui-se que o legislador não está plenamente livre para escolher sobre quais fatos irá incidir o tributo. Pela própria natureza da obrigação, de conteúdo pecuniário (CTN, art. 3º), somente um fato idôneo, isto é, indicativo da presença de riqueza (e, por decorrência, de capacidade contributiva), é que pode ser descrito pela norma como gerador de efeitos tributários.

Em vista disso, pode-se entender a noção de capacidade contributiva como fez Giardina: "*possibilidade econômica de pagar* o tributo, ou seja, a posse de uma *riqueza*, em medida suficiente a fazer frente à exigência fiscal".[12] Sob um outro enfoque, o do indivíduo que se encontra na posição de contribuinte, assim a definiu Aliomar Baleeiro: "A capacidade contributiva do indivíduo significa sua idoneidade econômica para suportar, sem sacrifício do indispensável à vida compatível com a dignidade humana, uma fração qualquer do custo total de serviços públicos".[13]

José Maurício Conti,[14] ao proceder à análise das idéias que acabaram de ser expostas, concluiu que a capacidade contributiva tem um aspecto estrutural e outro funcional. O estrutural reside na aptidão para suportar o ônus do tributo, na capacidade de pagá-lo. O funcional é a determinação de um parâmetro de tratamento, de uma regra de justiça tendente à efetivação do princípio da igualdade no âmbito do Direito Tributário.

De certa forma semelhante a essa diferenciação, existe outra distinção que se pode fazer entre capacidade contributiva absoluta (ou objetiva) e relativa (ou subjetiva). A primeira relaciona-se à seleção, pelo legislador, de fatos que indiquem a presença de riqueza, os quais, devidamente dimensionados, servirão de base ao cálculo do *quantum* da exação. A capacidade contributiva subjetiva, por sua vez, vincula-se precisamente à idéia de justa repartição do ônus tributário (efetivação da igual-

9. Víctor Uckmar, *Princípios Comuns de Direito Constitucional Tributário*, p. 56.

10. Amílcar de Araújo Falcão, *Fato Gerador da Obrigação Tributária*, p. 64.

11. Geraldo Ataliba e Cléber Giardino, "Parecer", *RDT* 38/146.

12. *Apud* Geraldo Ataliba e Cléber Giardino, in *RDT* 38/147.

13. Aliomar Baleeiro, ob. cit., p. 272.

14. José Maurício Conti, ob. cit., p. 33.

dade), de tal modo que os participantes de um evento gerador de riqueza contribuam na medida em que dele se beneficiam.[15]

Analisando-se as noções acima expostas, pode-se perceber que o conceito de capacidade contributiva atua em dois planos. O primeiro deles é referente ao conteúdo econômico do fato tributável e se exprime na idéia de que só pode incidir tributo sobre riqueza. O segundo plano relaciona-se com o caráter pessoal dos tributos, que será melhor analisado mais à frente, mas que determina que se leve em conta a situação econômica pessoal do contribuinte ao exigir-lhe a prestação fiscal.

As considerações acima parecem-nos, por ora, suficientes a um entendimento preliminar do referido conceito. A noção de capacidade contributiva será melhor compreendida na medida em que avaliarmos seus efeitos e suas diferenças com relação a outras figuras.

4.2 Conceitos correlatos

É comum ser feita certa confusão entre os conceitos de capacidade contributiva, capacidade econômica, capacidade financeira e, mais raramente, capacidade tributária passiva. Convém distinguir as noções, em prol de uma melhor compreensão da real natureza da capacidade contributiva.

4.2.1 *Capacidade econômica* — Com relação ao conceito de capacidade econômica, Ives Gandra Martins assim o distingue do de capacidade contributiva: "Embora sejam ambas dimensões da capacidade do contribuinte de pagar tributos, têm, a meu ver, conotação distinta. Contributiva é a capacidade do contribuinte relacionada com a imposição específica ou global, sendo, portanto, dimensão econômica particular de sua vinculação ao poder tributante, nos termos da lei. Capacidade econômica é a exteriorização da potencialidade econômica de alguém, independente de sua vinculação ao referido poder".[16]

O que pretendeu o autor demonstrar é que a capacidade contributiva sempre revela capacidade econômica, embora o contrário nem sempre seja verdadeiro. Tome-se como exemplo o caso dos funcionários de missões diplomáticas estrangeiras: ao auferirem renda, ou ao adquirirem mercadorias, manifestam sua riqueza e poderiam pagar tributos; porém, por força de tratados internacionais, estão excluídos do universo de contribuintes, pelo quê não possuem qualquer vinculação com o poder tributante, não estão em posição de sujeição perante o Fisco. Em suma: têm capacidade econômica, mas não contributiva.

Por outro lado, não há que se falar em capacidade contributiva se não existir capacidade econômica. A capacidade econômica é — na acepção do jurista italiano Moschetti[17] — uma das condições necessárias à existência da capacidade contributiva. A outra seria a presença de um interesse público na cobrança do tributo. A ausência desse interesse torna a exação despropositada, sendo comum que se concedam isenções ou outros privilégios fiscais sempre que o bem da coletividade seja melhor atendido pela não-imposição do tributo. Sem dúvida, há que se adicionar a essas duas condições a posição de contribuinte potencial, que decorre do estado de sujeição diante do poder tributante.

Estabelecida essa primeira distinção, convém retomarmos o texto do § 1º do art. 145 da CF. Este refere-se à capacidade econômica, não à contributiva. Ora, tal referência foi claramente equivocada. Os conceitos, como vimos, aproximam-se, têm, mesmo, muitos pontos em comum. Mas não pode o Estado pretender instituir tributos sobre quem não pode ser contribuinte, por não estar sujeito a seu *ius imperii*. Estava

15. Geraldo Ataliba e Cléber Giardino, in *RDT* 38/154.

16. Ives Gandra Martins e Celso Ribeiro Bastos, *Comentários à Constituição do Brasil*, v. 6, pp. 57 e 58.

17. F. Moschetti, *Il Principio della Capacità Contributiva*, p. 240.

ciente disso o constituinte, tanto que agregou à expressão "capacidade econômica" o qualificativo "do contribuinte". Poderia ter dito simplesmente que os impostos serão graduados segundo a capacidade contributiva. Contudo, não o tendo feito, é essa a interpretação que se impõe, pelos motivos expostos.

4.2.2 *Capacidade financeira* — A capacidade financeira é a aptidão para o pagamento das obrigações tributárias no tempo e na forma exigidos pela lei. Trata-se, portanto, de conceito que se relaciona à idéia de liquidez, ou seja, de disponibilidade de recursos em espécie.[18]

A capacidade financeira é algo mais do que as capacidades econômica e contributiva. Pode uma pessoa possuir riqueza — e, conseqüentemente, capacidade econômica — e também revestir-se da condição de contribuinte potencial, sendo titular também de capacidade contributiva. Todavia, sua riqueza pode estar de tal maneira imobilizada (por exemplo, em bens imóveis ou objetos de arte) que lhe seja impossível saldar os impostos calculados com base nessa riqueza. Nesse caso, carecerá de capacidade financeira, embora isto não tenha o condão de o tornar incapaz nos outros dois âmbitos considerados, o que significa que, salvo previsão legal em contrário, o tributo ser-lhe-á plenamente exigível.

4.2.3 *Capacidade tributária passiva* — A capacidade tributária passiva, nas palavras de Dávio A. Prado Zarzana, "atribui-se às pessoas físicas ou jurídicas e consiste na aptidão ou mais precisamente enquadramento do sujeito passivo da obrigação tributária em determinadas situações fáticas ou de direito que lhe determinam a execução de atos, ou sua abstenção, ou pagamento de tributos, relativamente a normas definidas e expressas emanadas do poder competente, pertinentes a tributo determinado".[19]

Vê-se, portanto, que o conceito guarda certa correlação com a idéia de contribuinte. Ora, se, como vimos, a capacidade contributiva é, em uma acepção ampla, aptidão do contribuinte (caso contrário estar-se-ia diante de mera capacidade econômica), poder-se-ia dizer que a capacidade contributiva está sempre presente se existir capacidade tributária passiva. Tal idéia não é exata, até porque, ao utilizarmos anteriormente a expressão, o fizemos de maneira pouco técnica, tomando por contribuinte todo aquele sujeito ao poder tributante de um Estado. Contudo, como explicaremos a seguir, não só o contribuinte encontra-se nessa posição.

De início, cumpre distinguir entre "contribuinte" e "responsável". O art. 121 do CTN define contribuinte como o sujeito passivo da obrigação tributária que tenha "relação pessoal e direta com a situação que constitua o respectivo fato gerador"; e responsável o sujeito passivo "quando, sem revestir a condição de contribuinte, sua obrigação decorra de disposição expressa da lei".

Via de regra, contribuinte é quem realiza o fato gerador ou dele se beneficia. A justificativa disso é encontrada no aspecto econômico da tributação: quem aufere a vantagem ou o resultado do fato é que vai ter sua capacidade econômica atingida pelo tributo.[20]

Já o responsável, embora terceiro com relação ao fato gerador, dele não se desvincula. Seu dever de pagar o tributo, embora condicionado à ocorrência do fato imponível, decorre da lei, e não de ter ele realizado o fato gerador ou de dele ter obtido vantagem. Tem-se entendido que a figura delineada pelo art. 121, II, do CTN deveria ser mais propriamente denominada "substituto legal tributário", porque sua obrigação de pagar o tributo lhe é própria: ele é quem tem o dever jurídico consistente na prestação ao Fisco; não responde, portanto, por débito de terceiro.[21]

18. José Maurício Conti, ob. cit., p. 35.

19. Dávio A. Prado Zarzana, "Capacidade tributária passiva", *Enciclopédia Saraiva de Direito*, v. I, p. 67.

20. Ruy Barbosa Nogueira, *Curso de Direito Tributário*, p. 145.

21. Arnaldo Borges, *O Sujeito Passivo da Obrigação Tributária*, pp. 63 e 64.

Por outro lado, o art. 128 do CTN dispõe que "a lei pode atribuir de modo expresso a responsabilidade pelo crédito tributário a terceira pessoa, vinculada ao fato gerador da respectiva obrigação, excluindo a responsabilidade do contribuinte ou atribuindo-a a este em caráter supletivo do cumprimento total ou parcial da referida obrigação". Em que pese a opiniões em contrário,[22] a figura aqui tratada não parece ser a mesma do art. 121, II. De fato, está-se diante do que se poderia denominar, verdadeiramente, "responsável tributário", uma vez que seu dever resulta da condição de estar vinculado de alguma forma ao fato gerador e da ocorrência de alguma hipótese legal que lhe transfira a obrigação que, em princípio, era de outrem.[23]

Tanto o contribuinte quanto o substituto legal tributário e o responsável tributário (*stricto sensu*) são sujeitos tributários passivos, o que quer dizer que a eles pode ser atribuída a obrigação de pagar um tributo. Contudo, conforme vimos, apenas o contribuinte é que pratica o fato gerador por si. Assim, num plano teórico, é perfeitamente possível que os demais sejam incumbidos de saldar débitos tributários sem que tenham praticado qualquer ato que indique sua riqueza, ou, em outras palavras, que demonstre sua capacidade contributiva.

Em face disso, fica assentado que capacidade contributiva e capacidade tributária são noções que não se confundem e que guardam certa relação entre si apenas no caso de o devedor da obrigação ser o contribuinte, no sentido técnico do termo.

Surge nesse ponto uma pergunta importante: se o princípio da capacidade contributiva é de ordem constitucional, poderia a lei tributária, infraconstitucional, determinar que indivíduo que não apresente indício de riqueza pague a exação? A resposta que nos parece correta foi esboçada por Alcides Jorge Costa: "O princípio da capacidade contributiva não é incompatível com a atribuição, a terceiro, da responsabilidade pelo recolhimento do imposto, desde que este terceiro participe do fato gerador. É o que exige o art. 128 do CTN".[24]

Entendemos que para conciliar o princípio da capacidade contributiva com a capacidade tributária passiva de terceiro que não praticou o fato gerador é necessário que este, embora alheio ao fato-tipo (hipótese não tratada na citação acima) ou a ele apenas indiretamente vinculado, possa extrair alguma vantagem econômica de sua ocorrência (exemplo comum de uma tal circunstância surge em virtude do fenômeno da repercussão). A lei tributária diz isso expressamente quanto à figura do responsável (art. 128 do CTN), mas não quanto à do substituto legal (art. 121, II, do CTN); mas a idéia se lhe aplica da mesma maneira.

Diante desse raciocínio pode-se extrair a seguinte conclusão, que difere um pouco da proposição anteriormente feita (de que a capacidade contributiva está sempre presente se existir capacidade tributária passiva): ante a natureza constitucional do princípio da capacidade contributiva, a capacidade tributária passiva só poderá ser admitida se presentes fatores indicativos de capacidade contributiva.

4.3 Eficácia do princípio

O princípio da capacidade contributiva, conforme visto, é um dos princípios orientadores do nosso Sistema Constitucional Tributário. Como tal, estabelece limites à atuação do legislador, no que tange à seleção das hipóteses de incidência tributária, e à atividade do aplicador, que há de se pautar, em seu labor hermenêutico, pelos valores que o princípio traz incutidos em si, rejeitando interpretações, ou mesmo normas, que os contrariem.

Apenas por essas considerações já nos parece correto dizer que o princípio da ca-

22. Ruy Barbosa Nogueira, ob. cit., p. 147.
23. Arnaldo Borges, ob. cit., p. 64.
24. Alcides Jorge Costa, "Capacidade contributiva", *RDT* 55/302.

pacidade contributiva não representa mera regra de natureza programática, mas sim que possui eficácia jurídica, ainda que não plena. A esse respeito assim se pronunciou Alcides Jorge Costa: "A norma *[do § 1º do art. 145 da CF]* é programática no sentido de que o legislador ordinário deve buscar a personalização dos impostos e sua graduação segundo a capacidade econômica do contribuinte, sempre que possível. A possibilidade depende do juízo do legislador ordinário. De qualquer modo, o dispositivo em causa vincula o legislador no sentido de limitar sua discricionariedade, impedindo-o de erigir em fato gerador de tributo comportamentos sociais que não constituem manifestação de riqueza".[25]

Como se vê, a determinação da extensão dos efeitos do princípio depende da interpretação que se der a duas expressões constantes do referido § 1º do art. 145: "sempre que possível" e "caráter pessoal".

A redação do referido dispositivo da Lei Máxima poderia conduzir à interpretação de que a expressão "sempre que possível" se refere tanto ao caráter pessoal quanto à capacidade contributiva. O princípio, então, não seria obrigatório nos casos de impostos em que o Fisco se vê, pela própria natureza do fato gerador, impossibilitado de avaliar a real situação econômica do contribuinte. Não obstante, a maior parte da doutrina, conforme aponta José Maurício Conti,[26] entende que sempre é possível graduar os impostos segundo a capacidade contributiva, mesmo quando não se possa aferi-la diretamente, uma vez que há outros mecanismos que possibilitam a observância do princípio (por exemplo, a progressividade e a seletividade, conforme veremos mais adiante).

Ives Gandra Martins,[27] em posição que nos parece correta, entende que a expressão "sempre que possível" se refere ao caráter pessoal da exação, que inexistirá no caso dos tributos indiretos. Identifica no mandamento constitucional um posicionamento ideológico favorável aos tributos diretos, que têm caráter pessoal e estão em consonância com os preceitos de justiça distributiva (embora critique o idealismo da posição, pois considera que a tributação direta desestimula a poupança e o investimento, ao passo que a indireta, por sua neutralidade, favorece esses comportamentos).

Cumpre definir, ainda, o que se deve entender por tributo de caráter pessoal. Para tanto se há de mencionar a tradicional classificação dos impostos em reais e pessoais, a qual se reporta à maior ou menor influência do aspecto material ou pessoal da hipótese de incidência, segundo ensina Geraldo Ataliba.[28] Impostos reais, na definição de Aliomar Baleeiro,[29] são aqueles "decretados sob a consideração única da matéria tributável, com inteira abstração das condições personalíssimas de cada contribuinte", enquanto que os impostos pessoais "são regulados em seu quantitativo e noutros aspectos pelas condições individuais do contribuinte, de sorte que sua pressão é estabelecida adequadamente à capacidade econômica dele".

Ora, pela redação do referido dispositivo constitucional percebe-se que preferiu o legislador os impostos de natureza pessoal, que são mais adequados aos objetivos de justiça social e ao próprio princípio da capacidade contributiva. Não obstante, reconheceu que a utilização destes nem sempre é possível, cabendo à discricionariedade do elaborador das normas fiscais selecionar as hipóteses em que não seja conveniente a tributação de caráter pessoal.

A respeito da eficácia do dispositivo assim se pronunciou Geraldo Ataliba:

"Primeiramente, o legislador, ao legislar, deve atender ao imperativo do § 1º do art. 145 da Constituição (...). Quer dizer, é

25. Alcides Jorge Costa, in *RDT* 55/301 e 302.
26. José Maurício Conti, ob. cit., pp. 46-48.
27. Ives Gandra Martins e Celso Ribeiro Bastos, ob. cit., v. 6, pp. 60-63.
28. Geraldo Ataliba, *Hipótese de Incidência Tributária*, p. 140.
29. Aliomar Baleeiro, ob. cit., p. 278.

imperioso tentar — observadas as exigências da isonomia — categorizar as bases e modular as alíquotas de modo a considerar as qualidades pessoais do contribuinte.

"Em segundo lugar, no momento da aplicação da lei de imposto, os intérpretes deverão atribuir adequada estimação às condições pessoais do contribuinte, como critério de interpretação da lei, de modo a assegurar rigorosamente a adaptação do imposto a cada contribuinte, individualmente considerados."[30]

Em consonância com tudo aquilo que se falou até aqui, mas em um nível eminentemente prático, são várias as funções a que pode prestar-se a noção de capacidade contributiva no sistema do Direito Tributário, conforme a lição de Geraldo Ataliba e Cléber Giardino: "a) designar-se o destinatário legal tributário; b) estabelecerem-se os critérios para substituição e solidariedade; c) fixarem-se os fundamentos da repercussão tributária; d) determinar-se a natureza específica dos tributos; e) apurar-se o cunho extrafiscal de certos tributos; f) dessumirem-se critérios vinculantes para o legislador, na qualificação da base de cálculo; g) inferirem-se parâmetros para o legislador estabelecer as alíquotas; e h) *evidentemente*, apurar-se a inconstitucionalidade do tributo com hipótese de incidência vazia, sem substância econômica".[31]

Especialmente a última função merece particular relevo. Com efeito, assim como ocorre com os demais princípios constitucionais tributários (legalidade, anterioridade, não-cumulatividade etc.), o respeito ao princípio da capacidade contributiva é condição essencial à constitucionalidade do imposto, podendo ser controlado por ação direta perante o STF ou por qualquer outro meio processual ordinário em que se apreciam questões tributárias.[32]

30. Geraldo Ataliba, *Hipótese de Incidência Tributária*, p. 142.

31. Geraldo Ataliba e Cléber Giardino, in *RDT* 38/149.

32. Hugo de Brito Machado, *Curso de Direito Tributário*, p. 30.

Há, contudo, outras implicações importantes da regra da capacidade contributiva, que passaremos a analisar.

4.3.1 *O mínimo vital e o princípio do benefício* — Ensina Aliomar Baleeiro[33] que o princípio da solidariedade social, vigente no Estado intervencionista atual, assim como a própria lógica não recomendam a imposição de tributos a indivíduos de reduzida capacidade contributiva. Antes, o próprio Estado é que deve fornecer-lhes assistência para garantir sua existência digna. "Seria redondamente insensato, antieconômico e trabalhoso retirar, pelo imposto, recursos daqueles aos quais o Estado terá de socorrer pelos canais da despesa."

É essa idéia que fornece a base à instituição de um verdadeiro limite ao poder de tributar: o *mínimo vital*. É decorrência do próprio princípio da capacidade contributiva que não se possa onerar um contribuinte naquilo que lhe é absolutamente essencial, naquilo que lhe garante a sobrevivência, até porque tais recursos indispensáveis não constituem verdadeira riqueza, uma vez que não representam qualquer possível acréscimo patrimonial.

É bem verdade que não é claro o que exatamente estaria abrangido pela noção de mínimo vital. De qualquer forma, a importante conseqüência que se extrai dessas idéias é a de que o princípio da capacidade contributiva não é compatível com o princípio do benefício, pelo qual se deveria tributar cada cidadão na proporção em que se utiliza dos serviços públicos.

4.3.2 *O confisco* — A CF estabeleceu, em seu art. 150, IV, vedação à utilização de tributo com efeito de confisco. Embora seja salutar a inclusão do dispositivo no texto da Carta, para afastar qualquer eventual dúvida de interpretação que pudesse surgir, a verdade é que ele é desnecessário, uma vez que é decorrência natural do princípio da capacidade contributiva.

Com efeito, entende-se por tributos confiscatórios aqueles que "absorvem todo

33. Aliomar Baleeiro, ob. cit., pp. 272 e 273.

o valor da propriedade, aniquilam a empresa ou impedem o exercício da atividade lícita e moral",[34] ou os que violam o direito de propriedade, "retirado do indivíduo sem justa e prévia indenização, não podendo a imposição tributária servir de disfarce para não o configurar *[o confisco]*".[35] Ora, se, como vimos, a capacidade contributiva funda-se na posse de riqueza suficiente para o pagamento da exação, sem que com isso se destrua o substrato econômico da tributação, evidente que a vedação do confisco se encerra no conteúdo do princípio.

4.3.3 *Aplicabilidade aos tributos vinculados* — Nesse ponto convém trazer à tona um problema até aqui deixado de lado: aplicar-se-ia aos tributos vinculados (taxas e contribuições de melhoria) o princípio da capacidade contributiva? Pela idéia acima exposta, perfilhamos a opinião de que o princípio só é válido relativamente aos impostos — o que, aliás, é o que menciona expressamente o texto constitucional. Ora, se os tributos vinculados são aqueles em que a hipótese de incidência é uma atuação estatal direta ou indiretamente referida ao obrigado,[36] tem-se que eles são devidos em função exatamente dessa atuação do Poder Público, sem que se levem em conta as condições econômicas do contribuinte em particular.

As taxas e as contribuições regem-se pelo princípio do benefício, o que nos parece as torna incompatíveis com o princípio da capacidade contributiva. Cumpre salientar, todavia, que essa posição doutrinária não é unânime. José Maurício Conti, analisando o problema, concluiu:

"É, *[o princípio do benefício]* sem dúvida, um critério que, sob certo aspecto, de fato traz um fator discriminante aceitável no sentido de diferenciar os desiguais. Isto porque as pessoas serão tratadas desigualmente, na medida de sua desigualdade — pagarão mais aqueles que mais benefícios auferirem com os bens e serviços oferecidos pelo Estado.

"(...). E nada impede que se faça uso de mais de um critério de justa tributação."[37]

Acreditamos que a aplicação do princípio da capacidade não significa encontrar um critério qualquer de justiça tributária. Antes, o referido princípio é o critério constitucionalmente eleito de justiça fiscal, aplicável no âmbito dos impostos. Outros critérios poderão ser invocados; mas, não levando em consideração a capacidade econômica do contribuinte, não estarão em consonância com a noção de capacidade contributiva, o que não impede, por evidente, sejam aplicados aos tributos não-vinculados ou ainda, em caráter suplementar, aos próprios impostos.

Mesmo se considerarmos que as restrições impostas pelo mínimo vital e pela vedação do confisco são plenamente aplicáveis também a tributos vinculados, ainda assim não se estará diante de uma verdadeira aplicação do princípio da capacidade contributiva, mas sim da utilização pontual de critérios de justiça fiscal que são partes integrantes da noção de capacidade contributiva, mas que com ela não se confundem, e que produzem em situações limítrofes — e apenas nelas — efeitos equivalentes aos da aplicação do referido princípio.

4.3.4 *Aplicabilidade aos tributos indiretos* — A distinção entre impostos diretos e indiretos não é jurídica, mas sim econômica, e tem por base "o fato de pagar e suportar o ônus um mesmo contribuinte (imposto direto) ou de um indivíduo pagar a soma exigida e transferir a outro esse sacrifício pelo aumento de preço ou por outro processo econômico de troca (imposto indireto)".[38] Os principais exemplos de impostos indiretos entre nós são o IPI e o ICMS.

Ora, se tais tributos, em virtude do fenômeno da repercussão, são, ao menos em

34. Aliomar Baleeiro, *Limitações Constitucionais ao Poder de Tributar*, p. 266.

35. Ives Gandra Martins e Celso Ribeiro Bastos, ob. cit., v. 6, p. 164.

36. Geraldo Ataliba, *Hipótese de Incidência Tributária*, pp. 146 e 147.

37. José Maurício Conti, ob. cit., p. 63.

38. Aliomar Baleeiro, *Uma Introdução à Ciência das Finanças*, p. 275.

parte, suportados não pelo contribuinte de direito, mas pelo contribuinte de fato — ou seja, o consumidor ou comprador —, que não é de antemão conhecido pelo legislador, como aplicar-se-lhes o princípio da capacidade contributiva?

Já se disse que o referido princípio é aplicável a todos os tributos, o que, evidentemente, não exclui os indiretos. Embora seja difícil personalizar impostos sobre consumo, isto é possível pelo mecanismo da seletividade, que consiste na gradação das alíquotas segundo a essencialidade do produto. Assim, sobre produtos destinados a atender às necessidades básicas da população deverão incidir alíquotas baixas (ou mesmo deverão eles ser isentos de tributação), pois seu consumo não demonstra riqueza, estando ligado à própria sobrevivência. Contrariamente, sobre o consumo de produtos de luxo deverão incidir mais pesadamente os impostos, pois esse tipo de consumo faz presumir a existência de efetiva capacidade contributiva.

4.4 A avaliação da capacidade contributiva

De grande relevância é o problema da avaliação da capacidade contributiva, pois, uma vez que o princípio implica ter-se em conta a situação econômica individual do contribuinte, torna-se imprescindível saber como essa situação pode ser mensurada.

Verifica-se que o legislador procura escolher, para constituir as hipóteses de incidência de tributos, entre os diversos fatos imponíveis possíveis, aqueles que fazem presumir a existência de riqueza. A avaliação da capacidade contributiva é, conseqüentemente, nada mais do que uma estimativa da riqueza que determinadas condutas deixam transparecer. As espécies de conduta que se costuma considerar são o consumo, a aquisição de renda e a acumulação patrimonial.

Os critérios que levam a se optar por uma ou outra forma de manifestação de riqueza, para sobre ela fazer incidir a tributação, são eminentemente econômicos ou políticos. Não há parâmetros jurídicos na Constituição que determinem deva o legislador, na hipótese de pretender instituir novo imposto, optar por qualquer uma dessas formas. Portanto, nessa esfera reina a discricionariedade do Parlamento.

Não obstante, escolhidas determinadas hipóteses de incidência para um imposto, deverá ser observado, necessariamente, o princípio da capacidade contributiva, o que significa dizer que a exação terá de ser graduada de acordo com a capacidade econômica (ou a riqueza) que a conduta em si considerada permite aferir.

*5. **Progressividade***

5.1 Aspectos gerais

Na busca pela justiça fiscal, como já se mencionou, pode o legislador adotar diversos parâmetros, sempre como forma de atender ao princípio da igualdade no campo do Direito Tributário. Assim, "a discriminação é possível e constitucional se visa a restabelecer o princípio da igualdade, compensando desníveis da capacidade econômica. É o problema que, na prática, os legisladores procuram resolver pela isenção do mínimo de existência, pela discriminação dos rendimentos segundo sua origem (trabalho e capital ou ambos), pela aplicação de tarifas progressivas etc.".[39]

Vê-se, portanto, que a tributação progressiva é uma das formas de se perseguir a justiça fiscal. A progressividade pode ser entendida como uma forma de estruturação dos impostos em que as alíquotas aumentam à medida que aumenta também a base imponível,[40] ou seja, na proporção em que a riqueza quantificável associada ao fato gerador é incrementada.

A progressividade liga-se fundamentalmente à idéia de eqüidade vertical.[41] Esta

39. Aliomar Baleeiro, *Uma Introdução à Ciência das Finanças*, p. 280.

40. Geraldo Ataliba, "IPTU — Progressividade", *RDP* 93/233.

41. José Maurício Conti, ob. cit., pp. 73 e 74.

refere-se à maneira mais adequada, em termos de justiça, pela qual se deva distinguir entre contribuintes com capacidades econômicas diferentes. Como veremos adiante, a progressividade em nosso sistema é imperativa, pois decorre do princípio da capacidade contributiva. Não obstante, não é a única forma de se estabelecer a discriminação entre contribuintes.

Com efeito, a tributação poderá variar menos do que proporcionalmente ao aumento da renda, de modo que a relação entre o *quantum* da exação e o montante da riqueza tenda a diminuir. Neste caso reputa-se regressiva a tributação. Por outro lado, diz-se proporcional a tributação quando a referida relação permanece constante. Na tributação progressiva, por sua vez, a relação é crescente.

A validade da tributação progressiva, quando considerada em seu aspecto econômico, é discutível. Há quem diga que produz efeitos negativos sobre o investimento e o emprego, na medida em que desestimula o trabalho, o empreendimento e a acumulação de riquezas, elementos necessários ao desenvolvimento de um país. Outros ressaltam seu caráter redistributivo, o qual teria justamente o condão de amenizar as desigualdades sociais, gerando um desenvolvimento mais equilibrado e menos excludente.

Paul Samuelson, em perspicaz análise do problema, tendo como referência a sociedade americana, chegou à seguinte conclusão: "A Ciência Econômica é capaz de assinalar, mas não de avaliar com precisão, esses diferentes efeitos da tributação progressiva. Em última análise, portanto, cada eleitor deverá tentar apreciar os custos e decidir sobre bases éticas, se prefere viver em uma sociedade mais ou menos igualitária, individual, e com recompensas maiores ou menores à iniciativa individual".[42]

O mérito da análise acima é ressaltar o aspecto axiológico de que se reveste a noção de progressividade tributária. A questão é polêmica, e — conforme nos relata Víctor Uckmar — foi amplamente contestada a constitucionalidade dos tributos progressivos.[43] No entanto, acabou prevalecendo a tese contrária: "As discussões que, no início, proliferaram sobre a legitimidade constitucional dos impostos com alíquota progressiva, particularmente nos Estados cuja Constituição proclama a igualdade e a uniformidade da tributação, não têm razão de ser: na verdade cabe à Ciência Econômica *[e também, diríamos nós, na esteira dos ensinamentos de Paul Samuelson, às decisões políticas]* estabelecer o sistema que melhor possa assegurar uma justa repartição dos encargos públicos, e se a Ciência Econômica entende que tal resultado pode ser melhor obtido com um imposto progressivo do que com um imposto proporcional, o sistema fiscal — para ser mais adequado ao princípio supremo da igualdade — deverá compreender também impostos com alíquota progressiva".

Em nosso País, tendo a Lei Máxima erigido a capacidade contributiva ao *status* de princípio constitucional tributário, tornou-se obrigatória, quando possível, a tributação progressiva, conforme analisaremos a seguir.

5.2 Progressividade e capacidade contributiva

O princípio da capacidade contributiva implica, como vimos, fazer distinções entre os desiguais, especialmente no que se refere à sua riqueza, que será gravada pela tributação. Assim, parece bastante claro que, possuindo rendas ou patrimônio diversos, não devam os contribuintes arcar com idêntico ônus fiscal, ou seja, o *quantum* a ser pago ao Estado deve variar.

Surge, então, o problema de estabelecer em que grau se dará essa variação. Já se mencionou que a tributação pode ser regressiva, proporcional ou progressiva.

42. Paul Samuelson, ob. cit., v. I, pp. 303 e 304.

43. Víctor Uckmar, ob. cit., pp. 72-76.

A primeira em nosso Sistema Constitucional Tributário é, de plano, inadmissível, pois não considera a proporção entre a riqueza e a dimensão quantitativa do tributo, em flagrante ofensa ao princípio da capacidade contributiva.

As outras duas formas de tributação, por outro lado, atendem à referida proporção, embora de maneiras diferentes. Ninguém nega que a tributação proporcional faz discriminação entre os níveis de capacidade econômica dos contribuintes, mas cabe perquirir se esta forma de discriminação é a mais adequada, ou, em outras palavras, se é a que melhor atende à idéia de justiça fiscal.

Verifica-se que, ao longo da História, tem evoluído o pensamento a respeito do problema. No princípio do século passado tinha-se por ideal a tributação proporcional, mas já na metade do século XIX começa a surgir a constatação de que a capacidade contributiva sofre incremento mais do que proporcional ao crescimento da renda. Tal conclusão derivou da percepção de que não era possível onerar-se a renda mínima indispensável à existência e, ao mesmo tempo, de que a tributação proporcional não importava privação também proporcional, isto é, o sacrifício por ela imposto aos mais pobres era superior àquele imposto aos mais ricos.[44]

Tem-se aí delineado o substrato fático que serviu de arcabouço ao desenvolvimento da teoria do sacrifício. Fundada na concepção de utilidade (benefício ou prazer proporcionado por um bem econômico), propugna a tese — atribuída originariamente a Stuart Mill — pela distribuição do ônus tributário de tal maneira que cada contribuinte abra mão de uma quantidade equivalente de utilidade.

É conhecida pelos economistas a enorme dificuldade de se dimensionar para cada indivíduo a utilidade adicional que lhe pode proporcionar uma parcela adicional de renda. Contudo, como regra geral, suficiente como parâmetro para a definição da estrutura de tributação, basta a noção de que "o andamento normal da curva coletiva da utilidade da riqueza é decrescente, dado que as sucessivas doses de riqueza oferecem uma utilidade menor relativamente às precedentes".[45]

Isto, aliás, pode ser inferido das diferenças entre os comportamentos de consumo de ricos e pobres. Se estes, de um lado, consomem a maior parte de sua renda, até por muitas vezes estar ela bastante próxima do mínimo vital, aqueles chegam mesmo a poupar parcela considerável de seus rendimentos, o que significa dizer que trocam utilidade atual por utilidade futura, em demonstração de que a privação atual de uma parcela adicional de sua renda não lhes causaria sacrifício igual ao sofrido pelos economicamente menos favorecidos.

Portanto, resta claro que a capacidade contributiva aumenta mais do que proporcionalmente à renda. Se, como determina a nossa Carta Magna, os impostos devem atender ao princípio da capacidade contributiva, evidente está que se impõe ao legislador direcionar a tributação de forma a assegurar a igualdade de sacrifício entre os contribuintes.

Parece-nos, em face do exposto, que os impostos, vinculados que estão ao princípio da capacidade contributiva, devem sempre ser progressivos, a menos que da progressividade não se extraia a desejável igualdade de sacrifício. Trata-se, a nosso ver, de diretiva obrigatória na elaboração da lei tributária (com a ressalva acima), cuja inobservância atinge a constitucionalidade do comando normativo, fato que deve ser declarado pelas autoridades judiciais competentes quando suscitado pelos contribuintes.

5.3 Progressividade e extrafiscalidade

O Estado, em razão de seu *ius imperii*, pode interferir nas relações econômicas, cobrando tributos das pessoas que a ele se

44. Víctor Uckmar, ob. cit., pp. 74 e 75.

45. Víctor Uckmar, ob. cit., pp. 79 e 80.

submetem, como forma de obter os recursos necessários ao desenvolvimento normal de sua ampla gama de atribuições. Por outro lado, o Estado também pode, em benefício da coletividade, regular a atividade econômica, fazendo uso de seu poder de polícia para limitar o exercício das liberdades pelos particulares. Tal poder pode ser exercido, também, por meio da tributação, produzindo efeitos diversos, como fomentar uma determinada atividade ou restringi-la (e até mesmo impedi-la, se ilícita).[46]

Os tributos quando empregados como meio de regulamentar a atividade econômica, de tal forma que sua função fiscal fique em segundo plano, passam a ter finalidade extrafiscal, em obediência a diretrizes políticas vinculadas aos interesses do Poder Público.[47] Assim, tem a doutrina apontado que a tributação pode ser utilizada não apenas como forma de gravar a riqueza, mas também com a finalidade de intervir no domínio econômico.

Em nome da função extrafiscal dos impostos freqüentemente se concedem incentivos ou mesmo isenções fiscais a uma série de contribuintes que estariam a praticar atos reveladores de capacidade contributiva que, se praticados por outros contribuintes sob circunstâncias ligeiramente diferentes, fariam incidir sobre eles, em todo seu peso, a exação. Tem-se, em tais casos, um potencial conflito entre a extrafiscalidade e o princípio da capacidade contributiva.

A respeito da questão, preciosa é a lição de Hugo de Brito Machado:

"Em se tratando de imposto cujo fato gerador não seja necessariamente um indicador de capacidade contributiva do contribuinte, a lei que concede isenção certamente não será inconstitucional, posto que não fere o princípio em estudo. Em se tratando, porém, de imposto sobre o patrimônio, ou sobre a renda, cujo contribuinte é precisamente aquele que se revela possuidor de riqueza, ou de renda, aí nos parece que a isenção lesiona o dispositivo constitucional que alberga o princípio em referência.

"É certo que nossa Constituição contém regras no sentido de que o desenvolvimento econômico e social deve ser estimulado (art. 170, VIII), e especificamente no sentido de que a lei poderá, em relação à empresa brasileira de capital nacional, 'conceder proteção e benefícios especiais temporários para desenvolver atividades consideradas estratégicas para a defesa nacional ou imprescindíveis ao desenvolvimento do País' (art. 171, § 1º, I).

"Não nos parece, todavia, sejam tais disposições capazes de validar regra isentiva de imposto de renda, a não ser que se trate de situações em que a isenção realiza o princípio da capacidade contributiva, como acontece com a concedida às microempresas, ou aquelas que em geral são pertinentes ao considerado o *mínimo vital*."[48]

Raciocínio análogo poder-se-ia desenvolver com relação à progressividade de caráter extrafiscal. Seria ela, então, inadmissível sempre que não contribuir para a efetivação do princípio da capacidade contributiva?

A capacidade contributiva, conforme já se comentou exaustivamente, é diretriz de observância obrigatória, por força da Constituição, tanto para o legislador quanto para o intérprete e aplicador da lei tributária. Em vista disso, só se pode admitir exceções ao princípio se estas encontrarem respaldo no próprio texto constitucional. Não difere dessa conclusão o ensinamento de Aliomar Baleeiro: "Do ponto de vista jurídico, a separação das duas categorias *[impostos puramente fiscais e impostos com funções extrafiscais]* permite aos tribunais condescender com limitações ou cláusulas constitucionais. Se o fim alvejado pelo poder de

46. Ruy Barbosa Nogueira, ob. cit., pp. 181 e 182.

47. Aliomar Baleeiro, *Uma Introdução à Ciência das Finanças*, p. 189.

48. Hugo de Brito Machado, *Curso de Direito Tributário*, p. 30.

polícia está dentro da competência *[constitucionalmente delimitada]* da pessoa de direito público que exige o tributo, esse é tolerado no interesse da proteção à vida, segurança, liberdade, saúde, higiene, bem-estar e moralidade dos cidadãos".[49]

Diversas são as ocorrências da situação acima descrita. A União, por exemplo, é competente para "desapropriar por interesse social, para fins de reforma agrária, o imóvel rural que não esteja cumprindo sua função social" (CF, art. 184, *caput*). Em vista disso, conferiu o constituinte à União a competência para instituir o imposto sobre a propriedade territorial rural (art. 153, VI). Observe-se, ainda, que o próprio texto da Carta (§ 4º do art. 153) determina que o ITR terá "suas alíquotas fixadas de forma a desestimular a manutenção de propriedades improdutivas".

O exemplo do ITR é bastante elucidativo, permitindo-nos concluir algo ligeiramente diferente do que assinalou Aliomar Baleeiro. De fato, para ser válida a utilização da progressividade extrafiscal faz-se necessário que o objetivo preciso que se pretende atingir pela função extrafiscal do imposto esteja no âmbito de competência da pessoa política tributante. Não basta isso, entretanto.

Parece-nos que a finalidade extrafiscal do imposto deve ser explicitamente contemplada no texto constitucional, à semelhança do que ocorre com o ITR. Se assim não for, estar-se-á diante de dispositivo que atribui uma competência (correspondente a um dever em face dos cidadãos) genérica ao Poder Público, sem, no entanto, conferir-lhe o instrumento da tributação para alcançar a finalidade visada. Caberá ao ente estatal atingi-la por meio de outros instrumentos de que disponha.

Figure-se, apenas a título exemplificativo, a seguinte hipótese: determinado ente estatal competente institui imposto territorial urbano progressivo em função do período de tempo em que um terreno se encontra desocupado, não estando tal progressividade temporal expressamente prevista no texto constitucional. Ainda que coubesse a esse mesmo ente a atribuição de promover a ocupação da propriedade imóvel, em consonância com a função social do instituto, não lhe seria facultada a utilização da tributação progressiva para este fim se previsto na ordem constitucional tributária o princípio da capacidade contributiva, pois esta capacidade não estaria a sofrer qualquer variação ao longo do tempo. Neste caso, portanto, aplicar-se-ia preferentemente a regra constitucional tributária, de caráter específico, e não a norma constitucional genérica atributiva de competência.

6. Progressividade e IPTU

6.1 IPTU. Aspectos gerais

O IPTU — imposto sobre a propriedade predial e territorial urbana — é de competência dos Municípios, conforme dispõe o art. 156, I, da CF. Entretanto, não é a Carta que institui o tributo, pois ela está apenas a atribuir uma competência. Somente a lei ordinária é que pode criar tributos, respeitados os limites estabelecidos na Constituição e nas leis complementares em matéria tributária, se existirem (entre nós exerce o papel de lei complementar tributária o Código Tributário Nacional).

Mas, se, como vimos, a Constituição não institui o IPTU, não será ela o único texto a ser consultado na definição do fato gerador da exação. O art. 156, I, apenas esclarece quem é o sujeito da competência e qual é seu objeto: a propriedade predial e territorial urbana das pessoas físicas e jurídicas. Entretanto, não determina o conteúdo do instituto jurídico "propriedade", o qual terá de ser buscado alhures.

Note-se, desde logo, que a hipótese de incidência do IPTU não recai sobre o objeto da propriedade, ou seja, a coisa sobre a qual se exerce o domínio, mas sim sobre o

49. Aliomar Baleeiro, *Uma Introdução à Ciência das Finanças*, p. 190.

próprio direito de propriedade.[50] Sendo assim, conclui-se que o IPTU é imposto que incide sobre a existência de um direito real, que tem por titular uma pessoa. Com base nisso tem-se afirmado que se trata de um imposto pessoal, e não de um imposto real, malgrado a opinião contrária de diversos juristas. É o que defendem, por exemplo, Sacha Calmon Navarro Coêlho e Misabel de Abreu Machado Derzi:

"Em primeiro lugar, a diferença entre imposto real e pessoal não é jurídica, *não consta do Direito Positivo* e não serve para nada, a não ser para *classificar por classificar.*

"Em segundo lugar, quem paga o imposto é a pessoa e não a coisa.

"Em terceiro lugar, inexiste no Direito brasileiro disposição expressa ou implícita proibindo o legislador de levar em consideração a pessoa do proprietário.

"Em quarto lugar, o Código Tributário Nacional declara expressamente que o IPTU é um imposto sobre o patrimônio, e patrimônio é categoria jurídica, a denunciar um direito, o de propriedade, objeto da relação jurídico-tributária do IPTU (CTN, Capítulo III)."[51]

O fato de se caracterizar um imposto como real apenas denota uma prevalência na hipótese de incidência do aspecto material sobre o pessoal, não significando que este segundo não exista, porém que "é indiferente à estrutura do aspecto material ou do próprio imposto".[52] Ora, imposto que incide sobre o patrimônio, como é o caso do IPTU, refere-se a uma característica essencialmente pessoal, qual seja, a de ser proprietário de determinado bem. O aspecto pessoal posta-se em primeiro plano, pois o direito de propriedade do sujeito passivo é, sem dúvida, da estrutura do imposto.

Não é outro o entendimento que se deflui do art. 32 do CTN, pelo qual o IPTU "tem como fato gerador a propriedade, o domínio útil ou a posse de bem imóvel por natureza ou por acessão física, como definido na lei civil, localizado na zona urbana do Município".

A posse — conforme ensina Ihering — guarda estreita relação com a propriedade. Sua teoria, denominada "teoria objetiva", que, em linhas gerais, foi adotada pelo nosso Código Civil, ainda que distinguindo a posse da propriedade, coloca aquela a serviço desta, vale dizer, o proprietário sem a posse não pode utilizar-se economicamente da coisa sua. A posse, portanto, é a própria exteriorização do domínio (CC, art. 485), e, como tal, constitui um direito, tanto que o possuidor goza de proteção até o momento em que terceiro prove ter melhor direito (CC, art. 499).[53]

A abrangência da hipótese de incidência do IPTU que acabamos de delimitar liga-se precipuamente à possibilidade de utilização econômica do bem imóvel, da qual compartilham o proprietário, o possuidor (se sua posse exterioriza o domínio) e o enfiteuta. Por evidente, são exatamente eles que, em decorrência da exploração do bem, irão manifestar riqueza ou capacidade econômica a servir de objeto à tributação. Se esta se dirigisse, por exemplo, ao locatário — cuja posse (direta) do imóvel se funda em contrato, em nada equiparando sua situação àquela do *dominus*, o qual obtém os rendimentos (frutos civis) do aproveitamento econômico do bem —, flagrante seria a violação ao princípio da capacidade contributiva.

Nesse sentido encaminha-se Aires Fernandino Barreto ao ensinar que "a situação passiva direta alcança todo aquele que detém direito de gozo, relativamente ao imóvel, seja pleno ou limitado. É nessa rela-

50. Misabel de Abreu Machado Derzi e Sacha Calmon Navarro Coêlho, *Do Imposto sobre a Propriedade Predial e Territorial Urbana*, p. 114.

51. Misabel de Abreu Machado Derzi e Sacha Calmon Navarro Coêlho, ob. cit., p. 115.

52. Geraldo Ataliba, *Hipótese de Incidência Tributária*, p. 141.

53. Maria Helena Diniz, *Curso de Direito Civil Brasileiro*, v. 4, pp. 31-33.

ção patrimonial que vamos encontrar o substrato econômico tributável".[54]

6.2 IPTU e extrafiscalidade

O IPTU tem como função primordial a obtenção de recursos para as finanças municipais. Pode, contudo, apresentar função extrafiscal, como meio para a realização dos objetivos da política urbana. Tanto é assim que a própria Constituição dispõe:

"Art. 182. A política de desenvolvimento urbano, executada pelo Poder Público municipal, conforme diretrizes gerais fixadas em lei, tem por objetivo ordenar o pleno desenvolvimento das funções sociais da cidade e garantir o bem-estar de seus habitantes.

"(...).

"§ 4º. É facultado ao Poder Público municipal, mediante lei específica para área incluída no Plano Diretor, exigir, nos termos da lei federal, do proprietário do solo urbano não edificado, subutilizado ou não utilizado, que promova seu adequado aproveitamento, sob pena, sucessivamente, de:

"(...);

"II — imposto sobre a propriedade predial e territorial urbana progressivo no tempo;

"(...)."

Está-se, sem dúvida, diante de previsão que visa a assegurar o cumprimento da função social da propriedade, colocando-se, neste seu desiderato, ao lado da própria desapropriação (que, aliás, é indicada como instrumento de política urbana no inciso III do § 4º do mencionado artigo). O Município, no exercício de seu poder regulatório e tendo em conta seus peculiares interesses urbanísticos, pode transformar o IPTU em imposto progressivo no tempo, estabelecendo distinções entre os contribuintes não fundadas em sua capacidade econômica. Neste caso, conforme aponta Alcides Jorge Costa, estaria a progressividade sendo utilizada "como recurso da chamada finança de ordenamento ou, se se preferir, como recurso do poder de polícia".[55]

Vê-se, desta forma, que a própria Carta admite a progressividade de caráter extrafiscal do IPTU, ainda que esta em nada se relacione com a efetivação do princípio da capacidade contributiva. Todavia, o fato de contemplar-se uma espécie de progressividade de forma nenhuma exclui outras, como veremos a seguir.

6.3 A progressividade do IPTU

Já vimos que a progressividade é uma das técnicas que melhor se presta à realização do princípio da capacidade contributiva no plano do Direito Tributário, exatamente porque permite que o imposto seja determinado de modo a adaptar-se à riqueza individual dos contribuintes, impondo-lhes tratamento que implique igual dose de sacrifício. Em outros termos, a progressividade é meio de se instituir tratamento desigual entre os desiguais, na medida de sua desigualdade, o que se conforma ao dever de isonomia que incide sobre o Poder Público em seu relacionamento com os particulares.

Todos os impostos, em princípio, devem sujeitar-se ao princípio da capacidade contributiva, consoante ditame do art. 145, § 1º, da CF. Em alguns tal sujeição não se pode efetivar pela progressividade, até pela própria natureza de seus fatos geradores, que não levam em conta características pessoais do contribuinte. É o caso do ICMS e do IPI, com relação aos quais a adoção do referido princípio importa a utilização de técnicas especiais, como a seletividade.

Entretanto, nos impostos de caráter pessoal a observância da regra da adequação à capacidade econômica do sujeito passivo se traduz necessariamente na progres-

54. Ives Gandra Martins e Aires Fernandino Barreto, *Manual do Imposto sobre a Propriedade Predial e Territorial Urbana*, pp. 102 e 103.

55. Alcides Jorge Costa, "IPTU — Progressividade", parecer, *RDP* 93/240.

sividade, que passa, então, a ser não mais uma técnica de emprego facultativo pelo legislador quando da instituição de impostos, mas sim uma verdadeira condição da própria constitucionalidade da exação. É esta a lição de Geraldo Ataliba: "A tudo isso se acresça o categórico e peremptório preceito do inciso II do art. 150, que veda 'instituir tratamento desigual entre contribuintes que se encontrem em situação equivalente'. Parece claro que a pessoalidade dos tributos induz, claramente, a progressividade, sob pena de uma igualdade de aparência — meramente formal — redundar no tratamento igual de pessoas em situações desiguais, com violação, portanto, do preceito do inciso II do art. 150".[56]

Assim, apenas pelo quanto foi dito até aqui, e em vista da exposição prévia acerca do princípio da capacidade contributiva e da forma pela qual sua adoção permite concretizar o princípio geral da igualdade na esfera tributária, contribuindo para alcançar-se o objetivo da justiça fiscal, chegaríamos à inexorável conclusão de que o IPTU, imposto de caráter pessoal e que grava a riqueza (sob sua forma de patrimônio ou renda acumulada) do contribuinte, poderia ser progressivo mesmo na ausência de previsão constitucional expressa, pois a própria conformação principiológica do Sistema Tributário assim o permite ou, mais, obriga.

No entanto, diante do texto da Carta de 1988 não são poucas as vozes que se levantam contra a progressividade do IPTU para fins diversos dos da execução da política urbana. Entendem tais doutrinadores que a progressividade prevista no art. 156, § 1º, ao eleger como escopo assegurar o cumprimento da função social da propriedade, estaria condicionada à observância do § 2º do art. 182, segundo o qual "a propriedade urbana cumpre sua função social quando atende às exigências fundamentais de ordenação da cidade expressas no Plano Diretor". E, como vimos anteriormente, o § 4º do mesmo artigo estabelece a possibilidade de o IPTU ser progressivo no tempo com a finalidade (extrafiscal) de se promover a adequada utilização do solo urbano, consoante os ditames do Plano Diretor a ser instituído pelo Município.

Ives Gandra Martins, por exemplo, defende a seguinte posição:

"No concernente ao IPTU, apenas para assegurar a função social da propriedade é possível a aplicação do referido princípio. *[da progressividade]*

"(...). Ora, se o legislador constituinte colocou o princípio da progressividade como forma de exigir o cumprimento da função social da propriedade e especificou de que maneira a propriedade cumpre sua função social, à evidência, apenas para essas hipóteses será possível sua aplicação no Direito Tributário brasileiro.

"(...). Pensar de forma diversa é entender que o constituinte, sobre ser repetitivo, prolixo e desconhecedor de técnica legislativa, fosse, fundamentalmente, um contumaz defensor das contradições, ao dizer que tanto os imóveis que cumprem a sua função social quanto aqueles que não a cumprem seriam punidos pelo princípio da progressividade, punição expressa para estes e implícita para aqueles. Mais do que isto: apesar de ter gasto espaço e palavras com a explicação dos casos em que o princípio da progressividade poderia ser aplicado, haveria de se entender que fora aqueles casos expressos, em todos os outros casos o princípio da progressividade poderia ser aplicado."[57]

Parece-nos, entretanto, que as idéias acima expostas procuram colocar num mesmo plano duas espécies de progressividade que de forma nenhuma se equivalem. Não há dúvida de que é possível a progressividade com caráter extrafiscal a que se refere o art. 182. Contudo, a progressividade prevista no art. 156, § 1º, tem nature-

56. Geraldo Ataliba, "IPTU — Progressividade", parecer, *RDP* 93/235.

57. Ives Gandra Martins e Celso Ribeiro Bastos, ob. cit., v. 6, pp. 550 e 551.

za distinta, na medida em que se presta a objetivos de natureza fiscal, arrecadatória. Neste sentido, a progressividade do IPTU estaria a atuar na distribuição eqüitativa do ônus tributário (decorrente da necessidade de financiar a atividade estatal), de acordo com a capacidade econômica do contribuinte.

É vedada, portanto, a progressividade por razões urbanísticas sem que se atenda às prescrições do art. 182, que inclusive a restringe ao aspecto temporal. Não está proibida a tributação progressiva meramente fiscal, desde que esta tenha por fundamento a adequação à capacidade contributiva do sujeito passivo. "Não se pode entender que um preceito proibitivo e restritivo, da Constituição, mereça interpretação ampliativa, contra o princípio da autonomia municipal e a liberdade que deve ter o legislador municipal para utilizar os seus tributos, como instrumentos nitidamente fiscais."[58]

Ora, mesmo se entendermos, como Ives Gandra Martins, que a progressividade prevista no art. 182 é uma pena e que, conseqüentemente, esta só deva ser aplicada nos casos expressamente previstos no texto constitucional, mostra-se difícil conceber também como pena a progressividade fiscal, tendente a realizar o princípio da capacidade contributiva. Com efeito, a progressividade fiscal é antes um meio de se buscar a justiça tributária, onerando a todos de maneira equivalente. Ao contrário, a regressividade fiscal ou mesmo a mera proporcionalidade, ao não levarem em conta o fato de a capacidade contributiva crescer mais rapidamente do que a riqueza (o que é decorrência da noção econômica de utilidade, conforme expusemos), impõem sacrifícios desiguais aos contribuintes, apenando os mais pobres, em evidente contradição a alguns dos princípios fundamentais da República (v., por exemplo, o art. 3º, I e III, da CF).

Aliás, encarar-se o § 4º, II, do art. 182 como hipótese de punição àqueles que não dão à propriedade a destinação desejável explica o porquê de a Constituição referir-se duas vezes à progressividade do IPTU. É exatamente por ser regra excepcional, cominadora de pena aplicável a situações anormais, que a Carta cercou a progressividade temporal de requisitos objetivos dos quais depende sua aplicação (lei federal e lei local do Plano Diretor).[59] A progressividade fiscal, que não representa qualquer sanção, não necessitava, por parte do constituinte, de tamanhos cuidados.

Poder-se-ia argüir que o § 1º do art. 156 faculta a progressividade apenas quando utilizada "de forma a assegurar o cumprimento da função social da propriedade", sendo que o cumprimento desta função é definido pelo art. 182, § 2º. Tal interpretação implicaria, necessariamente, a conclusão de que em uma cidade sem Plano Diretor não seria possível exigir o cumprimento dessa função social, cujo conteúdo restaria indeterminado. Note-se, ademais, que o § 4º do art. 182 apenas menciona "o solo urbano não edificado, subutilizado ou não utilizado", pelo quê se deveria concluir que a função social dos imóveis urbanos construídos não tem importância, não se prestando à justificação do IPTU progressivo.[60]

Caberia, neste ponto, indagar qual seria a função social da propriedade. Poder-se-ia restringi-la tão-somente ao cumprimento de um Plano Diretor, ou teria ela conteúdo mais amplo?

Fábio Konder Comparato observa que a propriedade "sempre foi justificada como modo de proteger o indivíduo e sua família contra as necessidades materiais, ou seja, como forma de prover à sua subsistência. Acontece que na civilização contemporânea a propriedade privada deixa de ser o

58. Geraldo Ataliba, *Hipótese de Incidência Tributária*, p. 237.

59. Toshio Mukai, "O imposto predial e territorial progressivo — A função social da propriedade e a Constituição de 1988", parecer, *RDP* 93/244.

60. Alcides Jorge Costa, in *RDP* 93/239 e 240.

único, senão o melhor meio de garantia da subsistência individual ou familiar. Em seu lugar aparecem, sempre mais, a garantia de emprego e salário justo e as prestações sociais devidas ou garantidas pelo Estado, como a previdência contra os riscos sociais, a educação e a formação profissional, a habitação, o transporte e o lazer".[61]

Vê-se, portanto, que a propriedade não mais tem o significado de algo indispensável à sobrevivência do indivíduo, pois esta deve ser garantida, em condições compatíveis com a dignidade humana, pelo Estado. Para tanto, evidentemente, são necessários recursos financeiros, os quais se obtêm, principalmente, por intermédio da tributação. Se a propriedade, em particular a imobiliária, não representa propriamente a garantia da sobrevivência, pode-se legitimamente concluir que ela é signo de riqueza e, portanto, pode ser objeto de tributação. E tal fato, por si só, já denota uma outra função social sua, que é exatamente a de prover os recursos de que o Poder Público necessita para fazer face a suas atribuições. É o que também concluiu Alcides Jorge Costa: "Se é matéria tributável, pode a propriedade, no caso, ter outra função social que não a ligada ao urbanismo ou ao reordenamento de áreas urbanas".[62]

O mesmo autor, seguindo essa linha de raciocínio, passa a distinguir duas espécies de tributação progressiva (que, repita-se, ao incidir sobre a propriedade, faz com que esta atenda a um dos aspectos de sua função social): uma de caráter extrafiscal, decorrente do exercício do poder de polícia e, no caso do IPTU, destinada ao ordenamento urbano; outra de cunho redistributivista, voltada à correção das desigualdades sociais, consideradas inaceitáveis diante das aspirações éticas vigentes.

Na primeira espécie de tributação progressiva é que se enquadra a previsão do art. 182, § 4º. A do art. 156, § 1º, por sua vez, inclui-se na segunda hipótese. Uma não exclui a outra, e mesmo o caráter meramente fiscal da tributação progressiva da propriedade já faz com que esta comece a atender às exigências que lhe são impostas pela Lei Maior. Não tem guarida, portanto, a idéia de que a progressividade do IPTU só poderia ser instituída de maneira a cumprir o quanto dispõe o § 2º do art. 182.

Aliás, é interessante notar que há quem enxergue hipótese de tributação extrafiscal também no caso do art. 156, § 1º. Toshio Mukai, por exemplo, afirma:

"O que o § 1º do art. 156 da CF autoriza é que o Município faça uso do IPTU de forma progressiva a fim de 'assegurar o cumprimento da função social da propriedade'. Portanto, aqui, o comando é claro: se o Município, nos termos da lei (e não da lei do Plano Diretor), fizer uso da progressividade, ele estará 'assegurando' o cumprimento daquele princípio.

"(...). Portanto, o uso extrafiscal ou regulatório do imposto predial e territorial urbano, que já era considerado perfeitamente constitucional, veio ganhar, no § 1º do art. 156 da CF, simplesmente o 'aval' constitucional."[63]

A conclusão a que se chega confrontando-se, por exemplo, as opiniões de Geraldo Ataliba e de Toshio Mukai é no sentido de que a fiscalidade não afasta a extrafiscalidade, o que pode parecer um paradoxo. Contudo, a tributação, em si, já pode cumprir uma relevante função social como meio de redistribuição de renda e de promoção da justiça, segundo aponta Alcides Jorge Costa. Dizer que a progressividade é meramente fiscal significa que ela, além de cumprir a função social ínsita à tributação justa, não cumpre qualquer outra. Assim, se estendermos o conceito de extrafiscalidade a essa função, como faz Toshio Mukai, poderíamos concluir que a progressividade fiscal, no sentido que lhe confere Geraldo Ataliba, é também extrafiscal. Como se

61. Fábio Konder Comparato, "Função social da propriedade dos bens de produção", *RDM* 63/73.
62. Alcides Jorge Costa, in *RDP* 93/240.
63. Toshio Mukai, in *RDP* 93/243 e 244.

vê, trata-se de mera controvérsia a respeito de conceitos, e não de questões de fundo.

Repelida a primeira objeção que se faz à progressividade fiscal do IPTU, cumpre avaliar ainda um outro argumento a ela contrário: o de que o art. 153, § 2º, I, ao determinar, expressamente, a progressividade do imposto sobre a renda e proventos de qualquer natureza, estaria a explicitar que apenas com relação a este imposto se aplicaria o critério de discriminação.

Geraldo Ataliba,[64] mais uma vez, faz percuciente demonstração do quão infundada e precipitada é tal alegação. Em primeiro lugar, "a valer o argumento de que a progressividade só se aplica ao imposto de renda (por causa desse preceito) *[o art. 153, § 2º, I]* seria preciso também afirmar-se que a generalidade e a universalidade também somente são aplicadas ao imposto de renda (porque o preceito é expresso em referi-los a esse imposto, só)". Em verdade, as características de generalidade, universalidade e inclusive a progressividade são decorrentes da própria estrutura principiológica do Sistema Tributário, e não precisariam estar previstas para o imposto. O próprio princípio da isonomia (no qual a capacidade contributiva tem suas raízes) impõe essas características, sob pena de inconstitucionalidade do tributo.

Em segundo lugar, na vigência das Constituições anteriores, nas quais nada se dispunha a respeito da progressividade do imposto de renda, este já tinha a característica. Note-se, também, que a Carta de 1988 veio a criar a possibilidade de instituir-se um novo tributo: o imposto sobre grandes fortunas, que, nas palavras de Geraldo Ataliba, "é a própria expressão de grau máximo de intensidade na aplicação da progressividade".

Não cabe, portanto, circunscrever a progressividade fiscal ao imposto de renda. A observância desse critério de discriminação — reiteramos — é decorrência da própria contemplação do princípio da capacidade contributiva pelo texto constitucional. Os impostos — o IPTU inclusive —, consoante comando do art. 145, § 1º, devem nivelar-se à condição econômica do contribuinte, o que implica que cada qual deve contribuir para o financiamento do aparato estatal na medida de sua capacidade, tendo-se por corolário da justiça social a imposição de sacrifícios equivalentes a todos.

6.4 Critérios de progressividade do IPTU

Um último aspecto deve ser analisado dentro dos propósitos deste trabalho. Se, como vimos, a progressividade do IPTU é constitucional e imperiosa, cabe indagar quais os critérios que devem ser considerados para o estabelecimento de alíquotas progressivas.

Aires Fernandino Barreto[65] aponta os seguintes critérios como possíveis, em tese: o tempo, o espaço, o valor, a superfície, a destinação do imóvel, os equipamentos urbanos, o gabarito ou número de pavimentos, ou a combinação de dois ou mais destes critérios.

Há que se reconhecer, todavia, que, diante do princípio constitucional da capacidade contributiva, o imposto deverá incidir sobre a riqueza, pois só ela pode servir de lastro à tributação. Com relação ao patrimônio, ou renda acumulada, a riqueza se mede pelo valor: é este que determina a possibilidade econômica de se pagar a exação. Assim, o único critério aceitável do ponto de vista do referido princípio é o do valor da propriedade imobiliária. Todos os demais podem até se refletir neste valor, mas não poderão ser diretamente considerados para a determinação do *quantum debeatur*. A esse respeito é a seguinte a lição de Alcides Jorge Costa: "A progressividade prevista no art. 156, § 1º, deve rela-

64. Geraldo Ataliba, *Hipótese de Incidência Tributária*, p. 236.

65. Aires Fernandino Barreto, "A progressividade nos impostos sobre a propriedade imobiliária", *LTr — Suplemento Tributário* 58/226.

cionar-se com o valor do imóvel. Tamanho da propriedade, infra-estrutura que a serve, são fatores determinantes do valor, de modo que considerá-los em apartado para regular a progressividade equivaleria a instituir um valor irreal apenas para efeitos tributários, não denotativo de capacidade contributiva".[66]

Evidentemente, os demais critérios poderão servir de base à instituição de progressividade extrafiscal, desde que observados os permissivos constitucionais.

Interessante critério de progressividade, que muita polêmica causou em nossos meios jurídicos, foi o adotado pela cidade de Americana (Estado de São Paulo) na Lei municipal 614/64, que assim dispunha:

"Art. 1º. O imposto territorial urbano incidirá sobre o valor venal dos terrenos, na porcentagem de 1% (um por cento).

"Art. 2º. Os proprietários de mais de um terreno pagarão, sobre o lançamento de cada um deles, um adicional, na seguinte conformidade:

"a) para os que possuem de 2 (dois) a 3 (três) terrenos, 20% (vinte por cento);

"b) de 4 (quatro) a 6 (seis) terrenos, 30% (trinta por cento);

"c) de 7 (sete) a 10 (dez) terrenos, 40% (quarenta por cento);

"d) de 11 (onze) a 20 (vinte) terrenos, 50% (cinqüenta por cento);

"e) de 21 (vinte e um) terrenos para cima, 60% (sessenta por cento)."

Ruy Barbosa Nogueira[67] entende que a referida lei, sob a denominação de "adicional", criou um novo tipo de regulação do direito de propriedade, o que lhe seria vedado pela atribuição constitucional de competência à União em matéria de legislação sobre Direito Civil. Em outra obra[68] o mesmo autor diz que foram criados outra classe de contribuintes e outro tipo de imposto, pois se tomara como fato gerador "a qualidade ou condição da pessoa proprietária", e não mais o imóvel em si. Teria sido transfigurada a própria natureza de imposto real do IPTU, que passara a configurar exação de caráter pessoal.

A questão foi objeto da Súmula 589 do STF, *in verbis*: "É inconstitucional a fixação de adicional progressivo do imposto predial e territorial urbano em função do número de imóveis do contribuinte".

Já defendemos, contudo, a idéia de que o IPTU é, na verdade, um imposto pessoal, já que a propriedade é direito que pressupõe um titular. A confusão, ao que parece, reside no fato de se tratar de um direito real. Este, contudo, não exprime uma relação jurídica entre a pessoa e a coisa, visto que o Direito regula somente as condutas das pessoas, como é óbvio. Na verdade, o direito real determina uma obrigação passiva universal de que todos se abstenham de interferir no exercício desse direito pelo seu titular. Assim, ao considerar-se como hipótese de incidência tributária o direito de propriedade o que se pretende atingir é sempre "a qualidade ou condição de pessoa proprietária", independentemente de qualquer progressividade.

Tecidas essas considerações, parece-nos perfeitamente viável a instituição de progressividade do IPTU em função do valor total dos imóveis de propriedade de um mesmo titular dentro de um mesmo Município, o que é diferente do critério adotado pela cidade de Americana, que tomava por base tão-somente a quantidade de imóveis, independentemente do valor.

Ora, a propriedade de um único imóvel de grande valor pode revelar capacidade contributiva maior do que a propriedade de vários imóveis de valor reduzido. Portanto, o valor do imóvel (ou dos imóveis), como índice da riqueza contida no acervo patrimonial, é que deve servir de critério de discriminação entre contribuintes para efeito de instituição de alíquotas progressivas no IPTU, salvo nos casos em que estas possuam finalidades extrafiscais.

66. Alcides Jorge Costa, in *RDP* 93/242.
67. Ruy Barbosa Nogueira, ob. cit., p. 189.
68. Ruy Barbosa Nogueira, "Função fiscal e extrafiscal dos impostos", *RT* 380/35.

7. *Conclusões*

O Estado, ante a ampla gama de atividades que executa, necessita de recursos, os quais são obtidos principalmente por meio da arrecadação tributária. A divisão do ônus fiscal entre os cidadãos comporta diferentes formas, consoante as escolhas políticas e econômicas do legislador ao elaborar a lei tributária. Não obstante, tais escolhas estão adstritas a determinados critérios jurídicos, cuja observância prescreveu o constituinte.

O art. 145, § 1º, da CF determina que os impostos atendam ao princípio da capacidade contributiva. Este princípio, verdadeiro desdobramento no campo do Direito Tributário do princípio geral da isonomia, importa estabelecer distinções entre contribuintes desiguais na medida exata de sua desigualdade, o que se apresenta como maneira de promover a justiça fiscal.

Assim, em face da regra constitucional mencionada, somente poder-se-á tributar situações que expressem riqueza, ou seja, que denotem a possibilidade econômica de pagar a exação, sem que com isto se consuma o substrato econômico da tributação. Essas considerações servem de balizamento ao trabalho do legislador e do intérprete, que devem evitar instituir tributos que não estejam de acordo com elas ou devem afastar entendimentos a elas contrários.

Existem alguns critérios para a efetivação do princípio da capacidade contributiva. Quanto aos impostos indiretos pode-se adotar a seletividade. Já com relação aos impostos de caráter pessoal impõe-se o critério da progressividade, que permite distinguir entre os contribuintes de forma a impor-lhes sacrifícios equivalentes, por meio da gradação das alíquotas de forma crescente, na medida em que cresce também a base imponível.

A progressividade, portanto, é meio de institucionalizar-se o princípio da capacidade contributiva, mas pode também servir ao exercício da atividade regulatória do Estado, quando assume caráter extrafiscal. Este, todavia, deve estar em consonância com o texto constitucional, caso contrário não poderá sobrepor-se ao referido princípio tributário.

No IPTU é perfeitamente viável a progressividade, seja fiscal — isto é, tendente à concretização da igualdade tributária —, seja extrafiscal, como instrumento de política urbana municipal. Em ambos os casos a tributação da propriedade estará a direcionar seu exercício para o cumprimento de sua função social.

O IPTU é imposto de caráter pessoal, pois, ao referir-se a um direito de valor quantificável (a propriedade), expressa a riqueza (sob a forma de renda acumulada ou patrimônio) de seu titular, ou seja, considera sua situação individual. Deve, por conseguinte, em atenção à regra da capacidade contributiva, ser progressivo, mas deve-se ter como fator de discriminação entre os contribuintes sempre o valor de suas propriedades, e não outros fatores que não permitem a aferição realista da riqueza a servir de substrato à tributação.

CONCLUSÕES DAS III JORNADAS TRIBUTÁRIAS DO MERCOSUL

Buenos Aires – Argentina, de 26 a 28 de agosto de 1999

Tema 1

VISTO

– as colaborações do relatório-geral de Gustavo Zunino e os relatórios nacionais de Antonio Figueroa, pela Argentina; Dejalma de Campos, pelo Brasil; Julio Cesar Vergara Candia, pelo Paraguai; e José C. Bordolli e Sérgio Franco, pelo Uruguai; e

– as comunicações técnicas de Leonardo Costa Franco, Addy Mazz, Carlos Dentone Linaz, Claudia Mugio Lambrosquini e José Pedro Montero Traibel, do Uruguai; Gonzalo Ruiz Ballivián, da Bolívia; Antônio Carlos Rodrigues do Amaral, Linneu de Albuquerque Mello e Edison Carlos Fernandes, do Brasil; e António Carlos dos Santos e Mário Alberto Alexandre, de Portugal.

– as intervenções de Rubén Oscar Amigo e Alberto Faget, assistentes da subcomissão redatora; e

CONSIDERANDO:

I. Que a harmonização tributária dos impostos sobre consumos é um elemento essencial e indispensável para a integração, porquanto:

a) é um instrumento necessário para alcançar a livre circulação de mercadorias e serviços, estatuída no artigo 1º do Tratado de Assunção;

b) sua ausência pode gerar distorções nas condições de competição dos produtos e serviços, pela alteração dos fatores de custos ou porque ajam como exações equivalentes aos tributos aduaneiros;

II. Que o Tratado de Assunção impõe aos membros a obrigação de coordenar suas políticas fiscais e a harmonização das suas legislações:

Que, tendo isto em vista, formulam-se as seguintes:

RECOMENDAÇÕES:

1. Que se reconheça, nos países membros, a estabilidade das normas harmonizadas e das ditadas pelos órgãos do Mercosul, de modo que tenham efeito direto para os países e seus cidadãos, que prevaleçam sobre as normas internas (mesmo daquelas posteriores) de todos os níveis de governo (federal, estadual e municipal) e possam ser invocadas em juízo perante os tribunais locais, tanto pelos Estados, quanto pelo cidadãos.

2. Que seja adotado o princípio de país de destino nessa etapa de integração.

3. Que nessa etapa do processo seja instrumentalizada a harmonização através da compatibilização das normas dos impostos sobre consumos, sejam federais, estaduais ou municipais, para eliminação ou neutralização das distorções ou obstáculos à circulação de bens e serviços.

4. Quanto à harmonização das normas, se estenda a sua interpretação e aplicação, de modo que os ganhos que se alcançarem no seu desenho não se frustrem na execução, colocando especial ênfase no controle da evasão pelo seu efeito de distorção da livre concorrência.

5. Que se harmonizem, não somente os impostos sobre consumos, mas também as receitas públicas que, mesmo tendo outras denominações, produzam efeitos equivalentes.

6. Que as administrações ajam coordenadamente e com formas de acordo mútuo, que comprometam a colaboração recíproca, para combater as distorções no comércio e fazer efetiva a livre circulação de mercadorias e serviços, sem gerar obstáculos derivados de condutas ineficientes.

7. Que os governos estabeleçam um órgão com competência específica em matéria de harmonização e que divulguem os objetivos e os passos concretos que se dêem a tal respeito.

8. Que se suprimam as isenções, incentivos, subsídios, setores com tratamento especial e regimes simplificados de liquidação, quando tenham efeitos de distorção ou afetem a estrutura dos tributos.

9. Que no caso concreto dos impostos gerais sobre consumos é necessário:

a) a adoção de impostos federais sobre valor agregado, tipo de consumo, que permita a subtração sobre base financeira com a técnica imposto contra imposto, que já existem em três dos quatro membros, por serem adequados para as necessidades da integração;

b) aprofundar a análise do tratamento aplicado aos serviços financeiros, para efeitos de eliminar, no caso, as distorções que possam provocar no processo de integração;

c) eliminar os efeitos de acumulação e de piramidação, que geram as isenções; eliminar a discriminação por origem, que se produz como conseqüência da aplicação, no momento da importação, de regimes que impliquem antecipar impostos; eliminar a percepção e a retenção do imposto como meio para antecipar o ingresso do tributo, por desnaturalizar a sua essência e afetar a sua neutralidade;

f) dever-se-á, na ocasião, estabelecer alíquotas mínimas.

10. Que seja efetuada revisão dos impostos seletivos, para que não funcionem como uma exação de efeito equivalente aos tributos aduaneiros, e se harmonizem os sistemas de tratamento das exportações no que respeita à possível devolução dos impostos pagos nas etapas anteriores, na medida em que possam ser identificáveis.

11. Que leve em consideração que os impostos cumulativos ("em cascata") provocam distorções e geram obstáculo de difícil superação para a formação dos blocos comerciais.

12. Que os governos dos países membros procedam à coordenação de sua atividade, com respeito à tributação sobre o consumo, das operações realizadas através de novas tecnologias (comércio eletrônico), com o objeto de evitar a erosão das respectivas bases tributárias.

Tema II – " A tributação sobre os patrimônios globais nos países do Mercosul"

VISTO:

As valiosas contribuições do relatório-geral de Agostinho Toffoli Tavolaro, e os relatórios nacionais de Jorge Gebhardt e José D. Litvak, pela Argentina; Edvaldo Brito, pelo Brasil; José T. Arriola, pelo Paraguai; e Juan C. Peirano Facio, pelo Uruguay; as comunicações técnicas de Juan A. Pérez Pérez e de Andrés Blanco e Daniel Procaro, e as intervenções dos assistentes da subcomissão redatora;

CONSIDERANDO:

I. Que a aplicação da tributação sobre o patrimônio global, nos países do Mercosul, evidencia a existência de carências técnicas essenciais quanto ao respeito dos princípios gerais que devem inspirar o tipo de tributação em apreço, e que foram expostos em diversas reuniões científicas do âmbito latino-americano (XVI Jornada do ILADT e Congresso de Pinamar de 1993).

II. Que em tal sentido comprova-se que não foi respeitada a qualidade pessoal da tributação, nem se pôde onerar, adequadamente, a referida manifestação da capacidade contributiva.

III. Que se observa um manejo inadequado das isenções, o que provoca distorções na base tributária e incide discriminatoriamente nas decisões de investimento.

IV. Que aqueles tributos que tomam como base para sua imposição elementos do patrimônio global, com a finalidade de gravar os rendimentos presumíveis ou potenciais, constituem instrumentos fiscais desprovidos de fundamentos técnicos adequados.

Portanto, as III JORNADAS TRIBUTÁRIAS DO MERCOSUL formulam as seguintes

RECOMENDAÇÕES:*

1. Que os impostos sobre o patrimônio global, existentes ou que se decidir adotar, devem respeitar os critério técnicos e doutrinários recomendados por diversos pronunciamentos de reuniões acadêmicas desenvolvidas na área, nos últimos tempos, em especial sua qualidade pessoal, líquida e universal.

2. Que a avaliação dos bens deve responder a critérios técnicos uniformes e resolver os problemas que se colocarem, no que respeita aos sistemas de atualização e ao cômputo dos bens intangíveis.

3. Que devem ser limitadas as isenções e, em todo caso, evitar que se discriminem nas decisões de investimento.

4. Que não devem consagrar-se impostos que tomem como base elementos do patrimônio global com a finalidade de onerar o rendimento presumível ou potencial.

5. Que na atual situação do Mercosul, e levando em consideração a experiência dos países membros que adotaram esse imposto, não é aconselhável sua implantação, nem sua manutenção.

6. Que, no caso de estar vigorando esse tipo de tributação, deve tender-se à harmonização dos respectivos regimes que se consagrarem.

* Resultado da votação: o texto transcrito foi aprovado por unanimidade, salvo a recomendação n. 5, que obteve 13 votos em 21 dos emitidos.

Impressão e acabamento:
GRÁFICA PAYM
Tel. (011) 4392-3344